财政部规划教材
新形态教材

U0499686

财务管理基础

Fundamentals of Financial Management

龙文滨　等　主编

中国财经出版传媒集团

经济科学出版社
Economic Science Press

·北京·

图书在版编目（CIP）数据

财务管理基础／龙文滨等主编 . -- 北京：经济科
学出版社，2025.2. -- （财政部规划教材）. -- ISBN
978 - 7 - 5218 - 6698 - 8

Ⅰ. F275

中国国家版本馆 CIP 数据核字第 2025GL2422 号

责任编辑：杜　鹏　武献杰　常家凤
责任校对：齐　杰
责任印制：邱　天

财务管理基础

CAIWU GUANLI JICHU

龙文滨　等　主编

经济科学出版社出版、发行　新华书店经销

社址：北京市海淀区阜成路甲 28 号　邮编：100142

编辑部电话：010 - 88191441　发行部电话：010 - 88191522

网址：www. esp. com. cn

电子邮箱：esp_bj@ 163. com

天猫网店：经济科学出版社旗舰店

网址：http：//jjkxcbs. tmall. com

固安华明印业有限公司印装

787×1092　16 开　24 印张　520000 字

2025 年 2 月第 1 版　2025 年 2 月第 1 次印刷

ISBN 978 - 7 - 5218 - 6698 - 8　定价：55. 00 元

（图书出现印装问题，本社负责调换。电话：010 - 88191545）

（版权所有　侵权必究　打击盗版　举报热线：010 - 88191661

QQ：2242791300　营销中心电话：010 - 88191537

电子邮箱：dbts@ esp. com. cn）

前　言

　　财务管理学（Financial Management），又称公司财务学，是一门研究和探索公司财务信息与资本市场之间互动关系的学科，它以微观经济学为理论基石，以资本市场为背景，以现代公司制企业为对象，着重研究企业的资金筹集与运用问题。《财务管理基础》作为财务管理学科的入门教材，旨在帮助读者系统掌握现代财务管理的基本概念和基本原理，建立时间价值、风险价值和资本成本等价值观念，掌握融资、投资、营运及股利决策的理论方法与解决实际问题的基本技术，培养学生具备从事财务管理工作的业务知识、工作技能和良好的财务职业道德观，并为学习后续相关知识打下良好的基础。

　　本教材的框架及内容设计主要参考了目前国内外经典教材，并充分考虑大数据时代的大学生学习行为，以及培养良好的财务职业道德观的思政教学目标。作为新形态一体化教材，本教材的特色和创新主要如下所述。

　　（1）导学清晰，纸数融合，运用数字技术服务教学全过程。本教材在每章的章前设计导学环节，包括学习目标、重难点梳理，帮助学生了解本章知识内容及重点难点；在每章章后设计本章概要和思维导图，系统性地总结本章知识点，帮助学生复习。同时，本教材使用了大量例题来介绍重要概念和知识点，并设计相应的思考题和练习题。本教材是"纸数融合"新形态教材，强调纸质教材与数字资源的一体化设计，旨在通过数字化手段提升教学质量和学生学习兴趣，助力线上线下混合式教学。具体表现为：一是采用例题与实验相结合的方式，在实验部分直接展示一些难度相对较大的例题的解题方法，并配备解题过程的视频。学生可以选择相应的题目，在实验部分扫二维码观看视频，并在配套 Excel 表上操作计算过程，提高数据处理技术和财务决策效率；二是在每章课后习题的基础上，利用数字技术添加习题库，习题库包含名词解释、判断题、单项选择题、多项选择题、简答题、论述题、计算与分析题，以及案例分析题共 8 种题型习题，教师和学生均可通过扫二维码获取习题资源来开展多样化教学活动，以适应混合式教学、在线教学等泛在式学习模式的需要，实现教材、课堂、教学资源三者的深度有机融合。

　　（2）结构清晰，体系完整，理论与实践充分融合。本教材分理论和实验两个部分。理论部分围绕三个问题展开：一是什么是财务管理；二是财务经理使用哪些基础理论来支持财务管理工作；三是财务经理需要掌握的财务管理基础技术有哪些。第一章和第二章解决第一个问题，第三至第五章解决第二个问题，第六至第十二章解决第三个问题。每个章节关注的内容明确，难度各不相同，教师可以根据学生的情况来选择教学使用的章节。实验部分设计的主要目的是支持理论教学，同样分为三个部分，第一部分"财务分析与预算"支持第二章，第二部分"证券估值"支持第四章，第三部分"财务管理技术"支持第六至第十一章。实验部分使用理论部分的例题进行视频操作讲解，旨在提高学生理解知识及应用知识的能力。

（3）案例精选，形式多样，与知识内容高度契合。首先，本教材的案例选取充分融合财务管理的基本问题和知识点，范围广泛、重点突出。案例内容既包括融资、投资、运营、分配等财务活动的组织，又包括财务管理目标、企业社会责任、利益相关者保护等财务关系的维系。其次，案例形式多样。在每章的章前案例中，统一使用一家虚拟的特定公司，即希和汽车股份有限公司的某一项（类）财务活动引入，激发学生的学习兴趣，让学生系统地理解财务管理知识体系；在每章的课堂案例中，将中国企业或资本市场的案例和情况描述嵌入知识内容，帮助学生运用知识内容来解决实际问题；在每章的章后案例中，使用综合案例形式帮助学生回顾本章知识内容，加深对相关知识的理解和应用；在介绍重要知识内容时，适时地加入思政小案例，引导学生思考和讨论，发挥思政教育的隐性育人作用。

本教材由广东外语外贸大学会计学院龙文滨教授担任主编，杨昌安、王淑臣、陈文婷和庄明明担任副主编。广东外语外贸大学会计学科有40多年的发展历史，拥有会计学和财务管理国家级一流专业、教育部特色专业和广东省名牌专业。本教材由龙文滨审阅定稿，编写分工如下：第一章、第三章、第五章和第十一章由龙文滨执笔；第四章、第六章和第七章由陈文婷执笔；第八章、第九章和第十二章由庄明明执笔；第二章和第十章由杨昌安执笔；实验部分及其视频制作全部由杨昌安完成；习题库及答案由龙文滨和王淑臣共同完成。同时感谢参与编写和修订工作的暨南大学会计系博士研究生李丽丹、王玥，以及广东外语外贸大学会计学院的同学们，他们分别是胡中旭、秦雅希、金埕帆、聂柔、李沛霞、骆凯旋、郑梓奕、张哲妍、涂坤晖、李歆、李采徽、柯依辰、周俊武、黄淑仪、黄伟城、连丹雯、杨文涓和何婧怡。

本教材可以作为高等院校经济管理大类学科各专业本科教学的教材使用，也可供经济管理类研究人员、企业管理者、财会从业人员自学参考。由于编者水平有限，教材中难免存在一些不妥之处，虽已经过多次试读，但仍可能存在尚未发现的错误，敬请广大读者批评指正。

编者

2025 年 1 月

目录

Contents

第一章　财务管理导论

【章前引例】

希和汽车股份有限公司（以下简称"希和汽车公司"）成立于 1998 年，总部及其创新中心与运营中心均位于北京市，是中国汽车行业中较具实力的汽车公司之一。公司注册资本为 100 亿元，员工总数超过 1 万人。公司内部设有董事会、监事会、总经理以及六大职能部门，分别是市场营销部、人力资源部、综合行政部、资本财务部、产品研发部、生产服务部。公司业务领域主要包括整车和动力生产、商用车和发动机研究开发。2015 年，在新能源政策的指引与扶持下，公司抓住发展机遇，利用自身技术优势致力于开发太阳能电站，以及储能电站、蓄电池和燃料电池等新能源产品，逐步在新能源汽车生产中占领一定的新优势。

2018 年，受购置税优惠政策全面退出、宏观经济增速回落、中美贸易战以及消费信心下降等因素的影响，国内汽车行业的产销增速低于年初预期，主要经济效益指标增速趋缓、增幅回落，包括新能源汽车企业在内的汽车行业面临较大的经营压力。希和汽车公司也不例外，全年销售量仅为 1 100 万辆，相比 2017 年下滑 2.8%。

问题讨论：

(1) 希和汽车公司的财务管理目标是什么？

(2) 随着汽车行业形势的变化，原来的财务管理目标是否适用？

(3) 希和汽车公司应该如何应对复杂的外部环境对财务管理的影响？

【学习目标】

1. 理解财务管理的概念、基本内容和特征。
2. 熟悉现代企业的组织形式及财务管理机构设置。
3. 掌握现代企业财务管理的目标及其评价。
4. 了解现代企业经营过程中的各类利益冲突与协调。
5. 了解宏观经济环境、法律环境和金融市场环境对财务管理的影响。

【本章重点与难点】

重点： 财务管理的基本内容、财务管理目标及其评价、各类利益冲突与协调、金融市场环境对财务管理的影响。

难点： 财务管理目标及其评价、各类利益冲突与协调。

第一节　财务管理概述

一、财务管理的定义

在英文中，"finance"一词有多种含义，包括金融、财务、财政、筹资、理财等，这些都与资金的获得、运用和管理有关。通常，当涉及宏观层面的内容时，我国将"finance"称为金融、财政，如金融市场、金融工具、金融中介、国际金融等；而当涉及微观层面的内容时，则称其为财务，如公司财务、财务状况、财务决策、财务分析等。本书主要讲述的是微观层面上现代企业的财务行为，因而"finance"指企业财务。

在现实经济社会，资金是稀缺的宝贵资源，人们经常要面临一些类似问题的选择，例如：(1) 你是否应该购买一家公司的股票？(2) 你手上的股票价值多少？现在是否是卖出的好时机？(3) 你的企业是否应该进行一项投资？(4) 项目投资需要多少资金？(5) 通过何种方式才能筹集到项目投资所需资金？(6) 筹集资金的成本有多大？如何降低资金的筹集成本？(7) 如何提高所筹集资金的使用效率？上述问题都涉及资金的获取和运用，也即属于财务范畴。概括而言，财务是一门涉及决定价值和制定决策的学科，研究如何在不确定条件下，对资金进行最优配置。换言之，财务的基本功能是配置资源（资金）。

管理，是指在特定的环境下，对组织所拥有的资源进行有效的计划、组织、指挥、协调和控制，以便达成既定的组织目标的过程（法约尔，1916）。因此，站在企业的角度，财务管理是指企业应用财务学原理，对资金筹集、投向、运用、分配等资金运动进行计划、组织、指挥、协调和控制，其目的是有效地配置资源，以实现企业经营目标的一项经济管理工作。

企业财务管理是企业管理的重要组成部分。

二、财务管理的内容

具体而言，企业财务管理包含企业财务活动和企业财务关系两项重要内容。

1. 企业财务活动。在市场经济条件下，一切物资均具有一定的价值，其货币表现就是资金（现金）。企业从事生产经营，需要不断地购进和售出物资，同时支出和回收资金。因此，资金是企业进行生产经营活动的必要条件。只要企业的生产经营活动持续，资金的收支就不会间断。

企业财务活动是以现金收支为主的企业资金收支活动的总称。它可分为以下四个方面。

(1) 筹资引起的财务活动。企业为了满足正常经营和扩大规模的要求，需要筹集一定数量的资金，这是企业生存和发展的前提。资金筹集的来源有两类：一是权益资金，也称为自有资金，是企业通过向投资者吸收直接投资、发行股票、用留存收益转增资本等方式取得的资金；二是债务资金，也称为借入资金，是企业通过向银行等金融机构借款、发行债券、租赁资产，以及赊购商品等方式取得的资金。在筹资过程中，企业发行股票和债券、取得借款、吸收直接投资等，表现为企业资金的收入；而企业支付股利和利息、偿还借款、退回投资等，表现为企业资金的支出。这些因为企业筹集资金而产生的资金收支，是筹资引起的财务活动。

（2）投资引起的财务活动。企业将筹集到的资金用于购买生产设备、厂房等固定资产，或购进和研发专利等无形资产，形成企业的对内投资；企业将筹集到的资金用于购买其他企业的股票、债券等金融资产，或与其他企业联营以及收购其他企业等，形成企业的对外投资。无论是对内投资还是对外投资，企业都需要支出资金。当企业售出固定资产或无形资产，卖出股票、债券，退出联营等时，会产生资金的收入。这些因为企业投资而产生的资金收支，是投资引起的财务活动。

（3）营运引起的财务活动。在正常的生产经营中，企业采购原材料或商品存货，以应对生产和销售，同时支付员工工资、租金、水电费等经营性费用，这些都会产生资金支出。当企业售出产品或商品后取得收入，便可回收资金。企业的营运过程就是资金的循环流转过程。在这一过程中，企业如果现有的资金不能满足经营需要，就要通过短期借款等方式来筹措资金；但如果部分资金暂时闲置，企业可以通过购买短期证券等方式获取收益，以提高资金的使用效率。这些因为企业营运而产生的资金收支，是营运引起的财务活动。

（4）分配引起的财务活动。企业的生产经营会产生收入，扣除成本费用后形成利润，同时也可能因投资获得投资收益，这些利润或收益需要按照规定的程序进行分配。通常分配程序如下：首先依法纳税；其次弥补亏损，提取公积；最后确定利润留存比例，并向投资者分配股利。这些因为企业分配利润而产生的现金收支，是分配引起的财务活动。

上述四项财务活动不是互相割裂、互不相关的，而是互相联系、互相依存的。其中，筹资活动是财务活动的起点，是投资活动的前提；投资活动是财务活动的中心，它对筹资数量和方式提出要求，也决定了企业未来的经营方向和规模；营运活动是财务活动的基础，企业通过营运活动取得价值增值；分配活动是财务活动的终点，也是下一轮资金运动的起点。

企业财务活动所反映的资金运动可以通过资产负债表呈现。如图1-1所示，资产负债表左侧反映企业的投资活动及日常运营，也即企业的资金使用情况；资产负债表右侧反映企业的筹资活动（所有者权益中的留存收益是企业分配活动的结果，也可看作筹资活动的一部分），也即企业的资金来源。财务管理者在进行财务活动决策时，应密切关注资产负债表各项目的比例关系以及它们的变化情况，借以判断财务活动的合理性和有效性。

2. 企业财务关系。企业财务关系是指企业在组织财务活动过程中与各有关方面发生的经济关系。处理好各方面的财务关系，是企业组织和开展财务活动的基本前提。企业财务关系划分为以下方面。

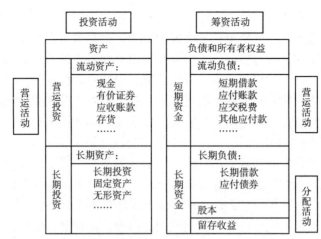

资产=负债+所有者权益

图1-1 企业财务活动与资产负债表的关系

（1）企业与投资者的财务关系。企业与投资者之间的财务关系，指投资者向企业投入资金，企业向投资者支付投资报酬所形成的经济关系。它是所有财务关系中最根本的财务关系。企业的投资者主要有四类：国家、法人单位、个人和外商。

投资者根据投资合同、协议、章程的约定按期足额履行出资义务，形成企业的资本金。企业利用资本金进行经营活动，实现利润后，按出资比例或合同、协议、章程的规定，向投资者分配利润。一般而言，投资者按出资比例来获取利润和承担责任。企业与投资者之间的财务关系体现企业的所有权性质，反映经营权与所有权的关系。

（2）企业与债权人的财务关系。企业与债权人之间的财务关系，指企业向债权人借入资金，并按贷款合同的要求按时支付利息和偿还本金所形成的经济关系。企业除了利用资本金进行经营活动外，还要借入一定数量的资金，以降低企业的资本成本，扩大企业的经营规模。企业的债权人主要包括贷款机构、债券持有人、商业信用提供者，以及其他出借资金给企业的单位或个人。企业在使用债权人资金后，要按约定的利息率及时向债权人支付利息；在债务到期时，要按时向债权人偿还本金。企业与债权人之间的财务关系体现为债务与债权关系。

（3）企业与被投资单位的财务关系。企业与被投资单位之间的财务关系，指企业将其闲置资金以购买股票或直接投资的方式，向其他企业投资所形成的经济关系。企业向其他单位投资，应按约定履行出资义务，参与被投资单位的利润分配。企业与被投资单位的财务关系体现为投资与受资（被投资）的关系。

（4）企业与债务人的财务关系。企业与债务人之间的财务关系，指企业将其资金以购买债券、提供借款或商业信用等方式出借给其他单位所形成的经济关系。企业出借资金后，有权要求债务人按约定的条件支付利息和偿还本金或款项。企业与债务人的财务关系体现为债权与债务的关系。

（5）企业内部各单位的财务关系。企业内部各单位之间的财务关系，指企业内部各单位之间在各营运环节中相互提供产品或劳务所形成的经济关系。在实行内部经济核算制度的企业中，供应、生产、销售等部门之间相互提供产品或劳务，并进行计价结算。这种内部资金结算关系，体现了企业内部各单位之间的利益关系。

（6）企业与员工的财务关系。企业与员工之间的财务关系，指企业向员工支付劳动报酬的过程中形成的经济关系。企业用销售产品获取的收入，按员工提供的劳动数量和质量支付工资、津贴、奖金等劳动报酬。企业与员工的财务关系，体现了企业与员工在劳动成果上的分配关系。

（7）企业与税务部门的财务关系。企业与税务部门之间的财务关系，指企业按照国家税法的规定依法纳税而与税务机关形成的经济关系。国家为了行使各项职能，需要向企业征收税款，包括流转税和所得税等。税务部门代表国家行使征税权力，任何企业必须按照税法规定缴纳各种税款，以保证国家财政收入的实现，满足社会公共支出的需要。及时、足额纳税是企业对国家的贡献，也是企业对社会应尽的义务。企业与税务部门的财务关系反映的是依法纳税和征税的权利和义务关系。

上述个人、团体或单位也称企业的利益相关者。根据利益相关者理论，企业的利益相关者指那些利益受到企业行为的影响，或是那些能够影响企业行为的个人或群体。一个企业的利益相关者可以划分为内部利益相关者和外部利益相关者两大类，其中，内部利益相关者主要有员工和管理者，外部利益相关者则有投资者、债权人、供应商、顾客、政府部门、社区、行业协会、非营利性组织团体等。不同的利益相关者追求不同的目标，对企业有着不同的期望，因而他们会对企业施加或大或小的影响。企业在组织财务活动时，需要考虑利益相关者的影响，正确处理企业与利益相关者的关系。只有这样，才能保证企业有一个良好的财务管理环境。

三、财务管理的特征

现代企业的财务管理是企业管理的重要组成部分，它具有以下特征。

1. 综合性。现代企业在劳动分工过程中形成一系列专业化管理，有的侧重于劳动要素的管理，有的侧重于价值的管理，有的侧重于信息的管理。财务管理主要运用价值形式对经营活动实施管理。通过价值管理形式，把企业的一切物质条件、经营过程和经营结果合理地加以规划和控制，并借助财务信息把企业经营的各种因素及其影响全面、综合地反映出来，有效地促进企业各方面管理效率的提高。因此，财务管理既是企业管理的一个独立方面，又是一项综合性强的管理工作。

2. 广泛性。在企业中，一切涉及资金的收支活动，都与财务管理密切相关。例如，生产要素的购买、生产的组织、技术的研发、资产的管理、营销的开展、人事与行政的管理、分配的管理等活动，无不伴随着资金的收支运动。每个部门都通过资金的取得与财务部门发生联系，也都在合理使用资金、节约资金支出方面受到财务制度的约束，接受财务部门的指导。因此，从有效利用资源的角度上看，财务管理涉及企业经营和管理的各个方面。

3. 复杂性。在现实世界中，未来充满着不确定性。企业的财务管理受到众多不确定因素的影响。例如，商品及生产要素的价值变化，汇率及利率的变动，消费者偏好的转移，竞争对手的策略变化，国内外金融市场的波动，宏观经济政策的调整，技术市场的创新与变革等，都会对企业的财务活动和财务决策产生重要的影响。由于这些因素具有较大的不可预知性，使得企业财务管理面临很大的不确定性，财务决策变得更加复杂。

4. 核心性。现代企业管理，包括战略管理、生产管理、营销管理、人力资源管理、资产管理、财务管理、技术管理等，其核心是资源配置和价值创造。例如，钱从何处来？往何处花？如何少花钱多办事？如何有效地使用资源？如何考核和度量企业的经营绩效？如何有效地激励管理者和员工？如何分配企业的经营成果？这些都是企业管理者关注的问题。这些问题最终都要通过财务指标来反映，都会归结为财务管理的基本问题，即是否实现了企业的价值目标。换言之，再好的企业，如果长期处于亏损状况，就不能说是一个好企业；再好的管理，如果不能增加股东财富或企业价值，就不能说是有效的管理。从这个意义上看，财务管理是现代企业管理的核心。

第二节　企业组织形式与财务管理机构

企业组织形式有很多，按照不同的标准有不同的分类。同时，不同企业的内部设有不同的财务管理机构。

一、企业组织形式

企业是指以营利为目的，运用各种生产要素（土地、劳动力、资本、技术和企业家才能等），向市场提供商品或服务，实行自主经营、自负盈亏、独立核算的经济组织。企业是财务管理的主体，它决定了财务管理的目标。企业的组织形式可以按投资主体划分为三种类型：独资企业、合伙企业和公司企业。

1. 独资企业。个人独资企业，简称独资企业，是指由一个自然人投资，财产为投资人个人所有，投资人以其个人财产对企业债务承担无限责任的经营实体。独资企业是一种很古老的企业形式，至今仍广泛应用于商业经营。独资企业的优点是：（1）企业结构简单，投资少，开办手续简便；（2）企业主即投资人对企业经营具有绝对控制权，经营方式灵活，决策效率高；（3）企业税负较轻，只需缴纳个人所得税而免缴公司所得税；（4）企业没有信息披露的限制，无须向社会公布财务报表，技术和财务信息易于保密。

但是，独资企业的缺点也显而易见：（1）资本来源单一，规模一般较小。企业主的个人资金有限，在借款时往往因为信用度不够而遭到债权人拒绝，这限制了企业的经营规模和发展。（2）风险巨大。独资企业在法律上不具有法人资格，不能对外独立承担民事责任，企业主对企业债务承担无限责任。当企业资产不足以偿还债务时，企业主的个人资产将被追索。（3）企业寿命较短。独资企业的所有权和经营权高度统一，这样的产权结构意味着企业主的破产、犯罪、重病和死亡等都可能导致企业终止。

基于以上特点，独资企业的财务管理活动相对简单，但它通常是其他类型企业的起点。

2. 合伙企业。合伙企业是指由两个或两个以上的自然人通过订立合伙协议，共同出资经营、共负盈亏、共担风险，并对合伙企业的债务承担无限连带责任的企业。在创立合伙企业时，合伙人须订立合伙协议，明确每个合伙人之间的权利和义务关系。根据合伙人的责任不同，合伙企业可分为普通合伙企业和有限合伙企业。其中，普通合伙企业由 2 人以上的普通合伙人（没有上限规定）组成，合伙人对合伙企业的债务承担无限连带责任；有限合伙企业，也称为特殊的普通合伙企业，由 2 人以上 50 人以下的普通合伙人和有限合伙人组成，普通合伙人对合伙企业的债务承担无限连带责任，有限合伙人以其认缴的出资额为限对合伙企业的债务承担责任。有限合伙企业主要适用于专业服务机构，比较典型的例子是会计师事务所、律师事务所等。有限合伙解决的一个主要问题，就是在这些专业人员的执业过程中，如果某一个或者几个普通合伙人，因为故意或重大过失给合伙企业造成债务时，这些责任人要承担无限连带责任，而其他没有责任的有限合伙人，仅以在合伙企业中的出资为限来承担责任。

与独资企业相比，合伙企业具有以下优点：（1）设立程序简单，设立费用低；（2）企业可以从众多的合伙人处筹集资本，并由合伙人共同偿还债务，降低银行贷款的风险，提高了企业的筹资能力；（3）发挥合伙人的优势互补作用，比如技术、知识产权、土地和资本的合作，提升企业综合竞争力；（4）企业税负较轻，合伙人只需缴纳个人所得税，而企业免缴公司所得税；等等。

合伙企业的主要缺点在于：（1）（普通）合伙人对企业债务负有无限连带责任；（2）企业经营依据合伙人之间的合约或协议，重大决策都需要得到所有合伙人的同意，容易造成决策延误；（3）每当一个合伙人退出或死亡，或是接纳一个新的合伙人时，都必须重新建立合伙企业，这就限制了它的发展能力；（4）合伙企业的寿命有限，转让所有权困难，难以筹集到大量的资金。

合伙企业是一种"资合"兼"人合"的经济组织，其财务管理要比独资企业更复杂。

3. 公司企业。公司（corporation）是现代企业的重要组织形式。它是依照公司法组建并登记，由股东作为出资者，以其全部法人财产进行自主经营、自负盈亏的企业法人。公司的主要特点包括：（1）独立的法人实体。法律赋予公司独立的法人地位，能够以公司名义从事生产经营，享有民事权利，并承担民事责任。（2）无限的存续期。股东一般在投资后无权退股，只能转让其拥有的股份收回投资。公司资本的长期稳定性决定了公司只要不解散、不破产，就能够独立于股东而持续地存续下去，也即它可以脱离股东而具有独立的生命。（3）股东承担有限责任。股东作为出资者，按出资额享有资产收益权和投票表决权，并以出资额为限对公司债务承担有限责任。（4）所有权与经营权分离。公司的所有权属于全体股东，但股东一般不直接参与公司的经营管理，而是通过股东大会或董事会委托管理层来负责管理。管理专门化有利于提高公司的经营能力。（5）筹资渠道多元化。公司可以通过资本市场发行股票或债券，筹集资金来实现资本扩张和规模扩大。

但是，公司的主要缺点在于：（1）双重税负。公司作为独立的法人，其利润需缴纳企业所得税，公司将税后利润分配给股东后，股东还需缴纳个人所得税。（2）设立程序复杂。公司在成立条件、设立程序等方面有严格要求，不像独资企业那样可以随时建立和歇业，也不像合伙企业那样仅由合伙人达成协议，因而公司组建不如独资企业、合伙企业那么方便灵活。（3）法律要求严格。《中华人民共和国公司法》（以下简称《公司法》）对于建立公司的要求比建立独资或合伙企业高，并且需要提交系列文件。（4）存在代理问题。由于所有权与经营权分离，股东委托管理者管理公司，管理者是代理人，股东是委托人，在委托—代理关系下，代理人（管理者）可能为了自身利益而损害委托人（股东）利益，这就产生了股东与管理者之间复杂的代理问题。

根据现行的《公司法》，公司的两类主要形式是有限责任公司和股份有限公司。两者的主要区别在于：（1）股东数量不同。有限责任公司的股东人数较少，《公司法》要求由 50 个以下股东出资设立，而股份有限公司由 2 人以上 200 人以下为发起人。（2）设立程序不同。有限责任公司的设立程序要比股份公司相对简单。在我国，设立股份有限公司要经过国务院授权的部门（如中国证券监督管理委员会）或省级人民政府批准；而设立有限责任公司，除法律、法规另有规定外，无须经任何政府部门批准，可直接向公司登记机关申请登记、注册。（3）股份凭证不同。股份有限公司将资本总额划分为等额股份，每股金额相等，并采用股票形式向投资人发放，作为其投资入股的凭证；而有限责任公司无须将资本划分为等额的股份，也不发行股票。（4）筹集资金方式不同。股份有限公司可以向社会公开发行股票来募集资金；而有限责任公司只能由发起人集资，不能公开募集资金。（5）股权转让条件不同。股份有限公司的股票可以自由转让，具有充分的流动性；而有限责任公司的股东需要经过股东大会讨论通过才能转让其出资。（6）信息披露要求不同。股份有限公司涉及大量的公开信息披露，如公司章程、董事会决议、股东大会决议、定期财务报告、关联交易和重大事项报告等，必须及时地对公众披露；而有限责任公司没有向公众公开披露信息的义务。

综上，企业的组织形式不同，所承担的法律要求也不同，对企业的筹资能力、资金成本、营运能力等都会产生影响。在上述三类组织形式中，公司是企业普遍采取的组织形式，现代财务管理学以公司这一组织形式为基本研究对象。因此，本书所讲述的财务管理主要指公司的财务管理。

二、财务管理机构

企业财务管理机构与企业所处行业、规模大小、经营管理水平等因素有着密切联系。图 1-2 描绘了一个典型的企业组织结构。

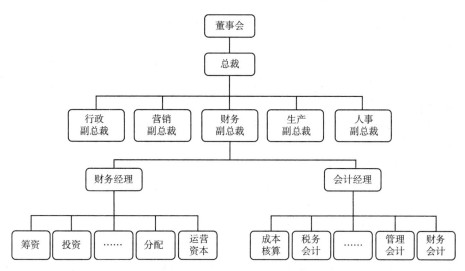

图 1 - 2 公司型企业的典型组织结构

在图 1 - 2 中，总裁（或总经理）是公司的首席执行官，直接对公司的生产经营管理负责。总裁（或总经理）职位下设副总裁（或副总经理、总监），负责管理不同的部门。财务部经理与会计部经理负责向财务副总裁报告。财务部与会计部一般是分立的机构。财务部主要负责公司的筹资、投资、分配和营运资本的管理，通过这些工作为公司创造价值；会计部主要负责会计与税收，包括成本核算、税务会计、管理会计、财务会计等，为公司决策提供会计信息。分立型的机构设置方式，有利于企业发挥财务管理的职能作用，提高财务管理在企业管理工作中的地位。但在一些规模较小的中小企业，由于财务业务比较简单，不再分设财务部与会计部，而统一设财务部、会计部或财会部，在部门内部再就职责进行具体分工。

第三节 财务管理目标

正确的目标是系统良性循环的前提，企业财务管理目标对企业财务管理系统的运行也具有同样的意义。不同国家的企业面临的财务管理环境不同，但即使在同一国家，由于公司治理结构、发展战略等不同，企业的财务管理目标也有不同的表现形式。

一、财务管理目标及评价

财务管理目标是企业财务管理希望实现的结果，也是评价财务管理工作的标准和依据。财务管理目标制约着企业财务运行的基本特征和发展方向，是财务运行的驱动力。科学地设置财务管理目标，是组织好财务活动、处理好财务关系的前提。

企业财务管理是企业管理的一个组成部分，因此，财务管理目标应与企业的总体目标相一致，并受企业总体目标的制约。对财务管理目标的确定，一直存在相当大的理论争议，其中具有代表性的理论观点包括利润最大化、股东财富最大化、企业价值最大化和利益相关者利益最大化。

1. 利润最大化（profit maximization）。这种观点认为，利润是衡量企业经营管理水平的标志，利润越大，就越能满足投资者对投资回报的要求，因此，利润最大化是企业财务管理的目标。

利润最大化是西方微观经济学的理论基础。西方经济学家在研究微观个体的经济行为时，通常用利润最大化来分析和评价企业的行为和业绩。将利润最大化作为企业财务管理目标的优点在于：

（1）利润代表企业在生产经营过程中新创造的财富，利润越多则企业财富增加越多。

（2）利润反映企业使用资源的综合能力，是评价企业经营业绩的一项综合性指标。企业要追求利润最大化，就必须不断地加强管理、改进技术、降低成本、提高劳动生产率和资源利用效率，这些措施都有利于合理配置资源，帮助企业提高整体经济效益。

（3）利润指标在实际应用中简单直观、容易理解和计算。利润等于企业在特定期间的经营收入减去经营费用，在一定程度上也反映了企业在该期间的经营效果的好坏。

但是，以利润最大化作为财务管理目标存在以下缺陷。

（1）没有考虑利润的实现时间和资金的时间价值。例如，A 和 B 两个投资项目的利润都是 100 万元，但 A 项目的 100 万元是今年赚取的，B 项目的 100 万元是 5 年后赚取的，由于 A 项目实现利润的时间显然要比 B 项目的早，如果考虑回收资金的时间价值，A 项目比 B 项目更有价值。

（2）没有考虑风险问题。高利润通常伴随着高风险。如果企业为了利润最大化而投资高风险的项目，或是借入过多的债务，企业的风险就会随之增加。以上述 A、B 项目为例。假设 A、B 项目今年都赚取了 100 万元利润，但 A 项目赚取的 100 万元全部都是现金，B 项目赚取的 100 万元全部都是应收账款，后者显然存在（部分）不可回收的风险。因此，A 项目比 B 项目要更好些。

（3）忽略利润与投入资本的关系。利润是一个绝对数值，不能反映投入资本与所获利润的相关关系。假设 A、B 项目都可以在今年赚取 100 万元利润，且两者赚取的都是现金收入，但两个项目的投资额不同，A 项目需要投资 100 万元，B 项目需要投资 200 万元。显然，A 项目相对 B 项目要更好些，原因是它的投资回报率更高。

（4）不能反映未来的盈利能力。利润是一个历史指标，它反映的是企业在过去的某一期间的盈利情况，虽然利润能提高股东权益和企业财富，但这不意味着企业能够持续经营下去，或是拥有持久的盈利能力，也不意味着股东在未来能获取合理的报酬。

（5）可能不能反映企业的真实情况。对同一经济业务或事项的会计处理方法是多样的、灵活的，这使得根据收入和成本费用计算的利润指标，容易被企业内部人员（如管理层）操纵，因而难以反映企业的真实情况。例如，一些企业通过出售固定资产来增加利润，但企业或股东的财富实际上并没有增加。

（6）可能导致财务决策短期化。利润最大化往往会诱使公司管理层只关注目前的利润，而忽视企业的长远发展。例如，一个追求利润最大化的企业，可能会因为成本高昂而放弃对新产品的研发投入，虽然这可以避免当期利润受损，但却不利于企业的长期发展。

【课堂讨论】

采用利润最大化目标的一大问题在于，它常常被当作短期目标，有时，短期利润的最大化可能是以长期利润的损失为代价的。请你列举一些事例，说明公司某些短期利润的增长会损害长期利润。（提示：哪些公司政策对短期利润带来有利的影响，但却会削弱公司的长期竞争力或经营业绩？）

2. 股东财富最大化（shareholder wealth maximization）。股东财富最大化，是指企业通过财务上的合理运营，为股东创造尽可能多的财富。在上市公司中，股东财富决定于股东所拥有的股票数量和股票市场价格。当股票数量一定时，股票价格达到最高，股东财富也就达到最大。股东财富最大化又演变为股票价格最大化。

与利润最大化目标相比，股东财富最大化目标的主要优点如下所述。

（1）考虑了资金的时间价值。股票价格取决于企业未来获取现金流量的能力，而不是模糊的利润或收入。它不仅考虑了获取现金流量的金额大小，还考虑了获取现金流量的时间。现金流量获得时间的早晚，会对股票价格产生重要影响。

（2）考虑了风险因素。股票价格会对风险作出比较敏感的反应。

（3）克服经营者的短期行为。股票价格不仅受到当期利润的影响，未来的利润同样会对股票价格产生重要影响。

（4）反映了资本与报酬的关系。股票价格是对每一股股票的标价，反映的是每一单位投入的市场价格。在买入价格相同的条件下，股票价格越高，投资报酬率就越高。

（5）对上市公司而言，股东财富最大化目标比较容易量化，操作方便、简单。股票价格具有可观察性，可以用来判断一家上市公司的表现。

将股东财富最大化作为公司财务管理目标的观点，是目前国外财务管理教科书中被提及最多的主流观点。虽然在理论上还存在一定的争议，但股东财富最大化被越来越多的人所认同和接受，实务中的许多企业也以股东财富最大化为经营目标。

▶▶▶ 课堂小案例

可口可乐公司曾在年报中称："我们的目标是利用我们公司的资产——我们的品牌、财务实力、无可匹敌的分销系统、全球影响力、优秀人才，以及来自管理者和员工的坚定承诺，以更具竞争力和高速增长的方式，为我们的股东创造价值。"

Our goal is to use our Company's assets — our brands, financial strength, unrivaled distribution system, global reach, and the talent and strong commitment of our management and associates — to become more competitive and to accelerate growth in a manner that creates value for our shareowners.

亚马逊公司曾在年报中称："我们相信，衡量我们成功的基本方式是我们在长期为股东创造的价值。这个价值是我们扩大和巩固当前市场领导地位能力的直接结果。"

We believe that a fundamental measure of our success will be the shareholder value we create over the long term. This value will be a direct result of our ability to extend and solidify our current market leadership position.

万科公司曾在年报中称："我们没有能力改变资本市场的偏好和波动，但我们至少要让股东意识到，在股价问题上，管理团队和他们是利益一致、同甘共苦的。"

但是，以股东财富最大化作为财务管理目标也面临以下问题。

（1）通常只适用于上市公司，非上市公司难以适用。非上市公司无法像上市公司一样准确地获得公司的股票价格。

（2）股票价格受众多因素影响。这些因素包括公司不能控制的外部因素，如汇率、利率变动，供求关系变化等，因而股票价格不能完全准确地反映企业财务管理状况。例如，一些上市公司已处在破产边缘，但可能存在某些机会，股票价格仍在上升。这些因素还包括一些非正常的内部因素，如在实施股票期权激励的公司中，管理者可能为了个人私利，弄虚作假，千方百计推高股票价格。

（3）只强调股东利益，而忽视其他利益相关者的利益。管理者在股东利益最大化目标下，可能会通过剥夺债权人或其他利益相关者的财富来增加股东的财富。

3. 企业价值最大化。企业价值最大化，又称公司价值最大化，是股东价值最大化的进一步演化。企业价值是企业所有资产的市场价值，它等于企业创造的未来现金流量的现值。将企业价值最大化作为财务管理目标，指企业通过财务上的合理规划，采用最优的财务政策，在保证企业长期稳定发展的基础上使企业总价值达到最大。企业价值最大化的基本思想是将企业长期稳定发展放在首位，不仅考虑股东的利益，还考虑债权人、管理层、员工等其他利益相关者的利益诉求，因而被广泛接受。

将企业价值最大化作为财务管理目标，具有以下优点。

（1）考虑了报酬取得的时间，并使用货币时间价值的原理进行价值计量。

（2）考虑了风险与报酬的关系，将风险限制在企业可以承担的范围之内，有利于投资、筹资等方案的选择。

（3）将企业长期的稳定发展放在首位，能克服企业在追求利润上的短期行为，因为不仅当前的利润会影响企业价值，预期的未来利润也会对企业价值产生重大影响。

（4）用价值代替价格，克服了股票价格受外界市场因素过多干扰的弊端，有效地规避了管理者的短期行为。

但是，将企业价值最大化作为财务管理目标也存在以下问题。

（1）企业价值过于理论化，不易操作。以企业价值最大化为目标的最大困难，在于难以确定企业价值。在理论上，企业价值等于公司股票和债务的市场价值之和。对于上市公司，债务的市场价值变化不大，股票价格变动在一定程度上反映了企业价值的变化。但是，股票价格是多种因素共同作用的结果，特别是在资本市场效率低下时，股票价格难以准确反映企业价值。

（2）对于非上市公司，只有对企业进行专门的评估才能确定其价值，而在评估企业资产时，由于受评估标准和评估方式的影响，很难做到客观和准确。

近年来，随着上市公司数量的增加，以及上市公司在我国国民经济中的地位、作用的增强，企业价值最大化目标逐渐得到了广泛认可。

4. 利益相关者利益最大化。从契约经济学的角度上看，企业是各利益相关者之间契约的组合。企业的利益相关者指那些利益受到企业行为的影响，或是那些能够影响企业行为的个人或群体，包括股东、债权人、供应商、顾客、员工、政府等，他们在企业运营中的作用越来越重要。

利益相关者通过与企业签订契约（即合同，含显性和隐性契约），可以保护自己的利益免受企业的侵害。如果企业违反了契约的规定，利益相关者就会中断与企业的交易，企业最终遭受损失。企业与利益相关者存在着密切的关系，因此，在确定财务管理目标时，企业不能忽视这些利益相关者群体的利益。持有利益相关者利益最大化观点的学者认为，企业不能单纯地以实现股东的利益为目标，而应把股东利益置于与其他利益相关者利益相同的地位，即要最大化包括股东在内的所有利益相关者的利益。现代企业的契约关系如图1-3所示。

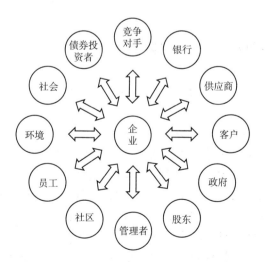

图1-3　现代企业的契约关系

将利益相关者利益最大化作为企业财务管理目标，具有以下优点。

（1）有利于企业长期稳定发展。这一目标关注企业在发展过程中满足各利益相关者的利益诉求，避免仅仅站在股东角度进行投资决策可能导致的一系列问题。

（2）体现了合作共赢的价值理念，有利于实现企业经济效益和社会效益的统一。企业不仅仅是一个单纯谋利的组织，还承担了一定的社会责任。企业在寻求自身发展和利益最大化的过程中，应当依法经营，依法管理，正确处理各种财务关系，自觉维护和保障国家、集体和社会公众的合法权益。

（3）较好地兼顾了各利益主体的利益。这一目标本身是一个多元化、多层次的目标体系，即企业通过合理合法的经营，与各利益主体互利互惠、相互协调，在最大化企业利益、股东利益的同时，使得其他利益相关者利益也达到最大化。通俗地说，把企业财富这块"蛋糕"做到最大化的同时，也会保证每个利益主体所得到的"蛋糕"更多。

在理论上，利益相关者利益最大化是企业财务管理的最理想的目标。但是该目标也存在过于理想化，且无法操作的缺陷。例如，在企业实务中，不同的利益相关者之间可能会存在各种利益冲突，管理者难以基于多目标体系来进行决策。因此，本书的后述章节仍采用企业价值最大化作为财务管理的目标。

【课堂讨论】

在一次国内经济论坛上，某集团总裁提出："我坚持一个观点，不要让所有的老百姓都买房子，因为我们没有那么大的生产量。在供应量很少时，一定是先满足最富的人。"当有人问到管理者应否花心思考虑穷人时，他说："如果我的定位是一个商人，我就不应该考虑穷人。如果考虑穷人，我作为一个企业的管理者就是错误的。"请问你同意他的观点吗？

二、财务管理目标与利益冲突

1. 委托—代理关系与利益冲突。所有权与经营权分离是现代公司的一个显著特征，股东是委托人，管理者是代理人，股东委托管理者管理公司，这就形成了现代公司治理中的委托—代理关系。委托—代理关系引发的利益冲突问题，以及针对利益冲突问题的有效协调直接关系到财务管理目标的实现程度。而且，随着现代公司的发展，公司治理情况发生进一步变化，委托—代理关系不仅出现在股东和管理者之间，还出现在大股东与中小股东之间、股东与债权人之间。

（1）股东与管理者之间的利益冲突和协调。在现代公司中，管理者一般不拥有占支配地位的股权，他们只是股东的代理人。股东期望管理者代表他们的利益工作，实现股东财富最大化，而管理者有其自身的利益考量，二者的目标经常不一致。一般而言，股东支付给管理者报酬的高低，在于管理者能够为其创造多少财富。因此，管理者希望在为股东创造财富的同时，获得更多的利益（如更多的报酬、在职消费和休闲时间等）；而股东则希望以最小的管理成本（如支付管理者较少的报酬）来实现更多的财富。这就是股东与管理者之间的主要利益冲突。这种冲突可以通过设计一系列惩罚、约束和激励机制来解决。

①解聘。股东监督管理者，如果管理者的绩效不佳，或是工作出现严重失误，就会被股东大会解聘；管理者为了不被解聘就要努力工作，为实现股东财富最大化的目标服务。

②干预。机构投资者持有公司的大量股票，他们能够与管理层进行协商，参与公司的重要事项决策，从而对公司经营产生相当大的影响。机构投资者对公司决策的干预在一定程度上约束了管理者的行为，强化了对分散的中小股东的权益保护。

③收购威胁。这是一种通过控制权市场约束管理者的方式。如果管理者决策失误，经营业绩不佳，股票价格下跌，公司就可能被其他公司收购或兼并，管理者通常也会被新公司解聘。管理者为了避免公司被收购，必须努力工作，实现公司财务管理目标。

④激励。激励是指把管理者的报酬与其业绩直接挂钩，促使管理者自觉采取能够实现股东财富最大化的措施。激励通常有两种方式：一是股票期权计划，即公司允许管理者以约定的价格购买一定数量的本公司股票，当股票的市场价格高于期权的行权价格时，超出的部分就是管理者的报酬。例如，某一管理者获得在 2 年后以每股 10 元的价格购买 10 000 股股票的权利，那么他为了获得更大的收益，可能倾向于努力工作，使股票价格提升到每股 10 元以上，在增进个人财富的同时也增进了股东财富。二是绩效股计划，即公司使用每股收益、资产收益率等指标来评价管理者业绩，并视其业绩大小给予管理者数量不等的股票作为报酬。但如果管理者的业绩未能达到预定目标，他将丧失原先持有的部分绩效股。因此，管理者不仅为了多得绩效股会努力工作来提高经营业绩，而且会采取措施使股票价格稳定上升，在提高自身报酬的同时也增加了股东财富。

▶▶▶ **课堂小案例**··

国有企业负责人将不再享有"职务消费"。2014 年 8 月，国务院通过《关于合理确定并严格规范中央企业负责人履职待遇、业务支出的意见》，对中央企业负责人公务用车、办公用房、培训、业务招待、国内差旅、因公临时出国（境）、通信等设置上限标准，明确禁止性规定。

近年来，"职务消费"给公众留下相当不好的印象，有人甚至将其直接与贪污腐败相联系。究其原因，一是少数国有企业负责人以"职务消费"名义，大肆损公肥私。二是国有企业长期缺乏对"职务消费"的明确界定，缺少相关的财务制度规范，从而无法限制一些企业负责人的过度"职务消费"。

请问：你认为取消"职务消费"的作用是什么？在取消"职务消费"后，如何监管国有企业负责人的履职消费和保证业务支出的规范化？

（2）股东与债权人之间的利益冲突和协调。股东与债权人都是公司的资本提供者，但两者的目标通常是不一致的。首先，股东可能会要求管理者在不征得债权人同意的情况下，改变债务资金的原定用途，将其用于风险更高的项目，大大增加偿债风险。由于债权人的报酬被固定在初始的低风险利率上，高风险项目一旦成功，股东独享额外的收益；但若失败，债权人也将遭受损失。其次，股东可能在未征得债权人同意的情况下举借新债，提高公司的负债比率，偿债风险相应增大，提高了公司破产的可能性。如果公司破产清算，新、旧债权人共同分配公司财产，这将导致旧债权人蒙受损失。

股东与债权人的利益冲突，可以通过以下方式解决：一是限制性借债。债权人事先通过借款协议限制借款资金的用途，设置债务担保条款和债务信用条件，使得股东不能通过以上两种方式削弱债权人的债权价值。二是收回借款或要求补偿。债权人一旦发现企业有侵蚀其债权价值的意图，就会采取收回债权或不再发放新借款的措施，或是要求用较高的利率补偿可能遭受的损失。这些保护措施限制了股东掠夺债权人利益的行为。

（3）大股东与中小股东之间的利益冲突和协调。股东与管理层之间的代理问题一直是公司治理研究的重点，但近年的研究发现，股权分散假设在大多数国家并不成立，许多企业面临的主要代理问题是大股东剥削中小股东，而不是管理者损害股东的利益。在股权集中的情形下，大股东持有大量股份，拥有对公司的控制权，能够委派高层管理者，左右董事会和股东大会的决议，控制公司的重大经营决策。大股东运用控制权来满足私人利益并侵占中小股东利益的问题，是第二类代理问题，也称"大股东的代理问题"。

大股东侵害中小股东利益的主要表现有：①利用关联交易转移资源和操纵利润。例如，一些大股东将上市公司作为他们的"提款机"，低价购买上市公司的优质资产或高价出售劣质资产给上市公司，利用关联交易的价差达到最大化自身利润的目的；②发布虚假信息，虚构利润，操纵股价，欺骗中小投资者；③强迫上市公司为其进行担保或质押；④为大股东派出的高层管理者支付过高的薪酬和津贴；⑤利用不合理的股利政策，掠夺中小股东的既得利益。

在我国独特的制度背景下，国有控股上市公司数量占多数，大股东与中小股东的利益冲突情况尤为突出，如何解决第二类代理问题、保护中小股东利益成为亟待解决的问题。目前，我国主要的投资者保护机制如下：①完善上市公司的治理结构，使董事会、监事会和股东大会三者有效运作，形成强而有力的制约机制。具体而言，首先，优化股权结构。通过国有股减持、退出，引入个人、机构和战略投资者等混合所有制改革，使上市公司股权结构得到逐步优化。产权的多元化能够避免"一股独大"局面，达到维护中小股东权益的目的。其次，健全股东大会制度，采取法律措施增强中小股东的投票权。例如，《公司法》规定，股东大会在选举董事、监事时，可以实行累积投票制，防止大股东利用表决权优势控制选举，弥补"一股一票"表决制度的弊端。再次，规范董事会运作机制，如完善董事会的选举任免机制，提高独立董事在董事会的比重，建立董事的激励机制等。最后，强化监事会监督职能，包括加强立法，建立监事资格认定制度，为监事创造良好的工作环境等。②规范上市公司的信息披露制度，保证信息的完整性、真实性和及时性，切实保护中小股东权益。信息的完整性是指公司应当披露所有影响投资者作出进入或退出决策的信息；信息的真实性是指公司披露的信息应当如实地反映公司运营的客观、真实状况；信息的及时性是指公司应当尽可能快地披露需要公开的信息，以便于投资者迅速地作出决策。同时，监管部门要进一步完善会计准则体系及信息披露规则，加大对信息披露违规行为的处罚力度，并加强对上市公司信息披露的监管。

2. 企业社会责任与利益冲突。古人有云：天下熙熙，皆为利来；天下攘攘，皆为利往。尽管以米尔顿·弗里德曼为代表的传统经济学家仍坚持认为，企业存在的唯一目标是赚取利润，但企业社会责任已成为当今全社会的关注焦点。一些大企业在全球"裁员潮"中向员工承诺"不裁员、不减薪、不减少福利"，在危机中携手员工共克时艰，赢得了社会的赞誉；另一些企业在生产经营过程中，乱排污水、废气和废物，严重污染环境，受到了社会的唾弃。特别是在 20 世纪 90 年代末以来，越来越多的公司在积极探讨什么是公司责任，以及如何承担公司责任，企业社会责任已经成为现代公司行为的一个主流特征。

企业社会责任（corporate social responsibility，CSR），指企业在创造利润、对股东承担责任的同时，还要承担对员工、消费者、社区和环境等的责任。然而，企业承担社会责任和股东财富最大化之间可能存在矛盾。首先，承担社会责任需要花费一定的成本，企业为了弥补成本，就可能需要提高产品的售价，这会使企业在市场竞争中处于不利地位。其次，企业将大量的资金用于慈善捐赠、环境保护等带有社会公益性质的项目，可能会减少利润，这将面临来自资本市场的投资者的较大压力。这是因为，投资者通常是逐利的，他们可能更加青睐于那些能够专注于利润和股价提升的企业，而不是那些承担社会责任相对好的企业。换言之，后者可能会因利润的下降而使得股价下跌。

那么，企业在实现股东财富最大化或企业价值最大化目标时，是否还需要履行社会责任？答案是肯定的。实际上，承担社会责任和实现股东价值最大化息息相关。企业需要为顾客提供质优的产品和服务，否则就会失去顾客或面临顾客的抵制和诉讼，这将使得收入下降、成本上升，最终损害股东利益；企业需要为员工提供安全的工作环境和合理的薪酬福利，否则员工就会失去积极性，劳动生产率下降，产品不合格率上升，最终损害股东利益；企业需要及时履行采购合同，按时支付供应商款项，否则供应商就会提高供货价格，或不再为企业提供赊销信用，最终损害股东利益；企业需要依法经营、依法缴纳税款，否则政府就会处以罚金，甚至取消经营资格，最终损害股东利益；企业需要积极参与社会公益活动，自觉地保护环境，良好的社会形象将提高利益相关者的信任，这有利于公司的可持续发展。

▶▶▶ 课堂小案例

2010 年 7 月 3 日，由于连续降雨造成溶液池区底部黏土层掏空，污水池防渗膜多处开裂，隶属上市公司紫金矿业（601899）的福建紫金矿业紫金山铜矿湿法厂发生渗漏事故。9 100 立方米的污水顺着排洪涵洞流入汀江，导致汀江部分河段严重污染及大量网箱养鱼死亡，但紫金矿业直至 12 日才发布公告，瞒报事故 9 天。事故发生后，福建省环境保护厅给予紫金山铜矿湿法厂行政处罚 44.9768 万元人民币。工厂停产开展全面整改，并依照调查结论承担事故责任和经济赔偿。

资料来源：根据新华网、人民网等相关报道整理。

可见，企业是社会的细胞，离开社会资源，企业的发展就成了无源之水、无本之木，没有一个好的社会环境，企业也难以生存。因此，企业与社会是共荣的关系，市场经济下的企业与社会有着更密切的关系，而不是相对疏远。政府在推动企业自觉承担社会责任的同时，还需要使用法律法规等强制性命令规范企业行为，尽可能地让所有企业分担社会责任成本，维护那些自觉承担社会责任的企业的利益。这些强制性命令包括签订劳动合同、保证产品安全、保护消费者权益、防治污染等。此外，社会公众也可以使用道德评判标准促使企业履行社会责任。

第四节　企业财务管理环境

企业财务管理环境又称理财环境，是指影响企业财务管理的外部条件的总和。财务管理环境是企业开展财务活动的舞台，也是企业财务管理赖以生存的土壤。不同时期、不同国家、不同行业的企业在进行财务管理时通常要面对不同的外部环境。研究财务管理环境，将有利于企业财务人员通过预测外部环境的发展变化，及时作出正确的财务决策，提高财务管理水平。

企业财务管理环境涉及的范围很广，比如一个国家的政治、经济形势，财税政策、产业政策、货币政策等宏观经济政策，金融市场结构和完善程度，行业竞争格局和市场条件等。本书主要讨论企业经营过程中的三个重要的外部环境，即宏观经济环境、财务法律环境和金融市场环境。

一、宏观经济环境

在影响财务管理的各种外部环境中，经济环境通常是最为重要的。经济环境是影响企业财务管理的各项经济因素，包括经济周期、经济发展水平、宏观经济政策及社会通货膨胀水平等。

1. 经济周期。在市场经济条件下，经济发展与运行通常具有一定的波动性，有规律地呈现复苏、繁荣、衰退、萧条，再到复苏的几个阶段循环，这种循环被称为经济周期。经济周期的波动会对企业财务管理产生重要影响。在经济周期的不同阶段，企业应当采用不同的财务管理战略。西方财务学者探讨了经济周期中的财务管理战略，如图 1-4 所示。

一般而言，在经济复苏阶段，市场需求逐步回升，企业应抓住投资机会，开发

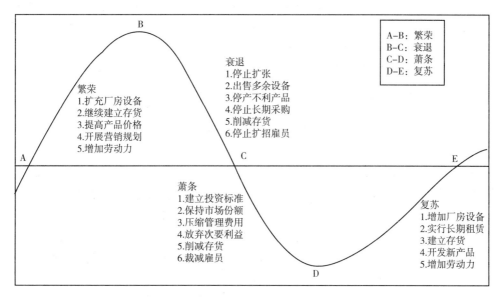

图1-4　经济周期中的财务管理战略

新产品，增加存货，聘请新员工，采用宽松信用条件的应收账款管理政策等策略，为下一阶段的发展奠定基础。在经济繁荣阶段，市场需求旺盛，企业应使用扩张型的财务管理战略，进一步扩充厂房，增添机器，建立存货，增加员工，这就要求企业迅速筹集大量的资金。在经济衰退阶段，市场需求开始萎缩，企业应当收缩投资规模，减少扩张性投资，出售闲置厂房和设备，削减存货，并停止扩招员工，这时企业可以将闲置资金投资一些无风险资产，以获得稳定的投资收益。在经济萧条阶段，百业凋敝，市场需求严重萎缩，企业应进一步地控制资金的流出，削减成本，尽量维持现有规模，保持市场份额，并设置新的投资标准，适当地考虑一些低风险的投资机会。总之，宏观经济存在周期性波动，企业财务人员需要事先预测经济变化情况，及时、适当地调整财务管理策略。

2. 经济发展水平。经济发展水平是一个相对的概念，人们通常将不同的国家划分为发达国家、发展中国家和不发达国家三大类别，在不同类别的国家中，财务管理的发展水平是不同的。例如，在发达国家中，资本的集中和垄断已达到较高程度，经济发展水平处于世界领先地位，新的经济业务、更复杂的经济关系和更完善的生产方式涌现，这必然要求有更先进、更创新、更科学的财务管理方法，这些国家的财务管理水平也就相对较高。发展中国家的经济发展水平较低，经济基础薄弱但发展速度快，财务管理的总体水平也处在快速发展阶段。但是，这些国家的经济政策变更频繁，这给企业的财务管理工作带来相当大的难度，从而使得实务中的企业普遍存在财务管理目标不明确、管理方法落后等问题。不发达国家一般以农业为主要经济部门，工业特别是加工业不发达，企业规模普遍较小，组织结构单一，这就决定了这些国家的企业财务管理呈现低水平、发展缓慢的特征。

可见，企业财务管理和经济发展水平密切相关，经济发展水平越高，财务管理水平也越好。一般而言，财务管理水平的提高，将推动企业降低成本、改进效率、提高效益，从而促进经济发展水平的提高；而经济发展水平的提高，将改变企业的财务战略、财务理念、财务管理模式和财务管理的方式方法，从而促进企业财务管理水平的提高。因此，财务管理应当以经济发展水平为基础，以宏观经济发展目标为导向，从业务工作角度保证企业经营目标和经营战略的实现。

3. 宏观经济政策。宏观经济政策是政府进行宏观经济调控的战略性和策略性手段，包括经济发展计划、产业政策、财政政策、金融政策、外汇政策、货币政策，以及各项行政法规等。政府通过制定宏观经济政策来推动经济增长、控制通货膨胀、提高就业率、维持国际收支平衡等目标的实现。这些宏观经济政策对企业财务管理产生了重要影响。例如，利率政策的变动会影响企业的借款成本和投资报酬率；政府对某一地区或某一行业发展的鼓励和限制，会影响企业的资本投向、信贷的难易程度和预期的经营收益。企业若能顺应宏观经济政策的导向，可以相应获得更多的经济利益。

因此，企业财务人员需要认真研究政府的宏观经济政策，了解宏观经济政策的制定目标，按照政策导向行事，这样就能够趋利除弊。同时，政府会关注经济状况的变化，及时修订经济政策，企业在进行财务决策时，要事先预测宏观经济政策的变化趋势，及时地应对政策变化，这样才能更好地实现企业的财务管理目标。

4. 通货膨胀水平。通货膨胀是指在一段给定的时间内，给定经济体中的物价水平普遍持续增长，从而造成货币购买力的持续下降。通货膨胀是商品社会中一种比较普遍的经济现象，它也给企业财务管理带来多方面的不利影响，主要表现在：（1）增加资金占用，提高企业对资金的需求；（2）虚增企业利润，造成资金因利润分配而流失；（3）引起利率上升，加大企业的资本成本；（4）引起股票、债券等有价证券的价格下跌；（5）资金供应紧张，增加企业的筹资困难；等等。

政府可以通过调整利率及其他货币政策来调节通货膨胀率，但企业本身对控制通货膨胀是无能为力的，财务人员需要及时对物价水平作出客观的预测和判断，采取措施来应对通货膨胀的威胁，积极防范和降低通货膨胀给企业造成的不利影响。例如，在通货膨胀的初期，货币面临着贬值的风险，这时企业可以通过增加投资来避免风险，实现资本的保值增值；与供应商签订长期购货合同，以减少物价上涨造成的损失；借入长期负债，保持资本成本的稳定。在通货膨胀时期，企业可以采用较严格的信用条件，减少企业债权；调整财务政策，防止和减少企业资本流失等。

二、财务法律环境

企业财务管理的法律环境，是指影响企业财务管理的各项法律、法规和规章制度。市场经济是法治经济，企业从事任何财务活动，都应当在国家法律、法规允许的范围之内进行。法律既约束企业的非法经济行为，也为企业从事各种合法经济活动提供保护。

与企业财务管理相关的法律法规可以划分为以下类别。

1. 企业组织法规。企业是依法设立的经济组织，不同类型的企业的设立，适用不同的法律法规。在我国，企业组织法规主要包括《中华人民共和国公司法》《中华人民共和国合伙企业法》《中华人民共和国外商投资法》《中华人民共和国证券法》《中华人民共和国商业银行法》等。这些法规从不同方面规范和制约企业的财务管理行为。例如，《公司法》对公司的设立条件、设立程序、组织结构变更及终止等条件和程序有明确的规定，是公司组织财务活动时必须遵循的最重要的强制性规范。

2. 财会法规。财会法规是各类企业组织财务活动、进行财务管理的基本规范，目的是通过规范企业的财务行为，保证会计信息的真实、完整，维护社会主义市场经济秩序。这些法规主要包括《中华人民共和国会计法》《企业会计准则》《企业数据资源相关会计处理暂行规定》等。财务人员必须按照财务法规的要求处理会计事务、履行财务管理职能，实现企业的财务管理目标。

3. 税收法规。税法即税收法律制度，是国家权力机关和行政机关制定的，用以调整税收关系的法律规范的总称。税法是国家法律的重要组成部分，它通过调整国家与社会成员在征纳税上的权利与义务关系，维护社会经济秩序和税收秩序，是保障国家利益和纳税人合法权益的一种法律规范，是国家税务机关依法征税以及一切纳税单位和个人依法纳税的行为规则。

约束企业财务管理的税收法律法规可划分如下：（1）所得税类，即以企业的所得额为征税对象的税法，包括企业所得税、个人所得税；（2）流转税类，即以企业的销售收入为征税对象的税法，包括增值税、消费税、关税等；（3）资源税类，即以矿产资源和土地资源为征税对象的税法，包括矿产资源税、城镇土地使用税等；（4）财产税类，即以纳税人的财产为征税对象的税法，主要有房产税、契税、车船税等；（5）行为税类，即以纳税人的某种特定行为为征税对象的税法，包括印花税、屠宰税等。

依法纳税是企业在经营过程中应尽的义务。税款是企业的一项资金支出，因此，企业都希望在不违反税法的前提下尽可能地减轻税负。但是，企业只能依靠财务人员在财务活动中精心安排和筹划来减轻税负，而不允许通过偷税、漏税的方式逃避缴纳税款，这就要求财务人员要了解和熟悉税收法律法规，从而更好地为财务管理目标服务。

三、金融市场环境

金融市场是资金供给者与资金需求者实现资金融通的场所。金融市场有广义和狭义之分。广义的金融市场泛指一切资金融通的场所，包括金融机构与金融机构之间、金融机构与投资者之间、投资者与企业之间等所有以货币或资本为交易对象的场所。狭义的金融市场一般指有价证券市场，即以有价证券为对象的交易市场。本教材涉及的金融市场指广义的金融市场。

金融市场与企业的资金运动密切相关，它发挥着调节企业资金余缺的功能。熟悉金融市场的类型、构成和管理规则以及金融工具的使用，将有助于财务人员有效地组织资金的筹集和投资活动。常见的金融市场分类如图1-5所示。

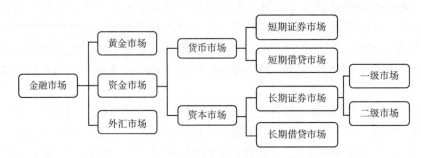

图1-5 金融市场分类

1. 金融市场与企业财务管理。金融市场对企业财务管理的影响主要体现在以下方面。

（1）金融市场为企业筹资和投资提供场所。金融市场上有多种可供交易的金融工具，当企业需要资金时，可以在金融市场上选择合适的筹资方式，保证生产经营的顺利进行；当企业有闲置资金时，可以在金融市场选择合适的投资方式，获取投资回报。

（2）金融市场为企业实现长、短期资金的转化。企业可以将持有的股票和债券等长期资产，在金融市场上出售，转换为现金，也可以将长期票据进行贴现。与此相反，企业也可以通过金融市场购买股票和债券等长期资产，将短期资产转化为长期资产。

（3）金融市场为企业财务管理提供有价值的信息。金融市场上的各类金融资产的价格变动，反映了资金的供求状况、有价证券发行公司的经营状况，以及宏观经济的运行状况等，这些信息是企业进行财务活动的重要依据。

2. 金融市场主体。金融市场由主体、客体和参与者构成。其中，金融市场主体指银行和非银行金融机构，它们承担金融中介的功能，是连接投资者与筹资者的桥梁；金融市场客体指金融市场上的各类金融工具；金融市场参与者指客体的供应者与需求者，也即投资者与筹资者。

在我国，金融机构主要包括商业银行、投资银行、证券公司、保险公司，以及各类基金管理公司等。商业银行的基本功能是吸收存款，集聚社会资本，并将资本以贷款的形式提供给企业等资金需求者。投资银行帮助企业发行债券或股票，在筹资活动中扮演非常重要的角色。我国投资银行的业务主要由证券公司来承担。保险公司和基金管理公司是金融市场中的机构投资者，他们手中聚集着投保人和基金投资者的大量资金，并将资金投资于证券市场，成为公司资金的重要来源之一。同时，机构投资者还通过参与公司治理，对所投资公司的资金运转起着重要的作用。

3. 金融市场工具。金融市场工具也称金融工具，是指资金融通双方在金融市场上进行资金交易、转让的工具。借助金融工具，资金从供给方转移到需求方手上。

财务人员需要熟悉各种金融工具，才能更好地履行财务管理职能。

金融工具按发行和交易场所划分为货币市场工具和资本市场工具两大类。货币市场工具通常指到期日在一年或一年以下的短期证券，主要包括商业汇票、银行汇票、本票、国库券、银行同业拆借、短期债券等。它们由政府、银行及工商企业发行，具有期限短、流动性强、风险小等特征。资本市场工具是公司或政府发行的，期限超过一年的中长期证券，包括普通股、优先股、长期公司债券、国债，以及期货合同、期权合同、可转换债券等衍生金融工具。

金融工具也可以按性质划分为基本金融工具和衍生金融工具两大类。常见的基本金融工具有货币、票据、债券、股票等。衍生金融工具又称派生金融工具，是在基本金融工具的基础上通过特定技术设计形成的新融资工具，如各种远期合约、互换、掉期、资产支持证券等，种类非常复杂、繁多，具有高风险、高杠杆效应的特点。

4. 金融市场利率。利率也称利息率，是利息与本金的比率。利率是金融市场上资金使用权的价格。换言之，资金是一种在资金市场上买卖的特殊商品，利率就是它的价格，资金融通的实质是资金资源通过利率这个价格体系在市场机制作用下进行配置的过程。离开了利率因素，企业就无法作出正确的筹资和投资决策。

一般而言，资金的利率由以下三部分构成。

（1）纯利率。纯利率是指在没有通货膨胀、没有风险情况下的均衡利率。资金的供应量和需求量是影响纯利率的两个基本因素。也就是说，纯利率会随着资金供求的变化不断改变。在实务中，准确测量纯利率是相当困难的，我们通常以没有通货膨胀时期的国库券利率来代表纯利率。

（2）通货膨胀补偿率。通货膨胀补偿率是指由于通货膨胀降低了货币的实际购买力，投资者为补偿其损失而要求的更高利率。这是因为，通货膨胀引起货币贬值，投资的真实报酬率下降，因此他们在给借款人提供资金时，必然要求在纯利率的基础上再加上一定的附加利率来补偿购买力损失。在通货膨胀时期，无风险证券的利率等于纯利率加上通货膨胀补偿率。例如，我国政府发行的国库券的利率就是由这两部分内容组成。

$$短期无风险利率 = 纯利率 + 通货膨胀补偿率 \qquad (1-1)$$

（3）风险补偿率。风险补偿率是指投资者在承担风险的情况下进行投资所要求的除纯利率和通货膨胀补偿率外的额外收益补偿。一般来说，金融工具的风险越大，投资者所要求的投资收益也就越高。金融市场上资金的价格即利率可用以下公式表示：

$$金融工具利率 = 纯利率 + 通货膨胀补偿率 + 风险补偿率 \qquad (1-2)$$

投资金融工具的风险主要包括违约风险、流动性风险和期限风险。违约风险是指借款人无法按照债务合约的要求，按时支付利息和本金而给投资者带来的风险。违约风险的大小与借款人的信用程度相关。借款人如果经常不能按时支付本息，说明该借款人的信用程度低、违约风险高。为了弥补违约风险，借款人必须提高利率，否则投资人不会进行投资，借款人也就无法借到资金。政府发行的国库券的信用度很高，通常被视为没有违约风险，因而利率较低。企业的信用程度可以划分为若干等级，等级越高，信用程度越高，违约风险越低，利率水平也就越低。与之相反，等级越低的企业，信用程度越低，违约风险越高，利率水平也就越高。

▶▶▶ 课堂小案例

假设目前一年期国债的年利率为 4.19%，与该国债的到期日和流动性条件基本相同的 Aaa 级公司债券的利率为 5.44%，Baa 级公司债券的利率为 6.32%。各信用等级债券的利率水平与国债利率水平之间的差额，便是违约风险补偿率。即：

Aaa 级债券的违约风险补偿率 = 5.44% – 4.19% = 1.25%

Baa 级债券的违约风险补偿率 = 6.32% – 4.19% = 2.13%

流动性风险是指一项资产无法迅速转化为现金而给投资者带来的风险。流动性风险与资产的变现能力有关。如果一项资产能迅速转化为现金，说明它的变现能力强，流动性风险小；反之，说明它的变现能力弱，流动性风险大。一般而言，政府债券、大公司的股票和债券的信用好，知名度高，变现能力较强，因此，流动性风险较小。而一些不知名的中小企业发行的证券，变现能力弱，流动性风险很大，就需要提高利率来吸引投资者。在其他因素相同的情况下，流动性风险大与流动性风险小的证券的利率差距大约在 1～2 个百分点，这个利率差距就是流动性风险补偿。

期限风险是指因到期期间长短不同而形成的利率变化的风险。一项负债的到期期间越长，债权人面临的不确定因素就会越多，其遭受损失的风险就越大。期限风险补偿（或溢价）是对投资者承担期限风险的一种补偿。例如，政府同期发行的国债，5 年期的利率比 3 年期的利率高；银行的贷款利率也一样，长期贷款利率一般要比短期贷款利率高。这个利率差距就是期限风险补偿。虽然在利率激烈波动的时期，短期利率可能会高于长期利率，但这只是偶然的情况，从长期来看，上述结论是可靠的。

因此，影响某一金融工具的利率主要有以上五大因素，可以用式（1-3）来表示。企业财务人员只要在事前合理地预测和评估上述因素，便能比较合理地测定利率水平，并据此合理、科学地组织财务活动。

金融工具利率 = 纯利率 + 通货膨胀补偿率 + 违约风险补偿率
+ 流动性风险补偿率 + 期限风险补偿率　　　　（1-3）

【例题 1-1】目前一年期国债的年利率为 4%，本年无通货膨胀，预计下一年度的通货膨胀率是 5%。假设某一公司债券的违约风险补偿率为 2%，流动性风险补偿率为 1%，期限风险补偿率为 2%，请计算该债券的利率。

债券利率 = 4% + 5% + 2% + 1% + 2% = 14%

本章思维导图

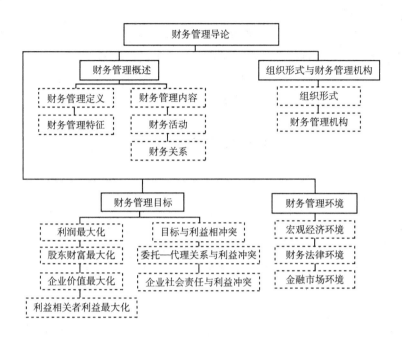

本章概要

本章主要对财务管理进行整体概述，包含企业财务管理的定义、目标及环境等。

1. 财务管理是指企业应用财务学原理，对资金筹集、投向、运用、分配等资金运动进行计划、组织、指挥、协调和控制，其目的是有效地配置资源，以实现企业经营目标的一项经济管理工作。

2. 财务管理是企业管理的重要组成部分，它包含财务活动和企业财务关系两项重要内容。企业财务活动是以现金收支为主的企业资金收支活动的总称，可划分为筹资活动、投资活动、营运活动、分配活动四类；企业财务关系是指企业在组织财务活动过程中与各有关方面发生的经济关系。

3. 有关企业财务管理目标的代表性观点有利润最大化、股东财富最大化、企业价值最大化和利益相关者利益最大化。利润最大化观点认为，利润是衡量企业经营管理水平的标志，利润越大，就越能满足投资者对投资回报的要求。股东财富最大化，指企业通过财务上的合理运营，为股东创造尽可能多的财富。在有效市场假设下，股东财富最大化可演变为股价最大化。企业价值最大化，指企业通过财务上的合理规划，采用最优的财务政策，在保证长期稳定发展的基础上使企业总价值达到最大。利益相关者利益最大化，指企业不能单纯地以实现股东的利益为目标，而应把股东利益置于与其他利益相关者利益相同的地位，即要最大化所有利益相关者的利益。

4. 所有权与经营权分离是现代公司的一个显著特征，股东是委托人，管理者是代理人，股东委托管理者管理公司，这就形成现代公司治理中的委托—代理关系。委托—代理关系引发的利益冲突，以及针对利益冲突问题的有效协调直接关系到财务管理目标的实现。

5. 随着现代公司的发展，公司治理情况发生进一步变化，委托—代理关系不仅出现在股东和管理者之间，还出现在大股东与中小股东之间、股东与债权人之间。

6. 企业财务管理环境又称理财环境，是指影响企业财务管理的外部条件的总和，包括经济环境、法律环境和金融市场环境等。

本章思考和练习题

思考题

1. 财务管理与会计的区别是什么？

2. 为什么股份有限公司的企业组织形式在筹集资金时更有优势？

3. 股东财富最大化目标与利润最大化目标相比有哪些优点？

4. 如何理解企业所有者与经营者的矛盾？如何协调两者之间的矛盾？

5. 经济环境变化对企业财务管理的影响是什么？

练习题

泰辰食品公司由小王、小张、小李共同出资创办，三人平分股权比例。三位创始股东在公司管理方面有许多理念不一致的地方，例如在收益分配上，小张、小李倾向于分红，小王则认为应将企业取得的收益用于扩大再生产，以提高企业的持续发展能力，实现长远利益的最大化。

要求：小王想通过向毕业于财务管理专业的你咨询以下几个问题，进而了解有关公司管理方面的问题。

（1）公司内部的组织结构可以如何设置？

（2）作为公司的财务人员，财务管理的目标是什么？在实现这一目标的过程中，可能遇到的问题有哪些？应如何解决？

（3）小王坚持企业长远发展，而其他股东要求更多分红，你认为小王的目标是否与股东财富最大化的目标相矛盾？

（4）重要利益相关者能否对企业的控制权产生影响？

章后案例

A 商场裁员风波

A 商场是一家老牌商业企业，在行业中一直处于领先地位。近年来，随着战略的调整，A 商场和 B 公司合并建立了 C 公司，但在合并之后，A 商场的经营业绩直线下滑。针对这样的局面，A 商场出于对自身长远发展的考虑，决定裁掉合同到期的员工，以此控制成本，改善经营状况。

20×2年5月17日，A商场里面一片喧闹，门口悬挂着"停止营业"的牌子。许多顾客惊讶地发现，在人流量极大的周末，A商场居然没开门。员工们在一楼营业大厅坐着以示抗议，拒绝让商场开门营业，整个商场内充满着抱怨与责骂的声音。记者采访了一名商场售货员，他说："既然商场要将我们裁掉，干脆罢工好了。"

A商场和员工们各持己见。A商场认为，在当前经营困难的情况下，通过裁员控制成本以避免公司利益受损，是符合市场规则的；而员工们则不能接受自己没有做错事情，却被迫失去工作，因此强烈要求公司提供经济补助。

由于员工群情汹涌，A商场被迫停业10天。在这10天里，公司管理层和员工一直在协商与讨论相关赔偿事项。同时，这场风波也引起社会的多方面关注，政府出面干预，开展调解工作，并对面临失业的员工采取相应的安抚举措。最终，经过A商场董事会商议决定，同意向被裁减员工一次性发放每人1.2万元的经济补助。经过一番努力，裁员风波终于结束，这段时间商场的停业和给予员工的赔偿，让A商场承担了一大笔损失。

资料来源：荆新，王化成，刘俊彦. 财务管理学 [M]. 4版. 北京：中国人民大学出版社，2006：26-29.

思考题

1. 根据以上案例，A商场的财务目标是什么？

2. 谈谈你对A商场在这次裁员风波中决策的评价。

3. 通过A商场案例，你能得到什么启示？

本章教辅资料二维码

练习题答案　　　　章后案例答案　　　　配套课件　　　　进阶习题及答案

第二章　财务分析与预算

【章前引例】

自 2015 年新能源政策实施以来，希和汽车公司制定了"自主研发、自主生产、自主品牌"的发展战略，持续加大整车开发和关键零部件的核心技术研发力度，不断推出更具竞争力的多样化汽车品种，并降低整车制造和开发成本，缩短车型开发周期。同时，公司致力于品牌建设，通过不断优化的产品销售网络和持续提升的产品品质，提高在中国汽车市场的行业地位和市场占有率。但由于规模受到限制无法扩大生产，希和汽车公司需要让潜在的投资者更直观地了解公司的运营、财务状况及发展前景，筹集更多的资金以满足公司日常经营和规模扩张的需求。

问题讨论：

（1）如何构建财务指标，科学地评价希和汽车公司过去和现在有关筹资、投资及经营活动，准确预测和判断其未来的盈利能力、营运能力及偿债能力？

（2）投资者、债权人、经营者及其他利益相关者对公司财务状况的关注点是否相同？如何进行财务分析以满足不同利益相关者的信息需求，进而促使利益相关者作出正确的财务决策？

（3）如何制定财务预算，提高财务控制效率，实现财务资源的过程管理？

【学习目标】

1. 了解企业财务分析的作用、内容、方法、程序和基础。

2. 掌握常见的财务比率的计算方法，理解各财务比率的含义，熟练运用财务比率分析企业偿债能力、营运能力、盈利能力和发展能力。

3. 掌握企业财务趋势分析方法。

4. 掌握企业财务综合分析方法，重点学习杜邦分析法的思路与运用。

5. 了解财务预算的定义和内容，掌握利润预算和财务状况预算的编制。

【本章重点与难点】

重点：了解不同的会计信息使用者进行财务分析的目的；掌握财务分析的内容与方法；掌握企业财务能力分析的常见财务比率的含义与计算公式，熟练运用财务比率进行财务分析；学习和理解财务趋势分析和财务综合分析的思路和方法，其中，企业财务综合分析重点掌握杜邦分析法；掌握企业财务预算的内容和预算表的编制。

难点：财务能力分析中财务比率的计算思路与方法，从偿债能力、营运能力、获利能力和发展能力等方面进行财务分析；运用杜邦分析法进行财务综合分析，以及发现企业经营存在的问题，并提出有效的解决方案；编制资产负债预算表和利润预算表。

第一节　财务分析概述

一、财务分析的定义和作用

1. 财务分析的定义。财务分析是基于财务报告等会计资料，采用专门的分析技术和方法，对企业等经济组织的财务状况、经营成果和现金流量进行分析与评价。

2. 财务分析的作用。财务分析作为企业重要的财务管理活动，是对企业财务报告等会计资料的进一步处理和加工，它的作用主要体现在以下三个方面。

（1）反映财务状况和经营成果。通过财务分析，可以了解企业以往的财务状况、经营策略、现金流量等信息，以及盈利能力和管理水平，也有助于预测企业未来的财务变动趋势。同时，通过对比经营业绩和预期财务目标，可以发现企业经营中存在的问题，充分认识未被利用的人力、物力资源，有助于管理层吸取经验教训，持续改善经营管理水平。

（2）进行业绩考核和评价。通过财务分析，可以开展企业的业绩考核和评价，以此评估各分公司、子公司及职能部门的工作计划的完成情况，考核各单位的经营业绩。这能够提高业绩评价的准确性和效率，有助于企业实现财务管理目标和提高管理效率。

（3）提供决策有用的会计信息。通过财务分析，可以为债权人、投资者、政府部门等利益相关者提供更清晰简洁的会计信息，有助于外部利益相关者了解和评价企业的财务状况、经营成果和现金流量，更好地作出贷款投放、投资、监管等决策。例如，通过财务分析，供应商可以决定是否继续与企业合作，信用评级机构可以对企业进行信用评级，企业也可以了解竞争对手的财务和经营状况，并据此调整企业的经营和发展战略。

二、财务分析的目的

财务分析的目的是向信息使用者提供决策有用的财务信息。财务分析的主体包括管理层、债权人、投资者、政府部门和其他利益相关者。不同的主体对会计信息的使用目的不同，财务分析的侧重点也不同，这导致财务分析的目的具有多样性。

1. 管理层的财务分析目的。管理层主要指企业的经理人员，他们接受所有者的委托对企业进行管理。管理层主要关注企业历史的财务状况、当前的盈利能力和未来的可持续发展能力。管理层的财务分析目的在于，通过财务分析发现企业经营管理中出现的问题，以完善管理方法，提高管理效率。一方面，管理层具有信息获取的优势，可以经常、不定期地获取会计信息，这有助于全面、深入地进行财务分析，提高决策效率。另一方面，管理层具有统筹管理的视角，需要全方面、多角度地分析企业事件，而财务分析提供的信息是管理层分析各事件之间关联的基础，这也可以提高决策效率。

2. 债权人的财务分析目的。债权人是企业重要的利益相关者，通过向企业提供资金与企业产生关联。债权人向企业提供资金的报酬是固定的，它取决于债务合同约定的利率，但债权人承担的风险是不确定的。如果企业经营不善或者破产，可能会丧失债务偿还能力，这将导致债权人无法收回本金和利息，因此，债权人需要关注企业的财务状况，以评估贷款的安全性。对于债权人而言，未来现金流量与偿债能力密切相关，稳定可靠的收益能力能提高债权的安全性，债权人在财务分析时应重点关注企业控制现金流量的能力，以及在复杂经济环境下保持稳定财务状况的能力。此外，债务期限也会影响债权的安全性，与短期债务相比，长期债务的偿债风险更高。因此，短期债权人关注企业的短期资产流动性和资金周转状况，而长期债权人更看重企业的未来的现金流量状况和盈利能力，原因是未来的盈利能力是企业履行债务合同的重要保障。此外，资本结构决定了企业的财务风险，对长期和短期债权的安全性都有重要影响，因而也是债权人关注的重点。

3. 投资者的财务分析目的。投资者通过向企业投入资金，成为企业所有者而与企业产生关联。企业盈利时，所有者可以分享企业经营收益，但要优先支付债务利息和优先股股息；企业亏损时，所有者需要承担企业经营损失；企业清算时，所有者只享有剩余财产分配权，要优先满足债权人和优先股股东等优先权享有者的求偿权。因此，投资者非常关注企业的盈利能力和风险状况，以便全面评估企业的财务状况和经营风险，从而对公司股票进行合理定价，据此作出最优投资决策。企业价值是决定股票价格的基础，它受企业的未来盈利能力、经营风险的影响，这使得投资者的财务分析内容更全面、深入，需要综合考察企业的偿债能力、营运能力、盈利能力、发展前景等多方面的财务比率。

4. 政府部门的财务分析目的。政府部门包括财政部门、税务部门、统计部门、证券监督管理部门等，它们通过监管企业经营与企业产生关联。政府部门的财务分析目的是了解企业的经营管理活动是否合法合规、是否符合监管要求，以便制定更有效的监管政策。例如，税务部门通过财务分析，可以了解企业的收入和纳税情况，监管企业的偷税、漏税行为，也可以为税收政策制定提供更多依据。

三、财务分析的内容

企业财务分析主要包含财务能力分析、财务趋势分析和财务综合分析三个方面的内容。

1. 财务能力分析。

（1）偿债能力。偿债能力是指企业偿还到期债务的能力。通过分析企业的财务报告和其他会计信息，可以了解企业的债务水平和偿还能力，为评估企业财务风险和持续经营能力提供重要信息，有助于管理者控制财务风险、债权人评估债权安全性，以及投资者权衡投资风险。

（2）营运能力。营运能力是指企业对资产的利用和管理能力。资产是企业生产经营活动的经济资源，获得资产收益是企业的经营目的，而对资产的利用和管理能力直接体现企业的收益水平。通过分析企业的营运能力，了解资产使用效率、资产管理水平、资产周转状况等信息，可以评估企业资产的保值和增值情况，不仅为分析盈利能力奠定基础，也为评价管理层的经营管理水平提供依据。

（3）盈利能力。盈利能力是指企业获取收益的能力。获取利润是企业的基本经营目标之一，盈利是企业经营成果的综合体现。管理层、债权人、投资者、政府部门等密切关注企业的盈利能力，它是评估管理层业绩、债权安全性、投资风险、企业监管的重要依据。因此，从资产收益率、股权报酬率、销售利润率、市盈率等多角度进行全面、系统的分析，才能准确地反映企业的盈利能力。

（4）发展能力。发展能力是指企业的成长性或发展潜力。发展潜力是影响企业未来价值的基础，也是决定当前投资价值的重要因素。通过分析企业的发展能力，可以预测企业的经营前景，判断企业的发展潜力，从而增强管理层和债权人等利益相关者对企业经营发展的信心，有助于提升企业价值。

2. 财务趋势分析。财务趋势分析是指通过分析企业多个会计期间的会计资料，了解企业的财务状况，发现企业的经营风险和问题，以判断企业未来的发展趋势，为经营决策提供有用信息。例如，通过分析企业负债金额的变化趋势，可以了解企业的负债金额变化是否对财务风险产生重要影响，从而判断企业的未来偿债能力及未来发展趋势。

3. 财务综合分析。财务综合分析是指通过全面分析和评价企业各方面的财务状况，综合判断企业的收益和风险，以了解企业经营发展水平，为企业改善管理水平、提高收益能力、降低经营风险等提供信息。例如，运用杜邦分析法分析各重要财务比率之间的关系，综合考察企业的财务状况、盈利能力、营运能力和发展能力等，从而更全面地反映企业在生产运营、筹资、投资等活动的效率。

四、财务分析的方法

1. 比较分析法。比较分析法是指将同一企业在不同时期的财务状况或不同企业在同一时期的财务状况进行对比，以找出企业财务状况的差异。比较分析法可分为纵向比较分析法和横向比较分析法两种。

（1）纵向比较分析法。纵向比较分析法是指比较同一企业在不同期间的财务状况，以确定增减变动的方向、数额和幅度，据此揭示企业财务状况发展和变动趋势，具体包括比较财务比率法、比较财务报表法等。

（2）横向比较分析法。横向比较分析法是指比较本企业与同一期间同行业企业的财务状况，以确定本企业与其他企业之间的差异，据此判断企业在财务管理活动中存在的问题。当前的行业分类标准主要有国家统计局制定的《国民经济行业分类与代码》和中国证券监督管理委员会制定的《上市公司行业分类指引》两种，前者按照产品的统一性对行业进行分类，后者则针对在多个行业经营的上市公司，按照来自不同行业的营业收入在公司的地位和重要性进行分类。考虑到公司业务的复杂性和多样性，选择财务分析的行业时，一般以《上市公司行业分类指引》为主（见表2-1）。

表2-1　　　　　　　　　　上市公司行业分类指引（2012版）

行业代码	行业名称
A	农、林、牧、渔业
B	采矿业
C	制造业
D	电力、热力、燃气及水生产和供应业
E	建筑业
F	批发和零售业
G	交通运输、仓储和邮政业
H	住宿和餐饮业
I	信息传输、软件和信息技术服务业
J	金融业
K	房地产业
L	租赁和商务服务业
M	科学研究和技术服务业
N	水利、环境和公共设施管理业
O	居民服务、修理和其他服务业
P	教育
Q	卫生和社会工作
R	文化、体育和娱乐业
S	综合

2. 比率分析法。比率分析法是指根据企业在同一时期的财务报表中各相关项目，计算财务比率，分析揭示企业的财务状况。具体而言，企业的财务比率主要包括结构比率、效率比率和相关比率三大类。

（1）结构比率是反映经济指标的组成部分与总体之间的财务关系的比率，如流动资产与资产总额的比率、流动负债与负债总额的比率等。

（2）效率比率是反映经济活动投入与产出之间的财务关系的比率，可以用来考察经济活动的经济效益、反映企业的盈利能力，如资产报酬率、销售净利率等。

（3）相关比率是反映经济活动中两个或两个以上相关项目比值的财务比率，可以用来分析各经济活动之间的关联、反映企业的财务状况，如流动比率、速动比率等。

五、财务分析的程序

财务分析作为财务管理的重要组成部分，反映企业的财务状况和经营成果，不仅是业绩考核和评价的标准，还可以为管理层、债权人、投资者、政府部门等提供决策有用信息。财务分析活动一般遵循以下程序。

1. 确定财务分析的范围，收集相关分析材料。财务分析的目的是决定财务分析范围的关键，企业需要根据财务分析目的确定所要分析的经营活动的范畴和程度，这决定了收集财务分析材料的广度和深度。管理层与投资者的财务分析目的不同，财务分析的侧重点也不同，前者需要分析全部经营活动，后者则注重企业的盈利能力和风险状况。相对而言，投资者进行财务分析更简单，收集材料更容易。

2. 选择恰当的分析方法，确定合适的财务分析指标。财务分析的范围决定了财务分析方法和财务指标的选择。目前常用的财务分析方法有比较分析法和比率分析法，两种方法各有优劣，可以单独使用，也可以结合使用。企业一般根据财务分析的广度和深度选择恰当的财务分析方法，局部的财务分析可能只采用一种方法，但全面系统的财务分析需要综合运用多种方法。而且，财务分析的指标较多，企业需要结合财务分析目的和范围选择合适的财务指标。例如，盈利能力分析适合使用资产报酬率等指标，而发展能力分析需要使用资产增长率等指标。此外，通过财务分析可以发现，影响企业财务状况和经营结果的因素包含内部因素和外部因素，如内部的员工能力、治理水平，以及外部的行业竞争、经济政策等。管理者在进行财务分析时，应该结合财务分析的目的和范围，关注主要影响因素，忽视次要因素，这样才能得到正确的财务分析结论，提高财务分析效率。

3. 得出分析结论，提出相关建议。为决策提供有用信息，是财务分析的终极目的。通过财务分析，可以考察企业的财务状况、经营成果及现金流量情况，分析和判断影响企业经营的各类因素，并根据财务分析结论提出决策建议，从而帮助信息使用者提高决策效率。

六、财务分析的基础

财务分析以企业的会计资料为基础。会计资料包括日常核算资料和定期财务报告，且以定期财务报告为主，日常核算资料为辅。定期财务报告是企业根据《企业会计准则》等规定，向投资者、债权人、政府部门等利益相关者提供的反映企业在一定会计期间的财务状况、经营成果、现金流量等信息的文件，帮助信息使用者进行财务分析和作出经济决策。企业的财务报告包括财务报表及其他应当在财务报告中披露的相关信息和资料。财务报表是对企业财务状况、经营成果和现金流量的结构性表述，至少包含资产负债表、利润表、现金流量表、所有者权益变动表和附注，其中，资产负债表、利润表、现金流量表是三张使用最广泛的基本财务报表。

财务报表的格式与行业有关。根据《企业会计准则》的规定，一般企业的财务报表格式与商业银行、证券公司等金融机构不同。本节主要介绍一般企业的资产负债表、利润表和现金流量表。

1. 资产负债表。资产负债表是反映企业在某一特定日期的财务状况的财务报表。资产负债表以"资产 = 负债 + 股东权益"这一会计等式为基本依据，按照一定的分类标准和次序，反映企业在某一特定日期的资产、负债及股东权益的基本状况。

从资产负债表的结构看，主要包括资产、负债和股东权益三大类项目。资产负债表的左方反映企业的资产状况，按照资产流动性（即资产转化为现金的速度及难易程度）从大到小分项列示，上半部分列示各项流动资产及其金额，下半部分列示各项非流动资产及其金额。资产负债表的右方反映企业的负债与股东权益状况，揭示企业资金的来源情况，即来源于债权人和股东的金额。

资产负债表是进行财务分析的重要财务报表，可以提供资产结构、资产流动性、资金来源、负债水平及负债结构等财务信息。通过分析资产负债表，可以了解企业的偿债能力、营运能力等财务状况，为信息使用者提供决策依据。例如，供应商可以根据应付账款的规模，判断企业是否有足够的资金支付货物款项。表 2 - 2 为希和汽车公司 2019 年度的简化资产负债表。

表 2 - 2 　　　　　　　　希和汽车公司 2019 年度资产负债表 　　　　　　　　单位：万元

资产	年末余额	年初余额	负债和股东权益	年末余额	年初余额
流动资产：			流动负债：		
货币资金	8 521	19 797	短期借款	1 500	29 116
以公允价值计量且其变动计入当期损益的金融资产	10 400	2	以公允价值计量且其变动计入当期损益的金融负债		
衍生金融资产	5		衍生金融负债		
应收票据	3 537	15 056	应付票据	10 717	10 017
应收账款	40 224	34 119	应付账款	25 472	23 468
预付账款	275	761	预收账款	165	106
应收利息			应付职工薪酬	2 829	2 422
应收股利			应交税费	393	1 324
其他应收款	275	157	应付利息	9	48
存货	37 212	35 333	应付股利		
持有代售资产			其他应付款	1 645	4 273
一年内到期的非流动资产			持有待售负债		
其他流动资产	1 013	24 421	一年内到期的非流动负债		
应收款项融资	9 100		其他流动负债		
流动资产合计	110 562	129 646	流动负债合计	42 730	70 774
非流动资产：			非流动负债：		
可供出售金融资产			长期借款		

资产	年末余额	年初余额	负债和股东权益	年末余额	年初余额
持有至到期投资			应付债券	25 805	24 338
长期应收款			长期应付款		
长期股权投资	1 986	15 027	专项应付款		
投资性房地产	983	1 052	预计负债		
固定资产	49 093	40 454	递延收益	1 560	1 179
在建工程	5 591	5 445	递延所得税负债		
工程物资			其他非流动负债		
固定资产清理			非流动负债合计	27 365	25 517
生产性生物资产			负债合计	70 095	96 291
油气资产			股东权益：		
无形资产	8 427	7 542	股本	19 365	19 615
开发支出			其他权益工具	7 686	7 686
商誉			资本公积	44 431	44 690
长期待摊费用			其他综合收益		
递延所得税资产	852	1 219	盈余公积	5 166	4 390
其他非流动资产			未分配利润	30 751	27 713
非流动资产合计	66 932	70 739	股东权益合计	107 399	104 094
资产合计	177 494	200 385	负债和股东权益合计	177 494	200 385

2. 利润表。利润表也称损益表，是反映企业在一定期间的经营成果的财务报表。利润表基于"利润＝收入－费用"这一会计等式编制而成。通过分析利润表可以考核企业的利润完成情况，了解企业的盈利能力，分析企业利润变化的原因，预测企业利润的发展趋势，为信息使用者提供决策依据。

利润表一般按照利润的构成项目列示。企业的收入主要包括营业收入（销售收入）、公允价值变动收益、投资收益、资产处置收益、其他收益以及营业外收入；费用支出主要包括营业成本（销售成本）、销售费用、管理费用、财务费用、税金及附加、资产减值损失以及营业外支出等。总收入减去总费用等于利润总额。根据收入与费用的配比方式的不同，企业的利润可分为三个层次：营业利润、利润总额和净利润。营业利润主要反映企业的经营所得，它等于营业收入减去营业成本，扣除税金及附加、销售费用、管理费用、财务费用、资产减值损失，再加上公允价值变动收益、投资净收益、资产处置收益、其他收益等得到的利润；营业利润加上营业外收支净额后就是利润总额，也即税前利润，是计算企业所得税的基础；利润总额扣除所得税费用后的余额就是企业的净利润，这是属于企业所有者的收益。

表2-3为希和汽车公司2019年度的简化利润表，其中，所得税费用是根据企业的适用所得税率及扣除研发费用等项目调整之后的数额。

表 2 - 3 希和汽车公司 2019 年度利润表 单位：万元

项目	本期金额	上期金额
一、营业收入	166 639	138 130
减：营业成本	141 584	114 039
税金及附加	834	640
销售费用	3 280	2 491
管理费用	5 351	5 830
研发费用	4 875	4 797
财务费用*	2 194	535
资产减值损失	391	596
加：公允价值变动收益（损失以"－"号填列）	5	2
投资收益（损失以"－"号填列）	674	197
资产处置损益（损失以"－"号填列）	－15	－1
信用减值损失（损失以"－"号填列）	－578	0
其他收益	939	402
二、营业利润（亏损以"－"号填列）	9 155	9 802
加：营业外收入	46	13
减：营业外支出	166	78
三、利润总额（亏损总额以"－"号填列）	9 035	9 737
减：所得税费用	1 403	1 967
四、净利润（净亏损以"－"号填列）	7 632	7 770
五、其他综合收益的税后净额		
六、综合收益总额	7 632	7 770
七、每股收益		
（一）基本每股收益	0.40	0.41
（二）稀释每股收益	0.40	0.41

注：*公司的财务费用均为利息费用。

3. 现金流量表。现金流量表是以企业的现金及现金等价物为基础编制的财务状况变动表，反映企业在一定会计期间的现金和现金等价物的流入和流出情况，为报表使用者提供了解和评价企业获取现金和现金等价物的能力，并据以预测企业未来的现金流量信息。现金流量表基于收付实现制原则编制，主要反映企业的现金流量状况。明确现金、现金等价物、现金流量的概念，是理解和分析企业现金流量表的基础。

首先，现金流量表中的现金是指企业的库存现金及可以随时用于支付的资金，包括库存现金、银行存款和其他货币资金。但是，银行存款和其他货币资金中不能随时用于支付的部分资金不属于现金，如不能随时支取的定期存款等。

其次，现金流量表中的现金等价物是指企业持有的期限短、流动性强、易于转换为已知金额现金且价值变动风险很小的投资。现金等价物不是现金，但支付能力与现金相似，因而可以视为现金。一项投资被认定为现金等价物，需要满足期限短、流动性强、易于转换为现金、价值变动风险较小等条件。其中，期限短指一项资产从购买日起3个月内到期。现金等价物通常包括3个月内到期的债券投资等，而股权投资的变现金额一般不确定，因此不属于现金等价物。

最后，现金流量是指企业在一定会计期间现金和现金等价物的流入和流出金额。根据现金流量的来源，可以将企业现金流量分为经营活动产生的现金流量、投资活动产生的现金流量，以及筹资活动产生的现金流量三类。其中，经营活动指企业在投资活动和筹资活动以外的所有交易和事项，如提供劳务、接受劳务、支付税款等；投资活动指企业长期资产的购建，以及不包括现金等价物范围内的投资或其处置活动，如购建或处置固定资产、对外长期投资或收回投资等；筹资活动指导致企业资本及债务规模和结构发生变化的活动，如向银行借款或还款、发行股票或债券、支付利息或股利等。

表2-4是希和汽车公司2019年度的现金流量表。

表2-4　　　　　　　　希和汽车公司2019年度现金流量表　　　　　　单位：万元

项目	本期金额	上期金额
一、经营活动产生的现金流量		
销售商品、提供劳务收到的现金	131 478	115 167
收到的税费返还	2 112	2 415
收到的其他与经营活动有关的现金	3 971	3 298
经营活动现金流入小计	137 561	120 880
购买商品、接受劳务支付的现金	91 807	84 646
支付给职工以及为职工支付的现金	21 611	18 046
支付的各项税费	4 168	3 622
支付其他与经营活动有关的现金	8 581	6 847
经营活动现金流出小计	126 167	113 161
经营活动产生的现金流量净额	11 394	7 719
二、投资活动产生的现金流量		
收回投资收到的现金	13 183	
取得投资收益收到的现金	534	174
处置固定资产、无形资产及其他长期资产收回的现金净额	485	5
处置子公司及其他营业单位收到的现金净额		

续表

项目	本期金额	上期金额
收到其他与投资活动有关的现金	61 699	33 700
投资活动现金流入小计	75 901	33 879
购建固定资产、无形资产及其他长期资产支付的现金	16 450	14 865
投资支付的现金		15 000
取得子公司及其他营业单位支付的现金净额		
支付其他与投资活动有关的现金	50 686	53 101
投资活动现金流出小计	67 136	82 966
投资活动产生的现金流量净额	8 765	−49 087
三、筹资活动产生的现金流量		
吸收投资收到的现金		
取得借款收到的现金	34 408	77 739
收到其他与筹资活动有关的现金		
筹资活动现金流入小计	34 408	77 739
偿还债务支付的现金	61 993	24 264
分配股利、利润或偿付利息支付的现金	4 472	3 529
支付其他与筹资活动有关的现金	94	272
筹资活动现金流出小计	66 559	28 065
筹资活动产生的现金流量净额	−32 151	49 674
四、汇率变动对现金及现金等价物的影响	150	466
五、现金及现金等价物净增加额	−11 842	8 772
加：期初现金及现金等价物余额	17 794	9 022
六、期末现金及现金等价物余额	5 952	17 794

第二节　企业财务能力分析

一、偿债能力分析

偿债能力是指企业偿还到期债务的能力，主要分为短期偿债能力和长期偿债能力。管理者、债权人及投资者等都非常重视企业的偿债能力分析，目的是揭示企业的财务风险。

1. 短期偿债能力。短期偿债能力是指企业偿付流动负债的能力。流动负债是企业在 1 年内或超过 1 年的一个营业周期内需要偿付的债务。在资产负债表中，流动资产与流动负债是相互对应的关系。一般而言，企业用现金偿还流动负债，而流动资产的变现能力较强，是偿还流动负债的重要保障。因此，可以通过分析流动资产与流动负债之间的关系来判断企业的短期偿债能力。常见的评价短期偿债能力的财务比率主要有流动比率、速动比率、现金比率等。

（1）流动比率。流动比率是流动资产与流动负债的比值。流动比率越高，表明企业的短期偿债能力越强。流动比率的计算公式为：

$$流动比率 = \frac{流动资产}{流动负债} \qquad (2-1)$$

其中，流动资产主要包括货币资金、以公允价值计量且变动计入当期损益的金融资产、应收及预付款项、存货和 1 年内到期的非流动资产等，一般用资产负债表中期末流动资产总额表示；流动负债主要包括短期借款、以公允价值计量且变动计入当期损益的金融负债、应付及预收款项、各种应交税费、1 年内到期的非流动负债等，一般用资产负债表中期末流动负债总额表示。

【例题 2-1】根据表 2-2 希和汽车公司 2019 年度资产负债表，该公司 2019 年末的流动比率为：

$$流动比率 = \frac{110\ 562}{42\ 730} \approx 2.59$$

结果说明，希和汽车公司每有 1 元的流动负债，就有约 2.59 元的流动资产作为保障，说明希和汽车公司偿还短期债务的能力较强。

流动比率在分析企业短期偿债能力时也有一定局限性。首先，该比率只反映报告日的财务状况，粉饰效应可能较强。例如，对于赊购货物，若人为地把接近年终要进的货推迟到下年初再购买，能够提高流动比率。其次，流动比率高可能是流动资产过多造成的，而流动资产过多的原因可能是企业流动资产的变现能力较差，如持有过多的存货，此时流动比率高并不能说明短期偿债能力强。最后，流动比率未能反映流动资产的内部结构以及企业的资金融通状况，仅从流动比率分析企业短期偿债能力可能得出错误的结论。

（2）速动比率。速动比率是速动资产与流动负债的比值，也称酸性测试比率，其中，流动资产扣除存货后的资产称为速动资产，主要包括货币资金、以公允价值计量且其变动计入当期损益的金融资产、衍生金融资产、应收票据、应收账款等。速动比率的计算公式为：

$$速动比率 = \frac{速动资产}{流动负债} = \frac{流动资产 - 存货}{流动负债} \qquad (2-2)$$

由于速动比率没有包含存货等变现能力较差的流动资产，可以更好地体现企业的短期偿债能力。速动比率越高，表明企业短期偿债能力越强。

【例题 2-2】根据表 2-2 希和汽车公司的 2019 年度资产负债表，该公司 2019 年末的速动比率为：

$$速动比率 = \frac{110\ 562 - 37\ 212}{42\ 730} \approx 1.72$$

上述结果说明，希和汽车公司每1元流动负债，就有约1.72元易于变现的流动资产来抵偿，说明短期偿债能力较强。

与流动比率一样，速动比率也存在缺陷。首先，速动比率只揭示了速动资产与流动负债的关系，是一个静态指标；其次，即使速动比率较高，但若同时存在较多如预付款项等流动性较差的流动资产项目，则企业的短期偿债能力仍然不强。

（3）其他流动性比率。现金及等价物是企业重要的流动资产，会影响企业的现金流量，现金比率、现金流量比率等其他流动性比率也是财务分析的重要内容。

①现金比率。现金比率是企业的现金类资产与流动负债的比值，其中，现金类资产包括库存现金、随时可用于支付的银行存款和现金等价物，即现金流量表中所反映的现金及现金等价物。现金比率的计算公式为：

$$现金比率 = \frac{现金 + 现金等价物}{流动负债} \qquad (2-3)$$

现金是企业偿还债务的最终手段，现金充裕，说明企业直接偿付债务的能力较强，现金不足，可能导致债务偿还困难和企业面临财务困境。因此，现金比率越高，表明企业的短期偿债能力越强。但现金持有具有一定成本，持有现金产生的收益较低，较高的现金比率可能会降低企业资产的收益能力，导致企业的资产管理效率较低。

一般而言，现金比率在20%以上，但现金比率过高，就意味着企业流动资产没有能够得到合理运用。需要注意的是，现金比率未考虑现金流入与流出的时间。

【例题2-3】 根据表2-2和表2-4希和汽车公司2019年度资产负债表和现金流量表，该公司2019年末的现金比率为：

$$现金比率 = \frac{5\ 952}{42\ 730} \approx 0.14$$

上述结果表明，希和汽车公司每1元流动负债，仅有约0.14元的现金类资产作为偿付保障，这说明公司直接偿付流动负债的能力较差。

②现金流量比率。现金流量比率是企业经营活动产生的现金流量净额与流动负债的比值。其中，经营活动产生的现金流量净额是指经营活动现金流入与流出之差；企业的经营活动指企业投资活动和筹资活动以外的所有交易和事项，如提供劳务、接受劳务、支付税款等。现金流量比率的计算公式为：

$$现金流量比率 = \frac{经营活动产生的现金流量净额}{流动负债} \qquad (2-4)$$

现金流量比率越高，说明企业的短期债务偿还能力越强。现金流量比率旨在从动态角度，反映本期经营活动所产生的现金净流量用以抵付流动负债的能力，而流动比率、速动比率、现金比率则从静态的角度反映企业偿还短期债务的能力。此外，经营活动产生的现金流量反映上一个会计期间的现金流量，而流动负债反映下一个会计期间企业需要偿还的债务数量，也即以历史的现金流量水平来评估未来的短期偿债能力，两者属于不同会计期间，使用时需要关注会计期间的影响。

一般而言，当经营现金流量比率低于50%时，表明企业的债务偿还风险较高，可能存在较大的财务问题。管理层需要重点关注企业的财务状况，以改善企业的财务管理效率。

【例题2-4】根据表2-2和表2-4希和汽车公司2019年度资产负债表和现金流量表，该公司2019年末的现金流量比率为：

$$现金流量比率 = \frac{11\ 394}{42\ 730} \approx 0.27$$

上述结果说明，每1元流动负债有约0.27元经营活动产生的现金流量作为偿付保障，说明公司的财务状况不佳，债务偿还风险较高，可能存在较大的财务问题。

2. 长期偿债能力。长期偿债能力是指企业偿还长期债务的能力。企业的长期债务主要包括长期借款、应付债券、长期应付款、专项应付款、预计负债、递延所得税负债、其他非流动负债等。长期偿债能力反映企业在较长期间的财务风险，是长期债权人和所有者关注的重要内容。长期偿债能力的衡量指标主要分为债务类指标、收益类指标和权益类指标三类。

（1）债务类指标。债务类指标主要从债务的角度反映企业的长期债务偿还能力，包含资产负债率、产权比率、有形净值债务率、偿债保障比率四个指标。

①资产负债率。资产负债率也称负债比率或举债经营比率，是企业负债总额与资产总额的比率。其计算公式为：

$$资产负债率 = \frac{负债总额}{资产总额} \times 100\% \tag{2-5}$$

资产负债率反映企业偿还债务的综合能力，资产负债率越高，表明企业的债务偿还能力越差，财务风险越大。

【例题2-5】根据表2-2希和汽车公司2019年度资产负债表，该公司2019年末的资产负债率为：

$$资产负债率 = \frac{70\ 095}{177\ 494} \times 100\% \approx 39.49\%$$

上述结果说明，希和汽车公司约有39.49%的资产来源于负债，债务比重较低。

但是，管理层、债权人、投资者对资产负债率的评价不完全相同。

从管理层来看，他们在考虑企业盈利的同时也考虑企业所承担的财务风险。资产负债率是一种财务杠杆，不仅反映企业的长期财务状况，也反映管理者的经营理念。如果企业没有负债经营或者负债比率很低，可能说明管理者比较保守，也可能说明管理者不看好市场前景。但是，企业负债要有一定限度，较高的资产负债率将带来较大的财务风险。如果企业的资产负债率大于1，则说明企业资不抵债，存在倒闭的可能。

从债权人来看，他们关心贷给企业资金的安全性。资产负债率过高，则说明在全部资产中，股东所提供的资本的比重较低，这时企业财务风险的主要承担者是债权人，他们无法保障借出款项的安全性。因此，债权人希望较低的资产负债率。

从投资者来看，他们关心投资收益的高低。当企业借款所支付的利息率低于资产报酬率，股东可以通过借款获得更多的投资收益。因此，投资者关心全部资产报酬率是否超过借款的利息率。投资者可以通过借款用较少的资本来取得企业控制权，同时也能获得举债经营的杠杆利益。

那么，企业的资产负债率应该为多少才合适？这没有一个确定的标准。由于企业所处的行业、发展阶段等不同，资产负债率也会存在较大的差异。例如，高速成长期的企业的资产负债率相对较高，所有者可以得到较高的杠杆利益。再如，银行等金融机构因营运方式不同，资产负债率相对较高。管理者在确定企业的资产负债率时，需要审时度势，充分考虑企业的内外部因素。

②产权比率与有形净值债务率。产权比率也称负债股权比率，是负债总额与股东权益总额的比值。产权比率计算公式为：

$$产权比率 = \frac{负债总额}{股东权益总额} \qquad (2-6)$$

产权比率反映了债权人所提供资金与股东所提供资金的对比关系，可以揭示企业的财务风险及股东权益对债务的保障程度。产权比率越低，说明企业的长期财务状况越好，长期债务偿还能力越强，债权的安全性越高，企业的财务风险越小。但较低的产权比率也存在企业未能充分利用债务杠杆利益，收益相对较低的缺点。

【例题 2-6】 根据表 2-2 和表 2-3 希和汽车公司的 2019 年度资产负债表和利润表，该公司 2019 年末的产权比率为：

$$产权比率 = \frac{70\ 095}{107\ 398} \approx 0.65$$

希和汽车公司 2019 年的产权比率约为 0.65，低于 1，说明企业的股东权益大于需要偿还的债务，表明企业的长期偿债能力较强，债权人的权益保障程度较高，贷款所需承担的风险较小。

为了更准确地计算企业的股东权益对债务偿还的保障程度，可以将无形资产从分母中剔除，这样计算出来的企业债务偿还能力更稳健。有形净值债务率，是负债总额与扣除无形资产净值后的股东权益总额的比值。无形资产是指企业拥有或者控制的，没有实物形态的资产，不确定性较高，相对风险较大，不太适合用来偿还债务。有形净值债务率的计算公式为：

$$有形净值债务率 = \frac{负债总额}{股东权益总额 - 无形资产净值} \qquad (2-7)$$

有形净值债务率越低，说明企业的长期债务偿还能力越强，财务风险越小。

【例题 2-7】 根据表 2-2 和表 2-3 希和汽车公司的 2019 年度资产负债表和利润表，该公司 2019 年末的有形净值债务率为：

$$有形净值债务率 = \frac{70\ 095}{107\ 398 - 8\ 427} \approx 0.71$$

理想的有形净值债务率应维持在 1，上述结果表明，希和汽车公司有形净值债务率较低，说明公司的长期债务偿还能力较强，财务风险较小。

③偿债保障比率。偿债保障比率也称债务偿还期，是负债总额与经营活动产生的现金流量净额的比值。偿债保障比率的计算公式为：

$$偿债保障比率 = \frac{负债总额}{经营活动产生的现金流量净额} \quad (2-8)$$

偿债保障比率反映企业使用经营活动产生的现金流来偿还债务的期限。与投资活动和筹资活动相比，经营活动产生的现金流的持续性较强，是企业最主要的长期资金来源。因此，偿债保障比率可以衡量企业使用经营活动所获现金偿还债务的能力。偿债保障比率越低，企业偿还长期债务的期限越短，长期偿债能力越强。

【例题 2 - 8】根据表 2 - 2 和表 2 - 4 希和汽车公司的 2019 年度资产负债表和现金流量表，该公司 2019 年末的偿债保障比率为：

$$偿债保障比率 = \frac{70\ 095}{11\ 394} \approx 6.15$$

上述结果表明，希和汽车公司用其经营活动产生的现金流来偿还债务的期限约为 6.15 天。

（2）收益类指标。收益率指标主要从利息的角度分析企业的债务偿还能力，包含利息保障倍数和现金利息保障倍数两个指标，分别从利润和现金流量两个方面展开分析。

①利息保障倍数。利息保障倍数也称利息所得倍数或已获利息倍数，是税前利润加利息费用之和与利息费用的比值。其中，税前利润指缴纳所得税之前的利润总额；利息费用主要包括财务费用中的利息费用和计入固定资产成本的资本化利息；税前利润与利息费用之和，也称息税前利润。利息保障倍数的计算公式为：

$$利息保障倍数 = \frac{税前利润 + 利息费用}{利息费用} \quad (2-9)$$

利息保障倍数反映了企业盈利能力对债务利息的偿还能力。利息保障倍数越高，说明企业用经营所得偿还债务利息的能力越强。一般来说，企业的利息保障倍数至少要大于 1，这样才能保证企业的经营所得可以偿还利息，这个比率过低则说明企业可能不具有按期偿还债务利息的能力，这会影响债权的安全性，也会增加企业的财务风险。

但利息保障倍数到底多大才合适，没有统一的标准，需要结合企业性质、历史业绩、行业特征等进行综合判断。此外，利润表是基于权责发生制原则编制而成，本期的利息费用不一定是本期实际发生的利息支出，本期的税前利润也不一定是本期经营所获得的现金流入，两者可能存在现金收支不完全匹配的问题，不能清楚反映企业实际支付利息的能力。

【例题 2 - 9】假设希和汽车公司 2019 年利息费用为 2 194 万元，根据表 2 - 3 希和汽车公司 2019 年度利润表，该公司 2019 年末的利息保障倍数为：

$$利息保障倍数 = \frac{9\ 035 + 2\ 194}{2\ 194} \approx 5.12$$

上述结果表明，希和汽车公司的利息保障倍数大于1，说明公司的经营所得足够用来偿还利息，也说明公司按期偿还债务利息的能力较强。

②现金利息保障倍数。现金利息保障倍数是经营活动产生的现金流量净额与现金利息支出、付现所得税之和，再与现金利息支出的比值。其中，现金利息支出是指本期用于偿付利息支付的现金，付现所得税是指本期用于所得税支付的现金。现金利息保障倍数的计算公式为：

$$现金利息保障倍数 = \frac{经营活动产生的现金流量净额 + 现金利息支出 + 付现所得税}{现金利息支出}$$

$$(2-10)$$

现金利息保障倍数反映企业经营活动所获得的现金用于偿还现金利息的能力。现金利息保障倍数越大，说明企业利用经营所得偿付利息的能力越强。而且，从现金角度展开的分析基于收付实现制原则，可以更准确地反映企业实际的利息偿还能力。

【例题2-10】假设希和汽车公司2019年的财务费用和所得税费用均是用现金支付。根据表2-3和表2-4希和汽车公司的2019年度的利润表和现金流量表，该公司2019年末的现金利息保障倍数为：

$$现金利息保障倍数 = \frac{11\ 394 + 2\ 194 + 1\ 403}{2\ 194} \approx 6.83$$

上述结果表明，希和汽车公司2019年经营活动所取得的现金是现金利息支出的约6.83倍，表明公司具有较强的使用经营所得现金偿付利息的能力。

（3）权益类指标。权益类指标主要从股东权益的角度分析企业的债务偿还能力，包含股东权益比率和权益乘数两个指标，两个指标互为倒数。

①股东权益比率。股东权益比率是股东权益总额与资产总额的比率，反映了资产总额中股东投入的比重。股东权益比率的计算公式为：

$$股东权益比率 = \frac{股东权益总额}{资产总额} \times 100\% \qquad (2-11)$$

股东权益比率越大，表明总资产中股东投资的比例越大，通过债务形式取得的资产比例越小，企业的长期债务偿还能力越强。此外，股东权益比率与资产负债率之和等于1，两者从不同的侧面反映企业的长期财务状况，股东权益比率越大，资产负债率就越小，企业的债务偿还能力越强。

【例题2-11】根据表2-2希和汽车公司的2019年度的资产负债表，该公司2019年末的股东权益比率为：

$$股东权益比率 = \frac{107\ 398}{177\ 494} \times 100\% \approx 60.51\%$$

上述结果表明，希和汽车公司的股东权益总额占资产总额的约60.51%，公司能够在一定程度上利用财务杠杆，也可以避免过大的财务风险。

②权益乘数。权益乘数是资产总额与股东权益总额的比值，也即股东权益比率的倒数，反映了企业财务杠杆。权益乘数的计算公式为：

$$权益乘数 = \frac{资产总额}{股东权益总额} \qquad (2-12)$$

权益乘数越大，说明资产总额与股东权益总额的差异越大，所有者投入占公司总资产的比例越小，通过债务获取的资产比例越大，企业的杠杆率越大，财务风险越高，债务偿付压力越大，股东权益的偿付能力越弱。

【例题 2 - 12】 根据表 2 - 2 希和汽车公司的 2019 年度的资产负债表，该公司 2019 年末的权益乘数为：

$$权益乘数 = \frac{177\ 494}{107\ 398} \approx 1.65$$

上述结果表明，希和汽车公司 2019 年资产总额约是股东权益总额的 1.65 倍，公司的权益乘数在合理范围内，这表明公司在合理利用财务杠杆的同时也避免了过大的财务风险。

二、营运能力分析

营运能力反映企业的资产周转速度，可以体现企业的资产管理能力。资产周转速度越快，表明企业的资产管理水平越高，资金利用效率越高。在企业经营过程中，供、产、销三个环节都有资产周转，任何一个环节出现问题，企业的资金周转都可能会受到影响。只有保证各环节资产正常周转，企业才能正常经营。因此，可以通过分析供、产、销各环节的资产周转情况，评价企业的营运能力。当前，评价企业营运能力的财务指标主要有存货周转率、应收账款周转率和资产周转率三类。

1. 存货周转率。存货周转率也称存货利用率，是企业一定时期的销售成本与存货平均余额的比值。存货周转率和存货平均余额的计算公式为：

$$存货周转率 = \frac{销售成本}{存货平均余额} \qquad (2-13)$$

$$存货平均余额 = \frac{期初存货余额 + 期末存货余额}{2} \qquad (2-14)$$

存货周转率反映了在一个会计期间企业存货的周转次数，据此评价企业存货的变现速度和判断企业的存货水平是否过高。存货周转率反映了企业的销售效率和存货使用效率。企业的存货周转率越高，说明存货周转速度越快；而存货变现速度越快，存货占用的营运资本金额就越少，这表明资产流动性较好，资金利用效率较高。相反地，存货周转率过低，说明企业的存货经营和管理可能存在一些问题，如库存管理不善、销售状况不佳等。一般来说，存货周转率越高越好，但过高的存货周转率也有问题，如存货水平太低或存货采购次数过多等。因此，对存货周转率的评价没有确定标准，应当结合企业的实际情况、行业属性、经济状况等因素，具体问题具体分析。

【例题 2-13】 根据表 2-2 和表 2-3 希和汽车公司的 2019 年度资产负债表和利润表，假设营业成本全部为销售成本，且存货数量受季节性因素影响。可以先按月份或季度余额计算各月或各季度的存货平均余额，然后计算年度平均余额，最后根据期初和期末存货余额计算存货平均余额。希和汽车公司 2019 年的存货周转率为：

$$存货周转率 = \frac{141\ 584}{36\ 272.5} \approx 3.90 （次）$$

经过比较，同一个会计期间，同行业企业的存货周转率均值为 4 次，2019 年希和汽车公司存货周转次数约为 3.90 次，与行业水平差异不大，这说明公司销售能力和存货管理水平基本适度。

此外，存货周转天数也可以反映企业存货的周转情况。存货周转天数的计算公式为：

$$存货周转天数 = \frac{360}{存货周转率} = \frac{存货平均余额 \times 360}{销售成本} \qquad (2-15)$$

存货周转天数，是 360 天和存货周转率的比值，也即存货周转率的倒数和 360 的乘积，反映了企业存货周转一次的时间。存货周转天数越少，表明企业的存货周转速度越快。

▶▶▶ 课堂小案例

上市公司獐子岛（证券代码：002069）主营虾夷扇贝等海洋水产养殖和销售，曾因业绩连年高增长而备受投资者的青睐，企业最高市值近 246 亿元。但在近年，獐子岛先后因披露"扇贝跑了""扇贝饿死了"导致业绩巨额亏损引发市场轰动。2014 年 10 月，獐子岛发布公告称，因北黄海遭遇几十年一遇的异常冷水团，公司在 2011 年和 2012 年播撒的、即将进入收获期的 100 多万亩扇贝绝收，公司或亏损 8 亿元。2018 年 1 月，獐子岛再次发布公告称，2017 年降水减少，导致饵料短缺，再加上海水温度异常，大量扇贝饿死。公司当年再次亏损 7.23 亿元。2019 年 11 月，獐子岛再次披露扇贝存货异常、大面积自然死亡的消息，并因扇贝"突然死了"再次收到深交所的关注函，而这已是獐子岛在 2019 年第 7 次被深交所点名。2020 年 6 月，证监会经对獐子岛公司信息披露违法违规行为进行立案调查、审理，查明獐子岛存在财务造假、虚假记载、未及时披露信息等违法事实，对獐子岛公司及控股股东作出罚款和市场禁入的行政处罚。而这几年，投资者对于扇贝的一次次"跑路"也一直在用脚投票。目前，獐子岛的市值缩水了 90%。不论是监管机构还是资本市场，对于扇贝"跑路"都作出了应有的反应和处理。

资料来源：证监会详解獐子岛财务造假案疑团［EB/OL］.（2020-06-25）. https://tv.cctv.com/2020/06/25/VIDEMZgVpl54XSAo3SeXGJJ8200625.shtml.

【例题 2-14】 根据表 2-2 和表 2-3 希和汽车公司的 2019 年度资产负债表和利润表，该公司 2019 年的存货周转天数为：

存货周转天数 $= \dfrac{360}{3.9} \approx 92.31$ （天）

上述结果说明，希和汽车公司存货周转一次需要约 92.31 天。

2. 应收账款周转率。应收账款周转率，是企业一定时期的赊销收入净额与应收账款平均余额的比值。其中，赊销收入净额是指销售收入净额与现销收入的差额；销售收入净额指销售收入扣除销售退回、销售折扣及折让后的余额。应收账款周转率和应收账款平均余额的计算公式如下：

$$应收账款周转率 = \frac{赊销收入净额}{应收账款平均余额} \qquad (2-16)$$

$$应收账款平均余额 = \frac{期初应收账款 + 期末应收账款}{2} \qquad (2-17)$$

当赊销收入净额数据无法从公司外部取得时，一般假设营业收入均为赊销收入净额。

应收账款周转率用来评价企业的应收账款流动性，可以反映企业应收账款的周转速度。应收账款周转率越高，表明企业的应收账款周转速度越快，管理效率越高，变现能力越强，企业资产的流动性越高。

【例题 2-15】根据表 2-2 和表 2-3 希和汽车公司的 2019 年度资产负债表和利润表，假设该公司利润表中，营业收入都是销售收入，该公司 2019 年的应收账款周转率为：

$$应收账款周转率 = \frac{166\ 639}{37\ 171.5} \approx 4.48 （次）$$

上述结果说明，希和汽车公司 2019 年应收账款周转次数约为 4.48 次，而同年度的同行业企业的应收账款平均周转次数为 5 次，说明希和汽车公司应收账款周转率较低，应收账款的周转速度较慢，企业应该加强应收账款管理，争取缩短应收账款收期。

此外，应收账款周转天数也可以反映企业应收账款的周转情况。应收账款周转天数，也即平均收账期，是 360 天和应收账款周转率的比值，也即应收账款周转率的倒数和 360 的乘积。应收账款周转天数的计算公式为：

$$应收账款周转天数 = \frac{360}{应收账款周转率} = \frac{应收账款平均余额 \times 360}{赊销收入净额} \qquad (2-18)$$

应收账款周转天数反映了企业应收账款周转一次所需要的时间。应收账款周转天数越少，表明企业的应收账款周转速度越快，企业应收账款的收账期限越短，管理效率越高。应收账款周转率和应收账款周转天数，是企业制定信用政策的重要依据。

【例题 2-16】根据表 2-2 和表 2-3 希和汽车公司的 2019 年度资产负债表和利润表，该公司 2019 年的应收账款周转天数为：

$$应收账款周转天数 = \frac{360}{4.48} \approx 80.36 （天）$$

上述结果说明,希和汽车公司的应收账款周转一次需要约80.36天,平均收账期也约为80.36天。

3. 资产周转率。资产周转率反映了企业的资产周转速度,包含流动资产周转率、固定资产周转率、总资产周转率三个指标,分别描述企业不同类型资产的周转速度。

(1)流动资产周转率。流动资产周转率是销售收入与流动资产平均余额的比率,反映企业流动资产在一个会计年度内的周转次数。流动资产周转率与流动资产平均余额的计算公式为:

$$流动资产周转率 = \frac{销售收入}{流动资产平均余额} \qquad (2-19)$$

$$流动资产平均余额 = \frac{期初流动资产余额 + 期末流动资产余额}{2} \qquad (2-20)$$

流动资产周转率越高,说明企业流动资产的周转速度越快,企业对流动资产的利用效率越高。但流动资产周转率没有确定的标准,对流动资产周转率的分析,要结合企业性质、历史业绩、行业特征等进行综合判断。

【例题2-17】假设该公司利润表中,营业收入都是销售收入(本案例为制造业企业)。根据表2-2和表2-3希和汽车公司的2019年度资产负债表和利润表,该公司2019年的流动资产周转率为:

$$流动资产周转率 = \frac{166\,639}{120\,104} \approx 1.39(次)$$

上述结果说明,希和汽车公司2019年的流动资产周转次数约为1.39次。

(2)固定资产周转率。固定资产周转率也称固定资产利用率,是企业销售收入与固定资产平均净值的比率,反映企业固定资产的周转速度,主要用于分析厂房、设备等固定资产的周转情况。固定资产周转率与固定资产平均净值的计算公式为:

$$固定资产周转率 = \frac{销售收入}{固定资产平均净值} \qquad (2-21)$$

$$固定资产平均净值 = \frac{期初固定资产净值 + 期末固定资产净值}{2} \qquad (2-22)$$

固定资产周转率越高,说明企业固定资产的周转速度越快,固定资产的利用效率越高,房产、设备等固定资产的管理水平较高。固定资产周转率没有确定的评价标准,但一般而言,较低的固定资产周转率说明企业的资产利用率较低,也可能表明企业的生产效率较低、盈利能力较差。

【例题2-18】根据表2-2和表2-3希和汽车公司的2019年度资产负债表和利润表,假设该公司利润表中,营业收入都是销售收入,该公司2019年的固定资产周转率为:

$$固定资产周转率 = \frac{166\,639}{44\,773.5} \approx 3.72(次)$$

上述结果说明,希和汽车公司2019年的固定资产周转次数约为3.72次。

（3）总资产周转率。总资产周转率也称总资产利用率，是企业销售收入与资产平均总额的比率。其中，销售收入是指销售收入净额，即营业收入扣除销售退回、销售折扣和折让后的净额。总资产周转率和资产平均总额的计算公式为：

$$总资产周转率 = \frac{销售收入}{资产平均总额} \tag{2-23}$$

$$资产平均总额 = \frac{期初资产总额 + 期末资产总额}{2} \tag{2-24}$$

总资产周转率反映企业全部资产的周转速度。总资产周转率越高，说明企业的资产周转速度越快，资产的使用效率越高。一般而言，很难确定总资产周转率是多少才最好，但较低的总资产周转率说明企业利用资产的效率较低，这可能表明企业的经营效率较差，盈利能力较弱。

【例题 2-19】根据表 2-2 和表 2-3 希和汽车公司的 2019 年度资产负债表和利润表，该公司 2019 年的总资产周转率为：

$$总资产周转率 = \frac{166\ 639}{188\ 939.5} \approx 0.88（次）$$

上述结果说明，希和汽车公司 2019 年总资产周转次数约为 0.88 次，而该行业的标准值为 1 次，说明公司的经营效率相对较差，盈利能力相对较弱。

三、获利能力分析

获利能力也称盈利能力，指企业获取利润的能力。获利能力是管理层业绩评价和考核的基础，是偿还债务的保障，是投资者投资收益的来源，也是管理层和企业利益相关者进行财务分析时重点关注的内容。企业的各项经营活动会影响获利能力，这些经营活动既包括经常性的经营活动、对外投资活动等，也包括非经常性的营业外收支等。但是，只有前者会持续、经常地影响企业的盈利，所以，正常的经营活动才是企业进行获利能力分析的重点。

评价企业获利能力的常用指标主要有资产报酬率、股东权益报酬率、销售净利率、成本费用净利率等。对于股份有限公司，获利能力指标还包括每股利润、每股现金流量、每股股利、股利支付率、市盈率等。

1. 资产报酬率。资产报酬率也称资产收益率（return on assets，ROA），是企业在一定会计期间的利润额与资产平均总额的比率，主要用来反映企业的获利能力。资产报酬率没有确定的评价标准，很难确定资产报酬率的最佳水平，但可以通过比较分析法计算资产报酬率的变动趋势，得出当前阶段的资产管理和运营的结论或建议。根据利润的构成，企业利润可分为息税前利润、利润总额和净利润三类，相对应的资产报酬率有资产息税前利润率、资产利润率和资产净利率三个指标。

（1）资产息税前利润率。资产息税前利润率是企业在一定会计期间的息税前利润与资产平均总额的比率。其中，息税前利润（earning before interests and taxes，EBIT）指企业在支付债务利息和所得税之前的利润总额。资产息税前利润率的计算公式为：

$$资产息税前利润率 = \frac{息税前利润}{资产平均总额} \times 100\% \tag{2-25}$$

企业的息税前利润主要有三个作用，即支付债务利息、缴纳税款和向股东分配利润，分别体现企业为债权人、政府部门和所有者创造的报酬水平。由于息税前利润没有扣除债务利息和股东股利，因而不受企业资本结构变化的影响。此外，当企业的资产息税前利润率大于负债利息率时，企业有足够的收益去支付债务利息，所以债权人也可以根据资产息税前利润率来评价企业偿债能力。资产息税前利润率越高，说明企业资产的报酬率越高，企业的盈利能力越强。

【例题2-20】假设希和汽车公司2019年利息费用为2 407万元。根据表2-2和表2-3希和汽车公司的2019年度资产负债表和利润表，该公司2019年的资产息税前利润率为：

$$资产息税前利润率 = \frac{9\,035 + 2\,407}{188\,939.5} \times 100\% \approx 6.06\%$$

上述结果表明，希和汽车公司2019年的资产息税前利润率约为6.06%，说明在该年度，每100元资产可以为股东、债权人和政府共创造6.06元。

（2）资产利润率。资产利润率是企业在一定会计期间的税前利润总额与资产平均总额的比率。资产利润率的计算公式为：

$$资产利润率 = \frac{利润总额}{资产平均总额} \times 100\% \tag{2-26}$$

资产利润率越高，说明企业资产的盈利性越高，企业的获利能力越强，管理层的资产管理效率越高。

【例题2-21】根据表2-2和表2-3希和汽车公司的2019年度资产负债表和利润表，该公司2019年资产利润率为：

$$资产利润率 = \frac{9\,035}{188\,939.5} \times 100\% \approx 4.78\%$$

上述结果表明，希和汽车公司2019年的资产利润率约为4.78%，说明在该年度，每100元资产可以为股东和政府创造4.78元的利润。

（3）资产净利率。资产净利率是企业在一定会计期间的净利润与资产平均总额的比率，用于反映所有者的股权投资回报能力。其中，净利润是企业所有者获得的剩余收益，受企业的经营活动、资本结构、政府部门监管政策的影响，也是所有者进行财务分析重点关注的财务指标。资产净利率的计算公式为：

$$资产净利率 = \frac{净利润}{资产平均总额} \times 100\% \tag{2-27}$$

资产净利率越高，企业的获利能力越强，股东的投资回报率越高。

【例题2-22】根据表2-2和表2-3希和汽车公司的2019年度资产负债表和利润表，该公司2019年的资产净利率为：

$$资产净利率 = \frac{7\,632}{188\,939.5} \times 100\% \approx 4.04\%$$

上述结果表明，希和汽车公司 2019 年的资产净利率约为 4.04%，说明公司每 100 元资产可以为股东创造 4.04 元净利润。

2. 股东权益报酬率。股东权益报酬率也称净资产收益率或所有者权益报酬率，是企业在一定会计期间的净利润与股东权益平均总额的比率，可以反映企业股东获取投资报酬的水平。股东权益报酬率的计算公式为：

$$股东权益报酬率 = \frac{净利润}{股东权益平均总额} \times 100\%$$
$$= 资产净利率 \times 平均权益乘数 \tag{2-28}$$

$$股东权益平均总额 = \frac{期初股东权益总额 + 期末股东权益总额}{2} \tag{2-29}$$

股东权益报酬率越高，说明企业的盈利能力越强，股东可以获得的投资回报越多。从股东权益报酬率的构成来看，股东权益报酬率包含资产净利率和权益乘数两部分。因此，提高资产管理效率、增加资产净利率，或提高企业杠杆率、增加权益乘数，都可以有效提高股东权益报酬率，增加股东的股权回报水平，但提高杠杆率会增加企业的财务风险。

【例题 2-23】根据表 2-2 和表 2-3 希和汽车公司的 2019 年度资产负债表和利润表，该公司 2019 年的股东权益报酬率为：

$$股东权益报酬率 = \frac{7\,632}{105\,746} \times 100\% \approx 7.22\%$$

上述结果表明，希和汽车公司的股东每投入 100 元资本，可以获得约 7.22 元的净利润。

3. 利润率。利润率是从成本和收益的角度，分析企业的获利能力，主要包含销售毛利率、销售净利率、成本费用净利率三个指标。

（1）销售毛利率。销售毛利率也称毛利率，是企业的销售毛利与营业收入净额的比率，反映企业的营业收入与营业成本的配比关系。其中，销售毛利是企业营业收入净额与营业成本的差额；营业收入净额是指营业收入扣除销售退回、销售折扣与折让后的净额。销售毛利率的计算公式为：

$$销售毛利率 = \frac{销售毛利}{营业收入净额} \times 100\% = \frac{营业收入净额 - 营业成本}{营业收入净额} \times 100\%$$
$$\tag{2-30}$$

销售毛利率越大，说明营业收入超过营业成本的金额越大，企业的收益获取能力越强。

【例题 2-24】根据表 2-3 希和汽车公司的 2019 年度利润表，该公司 2019 年的销售毛利率为：

$$销售毛利率 = \frac{166\,639 - 141\,584}{166\,639} \times 100\% \approx 15.04\%$$

上述结果表明，希和汽车公司每100元营业收入可以创造约15.04元毛利。

（2）销售净利率。销售净利率是企业净利润与营业收入净额的比率，反映企业通过销售获得收益的能力。销售净利率的计算公式为：

$$销售净利率 = \frac{净利润}{营业收入净额} \times 100\% \tag{2-31}$$

销售净利率越高，说明企业通过销售获取的报酬越多，企业的盈利能力越强。

【例题2-25】 根据表2-3希和汽车公司的2019年度利润表，该公司2019年的销售净利率为：

$$销售净利率 = \frac{7\,632}{166\,639} \times 100\% \approx 4.58\%$$

上述结果说明，希和汽车公司每100元营业收入可以产生约4.58元净利润。

（3）成本费用净利率。成本费用净利率是企业净利润与成本费用总额的比率，反映企业获取报酬而产生的耗费。其中，成本费用是企业为取得利润付出的代价，主要包括营业成本、税金及附加、销售费用、管理费用、财务费用和所得税费用等。成本费用净利率的计算公式为：

$$成本费用净利率 = \frac{净利润}{成本费用总额} \times 100\% \tag{2-32}$$

成本费用净利率越高，说明企业可以较低的耗费产出较高的报酬，说明盈利能力越强。成本费用净利率也体现成本和收益的配比关系，可以用来评价管理层的成本控制能力和经营管理水平。

【例题2-26】 根据表2-2希和汽车公司的2019年度利润表，该公司2019年的成本费用净利率为：

$$成本费用净利率 = \frac{7\,632}{159\,521} \times 100\% \approx 4.78\%$$

结果显示，2019年希和汽车公司每耗费100元可以获取约4.78元净利润。

4. 每股指标。每股指标是以每股普通股为对象，从股东权益的角度，使用每股利润、每股现金流、每股股利等指标，从多个角度反映企业的盈利能力。

（1）每股利润。每股利润也称每股收益或每股盈余，是净利润与优先股股利的差额，再除以发行在外的普通股平均股数的比率，它反映投资普通股所获得的报酬，可以直观地反映公司的盈利能力和股东的股权投资报酬。每股利润和加权平均发行在外的普通股股数的计算公式分别为：

$$每股利润 = \frac{净利润 - 优先股股利}{发行在外的普通股平均股数} \tag{2-33}$$

$$加权平均发行在外的普通股股数$$
$$= \frac{\sum(发行在外的普通股股数 \times 发行在外的月份数)}{12} \tag{2-34}$$

其中，每股利润公式的分母为公司发行在外的普通股平均股数。如果会计期间的普通股数量没有改变，发行在外的普通股平均股数就是年末普通股的总股份数；如果会计期间的普通股数量发生改变，则要使用按月计算的加权平均发行在外的普通股股数。每股利润越高，说明公司的盈利能力越强。此外，公司的股利政策和发行在外流通股数量都会影响每股利润的大小。

【例题 2 – 27】 假设希和汽车公司 2019 年度的普通股股数为 19 000，年度内普通股股数没有变动，总股数变动由发行的优先股数量变动导致。根据表 2 – 2 和表 2 – 3 希和汽车公司的 2019 年度资产负债表和利润表，希和汽车公司 2019 年的每股利润为：

$$每股利润 = \frac{7\ 632}{19\ 000} \approx 0.40 （元）$$

（2）每股现金流量。每股现金流量是经营活动产生的现金流量净额扣除优先股股利后的余额，再除以发行在外的普通股平均股数的比率，反映投资普通股可以通过经营活动产生的现金流量。每股现金流量的计算公式为：

$$每股现金流量 = \frac{经营活动产生的现金流量净额 - 优先股股利}{发行在外的普通股平均股数} \qquad (2-35)$$

同时，每股现金流量越高，说明公司能够支付的现金股利越多。

【例题 2 – 28】 根据表 2 – 3 和表 2 – 4 希和汽车公司的 2019 年度利润表和现金流量表，该公司 2019 年的每股现金流量为：

$$每股现金流量 = \frac{11\ 394}{19\ 000} \approx 0.60 （元）$$

（3）每股股利。每股股利是向普通股股东分配的现金股利总额与普通股总股份数的比率，反映了每股普通股可获取的现金股利金额。每股股利的计算公式为：

$$每股股利 = \frac{现金股利总额 - 优先股股利}{普通股总股数} \qquad (2-36)$$

每股股利越高，说明普通股股东可获得的现金股利越多，股权投资的盈利性越强。此外，每股股利不仅受企业盈利性的影响，还受股利政策和现金流量的影响。

【例题 2 – 29】 假设希和汽车公司 2019 年度分配的现金股利为 4 750 万元，但没有分配优先股股利。根据表 2 – 2 和表 2 – 3 希和汽车公司的 2019 年度资产负债表和利润表，公司 2019 年的每股股利为：

$$每股股利 = \frac{4\ 750}{19\ 000} = 0.25 （元）$$

（4）留存比率。留存比率是留用利润与净利润的比率，反映了企业净利润的留存和股利发放比例。留存比率的计算公式为：

$$留存比率 = \frac{每股利润 - 每股股利}{每股利润} \times 100\% = \frac{净利润 - 现金股利净额}{净利润} \times 100\%$$

$$= \frac{留用利润}{净利润} \times 100\% \qquad (2-37)$$

留存比率与股利支付率之和等于 1。这说明，企业的留存比率越高，分配的股利就越少，留存收益越多。

【例题 2 – 30】 根据表 2 – 3 希和汽车公司的 2019 年度利润表，该公司 2019 年的留存比率为：

$$留存比率 = \frac{0.40 - 0.25}{0.40} \times 100\% = 37.50\%$$

（5）市盈率。市盈率也称价格盈余比率或价格收益比率，是每股普通股股价与每股利润的比率。它体现了投资者愿意为当前公司的 1 元收益支付多少钱，也反映了投资者对公司未来发展前景的预期。市盈率的计算公式为：

$$市盈率 = \frac{每股股价}{每股利润} \qquad (2 – 38)$$

市盈率越高，说明利润占股价的比重越小，股票的市场价格由公司盈利性决定的程度越低，说明投资者越看重企业未来的发展潜力。但是，过高的市盈率也可能表明公司股价偏离公司价值的程度越高，投资风险越大。虽然市盈率没有确定的评价标准，但相对而言，成长性较好和盈利水平较高的公司，未来前景较好，市盈率也相对较高。而且，市盈率的大小受公司成长性、所处行业、经济形势等因素的影响。所以，投资者不能过分依赖市盈率。

【例题 2 – 31】 根据表 2 – 3 希和汽车公司的 2019 年度利润表，该公司股票的市盈率为：

$$市盈率 = \frac{15}{0.40} = 37.5$$

上述结果表明，希和汽车公司股票的市盈率为 37.5，说明公司股价是其盈利的 37.5 倍。

值得注意的是，市盈率只是基于盈利能力的市场估值指标，并不能直接反映企业的盈利性。但根据企业的获利能力，对股票的市场价值进行估值，是投资者进行投资决策的基础。因此，市盈率可以反映公司股价是否符合公司的基本面特征，可用于判断公司股价偏离企业价值的程度，是投资者进行决策的重点参考指标。

四、发展能力分析

发展能力也称成长能力，指企业经营过程中表现出的增长能力。度量企业发展能力的指标有资产增长率、销售增长率、利润增长率和股权资本增长率等。这些指标从不同角度反映企业的成长性和发展潜力，通过分析企业连续多期的发展能力指标，可以评估企业发展的持续性。

1. 资产增长率。资产增长率是企业的本年总资产增长额与年初资产总额的比率，可以反映企业在一个会计期间的资产规模扩张程度。其中，本年总资产增长额为本年资产年末余额与年初余额的差额。资产增长率的计算公式为：

$$资产增长率 = \frac{本年总资产增长额}{年初资产总额} \times 100\% \qquad (2-39)$$

资产增长率越高，说明企业资产规模的增长速度越快，而规模扩张程度加大，将有利于增强企业的市场竞争力。但是，在增加资产数量时，不能忽视资产质量。

【例题 2-32】 根据表 2-2 希和汽车公司的 2019 年度资产负债表，该公司 2019 年的资产增长率为：

$$资产增长率 = \frac{177\ 494 - 200\ 385}{200\ 385} \times 100\% \approx -11.42\%$$

2. 销售增长率。销售增长率是企业的本年营业收入增长额与上年营业收入总额的比率，反映了企业经营活动收益的增长程度。其中，本年营业收入增长额是本年营业收入总额与上年营业收入总额的差额。销售增长率的计算公式为：

$$销售增长率 = \frac{本年营业收入增长额}{上年营业收入总额} \times 100\% \qquad (2-40)$$

销售增长率大于零，表示企业本年营业收入增加，反之则本年营业收入减少。销售增长率越高，企业营业活动收益的增长幅度越大，表明企业的成长性越高，发展前景越好。

【例题 2-33】 根据表 2-3 希和汽车公司的 2019 年度利润表，该公司 2019 年的销售增长率为：

$$销售增长率 = \frac{166\ 639 - 138\ 130}{138\ 130} \times 100\% \approx 20.64\%$$

3. 利润增长率。利润增长率是企业的本年利润总额增长额与上年利润总额的比率，反映了企业获利能力的变化。其中，本年利润总额增长额是本年利润总额与上年利润总额的差额。利润增长率的计算公式为：

$$利润增长率 = \frac{本年利润总额增长额}{上年利润总额} \times 100\% \qquad (2-41)$$

利润增长率越高，说明企业经营活动产生利润的速度越快，企业的发展能力越强。

【例题 2-34】 根据表 2-3 希和汽车公司的 2019 年度利润表，该公司 2019 年的利润增长率为：

$$利润增长率 = \frac{9\ 035 - 9\ 737}{9\ 737} \times 100\% \approx -7.21\%$$

4. 股权资本增长率。股权资本增长率，也称净资产增长率或资本积累率，是企业的本年股东权益增长额与年初股东权益总额的比率，它反映企业当年的股东权益的变化情况。其中，本年股东权益增长额是本年股东权益的年末余额与年初余额的差额。股权资本增长率的计算公式为：

$$股权资本增长率 = \frac{本年股东权益增长额}{年初股东权益总额} \times 100\% \qquad (2-42)$$

股权资本增长率越高，说明企业的资本积累能力越强，发展潜力越大，成长性越好。

【**例题 2 - 35**】根据表 2 - 2 希和汽车公司的 2019 年度资产负债表，该公司 2019 年的股权资本增长率为：

$$股权资本增长率 = \frac{107\ 398 - 104\ 094}{104\ 094} \times 100\% \approx 3.17\%$$

此外，当企业仅采用留存收益进行资本积累时，股东权益增长的持续性较强，这时的股权资本增长率称为可持续增长率，它是企业内在成长能力的体现，主要与股东权益报酬率和留存比率两个因素相关。其中，股东权益报酬率是根据期初股东权益计算的。可持续增长率的计算公式为：

$$可持续增长率 = \frac{净利润 \times 留存比率}{年初股东权益总额} \times 100\%$$
$$= 股东权益报酬率 \times 留存比率$$
$$= 股东权益报酬率 \times (1 - 股票支付率) \quad (2-43)$$

【**例题 2 - 36**】根据表 2 - 2 和表 2 - 3 希和汽车公司的 2019 年度资产负债表和利润表，该公司 2019 年的可持续增长率为：

$$可持续增长率 = 7.22\% \times 37.50\% \approx 2.71\%$$

第三节 企业财务趋势分析

财务趋势分析是指通过比较企业连续几个会计期间的财务报表或财务比率，分析企业财务状况的变动趋势，并预测企业未来的财务状况和发展前景。财务趋势分析的主要方法有比较财务报表、比较财务比率、图解法等。

一、比较财务报表

1. 比较标准财务报表。比较标准财务报表，是比较企业连续几个会计期间的标准财务报表的数据，分析财务报表各项目的增减程度和变更理由，发现企业财务状况的发展趋势。比较标准财务报表需要将连续多个会计期间的财务报表进行并列比较，因此，该分析法也称为"级别分析法"。但是，不同会计期间的财务数据受到会计政策变更、经济环境变动等因素的影响，这可能会降低不同期间数据的可比性。因此，在分析跨期比较财务报表时，需要排除各种非可比因素。

2. 比较同比财务报表。同比财务报表，是将标准财务报表中的数据以百分比的形式展示。比较同比财务报表，指比较财务报表中的以百分比形式表示的财务数据。在资产负债表中，每个项目均以资产的百分比表示；在利润表中，每个项目均以销售额的百分比表示。通过比较各项目的百分比的变化发现企业财务状况的发展趋势。比较同比财务报表既可以用于同一企业在不同会计期间的财务状况的纵向比较，也可以用于不同企业之间或同行业平均值的横向比较。

3. 比较同基财务报表。同基财务报表，是将标准财务报表中的数据以相对基准年度数据的比值的形式展示。同基财务报表数据的计算方法为，选择一个基准年度，然后计算每个项目相对于基准年度数据的比值。比较同基财务报表，指比较企业连续几期的同基财务报表数据，分析财务报表中各项目的增减程度及变动原因，以判断企业财务状况的发展趋势。

4. 同比和同基结合分析。根据前文可知，比较标准财务报表是较为粗略的比较方式；比较同比财务报表考虑企业规模对财务比率变动的影响，可以避免因企业规模扩张引起的财务比率增长；比较同基财务报表考虑时间因素对财务比率变动的影响，可以避免折现率对财务比率的影响。而同比和同基结合分析，是将同比指标再进行同基分析，同时考虑规模变动和资产的时间价值的影响，可以更准确地评估财务比率的变动趋势。

表 2 - 5 是希和汽车公司的比较资产负债表（已简化），它以 2018 年作为基准年度进行对比。考虑到利润表和现金流量表的分析方式与资产负债表相同，仅以比较资产负债表为例。

表 2 - 5　　　　　　　希和汽车公司的比较资产负债表（已简化）

项目	资产（万元）		同比资产（%）		同基资产	同比资产和同基资产结合
	2018 年	2019 年	2018 年	2019 年	2019 年	2019 年
流动资产						
现金	19 797	8 521	15. 26	6. 31	0. 43	0. 41
应收账款	34 119	40 224	26. 31	29. 78	1. 18	1. 13
存货	35 333	37 212	27. 24	27. 56	1. 05	1. 01
流动资产总额	89 249	85 957	68. 81	63. 65	0. 96	0. 92
固定资产						
厂房与设备净值	40 454	49 093	31. 19	36. 35	1. 21	1. 16
资产总额	129 703	135 050	100. 00	100. 0	1. 04	1. 00

注：同比资产（%）数值为对应资产项目占当年度资产总额比例，同基资产的数值为对应资产项目当年度数额除以基数年度数额。同比资产和同基资产结合的数值结果为同比资产（%）数值再进行同基分析，即对应资产的同比资产当年数额除以基数年度数额。

由表 2 - 5 可知，希和汽车公司 2019 年现金同比资产较 2018 年有所下降，说明企业的支付能力有所下降；应收账款与存货同比资产有所增加，同时厂房与设备净值也有所增加，这表明希和汽车公司的生产规模有所扩大。

二、比较财务比率

比较财务比率是对企业连续多个会计期间的财务比率进行比较，分析企业财务变动趋势，以评估企业的财务状况和进行未来的财务预测。首先，不同财务比率的标准化方式不同，通过分析多个财务比率，可以控制企业规模、债务规模、股东权益规模对财务比率变动的影响。其次，财务比率是相对数，通过比较财务比率，可以更直观地判断企业财务的变动趋势。但是，比较财务比率也存在一定的局限性，因为财务比率没有统一的比较标准，一般需要与企业历史财务比率或同期同行业的财务比率均值进行比较，难以判断一些缺失比较标准的企业的财务状况变动趋势。

表2-6是希和汽车公司2018年和2019年的财务比率（已简化）。

表2-6 　　　　　　　　　　希和汽车公司 **2018 年和 2019 年财务比率**

项目	2018 年	2019 年
流动比率	1.83	2.59
速动比率	1.33	1.72
有形净值债务率	1.00	0.71
股东权益比率	51.95%	60.51%
存货周转率	3.47	3.90
应收账款周转率	4.32	4.48
流动资产周转率	1.23	1.39
固定资产周转率	4.03	3.72
成本费用净利率	5.96%	4.78%

由表2-6可见，希和汽车公司2018～2019年的流动比率、速动比率、股东权益比率增加，有形净值债务率降低，这说明公司偿还债务的能力增强且财务风险有所下降；企业存货周转率、应收账款周转率、流动资产周转率有所提高，说明希和汽车公司管理能力有所改善，企业销售状况向好。但同时，希和汽车公司的成本费用净利率有所下降，原因是公司在本年度发生较多的信用减值损失，公司在本年度需要改变信用政策，以减少信用减值损失。

三、图解法

图解法是对企业连续多个会计期间的财务比率进行绘图，并根据图形趋势分析企业的财务状况的变动趋势。这种方法的优点在于，可以更简单直观地反映企业的财务变动情况，更利于会计信息使用者评估企业财务状况，有助于提高信息使用者的决策效率。同时，通过将多个财务比率放到一个图形中进行分析，可以快速地找出变动趋势异常的财务比率，更有效地发现和分析企业财务管理中存在的问题。但是，这种方法也有一定缺陷，比如，一张图中包含的财务比率有限，且不同量纲的财务比率难以放到一张图中进行分析。

图 2-1 是 2015～2019 年希和汽车公司销售毛利率和净利率变动趋势图。

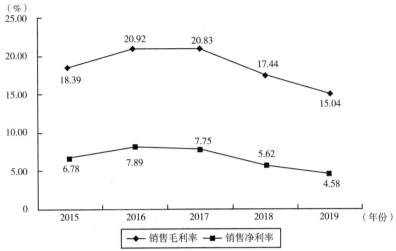

图 2-1　2015～2019 年希和汽车公司的销售毛利率和净利率变动趋势

由图 2-1 可见，希和汽车公司的销售净利率与销售毛利率分别从 2015 年的 6.78% 和 18.39% 上升到 2016 年的 7.89% 和 20.92%，说明公司获取利润的能力在 2016 年有所增强；2017 年两者的变化较小；在 2017～2019 年，销售净利率与销售毛利率持续下降，但是 2019 年的下降趋势有所减缓，这说明公司近年的盈利能力虽有所下降，但公司采取了相应的措施来改变这一局面。

第四节　企业财务综合分析

企业的财务状况受多种因素的影响，无法仅通过一个或一类财务指标，全面完整地评估企业的财务变动情况和经营管理水平。综合多种财务比率进行分析，才能多角度、系统地分析企业的财务变动趋势。当前，常用的财务综合分析方法有财务比率综合评分法和杜邦分析法。

一、财务比率综合评分法

财务比率综合评分法，也称沃尔评分法，是指对选定的多个财务比率进行评分后计算综合评分，据此了解企业的财务状况。这一方法由亚历山大·沃尔提出，他选择流动比率、产权比率、固定资产比率、存货周转率、应收账款周转率、固定资产周转率和股权资本周转率七个指标，并为各项指标分别赋以不同的权重，再以行业均值为基础确定各项指标的标准值，然后比较各项指标的实际值与标准值，得到关系比率，最后将各项指标的关系比率与权重相乘得到总评分。该方法在后续不断发展，成为财务综合分析的重要方法。财务比率综合评分法主要有以下六个步骤。

（1）选择财务比率。要保证所选定的财务比率足够全面和具有代表性，至少选定的财务比率能充分反映企业的偿债能力、营运能力和获利能力，同时为了便于分析，选定的财务比率的变动方向应该相同。

（2）确定标准评分值。根据财务比率的重要性，对不同财务比率分别赋以不同权重的标准评分值，所有选定的财务比率的标准评分值之和应等于100分。

（3）确定评分值范围。规定各项财务比率评分值的上限和下限，即最高评分值和最低评分值，以避免极端值对评价结果的影响。

（4）确定财务比率的标准值。确定各财务比率的最优值，可以综合考虑企业性质、行业属性、经济环境等因素，根据同期同行业的财务比率的均值（可调整）来确定标准值。

（5）计算关系比率。先计算各财务比率的实际值，再计算财务比率实际值和标准值的比率，然后判断财务比率偏离评价标准的程度。

（6）计算综合实际得分。财务比率的实际得分是关系比率和标准评分值的乘积，每项财务比率的得分都不得超过上限或下限，所有财务比率的实际得分的合计数就是企业财务状况的综合得分。实际得分反映了企业的综合财务状况，大于100分，说明企业的财务状况非常理想；等于或接近100分，说明状况良好；远低于100分，说明财务状况较差，企业的财务管理可能存在较大问题，经营管理还有很多地方需要改善。

表2-7是2019年希和汽车公司财务比率综合评分。

表2-7　　　　　　　　　2019年希和汽车公司财务比率综合评分

财务比率	评分值 （1）	上/下限 （2）	标准值 （3）	实际值 （4）	关系比率 （5）=（4）÷（3）	实际得分 （6）=（1）×（5）
流动比率	15	20/10	2.50	2.59	1.04	15.60
速动比率	10	15/5	1.5	1.72	1.15	11.50
存货周转率	12	15/5	4	3.90	0.98	11.76
应收账款周转率	12	15/8	5	4.48	0.90	10.80
固定资产周转率	13	15/8	4	3.72	0.93	12.09
销售净利率	15	20/10	4.50%	4.58%	1.02	15.30
股权报酬率	10	20/8	8.00%	7.22%	0.90	9.00
成本费用净利率	13	18/8	4.50%	4.78%	1.06	13.78
合计	100					99.83

由表2-7可见，希和汽车公司的财务状况综合评分为99.83分，接近100分，表明公司在2019年总体财务状况良好。

财务比率综合评分法的优点在于，可以更加全面、系统地分析企业的财务状况，有助于更准确地评估企业的财务变动趋势。同时，财务比率综合评分的多个步骤需要专业选择和判断，这可以提高该方法的灵活性，因为使用者可以根据自身需求调整各个财务比率的内容和权重，从而更有针对性地根据获取的财务信息进行分析。但是，财务比率综合评分法也有一定缺陷，由于在确定财务比率、标准评分值及范围、财务比率标准值时，都需要主观选择和判断，这使得这一方法具有较强的主观性，分析结果可能不够客观。

二、杜邦分析法

上述方法从不同方面反映企业的财务状况，但存在一个局限性，即无法体现各个财务比率之间的关系。在实践中，企业的财务状况是一个完整的体系，各个因素相互影响，不同财务比率之间具有一定的钩稽关系。因此，不仅要关注某一（些）财务比率的单独变动趋势，还要分析各个财务比率之间的相互影响，这样才能全面地揭示企业财务状况的全貌。

杜邦分析法通过展示多种财务比率之间的互动关系来反映企业的财务状况，是一种评价企业获利能力和股东权益回报水平的方法。这一方法最早由美国杜邦公司提出，故名杜邦分析法。杜邦分析法的基本思路是，以企业净资产收益率（或股东权益报酬率）为分析起点，逐级分解为多项财务比率的乘积，据以深入分析企业的经营业绩。分解方式如下：

$$股东权益报酬率 = \frac{净利润}{股东权益总额}$$

$$= \frac{净利润}{股东权益总额} \times \frac{总资产}{总资产}$$

$$= \frac{净利润}{总资产} \times \frac{总资产}{股东权益总额}$$

$$= 资产净利率 \times 平均权益乘数 \qquad (2-44)$$

$$资产净利率 = \frac{净利润}{总资产}$$

$$= \frac{净利润}{总资产} \times \frac{销售收入}{销售收入}$$

$$= \frac{净利润}{销售收入} \times \frac{销售收入}{总资产}$$

$$= 销售净利率 \times 总资产周转率 \qquad (2-45)$$

其中，"资产净利率 = 销售净利率 × 总资产周转率"为杜邦恒等式。杜邦分析的思路显示，股东权益报酬率会受经营效率（盈利能力）、财务杠杆（权益乘数）和资产管理能力（资产周转率）三个因素的影响。因此，通过提高净利润、增加财务杠杆、加快资产周转速度，可以提高股东权益报酬率。分析结果一般用杜邦系统图来表示。2019 年希和汽车公司的杜邦分析系统图如图 2-2 所示。

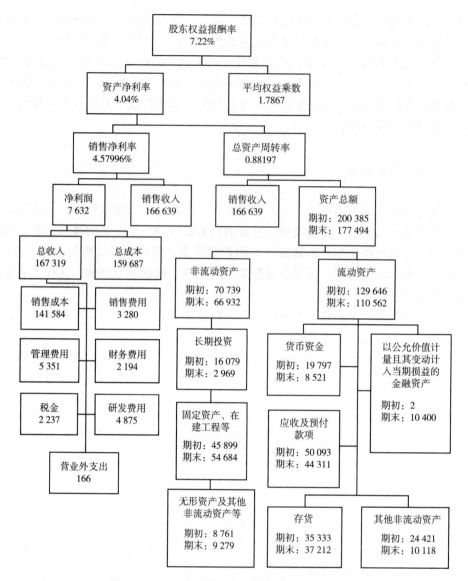

图 2-2　2019 年希和汽车公司的杜邦分析系统图

杜邦分析系统图可以展示四个方面的信息。

（1）股东权益报酬率。股东权益报酬率是一个综合性和代表性都较强的财务比率，也是杜邦系统的核心。实现股东财富最大化是企业财务管理目标之一，而股东权益报酬率反映净利润在股东权益中所占比重，是企业获利能力的重要体现。股东权益报酬率取决于资产净利率和权益乘数，因此可以从经营效率和财务杠杆两个方面展开分析。

（2）资产净利率。资产净利率也是综合性较强的财务比率，可以揭示企业的生产经营活动效率，是体现企业获利能力的重要指标。企业的销售收入、成本费用、资产结构、资产周转速度等因素，都可以影响资产净利率的高低。资产净利率是销售净利率与总资产周转率的乘积，因此可以从销售活动与资产管理两方面展开分析。

（3）销售净利率。销售净利率是企业净利润与销售收入的比率。在正常情况下，净利润会因销售收入增加而增长，但要提高销售净利率，则需要净利润的增长速度大于销售收入的增长速度，这就要求企业降低成本费用、加强成本控制，以提高净利润。

（4）资产结构和周转速度。资产结构是企业各项资产的比重，它不仅反映资产的流动性，还会影响债务偿还能力和获利能力。同时，结合销售收入和资产结构，可以分析存货、应收账款、总资产的周转速度，通过分析资产周转情况和管理水平，来判断企业的获利能力。

杜邦分析法的优点在于，可以全面、系统地揭示企业的财务状况及系统内部各个因素之间的互动关系，全方位、多角度地展现企业的获利能力，提高会计信息使用者的决策效率。而且，杜邦分析法既可以用来分析一个公司的财务状况的变动趋势，也可以用来比较两个公司之间的财务状况差异，但这种方法也有一定局限性。首先，杜邦分析主要反映企业的获利能力，忽视了对偿债能力、营运能力和发展能力的分析，这可能导致对企业实际财务状况的分析存在偏颇。其次，杜邦分析法对获利能力的关注会制约它的适用范围，如它可能不适合更关注企业债务偿还能力的债权人使用。最后，将股东权益报酬率作为财务分析的出发点，可能会忽视其他利益相关者的权益。

第五节　企业财务预算

财务预算是指反映企业某项财务活动的预算，一般包括资产负债预算、利润预算和现金流量预算。本章主要介绍利润预算和资产负债预算，现金流量预算放到第十章讲述。

一、企业财务预算内容

1. 利润预算的内容。利润是企业在一定会计期间的经营成果的综合反映。利润预算主要包括营业利润预算、利润总额预算、税后利润预算和每股收益预算。

（1）营业利润预算。企业的营业利润包括营业收入、营业成本、期间费用、投资收益、资产处置收益等项目，营业利润预算就是对上述项目进行预算。

（2）利润总额预算。利润总额预算是在营业利润预算的基础上，加上营业外收入预算和营业外支出预算。

（3）税后利润预算。基于利润总额预算，加上所得税预算。

（4）每股收益预算。基于税后利润预算，进行基本每股收益和稀释每股收益的预算。

2. 资产负债预算的内容。资产负债预算也称财务状况预算，主要对企业的期末资产、负债和所有者权益的规模及分布进行预算，是全面反映企业财务状况的综合性预算，在一定程度上反映企业在预算期内多种财务结构的预算安排。资产负债预算主要包括短期资产预算、长期资产预算、短期债务资本预算、长期债务资本预算和股权资本预算。

（1）短期资产预算。主要包括货币资金、应收账款、存货等流动性资产项目的预算。

（2）长期资产预算。主要包括长期股权投资、固定资产、无形资产、在建工程等非流动性资产项目的预算。

（3）短期债务资本预算。主要包括短期借款、应付票据、应付账款、应付利息等流动性负债项目的预算。

（4）长期债务资本预算。主要包括长期借款、应付债券、长期应付款等非流动性负债项目的预算。

（5）股权资本预算。主要包括实收资本（股本）、资本公积、盈余公积等所有者权益项目的预算。

二、企业财务预算表的编制

1. 利润预算表的编制。利润预算是一项综合性预算，包含营业利润预算、利润总额预算等多个项目。利润预算可结合企业需求，按照年度或季度编制，也可按照产品或地区分别编制再汇总。为便于分析，利润预算表采用标准利润表的形式呈报。

表 2 - 8 是希和汽车公司 2020 年的利润预算表，其中"上年实际"取自该公司 2019 年度利润表，"本年预算"栏中数据通过营业收入预算、营业成本预算、销售费用预算、管理费用预算、研发费用预算、财务费用预算等取得。希和汽车公司的所得税税率为 25%。

表 2 - 8 　　　　　　　　　**2020 年度希和汽车公司利润预算表** 　　　　　单位：万元

项目	行次	上年实际	本期预算
一、营业收入		166 639	187 200
减：营业成本		141 584	152 500
税金及附加		834	901
销售费用		3 280	4 350
管理费用		5 351	5 615
研发费用		4 875	5 090
财务费用		2 194	2 234
资产减值损失		391	403

续表

项目	行次	上年实际	本期预算
加：公允价值变动收益（损失以"-"号填列）		5	7
投资收益（损失以"-"号填列）		674	792
资产处置损益（损失以"-"号填列）		-15	2
信用减值损失（损失以"-"号填列）		-579	-682
其他收益		939	1 048
二、营业利润（亏损以"-"号填列）		9 155	17 274
加：营业外收入		46	68
减：营业外支出		166	270
三、利润总额（亏损总额以"-"号填列）		9 035	17 072
减：所得税费用		1 403	4 268
四、净利润（净亏损以"-"号填列）		7 632	12 804
五、其他综合收益的税后净额			
六、综合收益总额		7 632	12 804
七、每股收益			
（一）基本每股收益（元）		0.40	0.66
（二）稀释每股收益（元）		0.40	0.66

2. 资产负债预算表的编制。资产负债预算表主要基于实际资产负债表的数据，根据预算期的营业预算、筹资预算和利润预算等资料编制。为了便于比较和分析，资产负债预算表一般用资产负债表的形式呈报。资产负债预算表中的短期资产预算和长期资产预算，分别对应资产负债表中的流动资产和非流动资产；短期债务资本预算和长期债务资本预算分别对应资产负债表中的流动负债和非流动负债；股权资本预算则相当于资产负债表中的股东权益。

表 2-9 是希和汽车公司 2020 年的资产负债预算表，其中"上年实际"取自该公司 2019 年度资产负债表，"本年预算"栏中数据从营业预算、筹资预算等来源取得。假设 2020 年 1 月 1 日流通在外的总股数为 19 365 万股，预计年度无增发新股计划。

表 2-9　　　　　　　**2020 年度希和汽车公司资产负债预算表**　　　　　单位：万元

资产	行次	上年实际	本年预算	负债和股东权益	行次	上年实际	本年预算
流动资产：				流动负债：			
货币资金		8 521	9 350	短期借款		1 500	1 610
以公允价值计量且其变动计入当期损益的金融资产		10 400	11 002	以公允价值计量且其变动计入当期损益的金融负债			

续表

资产	行次	上年实际	本年预算	负债和股东权益	行次	上年实际	本年预算
衍生金融资产		5	6	衍生金融负债			
应收票据		3 537	4 523	应付票据		10 717	11 213
应收账款		40 224	51 101	应付账款		25 472	34 212
预付款项		275	321	预收账款		165	199
应收利息				应付职工薪酬		2 829	3 022
应收股利				应交税费		393	459
其他应收款		274	395	应付利息		9	2
存货		37 212	40 126	应付股利			
持有代售资产				其他应付款		1 646	1 836
一年内到期的非流动资产				持有待售负债			
其他流动资产		1 013	1 231	一年内到期的非流动负债			
应收款项融资		9 100	9 983	其他流动负债			
流动资产合计		110 562	128 038	流动负债合计		42 730	52 553
非流动资产：				非流动负债：			
可供出售金融资产				长期借款			
持有至到期投资				应付债券		25 805	28 769
长期应收款				长期应付款			
长期股权投资		1 986	2 013	专项应付款			
投资性房地产		983	1 034	预计负债			
固定资产		49 093	51 201	递延收益		1 560	2 312
在建工程		5 591	6 231	递延所得税负债			
工程物资				其他非流动负债			
固定资产清理				非流动负债合计		27 365	31 081
生产性生物资产				负债合计		70 095	83 634
油气资产				股东权益：			
无形资产		8 427	9 562	股本		19 365	19 365
开发支出				其他权益工具		7 685	8 120
商誉				资本公积		44 431	50 229
长期待摊费用				其他综合收益			
递延所得税资产		851	998	盈余公积		5 166	5 560
其他非流动资产				未分配利润		30 751	32 169
其他非流动资产合计		66 932	71 039	股东权益合计		107 398	115 443
资产合计		177 494	199 077	负债和股东权益合计		177 494	199 077

　　通过编制资产负债预算表和利润预算表，可以使决策目标具体化、系统化和定量化。财务预算有助于明确相关人员的职责与目标，全面协调各部门、各层次的经济关系和职能，提高企业运营效率。财务预算建立企业财务状况评价的标准，通过实际数字与预算数字的比较，企业可以及时发现问题，调整偏差，使企业的经济活动能够按照预定的目标进行，从而实现财务管理目标。此外，企业财务预算表结合企业的现有资源和未来发展目标，能够向管理人员传递更有效、全面的财务信息，从而帮助管理人员制定决策。例如，资产负债表预算可以为管理人员提供企业预期的财务状况信息，帮助预测未来期间的经营状况，并适时调整和修改经营方案；利润表预算可以用以判断和反映企业当前及未来财务状况的稳定性和流动性，了解企业在预算期的盈利水平，指导和监控投资、筹资、营运和分配等财务管理活动。

第六节　本章实验

实验设计

　　实验部分介绍在计算机环境下建立财务管理模型的一般方法、技术和动态决策的思路，主要包括证券估值、投资决策技术、投资决策实务、长期筹资与资本成本、短期资产管理等财务管理内容。通过结合 Excel 工具，使用模型设计、例题分析及求解、视频演示等方式进行定量分析，帮助读者利用数据进行财务决策分析。

学习目标

　　财务分析是基于财务报告等会计资料，采用专门的分析技术和方法，对企业等经济组织的财务状况、经营管理和现金流量进行分析和评价，在反映财务状况和经营成果、进行业绩考核和评价、提供决策有用的会计信息等方面具有重要作用。本章主要应用 Excel 工具建立财务分析比率模型，并结合企业实践案例计算财务分析比率指标。

计算方法

　　表 2 – 10 是希和汽车公司 2019 年度财务比率分析模型。以下以流动比率为例介绍如何构建财务分析比率模型。

表 2 – 10　　　　　　　　　　　　　　财务比率分析模型

指标名称	指标公式		指标比率
	短期偿债能力比率		
流动比率	流动比率 = $\dfrac{流动资产}{流动负债}$		= bs!C19/bs!F19
速动比率	速动比率 = $\dfrac{速动资产}{流动负债}$		= (bs!C19 – bs!C14)/bs!F19

续表

指标名称	指标公式	指标比率
现金比率	现金比率 = $\dfrac{现金 + 现金等价物}{流动负债}$	= (bs!C5 + bs!C6) /bs!F19
现金流量比率	现金流量比率 = $\dfrac{经营活动产生的现金流量净额}{流动负债}$	= cf!B14/bs!F19
长期偿债能力比率		
资产负债率	资产负债率 = $\dfrac{负债总额}{资产总额}$ × 100%	= bs!F30/bs!C39
产权比率	产权比率 = $\dfrac{负债总额}{股东权益总额}$	= (bs!F19 + bs!F29) /bs!F38
有形净值债务率	有形净值债务率 = $\dfrac{负债总额}{股东权益总额 - 无形资产净值}$	= (bs!F19 + bs!F29) / (bs!F38 − bs!C32)
偿债保障比率	偿债保障比率 = $\dfrac{负债总额}{经营活动产生的现金流量净额}$	= bs!F30/cf!B14
利息保障倍数	利息保障倍数 = $\dfrac{税前利润 + 利息费用}{利息费用}$	= (ic!B20 + ic!B10) /ic!B10
现金利息保障倍数	现金利息保障倍数 = $\dfrac{经营活动产生的现金流量净额 + 现金利息支出 + 付现所得税}{现金利息支出}$	= (cf!B14 + ic!B10 + ic!B21) / ic!B10
股东权益比率	股东权益比率 = $\dfrac{股东权益总额}{资产总额}$ × 100%	= bs!F38/bs!C39
权益乘数	权益乘数 = $\dfrac{资产总额}{股东权益总额}$	= bs!F39/bs!F38
营运能力比率		
存货周转率	存货周转率 = $\dfrac{销售成本}{存货平均余额}$	= ic!B5/C19
存货平均余额	存货平均余额 = $\dfrac{期初存货余额 + 期末存货余额}{2}$	= (bs!B14 + bs!C14) /2
存货周转天数	存货周转天数 = $\dfrac{360}{存货周转率}$	= 360/3.9
应收账款周转率	应收账款周转率 = $\dfrac{赊销收入净额}{应收账款平均余额}$	= ic!B4/C22
应收账款平均余额	应收账款平均余额 = $\dfrac{期初应收账款 + 期末应收账款}{2}$	= (bs!B9 + bs!C9) /2
应收账款周转天数	应收账款周转天数 = $\dfrac{360}{应收账款周转率}$	= 360/4.48
流动资产周转率	流动资产周转率 = $\dfrac{销售收入}{流动资产平均余额}$	= ic!B4/C25
流动资产平均余额	流动资产平均余额 = $\dfrac{期初流动资产余额 + 期末流动资产余额}{2}$	= (bs!B19 + bs!C19) /2

续表

指标名称	指标公式	指标比率
固定资产周转率	$固定资产周转率 = \dfrac{销售收入}{固定资产平均净值}$	$= ic!B4/C27$
固定资产平均净值	$\begin{aligned}固定资产\\平均净值\end{aligned} = \dfrac{期初固定资产净值 + 期末固定资产净值}{2}$	$= (bs!B26 + bs!C26)/2$
总资产周转率	$总资产周转率 = \dfrac{销售收入}{资产平均总额}$	$= ic!B4/C29$
资产平均总额	$资产平均总额 = \dfrac{期初资产总额 + 期末资产总额}{2}$	$= (bs!B39 + bs!C39)/2$
资产息税前利润率	$资产息税前利润率 = \dfrac{息税前利润}{资产平均总额} \times 100\%$	$= (ic!B20 + 2407)/C29$
资产利润率	$资产利润率 = \dfrac{利润总额}{资产平均总额} \times 100\%$	$= ic!B20/C29$
资产净利率	$资产净利率 = \dfrac{净利润}{资产平均总额} \times 100\%$	$= ic!B22/C29$
股东权益报酬率	$股东权益报酬率 = \dfrac{净利润}{股东权益平均总额} \times 100\%$	$= ic!B22/F22$
股东权益平均总额	$\begin{aligned}股东权益\\平均总额\end{aligned} = \dfrac{期初股东权益总额 + 期末股东权益总额}{2}$	$= (bs!E38 + bs!F38)/2$
销售毛利率	$销售毛利率 = \dfrac{销售毛利}{营业收入净额} \times 100\%$	$= (ic!B4 - ic!B5)/ic!B4$
销售净利率	$销售净利率 = \dfrac{净利润}{营业收入净额} \times 100\%$	$= ic!B22/ic!B4$
成本费用净利率	$成本费用净利率 = \dfrac{净利润}{成本费用总额} \times 100\%$	$= ic!B22/SUM(ic!B5:B10, ic!B21)$
每股利润	$每股利润 = \dfrac{净利润 - 优先股股利}{发行在外的普通股数}$	$= ic!B22/F27$
加权平均发行在外普通股股数	$\begin{aligned}加权平均发行在\\外的普通股股数\end{aligned} = \dfrac{\sum\left(\begin{aligned}发行在外的普通股股数\\ \times 发行在外的月份数\end{aligned}\right)}{12}$	19 000
每股现金流量	$\begin{aligned}每股现金\\流量\end{aligned} = \dfrac{经营活动产生的}{现金流量净额} - \dfrac{优先股股利}{发行在外的普通股平均股数}$	$= cf!B14/F27$
每股股利	$每股股利 = \dfrac{现金股利总额 - 优先股股利}{普通股总股数}$	$= ic!B30/F27$
留存比率	$留存比率 = \dfrac{每股利润 - 每股股利}{每股利润} \times 100\%$	$= (ic!B26 - F29)/ic!B26$

续表

指标名称	指标公式	指标比率
市盈率	市盈率 $= \dfrac{每股股价}{每股利润}$	= ic!B29/ic!B26
发展能力比率		
资产增长率	资产增长率 $= \dfrac{本年总资产增长率}{年初资产总额} \times 100\%$	= (bs!F39 − bs!E39)/bs!E39
销售增长率	销售增长率 $= \dfrac{本年营业收入增长额}{上年营业收入总额} \times 100\%$	= (ic!B4 − ic!C4)/ic!C4
利润增长率	利润增长率 $= \dfrac{本年利润总额增长额}{上年利润总额} \times 100\%$	= (ic!B20 − ic!C20)/ic!C20
股权资本增长率	股权资本增长率 $= \dfrac{本年股东权益增长额}{年初股东权益总额} \times 100\%$	= (bs!F38 − bs!E38)/bs!E38
可持续增长率	可持续增长率 $= \dfrac{净利润 \times 留存比率}{年初股东权益总额} \times 100\%$	= F21 × F30

采用 Excel 工具构建流动比率分析模型，主要分为以下三个步骤。

（1）导入数据。流动比率为流动资产和流动负债的比值，这两个数据在资产负债表中，先将资产负债表数据导入 Excel 中，并命名为 bs。

（2）设计计算模型。根据流动比率的计算方法，结合指标在资产负债表中的位置，定义流动比率的计算公式为"bs!C19/bs!F19"，"bs!C19"表示分子"流动资产"在资产负债表的 C19 位置，"bs!F19"表示分母"流动负债"在资产负债表的 F19 位置。

（3）给模型命名。为了简化使财务比率计算公式更直观，可以给单元命名，用名称定义公式。选择【公式】选项卡下的【定义名称】命令可以命名一个单元、一个单元区域，也可以改变或删除一个已有的名称。给单元命名，用名称定义公式，Excel 自动根据名称找出其中的数据进行计算。

其他财务比率的计算模型可以采用类似方式构建，具体模型构建、例题求解、操作过程，可扫描以下二维码。

财务分析与预算 1——
〖例题 2 − 1〗~〖例题 2 − 4〗

财务分析与预算 2——
〖例题 2 − 5〗~〖例题 2 − 12〗

财务分析与预算3——
〖例题2－13〗~〖例题2－19〗

财务分析与预算4——
〖例题2－20〗~〖例题2－31〗

财务分析与预算5——
〖例题2－32〗~〖例题2－36〗

财务分析与预算实验
用 Excel 表

本章思维导图

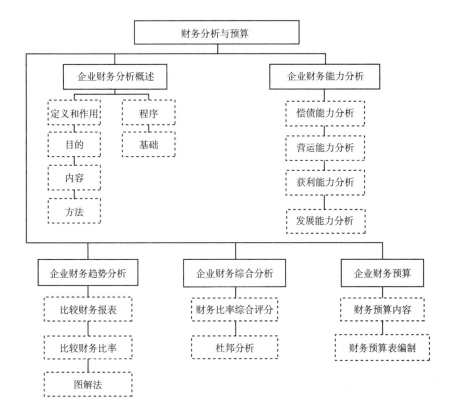

本章概要

本章主要包含财务分析的定义、内容、分析方法及财务预算。

1. 企业财务分析的作用是反映财务状况和经营成果，进行业绩考核和评价，以及提供决策有用的会计信息，具体取决于会计信息使用者的使用需求。财务分析内容主要包括财务能力分析、财务趋势分析和财务综合分析。财务分析方法包括比较分析法与比率分析法。

2. 企业财务能力分析包括偿债能力分析（含短期偿债能力和长期偿债能力）、营运能力分析、获利能力分析和发展能力分析，财务报表使用者一般根据财务比率对企业财务能力进行分析。

3. 财务趋势分析的主要方法包括比较财务报表、比较百分比财务报表、比较财务比率、图解法等。

4. 企业财务综合分析主要有沃尔评分法和杜邦分析法，其中，杜邦分析法以企业净资产收益率（或股东权益报酬率）为分析起点，通过展示多种财务比率的互动关系来反映企业的财务状况。

5. 财务预算包括资产负债预算、利润预算和现金流量预算。编制财务预算表可以帮助管理人员把握企业财务状况，更好地指导和监控财务管理工作。

本章思考和练习题

思考题

1. 简述财务分析的目的。

2. 简述财务分析的方法。

3. 简述财务分析的程序。

4. 简述沃尔评分法的程序。

5. 试说明反映企业发展能力的主要财务比率的含义。

练习题

1. 星辰公司 2023 年末流动资产为 2 000 万元，流动负债为 1 020 万元，存货为 700 万元。请计算该公司 2023 年末流动比率与速动比率。

2. 星辰公司 2023 年营业收入为 9 500 万元，营业成本为 4 200 万元，期初应收账款为 650 万元，存货余额为 590 万元，期末应收账款为 690 万元，存货余额也为 690 万元。请计算星辰公司 2023 年的应收账款周转率和存货周转率。

3. 请计算以下指标：

（1）明珠公司 2023 年息税前利润为 600 万元，利息费用为 100 万元，则公司 2023 年利息保障倍数为多少？

（2）明珠公司 2023 年初存货余额为 550 万元，年末存货余额为 600 万元，销售成本为 3 990 万元，则公司 2023 年存货周转率为多少？

（3）明珠公司的资产增长率为 15%，年初资产总额为 3 500 万元，则年末资产总额为多少？

（4）明珠公司年利润总额为 1 800 万元，净利润为 1 260 万元，年初资产总额为 4 000 万元，年末资产总额为 4 800 万元，则公司资产利润率为多少？

4. 平川公司财务比率信息见表 2 - Ⅰ。

表 2 - Ⅰ   平川公司财务比率

项目	2021 年	2022 年	2023 年
资产负债率	0.60	0.55	0.49
应收账款周转率	11.05	12.28	12.95
存货周转率	5.35	5.61	5.78

试分析平川公司的偿债能力与销售情况。

5. 运达公司 2023 年的销售收入为 62 500 万元，比上年提高 28%，该公司正处于免税期。有关的财务比率如表 2 - Ⅱ所示。

表 2 - Ⅱ   运达公司与行业的财务比率

财务比率	2022 年同行业平均	2022 年本公司	2023 年本公司
应收账款回收期（天）	35	36	36
存货周转率（次）	2.5	2.59	2.11
销售毛利率	38%	40%	40%
营业利润率（息税前）	10%	9.6%	10.63%
销售利息率	3.73%	2.4%	3.82%
销售净利率	6.27%	7.2%	6.81%
总资产周转率（次）	1.14	1.11	1.07
固定资产周转率（次）	1.4	2.02	1.82
资产负债率	58%	50%	61.3%
已获利息倍数	2.68	4	2.78

（1）运用杜邦财务分析原理，比较 2022 年公司与同行业平均的净资产收益率并分析其差异原因。

（2）运用杜邦财务分析原理，比较公司 2023 年与 2022 年的净资产收益率并分析其变化原因。

章后案例

S&S 公司财务比率分析

S&S 飞机公司由克里斯的朋友马克·塞克斯顿和托德·斯托里创立，公司生产和销售轻型飞机，且公司产品在安全性和可靠性方面已经获得很高的评价。S&S 公司有着自己的细分市场，产品主要销售给那些拥有飞机和自己驾驶飞机的客户。该公司有小鸟和鹰两个型号的产品，小鸟的售价为 103 000 美元，而鹰的售价为 178 000 美元。

虽然 S&S 公司生产飞机，但它的经营模式与一般商业飞机公司不同。S&S 公司根据订单生产飞机。通过利用预制部件，公司可以在短短的 5 个星期内完成飞机的制造。公司还从每个订单中收取定金，在订单完成之前还收取一部分货款。相比之下，一般商业飞机公司在收到订单后可能需要 1.5 ~ 2 年进行生产。马克和托德提供以下财务报表（见表 2 - Ⅲ 和表 2 - Ⅳ），并收集轻型飞机制造行业的财务比率（见表 2 - Ⅴ）。

表 2 - Ⅲ   **S&S 飞机公司 2018 年度利润表**   单位：美元

项目	金额
销售收入	46 298 115
减：销货成本	34 536 913
其他费用	5 870 865
折旧	2 074 853
息税前利润	3 815 484
减：利息费用	725 098
税前利润	3 090 386
减：所得税（25%）	772 597
净利润	2 317 789
股利	705 000
留存收益增加	1 612 789

表 2 - Ⅳ   **S&S 飞机公司 2018 年度资产负债表**   单位：美元

项目	资产		项目	负债和所有者权益	
	年初数	年末数		年初数	年末数
流动资产			流动负债		
现金	498 343	524 963	应付账款	623 046	1 068 356
应收账款	789 542	843 094	应付票据	1 866 595	2 439 553
存货	1 024 871	1 235 161	流动负债总计	2 489 641	3 507 909
流动资产总计	2 312 756	2 603 218			
			长期负债	5 700 000	6 300 000
固定资产			所有者权益		
厂房及设备净值	18 898 637	20 381 945	普通股	432 000	460 000
			留存收益	12 589 752	12 717 254
			所有者权益总计	13 021 752	13 177 254
资产总计	21 211 393	22 985 163	负债和所有者权益总计	21 211 393	22 985 163

表 2 - V			轻型飞机制造行业的财务比率			
比率	下四分位数	中位数	上四分位数	比率	下四分位数	中位数	上四分位数
流动比率	0.50	1.43	1.89	负债权益比	0.68	1.08	1.56
速动比率	0.21	0.35	0.62	权益乘数	1.68	2.08	2.56
现金比率	0.08	0.21	0.39	利息保障倍数	5.18	8.06	9.83
总资产周转率	0.68	0.85	1.38	现金覆盖倍数	5.84	9.41	10.27
存货周转率	4.89	6.15	10.89	利润率	4.05	5.10	7.15
应收账款周转率	6.27	9.82	14.11	资产报酬率	6.05	9.53	13.21
总负债比率	0.41	0.52	0.61	权益报酬率	9.93	15.14	19.15

资料来源：斯蒂芬·A. 罗斯（STEPHEN A. ROSS），伦道夫·W. 威斯特菲德尔（RANDOLPH W. WESTERFIELD），布拉德福德·D. 乔丹（BRADFORD D. JORDAN）著；崔方南，谭跃，周卉译. 公司理财（精要版·原书第 12 版）[M]. 北京：机械工业出版社，2020：62.

思考题

1. 请使用 S&S 飞机公司提供的财务报表，计算 2018 年该公司的流动比率、速动比率、现金比率、总负债比率、负债权益比、权益乘数、利息保障倍数、总资产周转率、存货周转率和应收账款周转率。

2. 马克和托德认为比率分析提供对公司业绩的衡量依据。他们选择波音公司为标杆企业。你会选择波音公司为标杆企业吗？为什么？请讨论 S&S 飞机公司运用其他飞机制造商为标杆企业是否合适，如庞巴迪、巴西航空、西锐飞机设计公司和赛斯纳飞机公司。

3. 请将 S&S 飞机公司的业绩同行业数据进行比较。相对于行业而言，为什么财务比率可能被看作是正的或是负的？假设你设计一个存货比率，它以存货除以流动负债来计算。对于这一比率，S&S 飞机公司与同行业的均值比较如何？

本章教辅资料二维码

练习题答案　　　　章后案例答案　　　　配套课件　　　　进阶习题及答案

第三章 货币时间价值

【章前引例】

　　企业财务活动在特定的时空下进行，如果忽视了时间价值因素，就无法正确计算不同时期的财务收支，从而无法有效地评估企业的盈利状况，最终影响企业的财务决策。货币的时间价值原理正是揭示了在不同时点上资金之间的换算关系，为财务决策提供依据。2018 年，传统汽车行业重新"大洗牌"，出现了 28 年以来首次负增长。与此同时，汽车行业的产品、技术、模式及业态经历着一场前所未有的变革，整个车市呈现"新四化"特征，即"电动化、智能化、联网化、共享化"，新能源汽车的产销比上年同期增长约 60%。传统的汽车行业已不能满足消费者的需求。

　　在绿色可持续发展理念的倡导下，以及新能源相关政策的引导下，希和汽车公司进行了创新战略改革，以应对行业发展的"新四化"趋势，提升其在汽车行业的核心竞争优势。在众多决策中，希和汽车公司打算更新一批设备以提高创新能力，现有两种方案可供选择。

　　方案一：一次性购入设备，需付款 100 000 元，设备可用 10 年。

　　方案二：租用设备 10 年，每年年初需支付租金 12 000 元，年利率为 7%。

　　除上述条件外，买与租的其他情况相同。

　　问题讨论：

　　(1) 希和汽车公司应该选择租用还是购买方案?

　　(2) 如何权衡租用与购买两种方案的利弊?

【学习目标】

　　1. 理解货币时间价值的概念以及现金流量时间线。

　　2. 理解复利与单利的概念和区别，并掌握复利终值与复利现值的计算和实践应用。

　　3. 理解年金的概念以及四种年金的区别，并掌握年金终值与现值的计算和实践应用。

　　4. 理解并掌握特殊的时间价值问题。

【本章重点与难点】

　　重点：货币时间价值的概念；复利终值与复利现值的计算和实践应用；年金终值与现值的计算和实践应用；特殊的时间价值问题。

　　难点：货币时间价值的概念；年金终值与现值的计算和实践应用；特殊的时间价值问题。

第一节　时间价值概述

一、时间价值的概念

货币的时间价值是指货币经历一定时间的投资和再投资后所增加的价值，也称为资金时间价值。通俗地说，货币的时间价值是指，今天 1 元钱的价值会超过 1 年以后 1 元钱的价值，即两者产生的经济效用不同。例如，将现在的 1 元钱存入银行，假设存款的年利息率为 10%，那么 1 年后可得到 1.1 元钱。因此，现在的 1 元钱与 1 年后的 1.1 元钱在经济上是等效的，也即现在的 1 元钱比 1 年后的 1 元钱更有价值。同时，现在的 1 元钱在经过 1 年时间的投资后增加了 0.1 元，这就是货币的时间价值。站在股东的角度，股东投资 1 元钱，就失去了当时使用或消费这 1 元钱的机会或权利，按时间来计算这种付出的代价或投资报酬，就称为时间价值（time value）。

但并非所有的货币都具有时间价值，只有将货币作为资金投入经营活动才能产生时间价值。马克思在《资本论》中提出：作为资本的货币，其流通本身就有目的，因为只有在这个不断更新的运动中，才能实现价值增值。如果把它从流通中取出来，那么它就凝固为贮藏货币，即使藏到世界末日，也不会增加分毫。[①] 将货币投入生产经营活动，其金额随时间的推移而不断增长，这显然是一种客观的经济现象。企业投入资金，购买生产所需的资源，然后生产出新的产品，当销售产品得到的收入大于最初的投入，这就实现了资金的增值。资金的周转循环及此期间实现的货币增值，需要一定的时间，每完成一次循环，资金的增值额就会变大。因此，随着时间的延续，资金总量在循环周转中不断增长，从而形成了货币的时间价值。

但是，由于风险与通货膨胀的客观存在，货币在生产经营过程中形成的价值增加并不都是货币的时间价值。在现实经济生活中，企业的经营都具有一定的风险，投资者因承担风险而获得相应的报酬；此外，在通货膨胀的情形下，货币的实际购买力会下降，投资者为补偿损失会要求提高利率，这部分补偿称为通货膨胀贴水。由此可见，货币在生产经营过程中产生的报酬既包括时间价值，也包括货币资金供应者要求的风险报酬和通货膨胀补偿。因此，货币的时间价值是扣除风险报酬及通货膨胀贴水后的真实报酬率。

货币的时间价值有绝对数和相对数两种表现形式。绝对数形式，即时间价值额，是指资金在生产经营过程中形成的真实增值额。相对数形式，即时间价值率，是指时间价值额除以投入资金数额的商。在实务中，人们常常使用利率或报酬率来表示货币的时间价值，也即相对数形式的货币时间价值。需要指出，银行存款利率、贷款利率、股票的股利率等均可视为投资报酬率，但只有在没有风险和通货膨胀的情

---

① 资料来源：马克思恩格斯文集（第5卷）[M]. 北京：人民出版社，2009.

形下，时间价值才完全等于上述各种报酬率。

为了使研究问题一般化，在探讨货币时间价值时，我们通常假定没有风险、没有通货膨胀，并以利率表示时间价值，本章也遵循这一假设。

二、现金流量时间线

货币时间价值的计算是将不同时点上产生的现金流量以同一时点为基础进行转换。因此，在计算前，应该清楚每一笔资金是在哪个时点产生的，以及资金是流入还是流出。现金流量时间线是一种重要的计算货币时间价值的工具，它可以直观地反映现金流量发生的时间及方向。一般的现金流量时间线如图 3-1 所示。

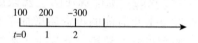

图 3-1 现金流量时间线

在图 3-1 中，横轴为时间轴，箭头所指的方向代表时间的推移。横轴上的坐标代表各个时点，$t=0$ 代表决策时点"现在"，$t=1$，2，…分别代表从现在开始推算的第 1 期期末、第 2 期期末等，以此类推。例如，若以年为单位，则 $t=1$ 和 $t=2$ 可分别表示为从现在起的第 1 年年末和第 2 年年末。由此可知，$t=1$ 也可表示为第 2 年年初，即 $t=0$，$t=1$ 和 $t=2$ 也可分别表示为第 1 期期初、第 2 期期初和第 3 期期初，以此类推。

除非特殊说明，现金流量一般发生在期末。现金流入为正，现金流出为负。图 3-1 中的现金流量时间线表示在 $t=0$ 有 100 单位的现金流入，在 $t=1$ 有 200 单位的现金流入，而在 $t=2$ 有 300 单位的现金流出。

第二节 复利终值与现值

一、复利与单利

复利和单利都是计算利息的方法。单利是指在每个计息期，仅仅对本金计算利息，前期产生的利息在本期不作为本金，不再计算利息。例如，本金为 2 000 元，年利率为 6% 的 5 期单利定期存款，每年的利息收入为 120 元（=2 000×6%），到期时的利息收入为 600 元（=120×5）。

与单利相对的是复利。复利不仅对本金计算利息，前期的利息也要计算利息，逐期滚算，俗称"利滚利"。仍以前面的例子为例，在复利计息下，第 1 年的利息收入依旧为 120 元，但第 1 年产生的 120 元利息将作为本金进入第 2 年的计息，因此，第 2 年的利息收入为 127.20 元 [=（2 000+120）×6%]。以此类推，第 1 年形成的 120 元利息和第 2 年形成的 127.20 元利息也将作为本金进入到第 3 年的计息，即第 3 年的利息为 134.83 元〔 = (2 000 + 120 + 127.20) × 6%〕，第 4 年和第 5 年利息的计算依然如此。

由上述可知，在复利计息下，资金是可以再投资的，充分体现了资金时间价值的含义。虽然在现实经济生活中，仍存在着单利计息的情况，如大部分银行存款的计息，但在现代的理财实务中，若要全面考虑资金的时间价值，则应采用复利计息。

二、复利终值

终值（future value，FV），是指在一定的利率水平下，现在的一笔钱或一系列收付款项在未来某个时间点的价值。换句话说，终值是若干时期后包含本金和利息在内的未来价值，俗称"本利和"。

1. 单期终值。假设你把 100 元存入一个年利率为 20% 的储蓄账户，1 年之后，你能从账户中取出多少钱？答案是 120 元。你在这一年的储蓄期间获得了 20 元的利息，这 120 元就是 100 元在利率为 20% 时投资一年得到的终值。换句话说，在上述的条件下，现在的 100 元相当于 1 年后的 120 元，这体现了货币的时间价值。

【例题 3 - 1】将 200 元存入银行，年利息率为 6%，1 年后能取出多少钱？

$200 + 200 × 6\% = 200 × (1 + 6\%) = 212$（元）

2. 多期终值。回到投资 100 元的例子中，在利率不变的情况下，2 年后能从账户中取出多少钱？答案是 144 元。在第 1 年年末，也就是第 2 年年初，账户中本金加利息的金额为 120 元，在利率仍为 20% 的情况下，第 2 年能收到的利息为 24 元（ = 120 × 20%），因此第 2 年年末的本利和为 144 元（ = 120 + 24）。这个问题也可以看成，在 20% 的利率水平下，现在投资 120 元在 1 年后的终值，这就变成了一个求单期终值的问题。

上述例子可推导出复利终值的计算公式：

第 1 年年末的本利和为：$100 × (1 + 20\%)$

第 1 年年末的本利和将作为第 2 年计息的本金，故，

第 2 年年末的本利和为：$100 × (1 + 20\%) × (1 + 20\%) = 100 × (1 + 20\%)^2$

以此类推，第 2 年年末的本利和将作为第 3 年计息的本金，故，

第 3 年年末的本利和为：$100 × (1 + 20\%)^2 × (1 + 20\%) = 100 × (1 + 20\%)^3$

以此类推，第 n 年年末的本利和为：$100 × (1 + 20\%)^n$

由此，复利终值的计算公式为：

$$FV_n = PV(1 + i)^n \tag{3-1}$$

其中，FV_n 表示复利终值；PV 表示复利现值（也即资金现在的价值，见后续章节）；i 表示利息率；n 表示计息期数。

式（3 - 1）中的 $(1 + i)^n$ 称为复利终值系数（future value interest factor，FVIF），

简写为 $FVIF_{i,n}$ 或 $(F/P, i, n)$。因此，复利终值的计算公式也可表示为：

$$FV_n = PV(1+i)^n = PV \cdot FVIF_{i,n} = PV \cdot (F/P, i, n) \tag{3-2}$$

为了简化计算，可使用复利终值系数表（简称 FVIF 系数表，见本书附录）查找对应的复利终值系数，表 3-1 是复利终值系数表的一小部分。例如，根据表 3-1 可知，利息率为 6%，计息期数为 5 年的复利终值系数 $FVIF_{6\%,5}$ 为 1.338。

表 3-1 　　　　　　　　　　　复利终值系数表（部分）

期数 n	利息率 i					
	5.00%	6.00%	7.00%	8.00%	9.00%	10.00%
5	1.276	1.338	1.403	1.469	1.539	1.611
6	1.340	1.419	1.501	1.587	1.677	1.772
7	1.407	1.504	1.606	1.714	1.828	1.949
8	1.477	1.594	1.718	1.851	1.993	2.144
9	1.551	1.689	1.838	1.999	2.172	2.358
10	1.629	1.791	1.967	2.159	2.367	2.594

【例题 3-2】将 200 元存入银行，年利息率为 6%，按复利计算，5 年后能取出多少钱？

$$FV_5 = PV(1+i)^5 = 200 \times (1+6\%)^5 \approx 267.65 \text{（元）}$$

或查复利终值系数表计算如下：

$$FV_5 = PV \cdot FVIF_{6\%,5} = 200 \times 1.338 = 267.60 \text{（元）}$$

三、复利现值

现值（present value，PV）是指在一定的利率水平下，未来的一笔钱或一系列收付款项在当前的价值。相对于终值"本利和"而言，现值可视为"本金"。由终值求现值的过程，称为折现或贴现，折现时所使用的利息率称为折现率。

1. 单期现值。通过之前的学习，我们大致了解了终值的概念，现在我们来解答一个稍微不同的问题。为了在 1 年后得到 100 元，在利率为 20% 的情况下，需要在账户中存入多少钱？换句话说，在已知终值为 100 元时，求这 100 元的现值。根据复利终值的计算公式可知，现值 $\times(1+20\%)=100$ 元，由此可得现值为 83.33 元。

由上述可知，在一定利率水平下，终值是指现在的钱在未来的价值，而现值是指未来的钱在当前的价值，即复利现值与复利终值是互为逆运算的关系。

【例题 3-3】假设去银行存入一笔钱，希望明年能得到 5 000 元，年利息率为 8%，则现在应存入多少钱？

$$5\,000 \times \frac{1}{1+8\%} \approx 4\,629.631 \text{（元）}$$

2. 多期现值。和计算多期终值一样，我们现在延长计息期数。在利率不变的情况下，为了在 2 年后得到 100 元，现在需要在账户中存入多少钱？即现值 × (1 + 20%) × (1 + 20%) = 100（元），据此可以求出现值为 69.44 元[①]。因此，69.44 元就是为了得到 2 年后的 100 元在今天需要的存款金额。

复利现值的计算公式可由终值的计算公式推导得出。由公式 $FV_n = PV(1+i)^n$ 可得到：

$$PV = \frac{FV_n}{(1+i)^n} = FV_n \cdot \frac{1}{(1+i)^n} \qquad (3-3)$$

式（3 - 3）中的 $\frac{1}{(1+i)^n}$ 称为复利现值系数（present value interest factor，PVIF）或折现系数，简写为 $PVIF_{i,n}$ 或（$P/F, i, n$），PV 代表复利现值，其他符号含义同前。因此，复利现值的计算公式也可表示为：

$$PV = FV_n \cdot PVIF_{i,n} = FV_n \cdot (P/F, i, n) \qquad (3-4)$$

与复利终值类似，可使用复利现值系数表（简称 PVIF 系数表，见本书附录）查找对应的复利现值系数，表 3 - 2 是复利现值系数表的一小部分。例如，根据表 3 - 2 可知，利息率为 6%，计息期数为 5 年的复利现值系数 $PVIF_{6\%,5}$ 为 0.747。

表 3 - 2　　　　　　　　　　复利现值系数表（部分）

期数 n	利息率 i					
	5.00%	6.00%	7.00%	8.00%	9.00%	10.00%
5	0.784	0.747	0.713	0.681	0.650	0.621
6	0.746	0.705	0.666	0.630	0.596	0.564
7	0.711	0.665	0.623	0.583	0.547	0.513
8	0.677	0.627	0.582	0.540	0.502	0.467
9	0.645	0.592	0.544	0.500	0.460	0.424
10	0.614	0.558	0.508	0.463	0.422	0.386

【例题 3 - 4】假设在银行存入一笔钱，希望 5 年后能得到 5 000 元，年利息率为 8%，则现在应存入多少钱？

$$PV = FV_n \cdot \frac{1}{(1+i)^n} = 5\,000 \times \frac{1}{(1+8\%)^5} \approx 3\,402.921（元）$$

或查复利现值系数表，计算如下：

$$PV = FV_n \cdot PVIF_{8\%,5} = 5\,000 \times 0.681 = 3\,405（元）$$

---

①　本章结果均四舍五入，保留两位小数。

四、终值和现值的关系

现值是未来的钱按一定利率折现后的当前价值，而终值是现在的钱按一定利率计息后的未来价值。因此，对货币时间价值的计算，实际上是计息和折现的过程，如图 3 - 2 所示。

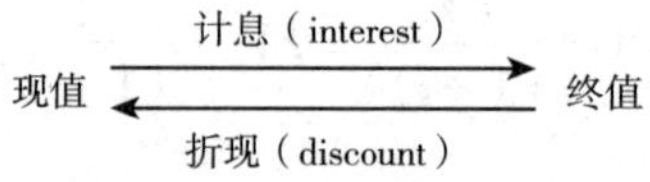

计息（interest）

现值 ←———————— 终值

折现（discount）

图 3 - 2　终值与现值的关系

由图 3 - 2 可知，复利终值与复利现值是互为逆运算的关系，如上述式（3 - 1）和式（3 - 3）所示：

$$FV_n = PV(1+i)^n \tag{3-1}$$

$$PV = \frac{FV_n}{(1+i)^n} \tag{3-3}$$

因此，复利现值系数与复利终值系数互为倒数：

$$复利终值系数 = (1+i)^n \tag{3-5}$$

$$复利现值系数 = \frac{1}{(1+i)^n} \tag{3-6}$$

第三节　年金终值与现值

年金（annuity）是指在一定时期内每期相等金额的系列收付款项。在现实经济社会中，我们经常会遇到涉及年金的问题，例如，承租方每月（每季度或每年）向出租方支付固定的租金，此时租金可视为一种年金。此外，折旧、利息、养老金、保险金、分期支付工程款、分期偿还贷款等均表现为年金的形式。年金按付款方式可分为四种类型：后付年金（普通年金）、先付年金（即付年金）、延期年金（递延年金）和永续年金。四类年金的示意图如图 3 - 3 所示。

1. 后付年金（ordinary annuity）。后付年金是指在一定时期内，每期期末有等额收付款项的年金。假设 A 为年金数额，n 为时间点，则后付年金可用图 3 - 3（a）表示。与其他三种年金相比，后付年金在现实经济生活中更为常见，因而也称为普通年金。

2. 先付年金（annuity due）。先付年金又称即付年金，是指一定时期内每期期初有等额收付款项的年金，如图 3 - 3（b）所示。

3. 延期年金（deferred annuity）。延期年金又称递延年金，是指在最初若干期没有收付款项，后面若干期有等额的系列收付款项的年金。假设递延期为 m 期，即最初的 m 期没有收付款项，后面 n 期有等额的系列收付款项，则延期年金可用图 3 − 3（c）表示。

4. 永续年金（perpetual annuity）。永续年金是指无限期的年金，如图 3 − 3（d）所示。

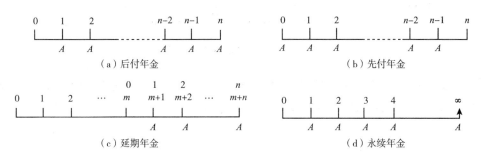

图 3 − 3　四种年金示意图

▶▶▶ 课堂小案例 ┈┈┈

在现代公司治理中，企业不仅肩负着经济责任，更肩负着社会责任，与此同时，越来越多的优秀企业家热心于公益事业，用自己的力量回馈社会，表现出可贵的企业家精神。香港知名实业家邵逸夫认为，一个企业家的最高境界就是慈善家。在1975 年，邵逸夫在香港成立邵氏基金，开始通过捐赠资助世界各地的教育、医疗和其他福利事业。自1985 年以来，邵逸夫每年在内地捐赠的款项稳定在 1 亿港元左右，其中80% 的资金投入教育项目，以"逸夫楼"命名的教学楼、图书馆、科技馆、医疗中心等机构，几乎遍及内地各个省份。除了定期捐款外，他还经常进行大额的不定期捐赠，如在 2008 年汶川地震期间捐款 1 亿港元；2013 年雅安地震期间捐款 8 000 万元人民币。

资料来源：邵逸夫的慈善之路　总捐款额超过 32 亿港元［EB/OL］.（2014 − 01 − 07）. http://hm. people. com. cn/n/2014/0107/c42272 − 24043684. html.

一、后付年金终值和现值

1. 后付年金终值。后付年金终值是指，一定时期内每期期末等额收付款项的复利终值之和。后付年金终值犹如零存整取的本息和，如图 3 − 4 所示。假设在未来 5 年中，每年年末都将 800 元存入银行，年存款利率为 6%，复利计息，则在第 5 年年末，第 1 年年末存入的 800 元可复利计息 4 次，第 2 年年末存入的 800 元可复利计息 3 次，第 3 年年末存入的 800 元可复利计息 2 次，第 4 年年末存入的 800 元可复利计息 1 次，第 5 年年末存入的 800 元可复利计息 0 次，在第 5 年年末将 5 次存款的复利终值依次相加，则可得到这笔存款在 5 年后的本息和，也即后付年金终值。

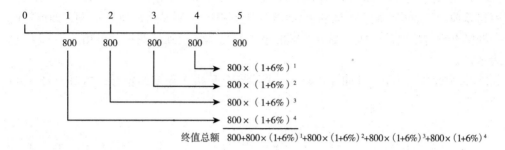

图 3-4　后付年金终值的例子

由此，假设 A 代表年金数额，i 代表利息率，n 代表计息期数，FVA_n 代表年金现值，则后付年金终值的计算思路如图 3-5 所示。

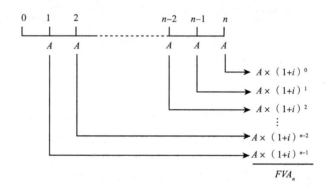

图 3-5　后付年金终值计算示意图

由图 3-5 可知，后付年金终值的计算公式为：

$$FVA_n = A(1+i)^0 + A(1+i)^1 + A(1+i)^2 + \cdots + A(1+i)^{n-2} + A(1+i)^{n-1}$$
$$= A\left[(1+i)^0 + (1+i)^1 + (1+i)^2 + \cdots + (1+i)^{n-2} + (1+i)^{n-1}\right]$$
$$= A\sum_{t=1}^{n}(1+i)^{t-1} \tag{3-7}$$

其中，$\sum_{t=1}^{n}(1+i)^{t-1}$ 称为年金终值系数或年金复利系数，简写为 $FVIFA_{i,n}$ 或（F/A,i,n），其他符号含义同前。因此，后付年金终值的计算公式也可表示为：

$$FVA_n = A \cdot FVIFA_{i,n} = A \cdot (F/A,i,n) \tag{3-8}$$

同样，可使用年金终值系数表（简称 FVIFA 系数表，见本书附录）查找对应的年金终值系数，表 3-3 是年金终值系数表的一小部分。根据表 3-3 可知，利息率为 6%，计息期数为 5 年的年金终值系数 $FVIFA_{6\%,5}$ 为 5.637。

表 3 - 3　　　　　　　　　　　　　　年金终值系数表（部分）

期数 n	利息率 i					
	5.00%	6.00%	7.00%	8.00%	9.00%	10.00%
5	5.526	5.637	5.751	5.867	5.985	6.105
6	6.802	6.975	7.153	7.336	7.523	7.716
7	8.142	8.394	8.654	8.923	9.200	9.487
8	9.549	9.897	10.260	10.637	11.028	11.436
9	11.027	11.491	11.978	12.488	13.021	13.579
10	12.578	13.181	13.816	14.487	15.193	15.937

表中的各期年金终值系数的计算见下式：

$$FVIFA_{i,n} = \frac{(1+i)^n - 1}{i} \qquad (3-9)$$

式（3 - 9）的推导过程如下：

$$FVIFA_{i,n} = (1+i)^0 + (1+i)^1 + (1+i)^2 + \cdots + (1+i)^{n-2} + (1+i)^{n-1} \qquad (1)$$

将（1）式两边同时乘以（1 + i），得：

$$FVIFA_{i,n} \cdot (1+i) = (1+i)^1 + (1+i)^2 + (1+i)^3 + \cdots \\ + (1+i)^{n-1} + (1+i)^n \qquad (2)$$

将（2）式减去（1）式得：

$$FVIFA_{i,n} \cdot (1+i) - FVIFA_{i,n} = (1+i)^n - 1 \qquad (3)$$

$$FVIFA_{i,n} = \frac{(1+i)^n - 1}{i} \qquad (4)$$

即：

$$FVIFA_{i,n} = (1+i)^0 + (1+i)^1 + (1+i)^2 + \cdots + (1+i)^{n-2} + (1+i)^{n-1}$$
$$= \frac{(1+i)^n - 1}{i} \qquad (5)$$

【例题 3 - 5】李某拟在接下来的 7 年中每年年末存入银行 5 000 元，银行年存款利率为 6%，复利计息，则第 7 年年末年金终值为：

$$FVA_7 = A \cdot FVIFA_{6\%,7} = 5\ 000 \times 8.394 = 41\ 970 \text{（元）}$$

2. 后付年金现值。后付年金现值是指在一定时期内，每期期末等额收付款项的复利现值之和。银行存取款是后付年金现值的一个具体应用。

假设在未来 5 年中，每年年末都从银行里拿出 800 元，年存款利率为 6%，复利计息，那么现在应存入多少钱？由图 3 - 6 可知，第 1 年年末拿出的 800 元需折现 1 次，第 2 年年末拿出的 800 元需折现 2 次，第 3 年年末拿出的 800 元需折现 3 次，第 4 年年末拿出的 800 元需折现 4 次，第 5 年年末拿出的 800 元需折现 5 次，将 5 笔收款项的现值依次相加，则可得到这笔收款项的现值，也即后付年金现值。由此，假设 A 代表年金数额，i 代表利息率，n 代表计息期数，PVA_n 代表年金现值，则后付年金现值的计算思路如图 3 - 7 所示。

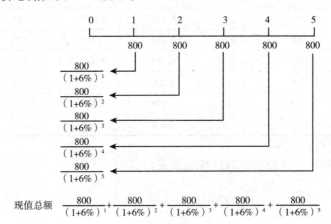

图 3 - 6　后付年金现值的例子

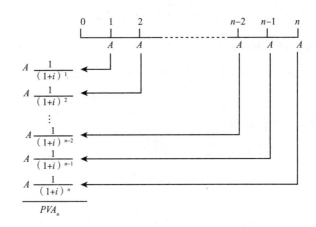

图 3 - 7　后付年金现值计算示意图

由图 3 - 7 可知，后付年金现值的计算公式为：

$$PVA_n = A\frac{1}{(1+i)^1} + A\frac{1}{(1+i)^2} + \cdots + A\frac{1}{(1+i)^{n-1}} + A\frac{1}{(1+i)^n}$$

$$= A\left[\frac{1}{(1+i)^1} + \frac{1}{(1+i)^2} + \cdots + \frac{1}{(1+i)^{n-1}} + \frac{1}{(1+i)^n}\right]$$

$$= A\sum_{t=1}^{n}\frac{1}{(1+i)^t} \tag{3-10}$$

其中，$\sum_{t=1}^{n}\dfrac{1}{(1+i)^t}$ 称为年金现值系数，可简写为 $PVIFA_{i,n}$ 或 $(P/A, i, n)$，其他符号含义同前。因此，后付年金现值的计算公式也可表示为：

$$PVA_n = A \cdot PVIFA_{i,n} = A \cdot (P/A, i, n) \tag{3-11}$$

同样，为了简便计算，可使用年金现值系数表（简称 PVIFA 系数表，见本书附录）查找年金现值系数，表 3 - 4 是年金现值系数表的一小部分。例如，根据表 3 - 4 可知，利息率为 6%，计息期数为 5 年的年金现值系数 $PVIFA_{6\%,5}$ 为 4.212。

表 3 - 4　　　　　　　　　　年金现值系数表（部分）

期数 n	利息率 i					
	5.00%	6.00%	7.00%	8.00%	9.00%	10.00%
5	4.329	4.212	4.100	3.993	3.890	3.791
6	5.076	4.917	4.767	4.623	4.486	4.355
7	5.786	5.582	5.389	5.206	5.033	4.868
8	6.463	6.210	5.971	5.747	5.535	5.335
9	7.108	6.802	6.515	6.247	5.995	5.759
10	7.722	7.360	7.024	6.710	6.418	6.145

表 3 - 4 中各期的年金现值系数的计算见下式：

$$PVIFA_{i,n} = \frac{(1+i)^n - 1}{i(1+i)^n} \qquad (3-12)$$

式（3 - 12）的推导过程如下：

$$PVIFA_{i,n} = \frac{1}{(1+i)^1} + \frac{1}{(1+i)^2} + \frac{1}{(1+i)^3} + \cdots + \frac{1}{(1+i)^{n-1}} + \frac{1}{(1+i)^n} \qquad (1)$$

将（1）式两边同时乘以（1 + i），得：

$$PVIFA_{i,n} \cdot (1+i) = 1 + \frac{1}{(1+i)^1} + \frac{1}{(1+i)^2} + \cdots + \frac{1}{(1+i)^{n-2}} + \frac{1}{(1+i)^{n-1}} \qquad (2)$$

将（2）式减去（1）式得：

$$PVIFA_{i,n} \cdot (1+i) - PVIFA_{i,n} = 1 - \frac{1}{(1+i)^n} \qquad (3)$$

$$PVIFA_{i,n} = \frac{(1+i)^n - 1}{i(1+i)^n} \qquad (4)$$

即：

$$PVIFA_{i,n} = \frac{1}{(1+i)^1} + \frac{1}{(1+i)^2} + \frac{1}{(1+i)^3} + \cdots + \frac{1}{(1+i)^{n-1}} + \frac{1}{(1+i)^n}$$

$$= \frac{1 - \frac{1}{(1+i)^n}}{i}$$

$$= \frac{(1+i)^n - 1}{i(1+i)^n} \qquad (5)$$

【例题 3-6】王某准备投资一个新项目，该项目在未来 6 年中每年年底都需支付 5 000 元，假设银行存款的年利息率为 10%，那么这笔支付款项的现值为多少？

$$PVA_6 = A \cdot PVIFA_{10\%,6} = 5\,000 \times 4.355 = 21\,775 （元）$$

二、先付年金终值和现值

先付年金又称即付年金，是指一定时期内每期期初有等额收付款项的年金。根据定义可知，先付年金与后付年金的区别仅在于付款时间的不同。因此，我们可以根据先付年金与后付年金的关系，推导出先付年金终值与先付年金现值的计算公式。

1. 先付年金终值。图 3-8 描绘了先付年金终值与后付年金终值的关系。由图 3-8 可知，n 期先付年金与 n 期后付年金的付款次数相同，但由于付款时间的不同，n 期先付年金终值比 n 期后付年金终值多计算一期利息，即 n 期先付年金终值是 n 期后付年金终值的 $(1+i)$ 倍。

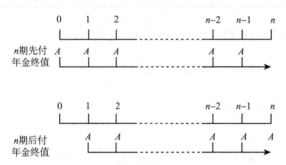

图 3-8 先付年金终值与后付年金终值的关系

由此可知，在 n 期后付年金终值的基础上再乘以 $(1+i)$，便可得到 n 期先付年金的终值，其计算公式为：

$$XFVA_n = A \cdot FVIFA_{i,n} \cdot (1+i) \qquad (3-13)$$

其中，$XFVA_n$ 为 n 期先付年金终值，其他符号含义同前。

此外，可根据 n 期先付年金终值与 $n+1$ 期后付年金终值的关系推导出另一个计算公式。n 期先付年金终值与 $n+1$ 期后付年金终值的计息期数相同，但比 $n+1$ 期后付年金少付一次款。由此可知，在 $n+1$ 期后付年金终值的基础上，再减去一期付款额 A，便可得到 n 期先付年金的终值，其计算公式为：

$$XFVA_n = A \cdot FVIFA_{i,n+1} - A = A \cdot (FVIFA_{i,n+1} - 1) \qquad (3-14)$$

【例题 3-7】李某拟在 5 年中每年年初存入银行 2 000 元，银行年存款利率为 7%，复利计息，则第 5 年年末的本息和为：

$$\begin{aligned}
XFVA_n &= A \cdot FVIFA_{i,n} \cdot (1+i) \\
&= 2\,000 \cdot FVIFA_{7\%,5} \cdot (1+7\%) \\
&= 2\,000 \times 5.751 \times (1+7\%) \\
&\approx 12\,307.14 （元）
\end{aligned}$$

或 $XFVA_n = A \cdot (FVIFA_{i,n+1} - 1)$
$\qquad = 2\ 000 \cdot (FVIFA_{7\%,6} - 1)$
$\qquad = 2\ 000 \times (7.153 - 1)$
$\qquad = 12\ 306$（元）

2. 先付年金现值。与先付年金终值的推导过程类似，可根据 n 期或 $n-1$ 期后付年金现值，推导出 n 期先付年金现值。图 3-9 描绘了 n 期先付年金现值与 n 期后付年金现值的关系。

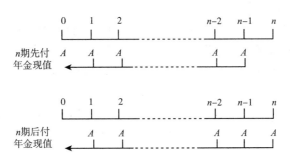

图 3-9 先付年金现值与后付年金现值的关系

由图 3-9 可知，n 期先付年金现值与 n 期后付年金现值的付款次数相同，但由于付款时间的不同，n 期先付年金现值比 n 期后付年金现值少折现一期，即 n 期先付年金现值是 n 期后付年金现值的 $(1+i)$ 倍。由此可知，在 n 期后付年金现值的基础上，再乘以 $(1+i)$，便可得到 n 期先付年金的现值，其计算公式为：

$$XPVA_n = A \cdot PVIFA_{i,n} \cdot (1+i) \qquad (3-15)$$

其中，$XPVA_n$ 为 n 期先付年金现值，其他符号含义同前。

相似地，可根据 n 期先付年金现值与 $n-1$ 期后付年金现值的关系推导出另一个计算公式。n 期先付年金现值与 $n-1$ 期后付年金现值的折现期数相同，但比 $n-1$ 期后付年金多了一期不用折现的付款额 A。由此可知，在 $n-1$ 期后付年金现值的基础上，再加上一期不用折现的付款额 A，便可得到 n 期先付年金的现值，其计算公式为：

$$XPVA_n = A \cdot PVIFA_{i,n-1} + A = A \cdot (PVIFA_{i,n-1} + 1) \qquad (3-16)$$

【例题 3-8】粤海公司拟增加一台设备，该设备的买价为 20 000 元，可用 10 年。如果租用，则每年年初支付租金 2 500 元。假设利率为 10%，试判断该公司应租用还是直接购买设备？

若公司租用设备，则该公司现在应准备的资金为（即 10 年租金的现值）：

$XPVA_n = A \cdot PVIFA_{i,n} \cdot (1+i)$
$\qquad = 2\ 500 \cdot PVIFA_{10\%,10} \cdot (1+10\%)$
$\qquad = 2\ 500 \times 6.145 \times (1+10\%)$
$\qquad \approx 16\ 898.75$（元）

或 $XPVA_n = A \cdot (PVIFA_{i,n-1} + 1)$
$\qquad = 2\,500 \cdot (PVIFA_{10\%,9} + 1)$
$\qquad = 2\,500 \times (5.759 + 1)$
$\qquad = 16\,897.5 \text{（元）}$

由于现在的买价大于 10 年租金的现值，故该公司应选择租用设备。

三、延期年金现值

延期年金又称递延年金，是指在最初若干期没有收付款项，后面若干期有等额的系列收付款项的年金。如图 3-10 所示，假设递延期为 m，即最初的 m 期没有收付款项，从第 $m+1$ 期期末开始，后面 n 期每期期末均有等额的收付款项 A。

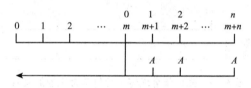

图 3-10　延期年金现值计算示意图

由图 3-10 可知，先求出延期年金在 n 期期初（m 期期末）的现值，再将其作为终值折现至第一期期初，便可得到延期年金的现值。其计算公式为：

$$V_0 = A \cdot PVIFA_{i,n} \cdot PVIF_{i,m} \qquad\qquad (3-17)$$

其中，V_0 表示延期年金现值，其他符号含义同前。

此外，延期年金现值还有另一种计算方法：假设递延期间每期期末也有等额的收付款项，则可先求出 $m+n$ 期的后付年金现值，再减去实际上并没有收付款项的 m 期后付年金现值，即可得到递延 m 期的 n 期后付年金现值，其计算公式为：

$$V_0 = A \cdot PVIFA_{i,m+n} - A \cdot PVIFA_{i,m} = A \cdot (PVIFA_{i,m+n} - PVIFA_{i,m}) \quad (3-18)$$

【例题 3-9】因购买汽车的需要，李某向银行借入一笔款项，银行规定前 5 年不用还本付息，但第 6~10 年每年年末偿还本息 5 000 元。假设银行贷款的年利息率为 8%，每年复利计息一次，则这笔借款的现值为：

$V_0 = A \cdot PVIFA_{i,n} \cdot PVIF_{i,m}$
$\qquad = 5\,000 \cdot PVIFA_{8\%,5} \cdot PVIF_{8\%,5}$
$\qquad = 5\,000 \times 3.993 \times 0.681$
$\qquad \approx 13\,596.17 \text{（元）}$

或 $V_0 = A \cdot (PVIFA_{i,m+n} - PVIFA_{i,m})$
$\qquad = 5\,000 \cdot (PVIFA_{8\%,10} - PVIFA_{8\%,5})$
$\qquad = 5\,000 \times (6.710 - 3.993)$
$\qquad = 13\,585 \text{（元）}$

四、永续年金现值

永续年金指无限期的年金。例如，英国和加拿大有一种没有到期日的国债，这种债券的利息可视为永续年金，因此，永续年金有时也被称为统一公债（consols）。此外，公司发售优先股时，会向购买者承诺每期（通常为每季度）支付固定、无限期的股利，因此优先股的股利也可视为永续年金。

由于永续年金没有终止时间，也即没有终值。同时，永续年金一般指计息期数无穷大的后付年金，故可根据后付年金现值的计算公式推导出永续年金现值的计算公式。假设 V_0 为永续年金的现值，则永续年金的计算公式可表示为：

$$V_0 = A \cdot \frac{1}{i} = \frac{A}{i} \qquad (3-19)$$

式（3-19）的推导过程如下：

$$V_0 = A \cdot PVIFA_{i,n} = A \cdot \frac{1 - \dfrac{1}{(1+i)^n}}{i} \qquad (3-20)$$

当 $n \to \infty$ 时，$\dfrac{1}{(1+i)^n} \to 0$，故：

$$V_0 = A \cdot \frac{1}{i} = \frac{A}{i}$$

此外，由上述推导过程可知，一些期限长、利率高的年金可依据永续年金现值的公式计算其现值的近似值。

【例题 3-10】为了鼓励学子取得优异成绩，明哲公司打算建立一项永久性的奖励捐赠，每年年末向创始人的母校捐赠 2 万元作为奖学金，若银行存款的年利息率为 6%，则公司现在应存入多少钱？

$$V_0 = \frac{A}{i} = \frac{2}{6\%} \approx 33.33 \text{（万元）}$$

第四节　特殊的时间价值问题

以上介绍了时间价值的基本原理，但在企业财务管理实践中，也会遇到很多特殊的时间价值问题。例如，企业投资了一个新项目，新项目投资后每年可获得的现金流入量是不相等的，此时涉及不等额现金流量现值的计算。本节介绍特殊的时间价值问题。

一、不等额现金流量的现值计算

年金指每期相等的现金流量。但在企业实务中，我们往往会遇到每期现金流量并不相等的情况，比如企业根据加速折旧法对固定资产计提折旧。同时，财务人员经常需要计算不等额现金流入量或流出量的现值之和。

不等额现金流量的现值计算，实际上是将每年现金流量的复利现值相加。假设 A_0，A_1，A_2，$\cdots$，A_n 分别代表第 0 年年末、第 1 年年末、第 2 年年末、……、第 n 年年末的收款额或付款额，则不等额现金流量现值的计算思路如图 3-11 所示。

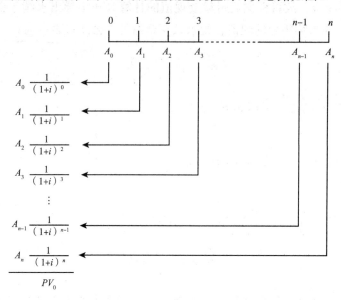

图 3-11 不等额现金流量现值的计算示意图

由图 3-11 可知，不等额现金流量现值的计算公式可表示为：

$$PV_0 = A_0 \frac{1}{(1+i)^0} + A_1 \frac{1}{(1+i)^1} + A_2 \frac{1}{(1+i)^2} + \cdots$$
$$+ A_{n-1} \frac{1}{(1+i)^{n-1}} + A_n \frac{1}{(1+i)^n}$$
$$= \sum_{t=0}^{n} A_t \frac{1}{(1+i)^t} \tag{3-21}$$

【例题 3-11】王某计划每年年末都将奖学金存入银行，预测存款额见表 3-5，折现率为 8%，那么这笔存款的现值是多少？

表 3-5　　　　　　　　　　　　　　奖学金存款计划　　　　　　　　　　　单位：元

年次	第 0 年	第 1 年	第 2 年	第 3 年	第 4 年
现金流量	1 000	2 000	3 000	5 000	10 000

$$PV_0 = A_0 \frac{1}{(1+i)^0} + A_1 \frac{1}{(1+i)^1} + A_2 \frac{1}{(1+i)^2} + A_3 \frac{1}{(1+i)^3} + A_4 \frac{1}{(1+i)^4}$$

$$= 1\,000 \times PVIF_{8\%,0} + 2\,000 \times PVIF_{8\%,1} + 3\,000 \times PVIF_{8\%,2}$$
$$+ 5\,000 \times PVIF_{8\%,3} + 10\,000 \times PVIF_{8\%,4}$$

$$= 1\,000 \times 1.000 + 2\,000 \times 0.926 + 3\,000 \times 0.857$$
$$+ 5\,000 \times 0.794 + 10\,000 \times 0.735$$

$$= 16\,743 \text{（元）}$$

二、年金和不等额现金流量的现值计算

在实践中，我们也会遇到年金和不等额现金流量混合的情况，此时，可依据复利现值计算不等额现金流量部分的现值，再依据年金现值计算年金部分的现值，接着将两者相加便可求出年金和不等额现金流量混合情况下的现值。

【例题 3 - 12】希和汽车公司拟投资一个新项目，该项目投产后每年年末可获得的现金流入量见表 3 - 6，折现率为 8%，求这一系列不等额现金流入量的现值。

表 3 - 6　　　　　　　　　　　　项目现金流量表　　　　　　　　　单位：万元

年次（t）	现金流入量	年次（t）	现金流入量
1	50 000	6	250 000
2	50 000	7	250 000
3	100 000	8	250 000
4	100 000	9	250 000
5	100 000	10	400 000

在本例题中，第 1~2 年的现金流入量相等，可看作是求 2 期的后付年金现值，同时，第 3~5 年以及第 6~9 年的现金流入量分别相等，可看作是求延期年金的现值，而第 10 年现金流入量的现值可根据复利现值计算。

两项延期年金的现值系数分别为：

$$PVIFA_{8\%,3\sim5} = PVIFA_{8\%,5} - PVIFA_{8\%,2} = 3.993 - 1.783 = 2.21$$
$$PVIFA_{8\%,6\sim9} = PVIFA_{8\%,9} - PVIFA_{8\%,5} = 6.247 - 3.993 = 2.254$$

故这笔不等额现金流入量的现值为：

$$PV_0 = 50\,000 \times PVIFA_{8\%,2} + 100\,000 \times PVIFA_{8\%,3\sim5}$$
$$+ 250\,000 \times PVIFA_{8\%,6\sim9} + 400\,000 \times PVIF_{8\%,10}$$
$$= 50\,000 \times 1.783 + 100\,000 \times 2.21 + 250\,000 \times 2.254 + 400\,000 \times 0.463$$
$$= 1\,058\,850 \text{（万元）}$$

三、折现率的计算

上述例子都是在给定利率的条件下计算终值或现值。但在实践中，已知计息期

数、现值和终值求解折现率的问题也较为常见。一般而言，求解折现率可分为两个步骤。第一步，根据相关的公式求出对应的换算系数，其中，复利终值、复利现值、年金终值以及年金现值的换算系数可分别采用以下公式进行计算：

$$FVIF_{i,n} = \frac{FV_n}{PV} \qquad\qquad (3-22)$$

$$PVIF_{i,n} = \frac{PV}{FV_n} \qquad\qquad (3-23)$$

$$FVIFA_{i,n} = \frac{FVA_n}{A} \qquad\qquad (3-24)$$

$$PVIFA_{i,n} = \frac{PVA_n}{A} \qquad\qquad (3-25)$$

第二步，根据求出的换算系数和相关系数表求解折现率。有时候，我们可以在系数表上直接找到换算系数对应的折现率，但在分析中往往会遇到换算系数与系数表中的折现率不能直接对应的情况，此时需要采用插值法进行相关的计算。

【例题 3-13】 将 500 元存进银行，复利计息，5 年后的本利和为 701.5 元，则银行的年存款利率是多少？

$$FVIF_{i,5} = \frac{FV_5}{PV} = \frac{701.5}{500} = 1.403$$

查复利终值系数表可知，计息期数为 5 年、利率为 7% 的系数为 1.403，因此，年存款利率为 7%。

或 $PVIF_{i,5} = \dfrac{PV}{FV_n} = \dfrac{500}{701.5} = 0.713$

查复利现值系数表可知，计息期数为 5 年、利率为 7% 的系数为 0.713，因此，年存款利率为 7%。

【例题 3-14】 明哲公司计划扩建，因此在今年年初向银行借入 30 万元，银行规定未来 5 年每年年末等额偿还 7.2 万元，则这笔借款的利息率是多少？

$$PVIFA_{i,5} = \frac{PVA_5}{A} = \frac{30}{7.2} = 4.167$$

查年金现值系数表可知，计息期数为 5 年、利率为 6% 的系数为 4.212；计息期数为 5 年，利率为 7% 的系数为 4.100，因此，借款利息率应在 6% ~7%。假设借款利息率为 i，且 $6\% < i < 7\%$，则使用插值法求解 i 值的过程如下：

利率	年金现值系数
6%	4.212
i	4.167
7%	4.100

$$\left.\begin{array}{l}\left.\begin{array}{l}i-6\%\end{array}\right\}1\%\end{array}\right.\qquad\left.\begin{array}{l}\left.\begin{array}{l}0.045\end{array}\right\}0.112\end{array}\right.$$

$$\frac{i-6\%}{7\%-6\%}=\frac{4.167-4.212}{4.100-4.212}$$

$$\frac{i-6\%}{1\%}=\frac{0.045}{0.112}$$

$$i=0.0640$$

所以，这笔借款的年利息率为 6.40%。

四、期数的计算

在实践中，我们也会遇到已知利息率、现值和终值，求解计息期数的问题。与折现率的计算方法类似，求解期数的步骤可分为两步：第一步，根据相关的公式求出对应的换算系数；第二步，根据换算系数和有关系数表求解计息期数。

【例题 3 – 15】 李某每年年末都将 800 元存入银行，银行存款的年利率为 5%，复利计息，则在多少年后，本息和为 5 441.6 元？

$$FVIFA_{5\%,n}=\frac{FVA_n}{A}=\frac{5\,441.6}{800}=6.802$$

查年金终值系数表可知，利率为 5%、计息期数为 6 年的系数为 6.802，因此，计息期数为 6 年。

【例题 3 – 16】 某公司现将 50 000 元存入银行，以便在若干年后获得 89 000 元，假设年存款利率为 6%，每年复利计息一次，则多少年后本息和为 89 000 元？

$$FVIF_{6\%,n}=\frac{FV_n}{PV}=\frac{89\,000}{50\,000}=1.780$$

查复利终值系数表可知，利率为 6%、计息期数为 9 年的系数为 1.689，利率为 6%、计息期数为 10 年的系数为 1.791，因此，计息期数应在 9～10 年。假设计息期数为 n，且 $9<n<10$，使用插值法求解 n 值的过程如下：

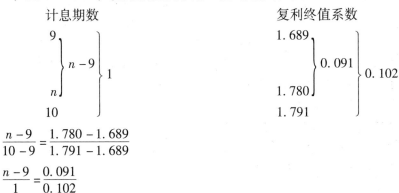

$$\frac{n-9}{10-9}=\frac{1.780-1.689}{1.791-1.689}$$

$$\frac{n-9}{1}=\frac{0.091}{0.102}$$

$$n=9.89$$

故在 9.89 年后，公司可得到 89 000 元。

终值和现值的计算通常以一年为计息期，但在实践中，也会出现计息期短于一年的情况。例如，债券利息一般每半年支付一次，股利有时每季度支付一次，住房贷款、汽车贷款等消费贷款一般按月偿还等，这就形成了以半年、1个季度、1个月甚至以天为单位的计息期，由此也延伸出了另外一个概念——复利计息频数，即在一年中复利计息多少次。

同时，计息期短于一年的计算，涉及报价利率和有效年利率，需掌握两者的区别。例如，将1元钱存入银行，银行存款的年利息率为10%，在每年复利计息一次的情况下，年底你会有1.1〔=1×（1+10%）〕元。但如果半年复利计息一次，也即每6个月支付5%的利息，一年复利2次，年底你会有1.1025〔=1×（1+5%）²〕元。由上述例子可知，在年利率为10%，半年复利计息一次的情况下，实际的年利率为10.25%。因此，10%也称报价利率（quoted interest rate），或设定利率（stated interest rate），10.25%是每年实际得到的利率，称为有效年利率（effective annual rate，EAR）。当计息期短于一年，利率又是年利率时，可以将计息期数和计息利率进行相应的换算：

$$R = \frac{i}{m} \tag{3-26}$$

$$t = m \cdot n \tag{3-27}$$

其中，R 表示期利率；i 表示年利率（报价利率）；m 表示每年的复利计息频数；n 表示年数；t 表示换算后的计息期数。

然后，将报价利率转换为有效年利率，其转换公式为：

$$有效年利率 = [1 + (报价利率/m)]^m - 1 \tag{3-28}$$

其中，m 表示每年的复利计息频数。

【例题3-17】 某人今年年初将1 500元存入银行，银行的年利息率为8%。试分析：

（1）如果每年复利计息一次，则第5年年末的本息和是多少？

（2）如果每半年复利计息一次，则第5年年末的本息和是多少？

解：（1）如果每年复利计息一次，即 $i = 8\%$，$n = 5$，$PV = 1\,500$，则第5年年末的本息和为：

$$FV_5 = PV \cdot FVIF_{8\%,5} = 1\,500 \times 1.469 = 2\,203.5（元）$$

（2）如果每半年复利计息一次，即报价利率为8%，则有效年利率为：

有效年利率 $= [1 + (报价利率/m)]^m - 1 = [1 + (8\%/2)]^2 - 1 = 8.16\%$

故第5年年末的本息和为：

$$FV_5 = 1\,500 \times (1 + 8.16\%)^5 = 2\,220.37（元）$$

或根据式（3-26）和式（3-27）进行换算，如果每半年复利计息一次，即 $i = 8\%$，$m = 2$，$n = 5$，$PV = 1\,500$，则

$$R = \frac{i}{m} = \frac{8\%}{2} = 4\%$$

$$t = m \cdot n = 2 \times 5 = 10$$

故第5年年末的本息和为：

$$FV_{10} = PV \cdot FVIF_{4\%,10} = 1\,500 \times 1.480 = 2\,220（元）$$

本章思维导图

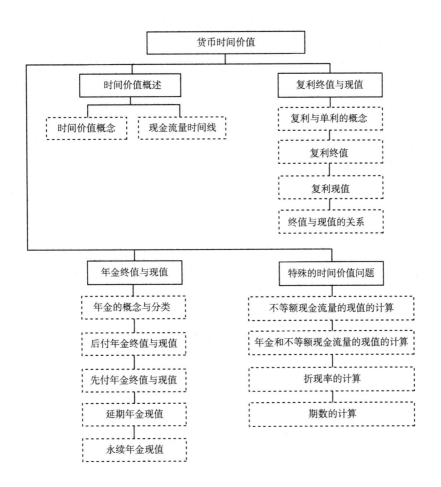

本章概要

本章包含了货币时间价值的基本原理与相关计算。

1. 货币的时间价值（time value）是指货币经历一定时间的投资和再投资后所增加的价值，也称为资金时间价值。由于风险与通货膨胀的客观存在，货币在投入生产经营过程中形成的价值增加既包括时间价值，也包括货币资金供应者要求的风险报酬和通货膨胀补偿，因此，时间价值是扣除风险报酬和通货膨胀贴水后的真实报酬率。

2. 现金流量时间线是一种重要的计算货币时间价值的工具，它可以直观地反映现金流量发生的时间及方向。

3. 计算利息的方法有单利和复利两种。单利是指在每个计息期，仅对本金计算利息，前期产生的利息在本期不作为本金，不再计算利息。而复利不仅对本金计算利息，前期的利息也要计算利息，逐期滚算，俗称"利滚利"。

4. 终值（future value，FV）是指在一定的利率水平下，现在的一笔钱或一系列收付款项在未来某个时间点上的价值，俗称"本利和"。现值（present value，PV）是指在一定的利率下，未来的一笔钱或一系列收付款项在当前的价值，该过程称为折现或贴现，使用的利率称为折现率。复利终值与复利现值是互为逆运算的关系，同时，现值系数与终值系数互为倒数。

5. 年金（annuity）是指一定时期内每期相等金额的系列收付款项。年金按付款方式可分为四种类型：后付年金（普通年金）、先付年金（即付年金）、延期年金（递延年金）和永续年金。

6. 后付年金终值是一定时期内每期期末等额收付款项的复利终值之和，而后付年金现值是一定时期内每期期末等额收付款项的复利现值之和。在现实经济生活中，后付年金最为常见，其他形式的年金终值或现值的计算公式可根据后付年金的计算公式推导得到。

7. 在财务管理实践中，也会遇到一些特殊的时间价值问题，包括不等额现金流量的现值计算、年金和不等额现金流量的现值计算、折现率的计算以及期数的计算等。

本章思考和练习题

思考题

1. 如何理解货币的时间价值？请思考货币时间价值对财务管理的意义。

2. 请思考单利与复利的区别。

3. 年金是否一定是每年发生一次现金流量？请举例说明。

4. 你愿意以现在的 20 元去交换 30 年后的 100 元吗？回答这个问题应该考虑的关键因素有哪些？

练习题

1. 明哲公司在 5 年后需向退休员工支付 30 万元的养老金，假设银行存款的年利息率为 6%。请计算公司现在应存入银行多少钱？

2. 假设星辰公司有一笔 123 600 元的资金，准备存入银行，希望 7 年后利用这笔款项的本利和购买一套生产设备，当时的银行存款利率为复利 10%，7 年后预计该设备的价格为 240 000 元。请计算公司 7 年后能否用这笔款项的本利和购买设备？

3. 假设星辰公司于年初向银行借款 50 万元购买设备，第 1 年年末开始还款，每年还款一次，等额偿还，分 5 年还清，银行借款利率为 12%。请计算公司每年应还款额。

4. 日清公司需用一台设备，买价为 1 600 元，可用 10 年。如果租用，则每年年初需付租金 200 元。除此以外，买与租的其他情况相同。假设利率为 6%。请用数据说明购买与租用何者为优。

5. 运达公司发售优先股，承诺投资者每年支付固定、无限期的股利 1 500 元。

假设该优先股的现值为 30 000 元。请计算该优先股的投资报酬率是多少？

6. 为了资助优秀学子顺利完成学业，明镜公司打算建立一项永久性捐赠，每年年初向创始人的母校捐赠 2 万元作为助学金，银行存款的年利息率为 6%。请问明镜公司现在应存入多少钱？

7. 李明打算贷款帮父母买一份保险，在询问银行后得知，某一种消费贷款的年利息率为 12%，按月偿还，一年还清。假设李明每个月最多可以还款 2 000 元，请问他最多可以贷款多少钱？

8. 小东大学毕业后进行创业，现在正经营一家蛋糕店，每年年末店铺的现金流入量见表 3-I。假设折现率为 6%，请计算这一系列不等额现金流入量的现值。

表 3-I　　　　　　　　　店铺现金流量表　　　　　　　　　单位：元

年次（t）	现金流入量	年次（t）	现金流出量
1	0	6	3 000
2	0	7	5 500
3	3 000	8	5 500
4	3 000	9	5 500
5	3 000	10	7 000

章后案例

玫瑰花承诺的现值

1797 年 3 月，拿破仑在卢森堡第一国立小学演讲时说了这样一番话："为了答谢贵校对我，尤其是对我夫人约瑟芬的盛情款待，我不仅今天呈上一束玫瑰花，并且在未来的日子里，只要我们法兰西存在一天，每年的今天我将亲自派人送给贵校一束价值相等的玫瑰花，作为法兰西与卢森堡友谊的象征。"

时过境迁，拿破仑穷于应付连绵的战争和此起彼伏的政治事件，最终惨败而被流放到圣赫勒拿岛，把他的诺言忘得一干二净。可卢森堡这个小国对这位"欧洲巨人与卢森堡孩子亲切和谐相处的一刻"念念不忘，并载入他们的史册。1984 年底，卢森堡旧事重提，向法国提出违背"赠送玫瑰花"诺言的索赔案：要么从 1797 年起，用 3 路易作为一束玫瑰花的本金，以 5 厘复利（即利滚利，年利率 5%）计息全部清偿这笔玫瑰款；要么法国政府在法国各大报刊上公开承认拿破仑是个言而无信的小人。

起初，法国政府准备不惜重金赎回拿破仑的声誉，但却又被电脑算出的数字惊呆了：原本 3 路易的许诺，本息竟高达 1 375 596 法郎。经冥思苦想，法国政府斟字酌句的答复是："以后，无论在精神上还是物质上，法国将始终不渝地对卢森堡大公国的中小学教育事业予以支持与赞助，来兑现我们的拿破仑将军那一诺千金的玫瑰花信誉。"这一措辞最终得到了卢森堡人民的谅解。

资料来源：徐永森. 拿破仑与玫瑰花悬案 [J]. 公关世界，1998（1）：45.

思考题

1. 请你用所学知识说明案例中的赔偿金 1 375 596 法郎是如何计算出来的。

2. 本案例对你有何启示。

本章教辅资料二维码

练习题答案　　　　章后案例答案　　　　配套课件　　　　进阶习题及答案

第四章 证券估值

【章前引例】

　　20×1 年，希和汽车公司内部闲置一些资金，为了充分利用这些资金，管理层近期计划进行大额证券投资。假设股东要求的必要报酬率为 10%。现有以下四种证券供投资选择：

　　（1）瑞安债券，面值为 150 元，期限为 5 年，票面利率为 8%，半年付息一次；

　　（2）蓉城债券，零息债券，面值为 100 元，期限为 3 年；

　　（3）中科公司的普通股股票，去年每股股利为 1.2 元，预计之后每年以 2% 的增长率增长；

　　（4）利顺汽车公司的优先股，每季度每股分红 1.5 元。

　　问题讨论：

　　假如你是财务经理，你会采用什么方法对上述证券进行比较与估值？不同方法之间有何异同？上述证券的价格分别是多少时，才能满足股东要求的必要回报率呢？

【学习目标】

　　1. 理解证券估值的定义和估值原理。

　　2. 掌握债券和股票的估值与评价方法。

【本章重点与难点】

　　重点：掌握证券估值原理，结合货币时间价值的概念，学会评估不同种类证券的价值。

　　难点：掌握不同债券和股票的估值与评价方法。

第一节 证券的定义和估值原理

一、证券的定义与分类

　　证券是指记载并代表一定权利的法律凭证。有价证券是指标有票面金额，用于证明持有人或该证券指定的特定主体对特定财产拥有所有权或债权的凭证。按照发行主体的不同，有价证券可分为政府证券、政府机构证券和公司证券。按照证券的经济性质可分为基础证券和金融衍生证券两大类。股票、债券和投资基金等属于基础证券,是证券市场的主要交易对象。金融衍生证券是指由基础证券派生出来的证券交易品种,主要有金融期货与期权、可转换证券、存托凭证、认股权证等。

二、证券估值原理

证券估值也称证券价值评估,主要包括债券估值及股票估值。任何金融资产的估值都是资产预期创造现金流的现值。对于债券,投资者在未来持有债券的期间会收到债券发行公司所偿还的利息,且在未来转让债券或发行公司到期收回债券时也会产生一笔现金流入,因此债券的估值是投资者未来收到现金流入按照债券的市场利率折现的现值。同样地,对于股票,投资者在持有股票期间会收到股票发行公司的现金股利,且在未来转让该股权时也会产生一笔现金流入,因此股票的估值是投资者(也即股东)未来收到现金流入按照股东必要报酬率折现的现值。

第二节 债券估值

债券是政府、企业或金融机构等为筹集资金,按照法定程序发行并向债券持有人或投资者承诺于指定日期还本付息的有价证券。发行债券是公司对外进行债务筹资的主要方式之一。债券投资者与发行人之间是一种债权债务关系,债券发行人是债务人,投资者是债权人。

一、债券的分类与特征

1. 债券的分类。债券可以根据发行主体、偿还期限、偿还与付息方式等进行分类。

(1) 发行主体。按发行主体,债券可以划分为国债、地方政府债券、金融债券、企业债券和国际债券等。其中,国债是指以国家为发行主体的债券。例如,2020 年 8 月 10 日,国家发行了储蓄国债,3 年期电子式储蓄国债的票面年利率为 3.8%,5 年期电子式储蓄国债的票面利率为 3.97%。地方政府债券是指以地方政府为发行主体的债券。例如,截至 2020 年 12 月,全国发行地方政府债券 1 836 亿元,平均发行期限为 8.2 年,平均发行利率为 3.46%。金融债券是指银行及其他金融机构发行的债券。例如,2019 年 5 月 31 日,民生银行在银行间债券市场成功发行 400 亿元无固定期限资本债券,当期票面利率为 4.85%。企业债券是指股份制企业依照法定程序发行,约定在一定期限内还本付息的债券。例如,2020 年 3 月 5 日,中国铝业公司发行 5 年期企业债券,面值为 100 元,票面利率为 3.30%。国际债券是指一国政府、金融机构、工商企业或国家组织为筹措和融通资金,在国外金融市场上发行的、以外国货币为面值的债券。例如,2020 年 5 月,印度尼西亚财政部部长穆丽亚妮宣称,为了尽快遏制新冠疫情,印度尼西亚政府发行总价值高达 43 亿美元的全球债券。

（2）偿还期限。按照偿还期限，债券可以划分为短期债券、中期债券和长期债券。其中，短期债券是指发行期限在1年以内（含1年）的债券。例如，2019年7月，亿利资源集团发行面值为100元、票面利率为7%的1年期债券。中期债券是指期限在1年以上10年以下，如5年、7年期的债券。例如，2016年9月，花样年集团发行3年期限，面值为100元，票面利率为5.59%的中期债券。长期债券是指偿还期限在10年以上（含10年）的债券。例如，2016年7月，长江电力公司发行期限为10年，面值为100元，票面利率为3.35%的长期债券。

（3）偿还与付息方式。按照偿还与付息方式，债券可以划分为定息债券、一次还本付息债券、浮动利率债券和可转换债券等。其中，定息债券是一种票面利率固定的债券。例如，2016年4月，荣盛发展在境外发行总额3亿美元，期限为364天，票面利率为5.8%的定息债券。一次还本付息债券是指在债务期间不支付利息，只在债券到期后按规定的利率一次性向持有者支付利息并还本的债券。例如，某公司按面值发行5年期的债券，票面利率为8%，单利计息，到期一次还本付息。浮动利率债券是指发行时规定债券利率随市场利率定期浮动的债券。例如，某公司发行为期3年的浮动利率债券10亿元，浮动利率由上海银行间拆借利率（40%）和中债500指数预期收益率（60%）组成。可转换债券是指债券持有人可以在约定的期限，按照发行时约定的价格将债券转换成公司的普通股票的债券。例如，2019年12月，山鹰国际发行可转换债券，转股期限自发行结束之日（2019年12月19日）起满六个月后的第一个交易日起至可转换公司债券到期日止。

2. 债券的主要特征。尽管债券有不同的分类，但是典型的债券至少包括以下特征。

（1）票面价值。债券的票面价值又称面值，是指债券发行人承诺于到期日偿付持有人的数额。我国公司债券的面值一般是每张100元人民币，而美国发行的公司债券通常每张面值为1 000美元。

（2）票面利率。债券的票面利率是投资者定期可以获取的利息与票面价值的比率。例如，2020年3月5日，中国铝业公司发行5年期企业债券，面值为100元，票面利息为3.3元，票面利率为3.30%。多数债券的票面利率在偿还期限内是固定不变的，但也有一些债券在发行时不明确票面利率，而是规定利率水平根据某一标准的变化而调整，如债券利率随银行间拆借利率而浮动。

（3）到期日。债券一般都有固定的偿还期限，到期日就是期限终止之日。一旦债券发行，距离到期日的期限就会随着时间的推移而减少。例如，2020年3月5日，中国铝业公司发行5年期企业债券，其到期日为2025年3月4日。

二、债券市场与债券评级

1. 债券市场。债券市场是发行和买卖债券的场所，是金融市场的重要组成部分，也是传导中央银行货币政策的重要载体，具有使资金从资金剩余者流向资金需求者，为资金不足者筹集资金的功能。例如，我国政府在历史上曾发行多批债券，为弥补国家财政赤字、支持重点建设项目、开展城市公用设施建设等筹集了大量资金。

按债券的运行过程和市场的基本功能，可将债券市场分为债券发行市场和债券流通市场。债券发行市场又称一级市场，是发行人初次出售新债券的市场，债券由发行人出售给投资者；债券流通市场又称二级市场，是已发行债券买卖转让的市场，通过投资者转让债权的方式，债券在投资者之间流通。按市场组织形式，债券流通市场可进一步划分为场内交易市场和场外交易市场。证券交易所（如上海证券交易所、深圳证券交易所）是专门进行证券买卖的场所，在证券交易所买卖证券形成的市场即为场内交易市场，证券交易所作为债券交易的组织者，不参与债券买卖过程，仅为买卖双方创造条件，提供服务并进行监管。场外交易市场是指在证券交易所之外的场所进行证券交易的市场，柜台市场为场外交易市场的主体。在柜台市场中，证券经营机构既是交易的组织者，又是交易的参与者。银行间交易市场也是重要的场外交易市场。

债券市场每天交易量庞大，但由于大部分债券交易都发生在场外市场，因此透明度比较低。如果很容易观察到一个金融市场的交易价格和交易量，则称该市场是透明的。而在债券市场，这显然难以做到。近年来，我国债券市场的透明度在政策法规的约束下得到一定程度的提高，尤其是柜台流通式债券，中国债券信息网（https://www.chinabond.com.cn/）每天都会公开各机构的柜台流通式债券的部分报价。表4-1是2021年4月1日中国工商银行柜台流通式债券报价的一部分。

表4-1　　　2021年4月1日中国工商银行柜台流通式债券的部分报价

债券代码	债券简称	期限	剩余期限	债券类型	票面利率（%）	买入价（元）	卖出价（元）	按买入价计到期收益率（%）	按卖出价计到期收益率（%）
180023	18附息国债23	5年	2年200天	记账式国债	3.2900	102.78	102.70	2.7531	2.7857
180027	18附息国债27	10年	7年235天	记账式国债	3.2500	101.53	101.35	3.1957	3.2224
180028	18附息国债28	7年	4年249天	记账式国债	3.2200	102.11	101.99	2.9657	2.9933
180204	18国开04	5年	1年356天	国开债*	4.6900	103.25	103.19	3.0305	3.0615
180208	18国开08	3年	26天	国开债	4.0700	103.94	103.92	1.7558	2.0263
180210	18国开10	10年	7年96天	国开债	4.0400	105.92	105.75	3.5707	3.5972

注：*国开债是国家开发银行发行的政策性金融债券，主要面向国有商业银行、区域性商业银行、邮政储蓄银行等金融机构。

表4－1涵盖了债券代码、期限、类型、票面利率、买入和卖出价，以及到期收益率等信息。其中，买入价（bid price）是指交易商（买方）愿意用来购买债券的价格，而卖出价（ask price）是指交易商（卖方）愿意将债券卖出的价格，这两者之差被称为买卖价差（bid-ask spread），简称价差（spread），代表交易商的利润。

2. 债券评级。债券评级是债券市场的重要准入条件，公司在发行债券前需要请专业的评级机构对债券进行评级。债券评级是指对债券发行公司信誉的评估，具体而言是评定发行公司履行偿还本息义务的可靠性，或者是评定因发行公司不履行债务义务而造成债券本息无法偿还的违约概率。这里需要注意，债券评级只关心违约的可能性，即违约风险，而不包括利率风险（将在4.2.5节详细介绍），因为即使是获得高评级的债券，其价格也很可能不稳定。

国际著名的三大评级机构分别为穆迪（Moody's）、标准普尔（Standard & Poor's）和惠誉国际（Fitch Ratings）。表4－2和表4－3分别展示了三大评级机构的评级等级和评级标准。

表4－2   三大评级机构的评级等级

评级机构	投资级债券评级				低品质、投机性、"垃圾"债券评级					
	高等级		中等级		低等级			极低等级		
穆迪	Aaa	Aa	A	Baa	Ba	B	Caa	Ca	C	
标准普尔	AAA	AA	A	BBB	BB	B	CCC	CC	C	D
惠誉国际	AAA	AA	A	BBB	BB	B	CCC	CC	C	RD	D

注：穆迪采用修正数字1、2和3对Aa至Caa评级进行调整，1表示在所属同类评级中排位最高，3表示最低；标准普尔和惠誉国际采用加减号对AA至CCC评级进行调整，"＋"表示在所属同类评级中排位最高，"－"表示最低。

表4－3   三大评级机构的评级标准

评级等级			评级标准说明
穆迪	标准普尔	惠誉国际	
Aaa	AAA	AAA	Aaa和AAA是三大评级机构给予的最高评级，这类债券信用风险极低，偿还本息的能力非常强
Aa	AA	AA	Aa和AA评级的债券信用风险很低，偿还本息的能力很强，与最高级别评级的债券构成高等级债券
A	A	A	评级为A的债券虽然比高等级债券更容易受到环境或经济条件变化的不良影响，但仍具有较强的偿还本息的能力
Baa	BBB	BBB	Baa和BBB评级的债券有足够的偿债能力，但在恶劣的经济条件或外在环境下，偿债能力可能较脆弱，此类债券与A等级债券被称为中等级债券
Ba, B, Caa, Ca, C	BB, B, CCC, CC, C	BB, B, CCC, CC, C	这些债券被认为在利息的支付和本金的偿还上具有投机性，如债务的偿付能力依赖于持续向好的商业与经济发展。Ba和BB代表最低程度的投机性，Ca、CC和C代表最高程度的投机性
—	D	RD, D	RD和D等级的债券是违约债券，表明发债人已经出现债务违约。惠誉国际将未偿还部分重要债务，但仍能偿付其他级别债务的公司评级为RD；将未偿还全部债务的公司评级为D

目前，国内五大评级机构分别为大公国际、联合信用、中诚信、新世纪、上海远东。根据《中国人民银行信用评级管理指导意见》，我国债券评级分为 AAA 级、AA 级、A 级、BBB 级、BB 级、B 级、CCC 级、CC 级、C 级共九级。其中，前四个评级的债券为投资级债券，后五个评级的债券为投机级债券，除 AAA 级、CCC 级及以下等级外，每个评级可用"＋""－"符号进行微调，表示略高或略低于本等级。AAA 级为一家公司债券评级的最高等级，获 AAA 级评级的公司债券的偿债能力极强，违约风险极低。例如，2021 年 1 月，金科股份拟采取分期发行的方式发行公司债券，发行规模为 19 亿元，该公司长期主体评级为 AAA 级，本期债券评级为 AAA级，属于质量很好的债券。

三、债券估值的基本模型

任何金融资产的估值都是资产预期创造现金流的现值。对于一只典型的债券，投资者在持有期间收到发行公司支付的利息，同时在债券到期时收到发行公司偿还的本金。例如，某公司发行面值为 M 的 5 年期债券，票面利率为 R，投资者获得的现金流包括在 5 年中每年收到的债券利息 I，再加上 5 年后收到的债券本金 M。该债券的现金流量如图 4 - 1 所示。

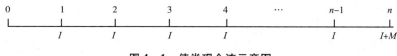

图 4 - 1 债券现金流示意图

根据图 4 - 1，债券的估值模型可用以下公式表示：

$$V_B = \frac{I_1}{(1 + R_d)^1} + \frac{I_2}{(1 + R_d)^2} + \cdots + \frac{I_n}{(1 + R_d)^n} + \frac{M}{(1 + R_d)^n}$$
$$= I \times PVIFA_{R_d, n} + M \times PVIF_{R_d, n} \tag{4 - 1}$$

其中，R_d 表示债券的市场利率，是计算债券现金流的现值的折现率，也是投资者投资债券所要求的必要报酬率。M 为债券面值，是到期时债券偿付的金额。I_i 表示债券的票面利息，等于面值乘以票面利率。如果债券为半年付息债券，则 I 为年利息的一半。例如，面值为 100、票面利率为 6% 的债券，半年利息为 3 元（100 × 6% ÷ 2）。如果债券为零息债券，即不支付利息的债券，则 I 为 0。如果债券是浮动利率债券，则 I 随利率的变动而变动。

n 表示债券的到期期限，在债券发行后，n 逐年减少。如果债券为半年付息债券，n 以半年为单位来衡量，为年数的 2 倍。

四、债券价值和收益率

1. 债券价值。利用估值模型计算得到债券在购买日的价值，它是投资者用来评估是否购入某债券的标准。债券价值区别于债券的面值和债券的市场价格。当债券价值大于债券的市场价格时，投资者会考虑购入该债券；反之，则不会购买。

【例题 4-1】A 公司于 20×1 年 1 月 1 日发行 5 年期、一次还本、分期付息的公司债券，该债券的面值为 100 元，票面利率为 5%，按年计息；当前债券市场利率为 7%。明哲公司拟购买该债券。求该债券市场价格为多少时，明哲公司才能购买？

$$V_0 = I \times PVIFA_{R_d,n} + M \times PVIF_{R_d,n} = 100 \times 5\% \times PVIFA_{7\%,5} + 100 \times PVIF_{7\%,5}$$
$$= 91.80 \text{（元）}$$

即只有在债券价格等于或者低于 91.80 元时，明哲公司才可以购买该债券。

如果债券不按年支付利息，则债券的估值要考虑到期期限、支付利息及市场利率的变换。

【例题 4-2】乙公司计划于 20×1 年 6 月 1 日发行三年期带息债券，面值为 100 元，票面利率为 10%，每半年付息一次，到期一次偿还本金；当前市场利率为 8%。求该债券的价格为多少时，投资者才会选择购买？

该债券半年付息一次，所以每半年的利息为 5 元（＝100×10%÷2），半年期的市场利率为 4%（＝8%÷2），n 为 6。

$$V_0 = I_i \times PVIFA_{R_d,n} + M \times PVIF_{R_d,n} = 5 \times PVIFA_{4\%,6} + 100 \times PVIF_{4\%,6}$$
$$= 105.24 \text{（元）}$$

即只有在债券价格等于或者低于 105.24 元时，投资者才会购买该债券。

【例题 4-3】丙公司拟于 20×1 年 1 月 1 日发行 5 年期的零息债券，到期按照面值偿还。债券面值为 100 元，当前市场利率为 10%。求其价格为多少时，投资者才会购买？

由式（4-1）可知：

$$V_0 = I \times PVIFA_{R_d,n} + M \times PVIF_{R_d,n} = 100 \times PVIF_{10\%,5} = 62.09 \text{（元）}$$

即只有在债券价格等于或者低于 62.09 元时，投资者才会购买该债券。

2. 债券到期收益率。为了确定债券在特定时点上的价值，需要计算市场利率，即市场上投资者投资一只债券所要求的必要报酬率，也称债券的到期收益率（yield to maturity，YTM）。债券到期收益率有时也简称为债券的收益率。在大多数情况下，投资者更容易获得债券的发行价格、票面利率和到期日，但不清楚债券的到期收益率，而债券的到期收益率是投资者用来比较不同债券收益的重要指标之一。债券的到期收益率计算公式为：

$$P = \sum_{t=1}^{n} \frac{I}{(1+YTM)^t} + \frac{M}{(1+YTM)^n}$$
$$= I \times PVIFA_{YTM,n} + M \times PVIF_{YTM,n} \tag{4-2}$$

其中，P 表示债券价格，YTM 为到期收益率，其他符号含义同前。

【例题 4-4】王某于 2020 年 1 月 1 日以 91.80 元/张的价格买入一个债券，该债券在 2020 年 1 月 1 日发行，面值为 100 元、票面利率为 5%、每年 12 月 31 日付息的 5 年期债券。求该债券的到期收益率？

由式（4-2）可知：

$$P = I \times PVIFA_{YTM,n} + M \times PVIF_{YTM,n} = 100 \times 5\% \times PVIFA_{YTM,5} + 100 \times PVIF_{YTM,5}$$
$$= 91.80（元）$$

通过计算，得出到期收益率为 7%。

【例题 4-5】乙某于 2020 年 6 月 1 日以 105.24 元/张的价格购入当日发行的三年期带息债券，面值为 100 元，票面利率为 10%，每半年付息一次，到期一次偿还本金。求乙某可以获得的收益率。

由式（4-2）可知：

$$I \times PVIFA_{\frac{YTM}{2},6} + M \times PVIF_{\frac{YTM}{2},6} = 100 \times 10\% \div 2 \times PVIFA_{\frac{YTM}{2},6} + 100 \times PVIF_{\frac{YTM}{2},6}$$
$$= 105.24$$

化简之后，可得：

$$PVIFA_{\frac{YTM}{2},6} + 20 \times PVIF_{\frac{YTM}{2},6} = 21.05$$

查年金现值系数表和复利现值系数表可知，计息期数为 6 期，当 $\frac{YTM}{2} = 4\%$，系数分别为 5.2421、0.7903 时，代入得：

$$5.2421 + 20 \times 0.7903 = 21.05$$

所以到期收益率为 8%。

3. 债券当期收益率。当期收益率（current yield）也称本期收益率，它是指本期获得债券利息对债券本期市场价格的比率。债券的当期收益率公式为：

$$CY = \frac{I}{P} \times 100\% \tag{4-3}$$

【例题 4-6】某 10 年期债券的票面价值为 100 元，当前市场价格为 90 元，票面利率为 10%，每年付息一次，要求计算该债券的当期收益率。

由式（4-3）可知：

$$CY = \frac{100 \times 10\%}{90} \times 100\% = 11.11\%$$

五、债券的利率风险

随着时间的流逝，市场利率会发生变化，但与债券有关的现金流（支付的利息和本金）保持不变，因此债券的价值将发生变动。对于债券持有者来说，利率变动给债券价格带来的风险称为利率风险。债券利率风险的大小取决于债券价格对利率变动的敏感程度，而这种敏感程度受债券距到期日的时间以及票面利率两个因素的直接影响。

1. 距到期日的时间。在其他条件相同的情况下，距到期日的时间越长，利率风险越大。由债券估值模型可知，长期债券的利率敏感度大于短期债券，因为相较于短期债券，长期债券的价值很大一部分来自到期日的债券面值金额的折现。具体而言，如果债券面值金额能够在一年内收回，那么利率的微小变动不会大幅影响其现值；但若面值金额按 10 年进行复利折现，那么即使利率只是微小变化，也可能对其现值产生显著影响。以债券面值均为 1 000 元，票面利率均为 9%，到期时间分别为 1 年、5 年及 10 年的三种债券为例，表 4 - 4 列示三种债券在不同利率和到期日的估值结果，同时根据表 4 - 4 的数据描绘债券市场利率和到期期限的关系，如图 4 - 2 所示。

表 4 - 4	三种债券在不同利率和到期日的价值比较		单位：元
市场利率	1 年	5 年	10 年
6%	1 055.00	1 126.37	1 220.80
8%	1 017.83	1 039.93	1 067.10
10%	982.64	962.09	938.55
12%	949.30	891.86	830.49

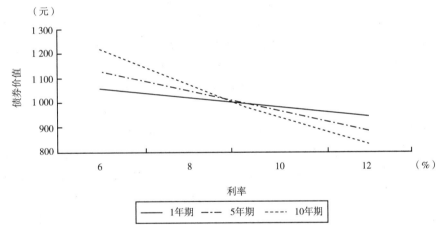

图 4 - 2　债券市场利率和到期期限的关系

由图 4 - 2 可见，10 年期债券的价值曲线的斜率最陡峭，这说明在以上三种债券中，10 年期债券对利率变化的敏感程度最大，即使是利率的微小变化都将导致其价值发生较大变动。而相比而言，1 年期债券的价值对利率的变动不敏感。换言之，长期债券的利率风险相对较大。

2. 票面利率。在其他条件相同的情况下，票面利率越低，利率风险越大。根据债券估值模型，债券的价值由利息和票面金额的现值组成。若两种债券的到期期限相同，但票面利率不一致，那么较低票面利率的债券利息更少，债券价值就更加依赖在到期日可收回的票面金额。因此，票面利率低的债券对于利率变动的敏感程度更强烈。我们也可以从另一个角度理解：票面利率高的债券利息更多，即在持有期内的早期产生的现金流量更多，而利率（折现率）变动主要影响的是长期的折现值，因此债券价值对利率变化的敏感程度较小。

六、债券价值的影响因素

由债券估值模型可知，当债券的面值一定时，债券价值主要受到票面利率（息票率）、期限和市场利率（收益率）的影响。

1. 息票率对债券价值变化的影响。其他条件相同且保持不变时，息票率越高，债券价值越大。

【例题 4 - 7】A 债券的票面价值为 100 元，票面利率为 10%，债券期限为 5 年，每年付息一次，当前市场利率为 11%；B 债券除了票面利率为 8% 之外，其他与 A 债券一致。请分别求这两种债券的价值并比较大小。

由式（4 - 1）可知，A、B 债券的价值分别为：

$100 \times 10\% \times PVIFA_{11\%,5} + 100 \times PVIF_{11\%,5} = 96.30$（元）

$100 \times 8\% \times PVIFA_{11\%,5} + 100 \times PVIF_{11\%,5} = 88.91$（元）

通过计算可知，票面利率大的债券，其价值也较大。

2. 市场利率对债券价值变化的影响。由〖例题 4 - 4〗和〖例题 4 - 5〗可知，债券价值可能高于面值，也有可能低于面值。当债券以低于面值的价格出售时，为折价债券（discount bond）；当债券以高于面值的价格出售时，为溢价债券（premium bond）。市场利率是决定债券售出价格高于或低于其面值的重要因素之一，溢价债券的票面利率大于市场利率，折价债券的票面利率小于市场利率。而且，当市场利率上升时，债券价值下跌；当市场利率下降时，债券价值会上升。

3. 期限对债券价值变化的影响。对于溢价发行的债券，持有期限越长，债券价值就越高；对于折价发行的债券，持有期限越长，价值越低；对于平价发行的债券，期限长短不影响其价值。

【例题 4 - 8】A 债券的票面价值为 100 元，票面利率为 10%，债券期限为 5 年，每年付息一次，当前市场利率为 11%；B 债券除了债券期限为 10 年之外，其他与 A 债券一致。请分别求这两种债券的价值并比较大小。

由式（4 - 1）可知，A、B 债券的价值分别为：

$100 \times 10\% \times PVIFA_{11\%,5} + 100 \times PVIF_{11\%,5} = 96.30$（元）

$100 \times 10\% \times PVIFA_{11\%,10} + 100 \times PVIF_{11\%,10} = 94.11$（元）

通过计算可知，对于折价债券来说，持有期限越长，价值越低。

七、债券市场利率（收益率）的决定因素

债券市场利率也称债券收益率或债券到期收益率，是指债券市场投资者投资该债券所要求的必要报酬率。影响市场利率的因素主要包括纯利率、通货膨胀溢价和风险溢价。债券市场利率的公式可表示为：

$$r = r^* + IP + DRP + LRP + MRP \qquad (4-4)$$

其中，r^* 为纯利率，也称真实无风险利率或实际利率，是指在没有通货膨胀、无风险情况下资金市场的平均利率。纯利率是投资者放弃资金使用权所要求的补偿，可以将其视为货币的纯时间价值。IP 为通货膨胀溢价。债券市场投资者认识到未来的通货膨胀会侵蚀所回报的货币价值，因此会要求更高的利率水平来补偿这部分损失，而这额外的补偿就是通货膨胀溢价。通常情况下，短期政府债券可视为无风险证券，其利率由纯利率及通货膨胀溢价两部分组成。风险溢价主要由违约风险溢价 DRP、流动性风险溢价 LRP 和期限风险溢价 MRP 组成。违约风险溢价是指债券发行人不能按期足额偿付本金和利息的风险而给予债权人的补偿；流动性风险溢价是指债券因在短期内不能以合理的价格变现而给予债权人的补偿；期限风险溢价是指债券因面临存续期内市场利率上升导致价格下跌的风险而给予债权人的补偿。

【例题 4-9】目前资本市场上，纯利率为 3%，无风险利率为 6%，通货膨胀溢价为 3%，违约风险溢价为 2%，流动性风险溢价为 3%，期限风险溢价为 2%。请问市场利率为多少？

由式（4-4）可知：

$r = 3\% + 6\% + 2\% + 3\% + 2\% = 16\%$

在其他条件不变时，债券市场利率也即债券收益率与价格呈反向关系。债券收益率越高，债券的价格越低。图 4-3 为某债券的价格—收益率曲线，可以观察到债券价格与收益率之间呈现向下凸的非线性关系。当收益率下降时，债券价格加速度上升；当收益率上升时，债券价格以减速度下降。

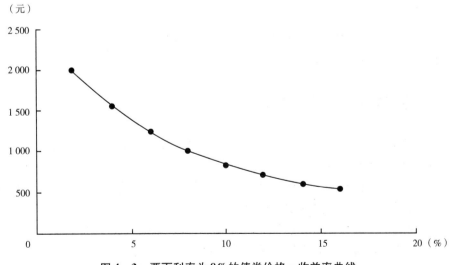

图 4-3　票面利率为 8% 的债券价格—收益率曲线

八、债券投资的优缺点

1. 债券投资的优点。

（1）本金安全性高。与股票相比，债券风险比较小。政府发行的债券有国家财力做后盾，其本金的安全性非常高，通常视为无风险证券。公司债券的持有者拥有优先求偿权，即当公司破产时，优先于股东分得公司资产，因此，本金的损失可能性较小。

（2）收入比较稳定。债券票面一般都标有固定利息率，债券发行人有按时支付利息的法定义务，因此，在正常情况下，投资于债券都能获得比较稳定的收入。

（3）流动性较好。政府及大公司发行的债权可以在金融市场上迅速出售，流动性较好。

2. 债券投资的缺点。

（1）购买力风险比较大。债券在发行时就已经确定面值和票面利率，如果投资期间的通货膨胀率比较高，那么固定本金和利息的购买力将会受到较高程度的侵蚀。在通货膨胀率非常高时，投资者虽然名义上有报酬，但实际上可能遭受了损失。

（2）没有经营管理权。投资债券是为了获得报酬的一种手段，除非债券发行人面临破产清算，投资者无权影响和控制发行人的经营管理。

（3）需要承担利率风险。市场利率会随时间上下波动，当市场利率上升时，流通在外的债券的价格下跌，投资者可能遭受损失。

第三节　股票估值

股票投资是一项重要的证券投资。随着我国股票市场的发展，股票投资已变得越来越重要，对股票的估值也就成为企业财务管理的重要内容之一。

一、股票的分类和构成要素

1. 股票的分类。股票（stock）是股份公司为筹集资金而发行给股东作为持股凭证的一种有价证券，持有它就拥有公司的一份资本所有权，成为公司的所有者之一。股票是资本市场的长期信用工具，可以转让、买卖，股东凭借它可以取得股息和红利，但也要承担公司经营过程中的风险。

股票的基本类型有普通股和优先股两类。普通股是指在公司经营管理和盈利、财产分配上享有普通权利的股份，代表满足债权人及优先股东的偿付要求后对企业盈利和剩余财产的索取权，是股票的最基本形式。目前在我国上海证券交易所与深圳证券交易所上市交易的股票主要是普通股。普通股股东是公司的所有者，他们可以参与选举公司的董事，对公司经营有监督权和决策权。普通股股东可以从公司分得股利，但由于发放股利不是公司必须履行的义务，股东的股利收入具有不稳定性。而且，普通股股东对公司资产和盈利的求偿权均居债权人和优先股股东之后，当公司破产时，普通股股东只能最后得到偿付。因此，与债权人相比，普通股投资风险较高，报酬具有更大的不确定性。

优先股是公司发行的求偿权介于债券和普通股之间的一种混合证券。优先股相对于普通股的优先权，是指在红利分配和剩余财产清算时的优先求偿权，但是这种优先权的获得使优先股股东通常丧失了投票权，从而限制了他们参与公司事务的能力。也就是说，优先股股东对公司资产、利润分配等具有优先求偿权，但对公司经营没有参与权，且不能退股，只能通过优先股的赎回条款被公司赎回。优先股的现金股利类似于债券利息，是每期相对固定的，先于普通股股利发放。与债券不同的是，当公司经营状况恶化时，即使未能按时支付优先股股利，优先股股东也不能请求公司破产。当然，公司为了维护财务声誉，总是会想方设法满足优先股的股利支付要求。我国上海证券交易所与深圳证券交易所从 2014 年开始开展优先股试点业务，并制定相应的管理办法或实施细则，但目前上市交易的优先股数量仍稀少。

2. 股票的构成要素。

（1）股票价格。股票价格简称股价，是指股票在市场上的交易价格，包括开盘价、收盘价、最高价和最低价等。股票的价格会受到各种内外部因素的影响而出现波动。

（2）股票价值。投资股票通常是为了在未来获取现金流入，这些现金流入一般包括每期获得的股利和出售股票时的价格收入。为了更好地与股票市场价格进行区分，我们在实务中需要辨识以下定义。

①票面价值。股票的票面价值也叫"面值"。如果股票以面值发行，它代表的是公司的股票筹资总额除以股票发行数量。但面值只在股票发行时有一定意义，随着时间的推移，公司的资产会发生变化，股票的市场价格会逐渐与面值相背离，面值也就逐渐失去了其原有的意义。

②账面价值。股票的账面价值又称每股净资产，是以公司净资产减去优先股账面价值后，除以发行在外的普通股股票的股数来求得。股票的账面价值是分析股票投资价值的重要指标。

③清算价值。股票的清算价值是指在公司破产或清算时，每股股票所代表的实际价值。理论上，股票的清算价值应该与账面价值一致，但事实并非如此。只有在清算时的资产实际出售额与财务报表反映的账面价值一致时，它们才会一致。大多数公司股票的清算价值低于账面价值。

④内在价值。股票的内在价值也称股票价值，是股票未来收益的现值，它取决于股息收入和市场收益率。股票价值与股票价格不同，股票价格是指股票在市场上的买卖价格，即股票市价。从长期上看，股票价格总是围绕着股票的内在价值波动。我们所说的股票估值，是指使用估值模型来计算股票的内在价值。

（3）股利。股利也称为红利或者股息，是股票持有人凭股票定期从公司取得的投资报酬。股利有现金股利和股票股利两种形式。本章主要关注现金股利。公司通常在一个财务结算日（一般为一年）后，根据盈利的多少，将其中的一部分分配给股东。但是，只有在公司有可供分配的利润，并且决定将利润分配给股东而不是进行再投资时，股东才有可能获得股利。

二、股票市场

股票市场是股票发行和交易的场所，包括股票发行市场和股票流通市场。股票发行市场又称一级市场，是发行单位出售新股票的市场，公司通过面向投资者发行股票来筹集大量资金。股票流通市场又称二级市场，包含股票流通的一切活动，投资者可以根据自己的投资计划和市场价格的变动情况来买卖股票。按市场组织形式的不同，股票流通市场可以进一步划分为交易所市场和场外交易市场：交易所市场具有固定的交易场所（如上海证券交易所、深圳证券交易所）和固定的交易时间，接受和办理符合有关法律规定的股票上市交易，使原股票持有人和投资者有机会在市场上通过经纪人进行自由买卖、成交、结算和交割；场外市场又称店头市场或柜台市场，实际上是由千万家证券商组成的抽象的证券买卖市场。在场外交易市场内，每个证券商大都同时具有经纪商和交易商（或称自营商）双重身份。

大部分股票交易都涉及交易商（dealer）和经纪商（broker）。其中，交易商自己持仓，随时准备在市场上买进或卖出股票；而经纪商仅为买卖双方创造交易条件，自己并不参与交易，也不持仓。交易商购买股票的价格叫买入价（bid price），而交易商出售股票的价格为卖出价（ask price），这两者之差被称为买卖价差（bid-ask spread），简称价差（spread），代表交易商的利润。

在股票市场中，由于股价的短期走向取决于资金的运动，一些资金实力雄厚的机构能在一定程度上影响甚至操纵股价的涨跌。他们利用自身的资金实力，采取多种方式制造虚假的行情而从中获利，因而使得股票市场具有投机的一面。一方面，股票市场上的投机行为会对商品经济的发展产生负面影响；另一方面，投机行为带来了暴利的可能性，从而吸引部分投资者将资金投入股票市场，促进资本的大量集中，使货币资金转化为资本。

三、股票价格的影响因素

股票的市场价格会受到公司内外部因素的影响而产生波动。

1. 公司内部因素。

（1）净资产。公司净资产也称公司的资产净值，它是决定股票价格的重要基准之一。公司的资产净值会随着公司的营运情况而发生变化。一般而言，净值增加，股价上涨；反之，则下跌。

（2）盈利水平。在一般情况下，预期公司盈利增加，可分配的股利相应增加，股票的市场价格也会上涨；反之，股价则会下跌。但股价的涨跌和公司盈利的变化并不完全同步。

（3）股利政策。一般情况下，股票价格与股利水平成正比，即股利水平越高，股价越高，反之则越低。股利来自公司的税后盈利，盈利增加为股利分配提供可能，但并不能保证公司一定会增加股利。不同的股利政策对投资者的股利收入影响不同，因此股利政策也会影响股价。

（4）股份分割。股份分割通常会刺激股价上涨，且往往比增加股利对股价上涨的刺激作用更大。股份分割给投资者带来的不是现实的利益，而是未来股利上升和获得更高收益的预期。

（5）增资或减资。增资是指企业通过新股东投资入股，或者原股东增加投资扩大股权，从而增加资本金。在没有产生相应效益前，增资可能使每股净资产下降，因而会造成股票价格下跌。但对业绩优良、财务结构健全、具有发展潜力的公司而言，增资意味着公司的经营实力将增加，给股东带来更多回报，股票价格反而会上涨。反之，减资多半因为企业经营不善、亏损严重，需要重新整顿，这时股票价格会大幅下跌。

（6）资产重组。资产重组一般指企业资产的重新整合及企业股权的重新调整。资产重组是否对公司有利，是否将改善公司的经营状况，也是决定股票价格走向的一个决定性因素。

2. 公司外部因素。

（1）宏观因素。宏观经济因素主要包括经济周期、通货膨胀或通货紧缩、国际经济形势等经济因素。此外，国家货币政策、财政政策、收入分配政策及证券市场监管政策等政策因素也会对股票价格产生重要影响。

（2）行业因素。国家的产业政策、相关产业的发展前景和趋势等行业因素会对该行业上市公司的股票价格产生影响。

（3）市场因素。投资者对证券市场发展趋势的心理预期对股票价格走势会产生重要的影响。尤其是部分中小投资者的从众心理往往会对股市产生助涨或助跌的作用。

▶▶▶ 课堂小案例

在证券市场中，许多信息的获取需要支付相应的时间成本和经济成本。面对市场上大量的不确定信息，一般中小投资者作为证券市场中的弱势群体，没有雄厚的资金支持、技术等资源，因而无法筛选出有效信息，难以准确估计股票价值。为了趋利避害，中小投资者往往倾向于追寻自认为可靠的权威信息，热衷于探寻某些所谓的"内幕消息"。

2018 年末，随着 5G 技术的快速发展，5G 技术的商用逐步提上了日程，这对嗅觉敏锐的股票市场来说无疑是一个重大的炒作热点，其中最引人瞩目的炒作热点当属东方通信公司。东方通信公司主营业务是通信和金融电子网络业务，公司在 5G 的 NBOT 工程的网络优化、替换升级、搬迁方面与华为公司合作，但在 5G 通信网络建设上没有关联。换言之，东方通信公司的业务与 5G 没有实质性关联。然而，由于公司名称"东方通信"很容易让人联想到近期炒作火热的 5G 概念，因此东方通信公司吸引市场炒作资金的注意力，股价开始逐步升高。从 2018 年底的 3.86 元起步，在不到半年的时间内拉升到 2019 年 3 月 8 日的最高价 41.82 元，股价涨幅高达 983.42%。

尽管东方通信公司在股价拉升期间不断发出公告，澄清公司业务与 5G 没有实质性关联，监管机构也发出了风险提示，但丝毫不影响市场资金对东方通信的追捧，股价继续连创新高。当 5G 概念炒作风结束后，东方通信的股价便开始了下跌之路。2020 年 6 月 12 日，东方通信股价跌至 14.94 元，跌幅达 64.27%。许多中小投资者由于盲目跟风遭受了损失。

资料来源：曹芳郅. 我国股票市场羊群效应分析与建议 [J]. 环渤海经济瞭望，2020（11）：166 - 167.

四、优先股估值

优先股的特点是股利率固定，但是持有者不能退股，只能通过优先股的赎回条款被公司赎回，因此，优先股的未来现金流量主要由每期取得的股利和公司赎回金额构成。

假设优先股股利为 D_p，n 年后被公司以每股 P 元的价格赎回，股东要求的必要报酬率为 R，则优先股的价值可以由以下估值模型计算得到：

$$V_p = D_p \times PVIFA_{R,n} + P \times PVIF_{R,n} \tag{4-5}$$

【例题 4 - 10】某公司的优先股每年年末分红 2 元，10 年后，B 公司必须以每股 60 元的价格回购这些优先股，股东要求的必要报酬率为 8%，则该优先股当前的市场价值应为多少？

由式（4 - 5）可知：

$$V_p = 2 \times PVIFA_{8\%,10} + 60 \times PVIF_{8\%,10} = 2 \times 6.710 + 60 \times 0.463 = 41.2 \text{（元）}$$

一些优先股可能会按季度支付股利，即一年内支付 4 次股利。此时，优先股估值模型为：

$$V_p = D_p \times PVIFA_{\frac{R}{4},4n} + P \times PVIF_{\frac{R}{4},4n} \tag{4-6}$$

【例题 4 - 11】某公司的优先股每季度末分红 2 元，10 年后，B 公司必须以每股 60 元的价格回购这些优先股，股东要求的必要报酬率为 8%，则该优先股当前的市场价值应为多少？

由式（4 - 6）可知：

$$V_p = 2 \times PVIFA_{\frac{8\%}{4},4 \times 10} + 60 \times PVIF_{\frac{8\%}{4},4 \times 10} = 2 \times 27.355 + 60 \times 0.453$$

$$= 81.89 \text{（元）}$$

在实务中，除非企业破产，多数优先股永远不会到期，也即投资者可以获得无限期的等额优先股股息，因此，无限期优先股的估值可简化为永续年金的贴现，公式如下：

$$V_p = \frac{D_p}{R} \tag{4-7}$$

【例题 4 – 12】某公司对外流通的优先股股票，每季度每股发放现金股利 0.5 元，预计股东的必要报酬率是 20%，该优先股目前的价值为多少？

由式（4 – 7）可知：

$$V_p = \frac{D}{R \div 4} = \frac{0.5}{20\% \div 4} = 10（元）$$

五、普通股估值

1. 基本模型。股票估值和债券估值本质上都是对未来现金流的折现，两者存在差异的原因在于普通股股利的不确定性。普通股股票投资者的现金收入由两项构成：一项是在持股期间收到的现金股利；另一项是出售股票时获得的变现收入。股票的当前价值为：

$$V_s = \sum_{t=1}^{n} \frac{D_t}{(1+R)^t} + \frac{P_n}{(1+R)^n} \tag{4 – 8}$$

其中，D_t 是股票持有期间每年每股可获取的现金股利，R 是投资者要求的必要报酬率，n 是股票投资者持股期数，P_n 是未来出售股票时的预期价格收入。

【例题 4 – 13】投资者持有某公司的普通股股票，预计未来 3 年每年可获得现金股利 2 元/股，3 年后预期出售价格为 18 元/股，投资者要求的必要报酬率是 15%，则该股票目前的估值为多少？

由式（4 – 8）可知：

$$V_s = \sum_{t=1}^{3} \frac{2}{(1+15\%)^t} + \frac{18}{(1+15\%)^3} = 16.4（元）$$

如果投资者永久持有股票，期数 n 趋近于无穷大，普通股的估值是未来所有股利的折现值。因此，普通股股票的价值为：

$$V_s = \frac{D_1}{1+R} + \frac{D_2}{(1+R)^2} + \frac{D_3}{(1+R)^3} + \cdots = \sum_{t=1}^{\infty} \frac{D_t}{(1+R)^t} \tag{4 – 9}$$

其中，V_s 是股票价值；D_t 是第 t 年的股利收入；R 是必要报酬率（折现率）。

尽管有观点认为，大多数投资者目光短浅，不会关心长期股利，也即投资者通常不会以超过自身持股的时间标准对股票进行估值，那么，在一个短期投资者占多数的市场中，股票价格可能只反映它较近期的股利水平。但是，换个角度来说，即使单个投资者的投资期限较短，希望尽早卖出股票收回现金，他也必须先找到另一个愿意购买股票的投资者，而此时，第 2 个投资者所支付的价格则取决于他购买后的预期股利。当第 2 个投资者卖出股票时，第 3 个投资者愿意支付的价格同样取决于他购买后的预期股利。以此类推，股票的价值等于投资者预期在未来所有年份的股利的折现值。因此，长期的股利折现模型依然成立。

式（4 – 9）代表了一个非常普遍的模型，但是，若按式（4 – 9）为一只股票估值，就需要预测未来无限期的所有现金股利，这显然是不可能的，因此，我们需要为未来现金股利做一些假设，才能进一步简化模型。这些假设包括公司未来股利呈现零增长、固定增长率、变动增长率等特征。

2. 股利零增长估值模型。如果公司股利固定不变，也即股利零增长，投资者每期可获取等额股利 D，则它类似于优先股股利。假设投资者要求的必要报酬率是 R，股票估值基本模型可简化为：

$$V_s = \frac{D}{1+R} + \frac{D}{(1+R)^2} + \frac{D}{(1+R)^3} + \cdots = \frac{D}{R} \tag{4-10}$$

【例题 4-14】某公司的普通股股票采取固定股利政策，每年每股发放现金股利 3 元，投资者的必要报酬率是 20%，请问该股票目前的估值为多少？

由式（4-10）可知：

$$V_s = \frac{D}{R} = \frac{3}{20\%} = 15 \text{（元）}$$

3. 股利固定增长估值模型。如果公司采用股利固定增长的股利政策，也即现金股利在基期 D_0 的基础上以每年 g 的速度持续增长，那么该股票的价值可以使用以下股利稳定增长估值模型计算：

$$V_s = \frac{D_0(1+g)^1}{1+R} + \frac{D_0(1+g)^2}{(1+R)^2} + \cdots = \sum_{t=1}^{\infty} \frac{D_0(1+g)^t}{(1+R)^t} = \frac{D_0(1+g)}{R-g} \tag{4-11}$$

或

$$V_s = \frac{D_1}{R-g} \tag{4-12}$$

其中，D_0 为基期股利，D_1 为第一期期末的股利，g 为股利的固定增长率，t 为投资者的持有期数，R 为投资者要求的必要报酬率。

【例题 4-15】明哲公司的普通股股票采用股利固定增长政策，去年每股发放现金股利 2 元，预计今后每股股利的年增长率为 1%，股东的必要报酬率是 10%，该股票目前的估值为多少？

由式（4-12）可知：

$$V_s = \frac{D_1}{R-g} = \frac{2 \times (1+1\%)}{10\% - 1\%} = 22.40 \text{（元）}$$

需要注意，当增长率 g 大于折现率 R 的时候，这个估值模型似乎会得出负的股价，因为此时 $R-g$ 是一个负数，但是这种看法是错误的。相反，当固定增长率 g 超过折现率 R 时，股票价格会接近无穷大，因为股利的现值会不断增大。当股利增长率等于折现率时，情况也相同。在这两种情况下，不能简单地使用简化的模型来计算无穷多项的折现值之和。因此，除非增长率小于折现率，否则简化后的股利增长模型式（4-12）所得出的结果是没有意义的。

4. 股利两阶段增长模型。两阶段增长模型（two stage growth model）通常描绘了股利变动增长的一个典型情形，它假设公司股利增长呈现两个阶段，包括高速增长阶段和稳定增长阶段。第一阶段又叫超常增长阶段，又称观测期，实务中一般为 5~7 年，其增长率高于第二阶段的增长率；第二阶段又叫永续增长阶段，又称永续期，增长率为正常稳定的增长率。

在这种情况下，股票价值是高速增长阶段（n 年）股利现值和稳定增长阶段的股利现值之和，则：

$$V_s = \sum_{t=1}^{t=n} \frac{D_1(1+g_1)^{t-1}}{(1+R)^t} + \sum_{t=n+1}^{t=m} \frac{D_n(1+g_2)^{t-n}}{(1+R)^t} \qquad (4-13)$$

其中，D_1 是高速增长阶段中第 1 年的股利，D_n 为高速增长阶段的期末也就是第 n 年的股利，g_1、g_2 分别为两个阶段的股利固定增长率，n 为高速增长阶段中投资者持有股票的期数，m 为投资者持有股票的总期数，R 为投资者要求的必要报酬率。

【例题 4-16】假设 G 公司由于推出新产品，预期将实现快速增长。1 年后，其每股股票的股利为 1.15 元，并且在往后的 4 年内股利将以每年 15% 的固定比率增长，即 $g_1 = 15\%$。在此之后，年增长率 g_2 变为 10%。投资者要求的必要报酬率为 15%，那么该股票的价值是多少？

分两个阶段对股利进行折现计算。首先，计算高速增长阶段中每年股利增长 15% 的情况下的股利现值，也就是前 5 年股利的现值。其次，计算从第 6 年开始的股利现值。

①前 5 年的股利现值计算见表 4-5。

表 4-5　　　　　　　　　　　G 公司股票 1~5 年股利现值计算

第 n 年期末	增长率（g_1）（%）	预计股利（元）	现值（元）
1	15	1.150	1
2	15	1.3225	1
3	15	1.5209	1
4	15	1.7490	1
5	15	2.0114	1
1~5 年股利现值合计		5	

②从第 6 年年末开始的股利现值计算见表 4-6。

表 4-6　　　　　　　G 公司股票自第 6 年起的股利现值计算　　　　　　　　单位：元

第 n 年期末	6	7	8	9	…
股利	$D_5(1+g_2)$ 2.0114×1.1 $= 2.2125$	$D_5(1+g_2)^2$ 2.0114×1.1^2 $= 2.4338$	$D_5(1+g_2)^3$ 2.0114×1.1^3 $= 2.6772$	$D_5(1+g_2)^4$ 2.0114×1.1^4 $= 2.9449$	…

在本题中稳定增长阶段的第 1 笔股利支付是在第 6 年年末，直接使用式（4-12）得到第 5 年年末的终值 V_5。

$$V_5 = \frac{D_6}{(R-g_2)} = \frac{2.2125}{15\% - 10\%} = 44.25 \text{（元）}$$

然后将其折现至第 1 年年初，则：

$$V_0 = \frac{44.25}{(1+15\%)^5} = 22 \ （元）$$

因此，将两个阶段的股利折现值相加，计算得出 G 公司股票的价值为：

$$V_s = 5 + 22 = 27 \ （元）$$

六、必要报酬率的构成要素

在股利固定增长模型中，我们讨论如何利用必要报酬率（折现率）R 对股票进行估值，即在必要报酬率已知的情况下计算股票价值。现在，我们关注必要报酬率的计算。整理式（4-12），可得：

$$R = \frac{D_1}{V_s} + g \qquad\qquad (4-14)$$

可以发现，必要报酬率 R 由两部分组成。第一部分 D_1/V_s 为股利收益率，由预期的现金股利除以股票价值（约等于股票价格，也常用 P_0 来表示）计算得到，类似于债券的当期收益率。第二部分 g 为增长率，也称为资本利得收益率，即投资价值的增长速度。

【例题 4-17】某公司普通股股票采取股利固定增长政策，当前股价为 20 元，下期每股发放现金股利 2 元，预计今后每股股利的年增长率为 1%，请问该股票的必要报酬率是多少？

由式（4-14）可知：

$$R = \frac{D_1}{V_s} + g = \frac{2}{20} + 1\% = 11\%$$

即这只股票的报酬率为 11%。下面验证必要报酬率的两个组成部分。

根据式（4-12）可以得到下一年的股价为：

$$V_1 = D_2/(R-g) = D_1 \times (1+g)/(R-g)$$
$$= 2 \times (1+1\%)/(11\%-1\%) = 20.2 \ （元）$$

相较于现在增长了 0.2 元，资本利得收益率为 1%（= 0.2/20），股利收益率为 10%（= 2/20），则必要报酬率 $R = 10\% + 1\% = 11\%$。

七、相对估值模型

上述优先股与普通股的估值，主要采用股利贴现模型，也即对持有股票所获得的未来现金流进行贴现。股利贴现模型是常用的绝对估值模型。本节我们进一步探讨相对估值模型。

相对估值法也称可比公司法，是指将目标公司与可比公司对比，用可比公司的股票价值来衡量目标企业的股票价值。采用相对估值法计算出的股票价值，是一种相对价值，而非目标公司的内在价值。这时，如果可比公司的价值被高估，则目标企业的价值也会被高估。

相对估值模型主要分为三类：市盈率模型、市净率模型和市销率模型。

1. 市盈率估值模型（P/E）。市盈率（P/E）是指股票价格和每股收益的比率。其中，每股收益（EPS）指税后利润与股本总数的比率。例如，一家公司的股票价格为 10 元/股，每股收益为 2 元，则其市盈率为 5（＝10/2）。

市盈率估值模型如下：

目标公司股票的每股价值 ＝ 可比公司市盈率 × 目标公司每股收益　（4－15）

【例题 4－18】A 公司和 B 公司处于同行业，且资产结构相似，B 公司是 A 公司的可比公司，A 公司的每股收益为 0.55 元，而 B 公司的股票价格为 2 元/股，每股收益为 0.5 元，请计算 A 公司的股票价值。

B 公司市盈率 ＝2/0.5 ＝4

A 公司股票价值 ＝4 ×0.55 ＝2.2（元）

在诸多相对估值法中，市盈率估值法的使用频率最高，主要适用于连续盈利公司。市盈率是一个将股票价格与当前公司盈利状况联系在一起的一种直观的统计比率，反映公司需要累积多少年的盈利才能达到目前的股价水平。对大多数股票来说，市盈率易于计算，这使得股票之间的比较变得简单。而且，市盈率涵盖了风险补偿率、增长率、股利支付率的影响，具有很高的综合性。当一家公司的未来业绩增长迅速时，高市盈率可能恰好准确地估量了该公司的价值。

需要注意的是，利用市盈率法来估值时，目标公司与对比公司需要属于同一个行业，此时公司的经营风险和增长率相近，相互比较才有效。此外，随着经济的周期性波动，上市公司的每股收益也会出现波动，导致市盈率指标很不稳定。

2. 市净率模型（P/B）。市净率（P/B）是指股票价格除以每股净资产的比率。其中，每股净资产等于公司净资产与普通股股数的比率。资产减去负债就是公司的净资产，它是真正属于公司所有者的部分。净资产的多少通常由公司经营状况决定，经营业绩越好，其资产增值越快，股票净值就越高，股东所拥有的权益也就越多。

市净率可用于股票投资分析，一般来说，市净率较低的股票，投资价值较高，反之则投资价值较低。但在判断投资价值时，还要考虑市场环境以及公司经营情况、盈利能力等因素。市净率估值模型适用于拥有大量实物资产、净资产为正值的企业。

市净率估值模型如下：

目标公司股票的每股价值 ＝ 可比公司市净率 × 目标公司每股净资产　　（4－16）

【例题 4－19】A 公司和 B 公司处于同一行业，且资产结构相似，B 公司是 A 公司的可比公司，A 公司的每股净资产为 0.35 元，而 B 公司的每股股票价格为 2 元，每股净资产为 0.2 元，请计算 A 公司的每股股票价值。

B 公司市销率 ＝2/0.2 ＝10

A 公司股票价值 = 10 × 0.35 = 3.5（元）

市净率模型具有如下优点：净资产的账面价值要比净利润稳定，也不像利润那样容易被操纵，可以为股票价值提供较稳定的度量；而且，即使在亏损情况下，市净率模型也可以用来估值。

但是，净资产的账面价值受会计政策选择的影响，如果不同企业执行不同的会计标准或会计政策，市净率将失去可比性；如果会计标准合理并且会计政策一致，市净率的变化可以反映企业价值的变化。另外，对于固定资产很少的服务性企业和高科技企业，净资产与企业价值的关系不大，市净率比较没有实际意义。同样地，对于净资产为负值的企业，市净率没有意义，因而也无法使用市净率模型来估值。

3. 市销率模型（P/S）。市销率（P/S）是指股票价格除以每股营业收入的比率。其中，每股营业收入等于公司营业收入与普通股股数的比率。市销率越低，说明该公司股票目前的投资价值越大。

市销率模型适用于销售成本率较低的服务类企业，或者销售成本率趋同的传统行业的企业。收入分析是评估企业经营前景至关重要的一步。没有销售，就不可能有收益。市销率指标既有助于考察公司收益基础的稳定性和可靠性，又能有效把握其收益的质量水平。

市销率估值模型如下：

目标公司股票的每股价值 = 可比公司市销率 × 目标公司每股营业收入

$$(4-17)$$

【例题 4 - 20】A 公司和 B 公司处于同一行业，且资产结构相似，B 公司是 A 公司的可比公司，A 公司的每股营业收入为 0.45 元，而 B 公司的每股股票价格为 2 元，每股营业收入为 0.4 元，请计算 A 公司的每股股票价值。

B 公司市销率 = 2/0.4 = 5

A 公司股票价值 = 5 × 0.45 = 2.25（元）

市销率模型的优点是：营业收入不受折旧、存货和非经常性支出等会计政策的影响，比净利润和净资产更稳定，且不容易被操纵。营业收入一般不会出现负值，对于亏损企业和资不抵债的企业，也可以计算出一个有意义的价值乘数。而且，市销率对价格政策和企业战略变化敏感，可以用来反映这些变化的后果。

但是市销率模型可能会因为无法识别不同公司在成本控制、利润等方面的差别，不能反映成本的变化，而成本是影响企业现金流量和价值的重要因素之一，因此有时会导致错误的估值。

八、股票投资的优缺点

对于股份有限公司来说，优先股的支付义务与债券类似，优先股股利是固定的，且股东承担的风险较低，通常不能参与公司决策。普通股股东与优先股股东相比，则需要承担更大的风险，其报酬也更具有不确定性。本节中讲述的股票投资的优缺点主要涉及普通股股票。

1. 股票投资的优点。股票是最具挑战性的投资，其报酬和风险都比较高，股票投资的优点主要有以下三点。

（1）能获得比较高的报酬。普通股的价格虽然变动频繁，但从长期来看，优质股票的价格总是上涨的居多，只要选择得当，就有很大概率获得优厚的投资报酬。

（2）能适当降低购买力风险。普通股的股利不固定，在通货膨胀率比较高的情况下，由于物价普遍上涨，股份有限公司的盈利增加，股利的支付额也随之增加。因此，与固定报酬的证券相比，普通股能有效降低购买力风险。

（3）拥有一定的经营控制权。普通股股东属于公司所有者，有权监督和控制公司的生产经营情况。因此，想要控制一家公司，最好的途径就是收购其普通股股票。

2. 股票投资的缺点。股票投资的缺点主要是风险较大，原因如下。

（1）普通股对公司资产和盈利的求偿权均居于最后。公司破产时，股东原来的投资可能得不到全数补偿，甚至一无所有。

（2）普通股的价格受众多因素影响，很不稳定。政治因素、经济因素、投资人心理因素、企业的盈利情况、风险情况等，都会影响股票价格，这也使股票投资具有较高的风险。

（3）普通股的收入不稳定。普通股股利的多少，视企业经营状况和财务状况而定，其有无、多寡均无法律上的保证，其收入的风险也远远大于固定报酬证券。

第四节　本章实验

学习目标

证券估值是基于公司财务数据等资料，根据证券估值的原理和分析方法，对企业的债券和股票价值进行计算。本章结合证券估值的定义和估值原理等知识，应用 Excel 工具分别建立债券和股票估值模型，结合企业实践案例进行证券估值，以掌握债券和股票的估值和评价方法。

计算方法

表 4-7 是证券估值模型。以下分别以债券估值和股票估值为例介绍如何采用 Excel 工具进行证券估值。

表 4-7　　　　　　　　　　　证券估值模型

指标名称	指标公式	指标比率
债券估值：		
债券价值	债券价值 = 每年支付利息 $\times PVIFA_{到期收益率,期数}$ + 债券面值 $\times PVIF_{到期收益率,期数}$	= B6 × B7/2 × B12 + B6 × B13

指标名称	指标公式	指标比率
当期收益率	当期收益率 = 债券利息/债券本期市场价格	= B37 × B38/B36
A 债券价值	债券价值 = 债券面值 × $PVIF_{到期收益率,期数}$ + 票面价格 × 票面利率 × $PVIFA_{到期收益率,期数}$	= B45 × B46 × B49 + B45 × B48
B 债券价值	债券价值 = 债券面值 × $PVIF_{到期收益率,期数}$ + 票面价格 × 票面利率 × $PVIFA_{到期收益率,期数}$	= B52 × B53 × B56 + B52 × B55
股票估值:		
优先股市场价值	优先股价值 = 优先股股利 × $PVIFA_{每期必要报酬率,期数}$ + 未来出售的预期价格收入 × $PVIF_{每期必要报酬率,期数}$	= E6 × E9 + E7 × E10
优先股估价	优先股估价 = $\dfrac{每年每股可获取的现金股利}{投资者要求的必要报酬率}$	= E16/(E17/4)
普通股估值	普通股估值 = 预期出售价格收入 × $PVIF_{必要报酬率,期数}$ + 每年每股可获股利 × $PVIFA_{必要报酬率,期数}$	= E23/(1 + E25) + E23/(1 + E25)^2 + E23/(1 + E25)^3 + E24/(1 + E25)^3
股票现值		= B79/(E42 − E41)/(1 + E42)^2 + 5
1~5 年股利现值	1 ~ 5 年股利现值 = $\sum\limits_{t=1}^{5}$ 每年股利现值	= SUM(E68:E72)
第 6 年期末股利现值	第 6 年期末股利 = 第 5 期期末预计股利 × 第 6 期期末股利增加率	= D72 × (1 + E41)

1. 债券估值。以〖例题 4－2〗为例，说明如何进行债券估值的计算。

（1）计算债券每次应支付的利息、付息期数和每期的市场利率。

（2）计算债券价格。债券价格等于债券票面利息乘年金现值系数加上票面金额乘复利现值系数。

2. 股票估值。以〖例题 4－11〗为例，说明如何进行优先股的股票估值的计算。

（1）进行每期股利总和的股票估值，计算为优先股股利乘以对应年金现值系数。

（2）进行预计未来售出股票收入的折现，计算为股价乘以对应得复利现值系数。

（3）两者相加为股票估值结果。

其他例题可以采用类似方式求解，具体模型构建、例题分析、操作过程，可扫描以下二维码。

证券估值1——〖例题4-2〗、　　证券估值2——〖例题4-11〗~〖例题4-13〗
〖例题4-4〗、〖例题4-5〗

证券估值实验用 Excel 表

本章思维导图

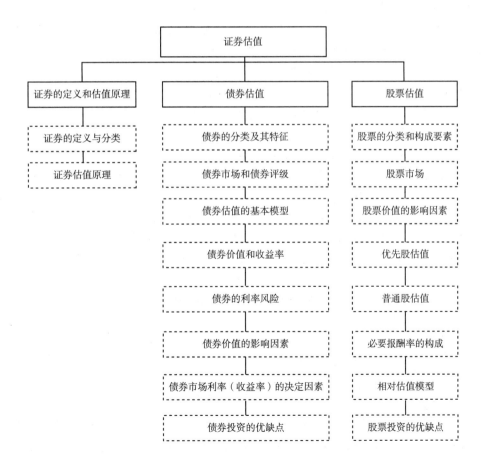

本章概要

本章包含了证券估值的基本原理和相关模型。

1. 证券价值由其未来能带给投资者的现金流的现值决定。债券的未来现金流量包括利息收入和本金；股票的未来现金流量包括股利和转让股票时的现金流入。

2. 债券是发行方筹集资金的重要手段之一，发行和买卖债券的场所称为债券市场。债券评级是债券市场的重要准入条件。利率变动给债券价格所带来的风险称为利率风险。

3. 债券的价值是未来利息收入和本金的现值之和。根据债券的估值模型可知，影响债券价值的因素包括票息率、期限和市场利率。

4. 债券的收益率包括到期收益率和当期收益率，其中，到期收益率也称债券市场利率，它是指市场上投资者投资一只债券所要求的必要报酬率。债券当期收益率也称本期收益率，它是指本期获得债券利息与债券本期市场价格的比率。影响债券的收益率的因素很多，包括实际利率、通货膨胀溢价、违约风险溢价、流动性风险溢价和期限风险溢价等。

5. 股票投资是风险和收入都比较高的一项投资。股票代表着持有者对公司的所有权，普通股股东可以在股东（大）会上行使表决权，但在公司财产、利润的分配上只享有普通的权利，这意味着只有在满足债权人和优先股股东的求偿权后，普通股股东才享有企业剩余财产和利润分配。

6. 优先股股东对公司的求偿权先于普通股股东，次于公司债权人。公开发行的优先股有固定的股息率，所以股利是固定的，但优先股股东无权与普通股股东一起参加剩余利润分配。

7. 虽然上市公司的股票价格因受到众多因素的影响存在一定的波动性，但是投资者仍然可以从公司的股利分配政策、业务经营状况等方面来评估股票的内在价值。

8. 股票价值可以通过对公司支付的股利进行折现计算得出，本章总结了三种股利政策情形下的估值方法，分别是股利零增长、股利稳定增长和股利两阶段增长。

9. 本章还介绍了如何利用相对估值模型对股票进行估值，但要注意的是，相对估值模型一般只用于行业相同的相似公司，否则不具备可比性。

本章思考和练习题

思考题

1. 债券估值与股票估值有何异同？
2. 债券和股票估值的其他方法有哪些？

练习题

1. A 债券面值 100 元，票面年利率为 8%，期限为 10 年，运达公司要对这种债券进行投资，要求获得 10% 的必要报酬率。请问该债券价格为多少时才能进行投资？

2. 李明以 850 元的价格购买了面额为 1 000 元、票面利率 7%、剩余期限为 5 年的债券，请问李明的当期收益率为多少？

3. 清浦公司发行带有以下特征的债券：面值 1 000 元，期限为 10 年，票面年利率 8%，半年支付一次债券利息，到期一次性偿还本金。请问在下列到期收益率下，该债券的价格分别是多少？（1）8%；（2）10%；（3）6%。请根据计算结果（保留整数），指出债券发行价格种类及不同价格下票面利率和市场利率的关系。

4. 星辰公司有一部分发行在外的优先股股份，每年支付每股 4.5 元的股息，预计长期内都将如此。如果优先股当前价格为 87 元/股，那么必要报酬率应为多少？

5. 惠爱公司年末支付每股股息为 10 元，预计在未来其股息按每年 4% 的速度增长，必要报酬率为 8%，该股票面值为 200 元，请问公司股票的价值与面值之差为多少元？

6. 天顶公司的股息支付政策比较奇怪。该公司刚刚支付了 9 元/股的股息，又宣布将在未来 5 年每年增加 4 元/股的股息支付，之后就不再支付股息。如果投资者要求 12% 的收益率，那么今天应该用什么价格购买该公司股票？

7. 浦东公司计划在未来两年年末各支付相等的股息，而之后支付的股息每年增长 4% 直到永远。当前股票价格为 53 元/股。如果必要收益率为 11%，请问下一年的股息支付应该是多少？

章后案例

兴业银行的股票价值

兴业银行股份有限公司（以下简称"兴业银行"）成立于 1988 年 8 月，是中国首批股份制商业银行之一，总行设在福建省福州市，2007 年 2 月 5 日正式在上海证券交易所挂牌上市（股票代码：601166），注册资本金为 127.02 亿元。截至 2019 年 12 月 31 日，兴业银行股票的收盘价为 19.8 元/股。兴业银行规定，公司的年度实现盈利在依法弥补亏损、提取法定公积金和一般准备、支付优先股股东股息后有可分配利润的，可向普通股股东分配现金股利，且以现金方式分配的利润不少于当年度实现的可分配利润的 20%。

兴业银行 2014~2019 年的净利润情况见表 4-1。

表 4-1　　　　　　　　　兴业银行的净利润情况　　　　　　　　单位：亿元

项目	2019 年	2018 年	2017 年	2016 年	2015 年	2014 年
净利润	667.02	612.45	577.35	543.27	506.5	475.3

2019 年兴业银行的股利分配政策如下。

（1）普通股。拟以普通股总股本约 208 亿元为基数，每 10 股普通股派发现金股利 7.62 元（含税），共发放现金股利 158.30 亿元。假设该股利分配政策不变。

（2）优先股。根据兴业银行 2019 年年报显示，兴业银行一共发行了三类优先股，优先股的股息率规定如下：

第一类：2014年12月非公开发行1.3亿股优先股，每股面值人民币100元，第一个计息周期的票面股息率为6.00%，自2019年12月8日起，票面股息率调整为5.55%。

第二类：2015年6月非公开发行第二期优先股，发行数量为1.3亿股，每股面值人民币100元，票面股息率为5.40%。

第三类：2019年4月非公开发行3亿股优先股，每股面值人民币100元，票面股息率为4.90%。

兴业银行优先股的股利情况见表4-Ⅱ。

表4-Ⅱ　　　　　　　　　兴业银行优先股股利分配情况　　　　　　　　　单位：亿元

已发行优先股	面值	股利计息期	股息率	税后优先股股利
2014年兴业优1	130	2020/1/1～2020/12/31	5.55%	7.215
2015年兴业优2	130	2020/1/1～2020/12/31	5.40%	7.02
2019年兴业优3	300	2020/1/1～2020/12/31	4.90%	14.7

假设兴业银行普通股的必要报酬率为9.6792%，优先股的必要报酬率为10.8725%，个人所得税税率为25%，未来股利政策没有变化。

资料来源：魏晓燕.商业银行发行绿色债券的股价效应及财务绩效研究［D］.杭州：浙江工商大学，2021.

思考题

1. 请用股利贴现模型分别计算兴业银行的普通股价值和优先股价值。

2. 如果你是一名投资者，你会购买兴业银行的股票吗？

本章教辅资料二维码

练习题答案　　　　　　章后案例答案　　　　　　配套课件　　　　　　进阶习题及答案

第五章 风险与报酬

【章前引例】

希和汽车股份有限公司主要生产汽车整车，同时进行商用车和发动机的研究开发。近年来，公司的经营状况居于行业前列，现金流稳定，每年均有一定的盈余，管理层每年都会针对公司当年实际情况调整投资计划来降低风险。近日，公司决定提取资金1 500万元进行对外投资，拟供选择的投资对象如下：

（1）国家发行的七年期国债，每年付息一次，且实行浮动利率。第一年利率为2.63%，以后每年按当年银行存款利率加0.38%计算支付利息。

（2）汽车集团发行的五年期重点企业债券，票面利率为10%，每半年付息一次。

（3）尚昕科技，主营新能源电动机、零件设备等，中期预测每股收益为0.45元，股票市场价格为22.50元/股。公司财务状况十分稳定，业绩良好，发展前景较好。

问题讨论：

根据上述资料，若公司为了扩大经营规模，实现规模效应，面对上述可供选择的投资方案，应如何进行投资组合？若公司仅为了获得稳定的投资收益，面对上述可供选择的投资方案，应如何进行投资组合？

【学习目标】

1. 理解风险与报酬的概念。
2. 掌握期望报酬率、实际报酬率和必要报酬率的区别。
3. 掌握单项资产的风险与报酬的计算。
4. 了解证券组合的意义和证券组合风险的衡量。
5. 熟悉资本资产定价模型的内涵及应用。

【本章重点与难点】

重点：期望报酬率、实际报酬率和必要报酬率的区别；单项资产的风险与报酬的计算；证券组合风险的衡量；资本资产定价模型的内涵及应用。

难点：单项资产的风险与报酬的计算；证券组合风险的衡量；资本资产定价模型的内涵及应用。

第一节　风险与报酬的含义

货币时间价值是投资者在无风险、无通货膨胀情况下应获得的投资报酬，但投资往往是有风险的。例如，股票的市场价格每天都在变化，没有人能事先准确知道股价走势，人们在冒风险购买股票时，总会希望得到能弥补其风险的报酬。风险越大，人们希望得到的报酬也就越高。因此，风险与报酬总是相辅相成的。熟悉风险与报酬的内涵，掌握风险的度量方法，把握好风险与报酬之间的关系，才能正确地评价投资项目的优劣，最大限度地提高股东财富和企业价值。

一、报酬与报酬率

报酬也称收益，是指投资者获得的超过投资成本的超额收益。报酬的大小可以通过两类指标来衡量，即绝对数指标和相对数指标，前者指报酬额，后者指报酬率。例如，投资者购买 10 万元的短期国库券，一年后获得 11 万元，那么他在这一年中的投资报酬额是 1 万元，投资报酬率是 10%，具体计算如下：

$$投资报酬率 = \frac{投资报酬额}{初始投资} = \frac{投资所得 - 初始投资}{初始投资}$$

$$= 1 \div 10 = 10\%$$

在财务管理中，我们探讨的报酬通常以相对数指标来表示，也即投资报酬率。在本书中，我们将涉及三种投资报酬率，它们分别是期望报酬率（又称期望收益率）、必要报酬率（又称必要收益率）和实际报酬率（又称实际收益率）。掌握三者的区别相当重要。

1. 期望报酬率（expected rate of return）。投资者在选择投资项目时，由于风险的存在，他不能确定未来报酬率，这时需要了解不同投资项目的期望报酬率以权衡各种投资决策的利弊。期望报酬率也称预期报酬率，是指以投资者当前时点为基准，将未来各种可能情形下的报酬率按概率加权计算的平均报酬率。它表示在一定的风险条件下，期望未来获得的报酬率的均值。例如，投资者在购买股票时，是不知道该股票的未来走势的，但他可以对投资报酬率进行估计，如果他估计在未来一年中大约能赚取平均 10% 的收益，这个收益率就是期望报酬。

2. 实际报酬率（real rate of return）。实际报酬率与期望报酬率是不同的。实际报酬率是指投资者在一个投资期间内实际获得的收益，是一种事后的或已实现的报酬率。接着上面的例子，假设投资者 A 用 5 元/股的价格买进股票，一年后该股票的价格上涨到了 6 元/股，那么在这一年中，他的实际报酬率为（6 - 5）÷ 5 × 100% = 20%。这说明投资者投资这只股票的实际报酬率，是他在一年前的期望报酬率的两倍。可见，实际报酬率是已成为事实不可改变的，它与期望报酬率没有必然联系。

3. 必要报酬率（required rate of return）。必要报酬率，也称要求报酬率或最低报酬率，是指投资者投资某一项资产所要求的最低报酬率。只有当一个投资项目的期望报酬率高于必要报酬率时，投资才有吸引力。假设投资者 A 投资某一股票的必要报酬率是15%，但若他对该股票的期望报酬率是10%，那么他就不会进行投资，这是因为他所预期的报酬率低于他所要求的最低报酬率。与之相反，如果他对该股票的期望报酬率是20%，那么这项投资对他而言是有吸引力的。

投资项目 i 的必要报酬率 R_i 与其风险密切相关，它等于无风险报酬率加上风险报酬率，计算公式见式（5-1）。无风险报酬率（R_f）指在无风险条件下投资者要求的报酬率，一般用短期国债的利率来表示。风险报酬率（R_r）又称风险补偿率，是投资者因承担风险而要求得到的超过无风险报酬率的额外报酬率。投资者承担的风险越大，他要求补偿的风险报酬率就越高。可见，必要报酬率与期望报酬率、实际报酬率没有必然联系。

$$必要报酬率 R_i = 无风险报酬率（R_f）+ 风险报酬率（R_r） \qquad (5-1)$$

二、风险的概念与特征

从投资者的角度，风险表现为投资者拟实施经济事件的不确定性。具体而言，该经济事件的实施结果可能好也可能不好，若好不知道好到什么地步，若坏不知道坏到什么程度。众所周知，历史事件是结果确定的已发生事件，只有未来事件才存在风险。但如果未来事件的结果只有一个，没有其他可能的结果，那么也不存在风险。例如，投资者 A 购买 10 万元的短期国库券，利率为10%，一年后获得本息和 11 万元。由于他事先已经知道国库券什么时候到期，到期偿还的本息总和是多少，投资报酬是确定的，因此可以认为这项投资是无风险的。但是，如果将这 10 万元投资股票、公司债券，或是直接投资一家刚成立的高科技公司，投资报酬是无法事先确定的，也即该投资面临着风险。

投资者所面临的绝大多数经济事件都是有风险的，但不同事件的风险程度存在差异。有时我们能够事先知道某一事件存在几种可能的结果，并且知道每一种可能结果的发生概率（可能性）；但有时我们不知道某一事件存在几种可能的结果，或者虽然知道可能结果有几种，但不知道每一种可能结果的发生概率。前一种状况称为风险性事件，后一种状况称为不确定性事件。一般认为，只有风险性事件才可以进行决策，不确定性事件是无法进行决策的。但在企业实务中，财务人员面临不确定性事件的机会非常多，这不能成为拒绝实施财务决策的理由。正是因为不确定，才需要财务人员使用主观判断去确定，将不确定性事件转变为风险性事件。因此，在财务管理中，我们对不确定性和风险不做严格区分。

【课堂讨论】

投资者 A 拟购买某一公司股票，事前估计该公司在经济繁荣、一般和萧条的情形下收益率分别为 15%、10% 和 5%，并推测近期该公司所处行业经济繁荣、一般和萧条的概率分别为 50%、30% 和 20%。请问该项投资决策属于不确定性决策还是风险性决策？

风险具有不确定性，可能会给投资者带来超过预期的收益，即好的结果，但也可能会带来超过预期的损失，即坏的结果。但是，人们对坏结果的关注，总要比对好结果的关注强烈得多。也就是说，人们通常将风险看作发生坏结果或损失的可能性。例如，绝大多数人不认为购买彩票是一项有风险的投资，因为它不会带来坏的结果。因此，风险指未来投资报酬的不确定性，尤其指发生损失（坏结果）的可能性。从财务管理的角度，财务人员研究风险主要侧重于如何减少损失，即从坏结果的可能性方面研究风险。

一般而言，风险具有以下特性：（1）客观性。不管人们愿意或不愿意，风险都会存在，而且一旦作出了投资决策，就必须承担相应的风险。（2）偶然性。风险事件的发生不是确定的、必然的，它带有偶然性。（3）相对性。不同的投资者对信息的掌握程度，以及对风险的偏好不同，对同样的资产所能承担的风险是不同的。（4）收益性。投资者承担风险，便希望获得能够弥补风险的收益，因此高风险通常伴随着高收益。

第二节　单项资产的风险与报酬

对于任何一项投资，风险和报酬都是紧密相连的。衡量单项资产或单一投资项目的风险通常要从投资报酬的可能性入手。

一、期望报酬率

1. 确定概率分布。概率是度量随机事件发生的可能性的一个数学概念。例如，掷一次硬币，正面向上和反面向上的概率（可能性）都是 50%。我们把掷硬币出现的结果和概率都列示出来，就得到了掷硬币事件结果的概率分布表（见表 5 – 1）。概率分布必须满足两个条件：（1）每种结果出现的概率都在 0 ~ 1；（2）所有结果的概率之和等于 1。同样地，从投资项目的角度，我们为每一项投资的可能结果赋予概率，并列示它的概率分布，见〖例题 5 – 1〗。

表 5 - 1　　　　　　　　　　掷硬币事件的概率分布

序号	事件结果	概率
1	正面向上	50%
2	反面向上	50%
	合计	1

【例题 5 - 1】 天强公司计划进行一项投资，现有 A、B 两个投资项目可供选择。投资项目的报酬率受未来经济状况的影响，而未来经济状况有繁荣、一般和低迷三种可能情形。相关的概率分布及估计的报酬率见表 5 - 2。

表 5 - 2　　　　　　　　　A、B 投资项目报酬率的概率分布

未来经济状况	发生概率（P）	投资报酬率（R）	
		A 项目	B 项目
繁荣	0.3	50%	30%
一般	0.4	20%	20%
低迷	0.3	- 10%	10%
合计	1.0		

从表 5 - 2 可以看出，未来经济繁荣的概率是 30%，此时投资两个项目都可以获得较高的报酬率，但 A 项目的报酬率比 B 项目的高；未来经济一般的概率是40%，此时投资两个项目的报酬率相同；而未来经济低迷的概率是 30%，此时投资B 项目只能获得低报酬率，而投资 A 项目甚至会遭受损失。

2. 计算期望报酬率。期望值又称均值，它是随机变量的各可能取值以概率为权数的加权平均值。站在投资的角度，我们将某一项目的投资报酬率的各种可能结果与其所对应的概率相乘，并将乘积相加，得到各种可能结果的加权平均数，这就是该项目的投资报酬率的期望值，即期望报酬率。计算过程如下：

$$期望报酬率 \ \overline{R} = P_1 R_1 + P_2 R_2 + \cdots + P_n R_n = \sum_{i=1}^{n} P_i R_i \qquad (5 - 2)$$

其中，R_i 表示投资报酬率的第 i 种可能的结果；P_i 表示第 i 种结果的概率；n 表示所有可能结果的数量；$\overline{R}$ 表示各种可能结果的加权平均数，即投资项目的期望报酬率。

根据式（5 - 2），可以计算〖例题 5 - 1〗中 A、B 两个项目的期望报酬率，结果均为 20%。

A 项目的期望报酬率 $= P_1 R_1 + P_2 R_2 + P_3 R_3$
$$= 0.3 \times 50\% + 0.4 \times 20\% + 0.3 \times （- 10\%）$$
$$= 20\%$$

B 项目的期望报酬率 $= P_1 R_1' + P_2 R_2' + P_3 R_3'$
$$= 0.3 \times 30\% + 0.4 \times 20\% + 0.3 \times 10\%$$
$$= 20\%$$

表 5-3 列示 A、B 两个项目的期望报酬率的计算过程。

表 5-3 　　　　　　　　　 A、B 投资项目的期望报酬率

未来经济状况（1）	发生概率（2）	A 项目		B 项目	
		投资报酬率（3）	乘积（2）×（3）=（4）	投资报酬率（5）	乘积（2）×（5）=（6）
繁荣	0.3	50%	15%	30%	9%
一般	0.4	20%	8%	20%	8%
低迷	0.3	-10%	-3%	10%	3%
合计	1.0		$\overline{R} = 20\%$		$\overline{R} = 20\%$

　　虽然 A、B 项目的期望报酬率均为 20%，但 A 项目的报酬率的可能范围在 -10% ~ 50%，而 B 项目的报酬率的可能范围在 10% ~ 30%。A 项目的报酬率的波动范围明显要比 B 项目的大，这说明投资 A 项目的风险（不确定性）要比投资 B 项目的大。图 5-1 是两个项目的报酬率的概率分布图，它反映了不同项目的报酬率的波动程度差异。

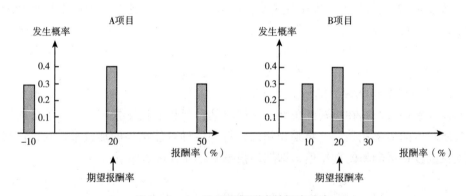

图 5-1 　A、B 项目报酬率的概率分布

　　在〖例题 5-1〗中，我们只考虑繁荣、一般、低迷三种可能的未来经济状况。事实上，经济状况在极度低迷和极度繁荣之间，有无数种可能的结果。如果针对每一种可能的结果，赋予相应的概率，并估计相应的报酬率，就可以得到一个正态分布的连续型概率分布图（见图 5-2）。

　　概率分布越集中，实际结果接近期望值的可能性就越大，背离期望报酬率的可能性就越小，投资项目的风险也就越小。与 A 项目相比，B 项目的投资报酬率的概率分布更集中，因此它的实际报酬率将更接近 20% 的期望报酬率。

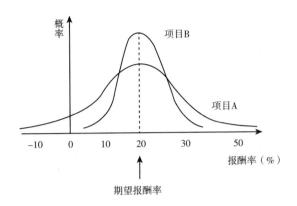

图 5 - 2 A、B 项目报酬率的连续概率分布

二、标准差

在统计学上，标准差（standard deviation，用 σ 表示）是反映一组数据离散程度的最常用的量化指标。我们引入标准差来度量某一投资项目的实际报酬率偏离期望报酬率的程度，也即该项目的风险。标准差越小，概率分布越集中，离散程度越小，相应的风险也就越小。标准差的计算有两种方法。

1. 利用已知概率分布计算标准差。

$$标准差(\sigma) = \sqrt{\sum_{i=1}^{n}(R_i - \overline{R})^2 \cdot P_i} \qquad (5-3)$$

其中，R_i 是投资项目在各种可能状况下的报酬率；$\overline{R}$ 是期望报酬率；$R_i - \overline{R}$ 是离差；$(R_i - \overline{R})^2$ 是离差平方和；P_i 是各种可能状况的发生概率。

在上例中，A 项目的投资报酬率的标准差为：

$$\sigma_A = \sqrt{(50\% - 20\%)^2 \times 0.3 + (20\% - 20\%)^2 \times 0.4 + (-10\% - 20\%)^2 \times 0.3}$$
$$= 23.24\%$$

B 项目的投资报酬率的标准差为：

$$\sigma_B = \sqrt{(30\% - 20\%)^2 \times 0.3 + (20\% - 20\%)^2 \times 0.4 + (10\% - 20\%)^2 \times 0.3}$$
$$= 7.75\%$$

由此可见，A 项目的标准差较大，也即具有较大的风险，投资者可能在经济状况好的情况下获得 50% 的高收益，但同时也可能在经济状况差的情况下产生 10% 的亏损。B 项目无论在经济状况好或坏的情况下都能获得正的收益，投资风险相对较小。

2. 利用历史数据计算标准差。在实际决策过程中，财务人员很难估计未来的经济状况及其概率，也就很难预测投资项目的期望报酬率和风险。实务中更普遍的做法是，根据过去一段时期的已知的报酬率数据，即历史数据（或样本数据），计算样本标准差，来分析投资项目的风险。

$$样本标准差(\sigma) = \sqrt{\frac{\sum_{t=1}^{n}(R_t - \overline{R})^2}{n-1}} \tag{5-4}$$

其中，R_t 是投资项目在第 t 年的报酬率；$\overline{R}$ 是过去 n 年内获得的平均年报酬率。

【例题 5-2】某一投资项目在过去五年的报酬率情况见表 5-4，请你估计该项目的风险。

表 5-4 　　　　某一投资项目过去五年的投资报酬率　　　　单位:%

年份	2020	2021	2022	2023	2024
报酬率 R_i	12	15	-5	10	20

根据式（5-2），计算得：

$\overline{R} = (12\% + 15\% - 5\% + 10\% + 20\%) \div 5 = 10.4\%$

根据式（5-4），计算得：

$$\sigma = \sqrt{\frac{\sum_{t=1}^{5}(R_t - 10.4\%)^2}{5-1}}$$

$$= \sqrt{\frac{(12\% - 10.4\%)^2 + (15\% - 10.4\%)^2 + (-5\% - 10.4\%)^2 + (10\% - 10.4\%)^2 + (20\% - 10.4\%)^2}{4}}$$

$= 9.4\%$

根据历史报酬率计算的样本标准差通常被用作对未来 σ 的一种估计。因此，我们可以通过历史报酬数据来估计投资项目风险。

三、离散系数

在选择投资项目时，若两个项目的期望报酬率相同，但标准差不同，如〖例题 5-1〗中的 A、B 项目，理性的投资者会选择标准差较小，也即风险较小的项目。相似地，如果两个项目具有相同的风险（标准差），但期望报酬率不同，理性的投资者会选择期望报酬率较大的项目。这是因为，投资者都希望最大化其报酬、最小化其风险。

但是，如果有两个项目，一个项目的期望报酬率较高，但另一个项目的标准差较低，投资者应当如何选择呢？这时，可以使用另一个度量风险的指标——离散系数（coefficient of variation，CV，也称变异系数、标准离差率）来判断。计算公式为：

$$CV = \sigma / \overline{R} \tag{5-5}$$

其中，σ 是标准差，$\overline{R}$ 是期望报酬率。离散系数是一个相对数指标，它度量了单位报酬的风险，可以用来比较不同项目的风险大小。

【例题 5-3】A 项目的期望报酬率为 80%，标准差为 20%；B 项目的期望报酬率为 10%，标准差为 5%。投资者应该选择哪个项目进行投资？

A 项目的离散系数为：$CV_A = 20\% \div 80\% = 0.25$

B 项目的离散系数为：$CV_B = 5\% \div 10\% = 0.5$

因此，投资者应该选择 A 项目。

离散系数可以同时反映风险和报酬，因此在选择两个或多个具有明显不同的期望报酬率和标准差的投资项目时，它是一个很好的风险度量指标。

【课堂讨论】

假定股票 A 的期望报酬率是 20%，标准差是 15%；股票 B 的期望报酬率是 10%，标准差是 18%。由于股票 A 既有较高的期望报酬率又有较低的风险，任何理性的投资都不会选择投资股票 B。请问你是否同意上述观点，为什么？

第三节　投资组合的风险与报酬

我们在上节以企业的投资项目为例，讲述了如何使用期望收益率及其标准差，来衡量单一资产（项目）的风险与报酬。企业的投资项目不仅包括建造厂房、购买固定资产等生产性投资，也包括购买股票、债券等有价证券的间接性投资。因此，在选择是否购买某一股票、某一债券等证券时，我们可以采用相同的衡量风险与报酬的方法。

但是，投资者在进行证券投资时，通常不会用所有的资金都购买同一种证券，而是同时持有多种证券。同时投资多种证券的方式，称为证券的投资组合（portfolio）。投资学有一句经典名言："不要把所有的鸡蛋都放在一个篮子里。"这说明由多种证券构成的投资组合是可以降低风险的，原因是组合里报酬率高的证券能够抵消报酬率低的证券带来的负面影响。因此，了解证券投资组合的风险与报酬的衡量，对于企业财务人员的投资决策相当重要。

一、投资组合的报酬

一个证券投资组合的期望报酬率，是组合中单项证券的期望报酬率的加权平均值。计算公式如下：

$$\overline{R}_p = w_1 \overline{R}_1 + w_2 \overline{R}_2 + \cdots + w_n \overline{R}_n = \sum_{i=1}^{n} w_i \overline{R}_i \tag{5-6}$$

其中，$\overline{R}_P$ 是投资组合的期望报酬率；$\overline{R}_i$ 是组合中第 i 只证券的期望报酬率；w_i 是第 i 只证券所占的权重，它等于组合中投资该证券的资金占总投资额的比重；n 是组合中的证券个数。

【例题 5-4】 20×1 年 6 月，某证券公司的分析师预测五只股票的期望报酬率见表 5-5。

表 5-5   五只股票的期望报酬率   单位:%

股票名称	A	B	C	D	E
期望报酬率	6	10	12	17	20

假设投资者对每只股票各投入 2 万元，构成一个价值为 10 万元的证券组合，那么该证券组合的期望报酬率为：

$$\overline{R}_p = w_1 \overline{R}_1 + w_2 \overline{R}_2 + \cdots + w_n \overline{R}_n$$
$$= 6\% \times 20\% + 10\% \times 20\% + 12\% \times 20\% + 17\% \times 20\% + 20\% \times 20\%$$
$$= 13\%$$

其中，每只股票的投入权重在整个证券组合中的所占比例 = 2 ÷ 10 × 100% = 20%。

在上节中，我们强调期望报酬率和实际报酬率没有必然的联系。投资者在一年后，可以计算他从上述股票中所获得的实际收益率，也可以计算股票组合的实际收益率，它们有非常大的可能与一年前计算的期望报酬率不同。换言之，即使是证券投资组合，也仍然存在风险。

二、投资组合的风险

1. 证券组合及其风险分散作用。证券组合的报酬 $\overline{R}_P$ 是组合中各项证券的期望报酬率的加权平均值，但证券组合的风险 σ_P 不能直接将组合中的各项证券的风险（标准差）进行加权平均。实际上，我们可以将一些有风险的证券组成一个完全没有风险的投资组合。

表 5-6 列示了 A、B 两只股票的报酬率以及对两只股票各投资 50% 的投资组合的平均报酬率和标准差。由表 5-6 可知，尽管 A、B 股票的报酬率在 2020~2024 年出现波动，但由 A、B 股票形成的组合的报酬率在各年份都稳定在 15%，组合标准差等于 0，因此投资该组合不存在风险。

表 5-6   股票 A、B 及组合 AB 的报酬率   单位:%

年份	股票 A（R_A）	股票 B（R_B）	组合 AB（R_P）
2020	40.0	-10.0	15.0
2021	-10.0	40.0	15.0
2022	50.0	-20.0	15.0
2023	-20.0	50.0	15.0
2024	15.0	15.0	15.0
平均报酬率	15.0	15.0	15.0
标准差	30.4	30.4	0

A、B 股票之所以能够组成一个无风险组合，原因是两只股票的报酬率呈现反向变动关系。当 A 股票的报酬率下降时，B 股票的报酬率上升，反之亦然。我们用相关系数 ρ 来度量两只股票的报酬率的相关性。由于 A、B 股票的报酬率变动趋势是完全相反的，两者的相关系数 $\rho = -1.0$，这说明 A、B 股票的报酬率完全负相关。图 5-3 显示了 A、B 股票及其组合的报酬和风险。

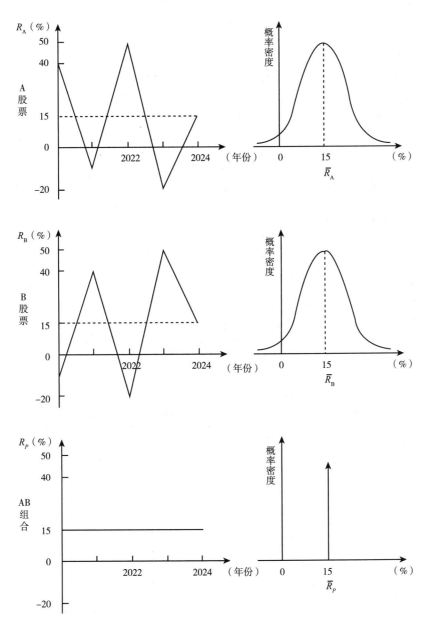

图 5-3 A、B 股票及其组合的报酬与风险

但是，如果组合中的两只股票完全正相关，即相关系数 $\rho = 1.0$，那么它们的报酬率将会同时增减，这时证券组合与单只股票具有相同的风险。表 5 - 7 和图 5 - 4 均说明，如果投资组合由完全正相关的 B、C 股票组成，则是无法分散风险的。

表 5 - 7   股票 B、C 及组合 BC 的报酬率   单位:%

年份	股票 B（R_B）	股票 C（R_C）	组合 BC（R_P）
2020	-10.0	-10.0	-10.0
2021	40.0	40.0	40.0
2022	-20.0	-20.0	-20.0
2023	50.0	50.0	50.0
2024	15.0	15.0	15.0
平均报酬率	15.0	15.0	15.0
标准差	30.4	30.4	30.4

因此，能否通过证券组合来分散风险，与组合中各证券之间的相关系数有关。当股票报酬完全负相关（$\rho = -1.0$）时，所有风险能够被完全分散；而当股票报酬完全正相关（$\rho = 1.0$）时，则风险无法被分散。

实际上，大多数股票的报酬率的相关系数在 0.5 ~ 0.7。如果在证券市场上随机挑选两只股票，它们的报酬率一般呈正相关关系，但并非完全正相关。在这种情形下，股票组合虽然不能完全消除风险，但能够分散一部分风险，这说明证券组合是可以分散风险的。表 5 - 8 和图 5 - 4 举例说明由 $\rho = 0.53$ 的两只股票组成的组合是如何分散风险的。

表 5 - 8   股票 B、D 及组合 BD 的报酬率   单位:%

年份	股票 B（R_B）	股票 D（R_D）	组合 BD（R_P）
2020	-10.0	-6.0	-8.0
2021	40.0	40.0	40.0
2022	-20.0	22.0	1.0
2023	50.0	45.0	47.5
2024	15.0	-26.0	-5.5
平均报酬率	15.0	15.0	15.0
标准差	30.4	30.4	26.6

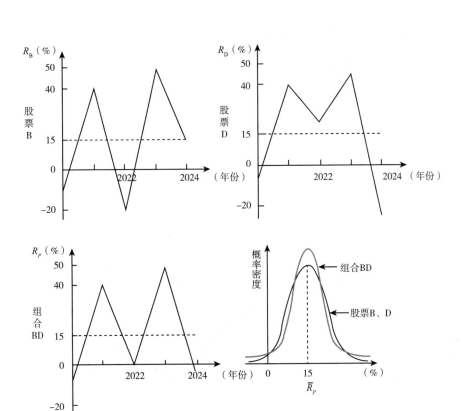

图 5 - 4　B、D 股票及其组合 BD 的报酬与风险

2. 可分散风险与不可分散风险。一个投资组合可以包含多只股票。如果我们往原来的股票 A、B 组合中加入第三只股票 C，由于股票 A 与股票 C，或者股票 B 与股票 C 的报酬率不是完全正相关的，股票 C 的加入会进一步降低组合的风险。换言之，投资组合的风险将随着所包含股票的数量的增加而降低。

图 5 - 5 显示的是投资组合规模的扩大对组合风险的影响。组合风险是一条单调递减的曲线，随着组合中股票数量的增加，组合风险逐渐降低并趋于某一个固定的临界值，即图 5 - 5 中水平虚线所对应的 σ_{P_0} 值。这说明，组合虽然可以降低风险，但仍不能完全消除风险。

证券投资可以通过投资组合来消除的风险称为可分散风险，不能通过投资组合消除的风险则称为不可分散风险。可分散风险，又称非系统性风险或公司特有风险，它由某些仅影响到个别公司的随机事件导致，如员工罢工、公司遭受火灾、新产品研发成功与失败、重要合同谈判成功与失败、法律纠纷等。投资者可以通过持有多种股票来消除这一风险，即某个公司的好事件可以抵消另一个公司的坏事件。如果投资组合中的股票的数量足够多，则任何单只股票的可分散风险能够被完全消除。

不可分散风险，又称系统风险或市场风险，这部分风险由那些影响整个市场的事件所引起，无法通过投资分散化来消除。这些事件包括战争、经济危机、通货膨胀或紧缩、利率变动、经济衰退等，它们对所有股票产生负面影响，投资者不可能

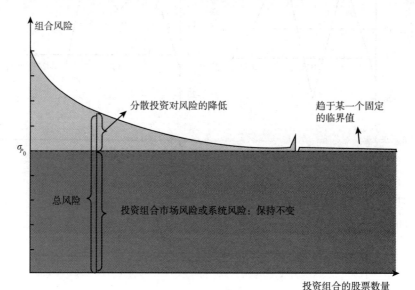

通过持有多种股票来分散风险。值得注意的是，尽管这些事件会影响整个股票市场，但它们对不同公司的影响程度不同。以利率上升这一事件为例，股票市场的普遍反应是股票价格下跌，但不同公司的股价下跌幅度不同，有些跌得多些，有些跌得少些，这反映出投资不同公司的股票给投资者带来高低不一的系统风险。

图 5 – 5　证券投资组合规模对组合风险的影响

3. 系统风险的度量。那么，如何衡量一只股票的系统风险呢？我们通常使用 β 系数。β 系数又称为系统风险指数或市场风险指数，它度量了单一股票相对于市场平均股票的波动程度。β 系数越高，该只股票的系统风险也就越高。

具体而言，我们将与整个市场水平（或股票市场指数）同步波动的股票视为平均风险股票，此类股票的 β 系数为 1.0。这意味着当市场平均报酬率（通常用市场指数收益率来表示）上升 10% 时，此类股票的报酬率也会上升 10%；当市场平均报酬率下跌 10% 时，此类股票的报酬率也会下跌 10%。β 系数为 1.0 的股票呈现出与市场指数完全一致的波动情况，其系统风险也就和市场指数相同。β 系数大于 1.0，说明该类股票的波动要比整体市场的波动大；β 系数小于 1.0，说明该类股票的波动要比整体市场的波动小。例如，若某只股票的 β 系数 = 0.5，则该股票的波动性仅是市场波动水平的一半；若另一只股票的 β 系数 = 2，则该股票的波动性是市场平均股票的 2 倍。

表 5 – 9 列示了三只股票在不同年份的报酬率，以及相应年份的市场平均报酬率。在 20 × 2 年，市场平均报酬率（即包含所有股票的投资组合）$R_m = 10\%$，股票 H、A、L 的报酬率均为 10%。在 20 × 3 年，股票市场急剧上涨，市场组合的报酬率 $R_m = 20\%$，三只股票的表现为：股票 H 上涨 30%，股票 A 上涨 20%，而股票 L 只上涨 15%。在 20 × 4 年，股票市场出现下跌，市场组合的报酬率 $R_m = -10\%$，三只股票的表现不同：股票 H 下跌 30%，股票 A 下跌 10%，而股票 L 的跌幅为 0。

图 5-6 显示了三只股票的相对波动性。由此可见，三只股票的运行方向基本与市场相同，但波动幅度不同：股票 H 的波动幅度最大，风险最大；股票 A 的波动幅度与市场波动幅度相同，风险中等；而股票 L 的波动幅度最小，风险也就最小。

表 5-9　　　　　　　　　　股票 H、A、L 及市场组合 M 的报酬率　　　　　　　　　单位：%

年份	R_H	R_A	R_L	R_m
20×2	10	10	10	10
20×3	30	20	15	20
20×4	-30	-10	0	-10

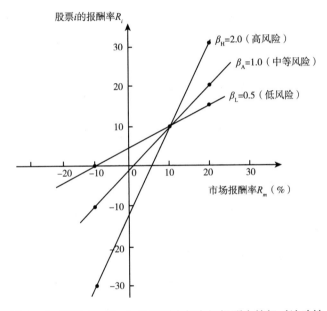

图 5-6　股票 A、H、L 的报酬率与市场报酬率的相对波动性

β 系数可以通过图 5-6 中的斜率来确定。图 5-6 的纵坐标是股票 i 的报酬率 R_i，横坐标是相应期间的市场报酬率 R_m，该直线的斜率就代表了股票 i 的报酬率随着整体市场波动的程度，即股票 i 的系统风险指数 β_i。在实务中，投资者一般不需要自己计算 β 系数，一些投资服务机构定期计算 β 系数并予以公布。表 5-10 列示的是我国一些上市公司股票在 2019 年的 β 系数。

以上讲述的是衡量单只股票的系统风险的 β 系数。证券组合由多只股票组成，它的 β 系数是组合中各股票的 β 系数的加权平均值，计算公式如下：

$$\beta_p = \sum_{t=1}^{n} w_i \beta_i \tag{5-7}$$

其中，β_p 是证券组合的 β 系数；n 是组合中的股票数量；w_i 是股票 i 在组合中所占的比重；β_i 是股票 i 的 β 系数。

表 5 - 10　　　　　　　我国部分上市公司股票在 2019 年的 β 系数

证券代码	所在行业	公司简称	β 系数
600061	纺织业	国投资本	1.39
000001	货币金融服务	平安银行	1.14
002025	计算机、通信和其他电子设备制造业	航天电器	0.72
002065	软件和信息技术服务业	东华软件	1.05
002027	计算机、通信和其他电子设备制造业	分众传媒	1.18
002029	纺织服装、服饰业	七匹狼	0.96
600085	医药制造业	同仁堂	0.60
000407	化学原料和化学制品制造业	胜利股份	1.29

资料来源：Wind 数据库。

三、投资组合的风险报酬率

证券组合投资与单项投资一样，存在着风险，而且组合的风险越大，投资者要求补偿的报酬就会越高。但是，与单项投资不同的是，证券组合投资要求补偿的风险只有系统风险，而不要求对可分散风险进行补偿。这是因为，如果可分散风险的补偿存在，精明的投资者就会选择购买有可分散风险补偿的证券组合，该组合中的证券价格就会上涨，购买价格的上涨会降低报酬率，最终的组合报酬率只反映不可分散风险，也即系统风险。因此，证券组合的风险报酬率是投资者因承担不可分散风险所要求的、超过无风险报酬率的那部分额外报酬。其计算公式如下：

$$R_{pr} = \beta_p (R_m - R_f) \tag{5-8}$$

其中，R_{pr} 是证券组合的风险报酬率；β_p 是证券组合的系统风险指数；R_m 是市场报酬率，也即市场所有股票的平均报酬率；R_f 是无风险报酬率，一般用一年期国债的利息率来衡量。

【例题 5 - 5】 甲公司持有由 A、B、C 三种股票构成的证券组合，它们的 β 系数分别为 1.5、1.0 和 0.5，各自在证券组合中所占比重分别为 50%、30% 和 20%。假设股票市场的平均报酬率为 10%，无风险报酬率为 5%，试确定这一证券组合的风险报酬率。

①确定证券组合的 β 系数：

$\beta_p = 50\% \times 1.5 + 30\% \times 1.0 + 20\% \times 0.5 = 1.15$

②计算该证券组合的风险报酬率：

$R_{pr} = \beta_p (R_m - R_f) = 1.15 \times (10\% - 5\%) = 5.75\%$

由上例可见，证券组合的风险报酬率取决于组合的 β 系数，β 系数越大，风险越大，风险报酬率也就越大；反之亦然。而且，我们还可以通过调整不同 β 系数的各只股票的比重 w，来改变组合的系统风险，从而改变组合的风险报酬率。

四、最优投资组合

根据风险报酬均衡原则，投资者希望报酬高、风险低，因此，投资者只希望投资于有效投资组合。有效投资组合是指在任何既定的风险程度上，提供的期望报酬率最高的投资组合；也可以是在任何既定的期望报酬率水平上，带来的风险最低的投资组合。

一个有效的证券投资组合中不会仅包括两项资产。当然，列示出所有可能的资产组合也是不可能的。但只要先估计出各股票实际报酬率的数值，就能用图形表示出各组合的风险报酬率对应点的集合是什么形状。图5-7说明了所有可能投资组合的期望报酬率情况。

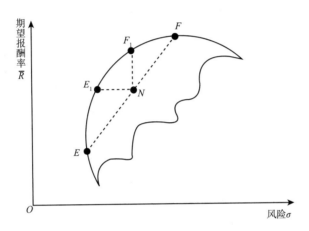

图5-7　风险资产的所有可能组合的期望报酬率

当投资者面对包含多种可供选择的投资方案时，该如何选择？如果选择投资组合 N 则可以发现，点 E_1 的期望报酬率与 N 相同，但风险更小；点 F_1 的风险与 N 相同，但期望报酬率更高。从点 E 到点 F 这条曲线上的各点或者在既定期望报酬率水平上风险更低，或者在既定风险水平上期望报酬率更高，这一段曲线称为有效投资曲线。

若要建立最优投资组合，还必须加入一个新的因素——无风险资产。一个投资组合不仅包括风险资产，还包括无风险资产。有了无风险资产，就能说明投资者是如何选择投资组合的。

简言之，无风险资产的标准差为零。也就是说，它的未来报酬率是确定的，实际报酬率永远等于期望报酬率。从严格意义上讲，完全没有风险的资产是不存在的。但一般情况下，一些标准差非常小（或者说风险非常小）的资产可以视为无风险资产，比如政府发行的国债。

当能够以无风险利率借入资金时，可能的投资组合对应点所形成的连线就是资本市场线（capital market line，CML），资本市场线可以看作所有资产，包括风险资产和无风险资产的有效集，用图形表示就是图5-8中以 R_F 为起点的斜线。资本市

场线在点 A 与有效投资组合曲线相切，点 A 就是最优投资组合，该切点代表了投资者所能获得的最高满意度。

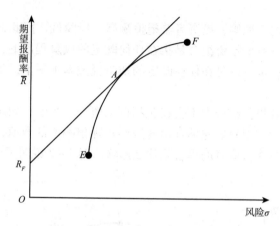

图 5－8　最佳风险性投资组合和无风险借贷构成的可选择组合

第四节　资本资产定价模型

我们知道，投资者只有在期望报酬能够补偿其承担的风险时才会购买有风险的资产，而且风险越高，投资者要求的最低报酬率，也即必要报酬率就越高。那么，必要报酬率要达到多少才能抵补特定数量的风险？市场又是如何决定必要报酬率的呢？一些经济学上的资产定价模型，如资本资产定价模型、多因素模型、套利定价模型等，将风险与报酬联系在一起，很好地解决了证券的定价问题。在本节，我们将学习其中使用最为广泛的资本资产定价模型。

一、模型与含义

资本资产定价模型（capital asset pricing model，CAPM）用于测算投资者投资风险资产所要求的必要报酬率。这里的风险资产可以是单一证券，也可以是证券组合。

资本资产定价模型的一般形式为：

$$R_i = R_f + \beta_i(R_m - R_f) \tag{5-9}$$

其中，R_i 是某一证券或证券组合 i 的必要报酬率；R_f 是无风险报酬率；β_i 是证券或证券组合 i 的系统风险指数；R_m 是市场报酬率，也即市场中所有股票或证券的平均报酬率。

资本资产定价模型表达的是，投资者投资证券 i 的必要报酬率 R_i 由两部分组成：一是无风险报酬率 R_f，二是补偿他所承担风险的风险报酬率（又称风险溢价）$\beta_i(R_m - R_f)$。其中，无风险报酬 R_f 一般使用一年期国债的报酬率来衡量。如果投资者需要承担额外的风险，那么他需要在无风险回报率的基础上多获得相应的溢价。

证券 i 的风险报酬率 $\beta_i(R_m - R_f)$ 则取决于两个因素：（1）系统风险指数 β。β 系数越大，风险报酬率就越大。（2）市场平均风险报酬率 $(R_m - R_f)$。市场平均风险报酬率越高，风险报酬率也就越大。

【例题 5-6】明珠公司股票的 β 系数为 1.5，无风险利率为 4%，市场上所有股票的平均报酬率为 10%。因此，明珠公司股票的必要报酬率为：

$$R_i = R_f + \beta_i(R_m - R_f) = 4\% + 1.5 \times (10\% - 4\%) = 13\%$$

二、基本假设

资本资产定价模型建立在一系列严格假设的基础上，这些假设涉及投资者的行为和资本市场的条件。如果不符合这些假设，该模型就难以成立。资本资产定价模型的基本假设包括：

（1）证券市场由厌恶风险的投资者组成，每一个投资者都希望规避风险；

（2）市场存在无风险资产，所有投资者都可以用相同的无风险利率进行借或贷；

（3）所有投资者关注的是单一持有期的投资决策；

（4）证券市场上的资产数量是确定的，且所有资产无限可分，具有完美的流动性；

（5）所有投资者都是市场价值的接受者，他们对证券的风险和未来收益有相同的估计；

（6）市场不存在交易成本和税收；

（7）市场不存在通货膨胀，利率水平不变；

（8）资本市场是有效率的，投资者拥有完全信息。

三、证券市场线

资本资产定价模型可以用图形来表示。我们以证券的 β 系数为横坐标，必要报酬率为纵坐标，描绘出一条直线，这就是证券市场线。证券市场线（security market line，SML）用于说明必要报酬率 R 与系统风险指数 β 系数之间的关系（见图 5-9）。

由图 5-9 可知，若无风险报酬率为 4%，随着 β 系数的增加，股票的风险报酬率单调递增。当 $\beta = 0.5$ 时，风险报酬率 $= 0.5 \times (10\% - 4\%) = 3\%$；当 $\beta = 1.0$ 时，风险报酬率 $= 1.0 \times (10\% - 4\%) = 6\%$；当 $\beta = 2$ 时，风险报酬率 $= 2 \times (10\% - 4\%) = 12\%$。相应的必要报酬率等于无风险报酬率加上风险报酬率，分别为 7%、10% 和 16%。也就是说，β 系数越高，投资者要求的风险报酬率越高，在无风险报酬率相同的情况下，必要报酬率也就越高。

证券市场线（SML）是资本资产定价模型的图形表达，它直观地反映了投资者规避风险的程度：直线越陡峭，斜率越大，投资者越规避风险。这意味着在同样的风险水平上，投资者要求更高的报酬率；或是在同样的报酬水平上，投资者愿意承担的风险更小。

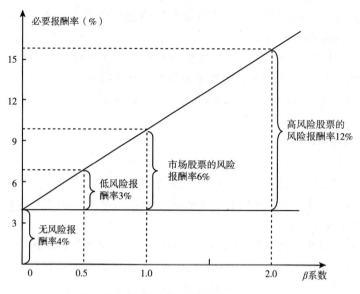

图 5 - 9　证券市场线（证券报酬与 β 系数的关系）

　　图 5 - 10 说明风险规避程度增加的情况。市场的无风险报酬率维持在 6% 水平，新的证券市场线 SML_2 比原证券市场线 SML_1 更加陡峭，市场风险报酬率由原来的 4% 上升到 6% ，β 系数为 1 的证券的必要报酬率也从 10% 上升到 12% ，这说明在新市场上，投资者的规避风险程度提高了。

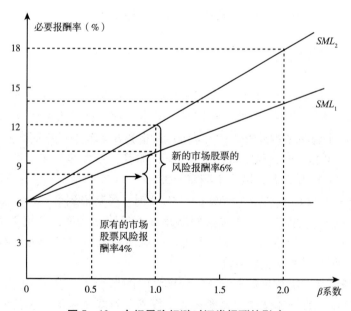

图 5 - 10　市场风险规避对证券报酬的影响

随着时间的推移，市场的无风险报酬率 R_f 可能出现变化，这时证券市场线（SML）也会随之变化。无风险报酬率 R_f 由两部分构成：（1）无通货膨胀的报酬率 R_0，也即真实报酬率，是货币时间价值部分；（2）通货膨胀贴水 IP，也即预期的通货膨胀率。计算公式如下：

$$R_f = R_0 + IP \qquad (5-10)$$

在图 5-11 中，现在的证券市场线 SML_1 显示，无风险报酬率 R_f 为 4%，它等于 3% 的真实报酬率加上 1% 的通货膨胀率。如果预期通货膨胀率上升 2%，达到 3%，这会使得无风险报酬率 R_f 上升至 6%，从而导致新的证券市场线向上平移至 SML_2，所有股票的必要报酬率均提高了 2%。市场平均报酬率从 10% 增加至 12%。

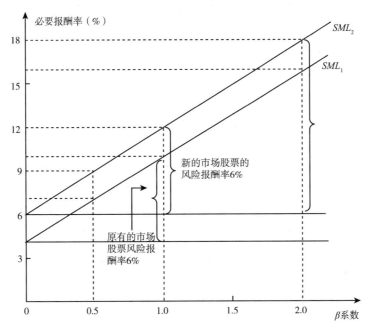

图 5-11　通货膨胀对证券报酬的影响

而且，随着时间的推移，不仅无风险报酬率 R_f 在变化，β 系数也会出现变化。β 系数可能会随着公司的成本结构、资产组合、资本结构等因素的变化而改变。β 系数的改变会引起公司股票的必要报酬率的变化。

【例题 5-7】承接〖例题 5-6〗，若其他条件不变，明珠公司股票的 β 系数从 1.5 下降至 1.2，那么其必要报酬率为：

$R_i = R_f + \beta_i(R_m - R_f) = 4\% + 1.2 \times (10\% - 4\%) = 11.2\%$

若明珠公司股票的 β 系数从 1.5 升为 2.0，那么其必要报酬率为：

$R_i = R_f + \beta_i(R_m - R_f) = 4\% + 2.0 \times (10\% - 4\%) = 16\%$

第五节 其他资产定价模型

一、多因素模型

CAPM 的假设条件是均值和标准差包含资产未来报酬率的所有相关信息。但是多因素模型考虑可能还有更多的因素影响资产的必要报酬率。原则上，CAPM 认为，一种资产的必要报酬率取决于单一因素，但是在现实生活中多因素模型可能更加有效。因为即使无风险报酬率是相对稳定的，受风险影响的那部分风险溢价也可能受多种因素影响。一些因素影响所有企业，另一些因素可能仅影响特定公司。一般地，假设有 n 种相互独立的因素影响不可分散风险，此时，股票的报酬率将会是一个多因素模型（multifactor model），即：

$$R_i = R_f + R(F_1, F_2, \cdots, F_n) + \varepsilon \qquad (5-11)$$

其中，R_i 表示股票报酬率；R_f 表示无风险报酬率；F_n 表示第 n 个影响因素；$R(F_1, F_2, \cdots, F_n)$ 是这些因素的风险报酬率函数；ε 表示可分散风险所带来的递增报酬率。

【例题 5 - 8】 假设某证券的报酬率受通货膨胀、国内生产总值（GDP）和利率三种系统风险因素的影响，该证券对三种因素的敏感程度分别为 2、1 和 -1.8，市场无风险报酬率为 3%。假设年初通货膨胀率为 5%，GDP 增长率为 8%，利率不变，而年末预期通货膨胀率为 7%，GDP 增长率为 10%，利率增长率为 2%，则该证券的必要报酬率为多少？

$$
\begin{aligned}
R_i &= R_f + \beta_1 F_1 + \beta_2 F_2 + \beta_3 F_3 \\
&= 3\% + 2 \times (7\% - 5\%) + 1 \times (10\% - 8\%) - 1.8 \times (2\% - 0) \\
&= 3\% + 4\% + 2\% - 3.6\% \\
&= 5.4\%
\end{aligned}
$$

二、套利定价模型

套利定价模型基于套利定价理论（arbitrage pricing theory，APT），从多因素的角度考虑证券报酬，并认为证券报酬是由一系列产业和市场方面的因素确定的。套利定价模型与资本资产定价模型都建立在资本市场有效的原则之上，套利定价模型仅仅是在同一框架之下的另一种证券估值方式。套利定价模型把资产报酬率放在一个多变量的基础上，它并不试图规定一组特定的决定因素，反而认为资产的必要报酬率取决于一组因素的线性组合，这些因素必须经过实验来判别。套利定价模型的一般形式为：

$$R_j = R_f + \beta_{j1}(\overline{R}_1 - R_f) + \beta_{j2}(\overline{R}_2 - R_f) + \cdots + \beta_{jn}(\overline{R}_n - R_f) \qquad (5-12)$$

其中，R_j 表示资产报酬率；R_f 表示无风险报酬率；n 表示影响资产报酬率的因素的个数；$\overline{R}_1$，$\overline{R}_2$，$\cdots$，$\overline{R}_n$ 表示因素 $1 \sim n$ 的必要报酬率；β 表示该资产对于不同因素的敏感程度。

【例题 5 - 9】某一证券的报酬率对两个广泛存在的不可分散风险因素 C 与 D 敏感，对风险因素 C 的敏感程度为 0.3，对风险因素 D 的敏感程度为 1.4，风险因素 C 的必要报酬率为 4%，风险因素 D 的必要报酬率为 5%，市场无风险报酬率为 3%，则该证券报酬率为多少？

$$R_j = R_f + \beta_{jC}(\overline{R}_C - R_f) + \beta_{jD}(\overline{R}_D - R_f)$$
$$= 3\% + 0.3 \times (4\% - 3\%) + 1.4 \times (5\% - 3\%)$$
$$= 3\% + 0.3\% + 2.8\%$$
$$= 6.1\%$$

本章思维导图

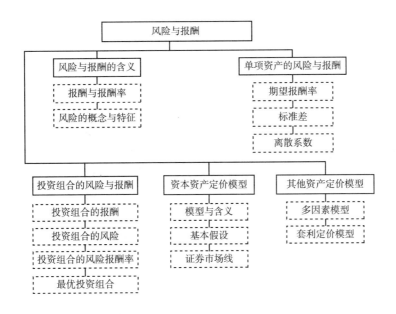

本章概要

本章主要介绍了如何衡量风险与报酬，并相应地引入投资组合与资本资产定价模型。

1. 风险指事件本身的不确定性。一般而言，风险具有以下特性：（1）客观性；（2）偶然性；（3）相对性；（4）收益性。高风险通常伴随着高报酬。报酬也称收益，指投资者获得的超过投资成本的超额收益。在财务管理中，我们探讨的报酬通常以投资报酬率来表示。

2. 在大多数情况下，投资者会同时投资多个证券（股票），即持有证券投资组合（portfolio）。证券组合报酬率 R_p 是组合中单项证券的期望报酬率的加权平均数，

但证券组合的风险 σ_p 不是组合中单项证券的风险（标准差）的加权平均数。

3. 证券投资风险可分为可分散风险和不可分散风险两部分。可分散风险，又称非系统性风险或公司特有风险，是由某些仅影响到个别公司的随机事件导致，投资者可以通过持有股票的多样化来消除的风险。不可分散风险，又称系统风险或市场风险，是由那些影响整个市场的事件引起的，无法通过投资分散化来消除的风险。

4. 通常使用 β 系数衡量股票的系统风险。β 系数又称为系统风险指数或市场风险指数，它度量了单一股票相对于市场平均股票的波动程度。β 系数越高，该只股票的系统风险也就越高。

5. 资本资产定价模型（capital asset pricing model，CAPM）用于测算投资者投资某一风险资产所要求的报酬率，也即必要报酬率 R_i。根据 CAPM 模型，投资某一风险资产的必要报酬率 R_i 由无风险报酬率 R_f 与风险报酬率（又称风险溢价）$\beta_i (R_m + R_f)$ 构成。

6. 证券市场线（security market line，SML）是 CAPM 模型的图形表达，它直观地反映了投资者规避风险的程度。

本章思考和练习题

思考题

1. 如何理解风险与报酬的关系？

2. 为什么有些风险是可分散的，有些风险是不可分散的？

3. 我们已经发现，在一个较长的期间，股票投资的获利一般会远远高于债券投资，但是，一些投资者长期地持有全债券组合的现象并不罕见。这些投资者是非理性的吗？

4. 如果某个投资组合中每一项资产的期望报酬率都是正的，那么这个投资组合的期望报酬率是否可能高于或低于投资组合中每一项资产？

5. 一项风险性资产的贝塔系数有可能为 0 或者负数吗？根据资本资产定价模型 CAPM，这种资产的期望报酬率是什么？

练习题

1. 假设你准备进行投资，国库券的利息率为 8%，市场证券组合的报酬率为 15%，现有几项投资计划可供选择。

要求：

（1）若某项投资计划 β 值为 0.5，期望报酬率为 11%，请考虑是否应当进行投资？

（2）如果你需要一项必要报酬率为 11.5% 的投资计划，该投资计划的 β 值应为多少？

2. 现有债券 C 和债券 D，债券 C 的标准差为 35%，β 系数为 0.6；债券 D 的标准差为 20%，β 系数为 1.3，那么，哪一个债券的总风险更大？哪一个系统风险更大？哪一个有更高的风险溢价？

3. 假设股票 A、B 在不同的经济情况下预期的投资报酬率见表 5 - I。

表 5 - I　　　　　　　股票 A、B 在不同经济情况下的投资报酬率

经济情况	发生概率	各种情况下的投资报酬率（%）	
		股票 A	股票 B
繁荣	0.3	120	20
正常	0.4	20	20
衰退	0.3	-95	5

要求：根据上表信息，分别比较两只股票的风险大小。

4. 假设你计划购买 A、B、C 三种股票，现在分别有甲、乙两种投资组合。已知三种股票的 β 系数分别为 1.5、1.0 和 0.5，它们在甲投资组合下的投资比重为 40%、30% 和 30%；乙投资组合的风险收益率为 3%。目前无风险利率是 10%，市场组合收益率是 15%。

要求：

（1）根据 A、B、C 股票的 β 系数，分别评价这三种股票相对于市场投资组合而言的投资风险大小。

（2）按照资本资产定价模型计算 A 股票的必要收益率。

（3）计算甲种投资组合的 β 系数和风险收益率。

（4）计算乙种投资组合的 β 系数和必要收益率。

（5）比较甲、乙两种投资组合的 β 系数，评价它们的投资风险大小。

5. 假设无风险报酬率是 6%，市场组合报酬率是 15%；若 A 股票的 β 系数是 0.5，根据 CAPM，期望报酬率是多少？若 B 股票期望报酬率是 24%，β 系数是多少？

6. 资产组合 M 的期望收益率为 16%，标准差为 20%，资产组合 N 的期望收益率为 21%，离散系数为 1.4，投资者小王和小张决定将其个人资产投资于资产组合 M 和 N 中，小王期望的最低收益率为 18%，小张投资于资产组合 M 和 N 的资金比例分别为 70% 和 30%。

要求：

（1）计算资产组合 M 的离散系数。

（2）判断资产组合 M 和 N 哪个风险更大？

（3）为实现期望的收益率，小王应在资产组合 N 上投资的最低比例是多少？

（4）判断投资者小王和小张谁更厌恶风险，并说明理由。

章后案例

A 公司的新产品开发决策

A 公司是一家主要生产和销售功能性饮料的公司。公司近年陷入了经营困境，生产的功能性饮料因市场竞争者不断进入、消费者喜好不稳定等开始滞销。为了应对经营困难，A 公司准备开发新产品市场，丰富产品结构。为此，公司组织开展了

为期两个月的市场调研，最终确定两个竞争力较大的新产品方案。

1. 开发纯净水。国家目前正积极开展水资源保护活动，同时对供水量设定一系列限制。公司研发部门认为纯净水在不久的将来会成为人们必不可少的常用品，市场前景广阔。相关预测资料见表5-Ⅱ。

表5-Ⅱ   A公司开发纯净水的市场销售预测情况

市场销路	概率（%）	预计年利润（万元）
好	70	140
一般	20	60
差	10	-30

2. 开发冰爽茶。与北方人豪爽、健谈的性格相比，南方人的性格更为内敛和低调，在亲朋好友聚会时常喜欢以茶招待。同时，随着经济蓬勃发展，人们对生活水平有着更高的要求，因此，对茶的种类有更多的需求。研发部门据此提出开发冰爽茶方案，相关市场预测资料见表5-Ⅲ。

表5-Ⅲ   A公司开发冰爽茶的市场销售预测情况

市场销路	概率（%）	预计年利润（万元）
好	40	180
一般	40	90
差	20	-10

资料来源：崔飚，黄辉. 财务管理案例［M］. 北京：经济科学出版社，2018：21-22.

思考题

通过对两个产品开发方案的收益与风险的计量，为A公司进行方案评价和决策。

本章教辅资料二维码

练习题答案   章后案例答案   配套课件   进阶习题及答案

第六章 投资决策技术

【章前引例】

希和汽车股份有限公司的管理层近期决定新建一条生产线以扩充生产能力，有以下 A、B 两个生产线项目供选择：

生产线 A 需要投资 20 000 元，使用寿命为 10 年，10 年后残值为原值的 5%，10 年间每年预计获得收入 5 000 元，付现成本为 1 000 元。

生产线 B 需要投资 15 000 元，并提前垫支营运资金 5 000 元，使用寿命为 5 年，5 年后净残值为零，5 年间每年预计获得收入 6 500 元，付现成本为 1 000 元。生产线 A、B 均采用直线法计提折旧。

问题讨论：

（1）在投资决策中，应该优先考虑项目利润还是现金流量？为什么？企业项目投资的现金流量包括哪几个部分？

（2）由于资金有限，希和汽车公司只能投资其中一条生产线，应如何决策呢？

（3）在没有资金限制的情况下，希和汽车公司可以同时建两条生产线吗？除了资金以外，要作出科学决策还应该考虑什么因素？

【学习目标】

1. 了解投资活动的意义及其分类。
2. 了解投资决策的依据和过程。
3. 掌握现金流量的构成及其计算。
4. 掌握主要投资决策指标的计算方式及其决策规则。
5. 了解投资决策指标的特点和异同。

【本章重点与难点】

重点：企业投资的意义及分类；现金流量的构成及其计算；投资决策的主要方法、指标计算和决策规则。

难点：不同投资决策指标的异同及适用范围；投资决策指标的计算和使用。

第一节　长期投资概述

　　企业投资是以企业作为主体，对所持有的资金进行运用，包括投入经营资产或购买金融资产，或是取得这些资产的权利的一项财务活动。例如，企业投资包括厂房的改建、扩建、技术改造等生产性设施的投资，职工住宅、文化娱乐等非生产性设施的投资，以及使用闲置资金购买股票、债券等投资。企业的投资目的是在未来的一定时期内获得与其风险匹配的投资报酬。

　　企业投资可按投资回收时间的长短划分为长期投资和短期投资（分类标准见"二、企业投资的类型"）。第六章和第七章主要涉及长期投资管理，而短期投资管理的内容则在第十章介绍。

一、企业投资的意义

　　1. 企业投资是取得利润的基本前提。企业财务管理的目标是不断提高企业价值，为股东创造更多财富。为了达成目标，企业需要采取各种形式的措施来赚取利润。而要获取利润，企业就需要进行投资，在投资中获得收益。

　　2. 企业投资是生存发展的必要手段。在经济快速发展的现代社会，企业要发展必须先进行投资。例如，企业要维持简单的再生产，就需要对机器设备进行维护修理以及更新，对产品和工艺进行改革，提升员工的技术水平等；要实现扩大再生产，就需要新建厂房、增加设备和职工、提高人员素质等。总之，企业必须进行一系列投资活动后，才能不断地增强企业优势，保持可持续的生存发展。

　　3. 企业投资是降低经营风险的重要方法。企业将资金投放到生产经营的关键环节或薄弱环节，可以使企业资源配置更合理、平衡，提高综合生产能力。例如，企业向多个行业进行投资，实现多元化经营，则更容易稳定收入和盈余水平，降低企业的经营风险。

▶▶▶ **课堂小案例**···

　　2020 年 5 月 23 日，第十三届全国人大代表、格力电器董事长兼总裁董明珠连线新华网 2020 年两会直播间。针对新冠疫情和复杂的经济环境，董明珠说，企业不应该只关注短期内的困难，而是更应该保持一种战斗力。评价一个企业，不仅看能赚多少钱，更要看如何做到履行社会职责，如何去承担社会责任。为了抗击新冠疫情，格力公司不仅及时制造了口罩生产设备，生产口罩，还生产体温枪。当时生产体温枪的工厂向格力寻求帮助，要开 60 套体温枪的模具，格力加班加点花了 10 天时间开模，顺利完成任务。格力公司此次"紧急跨界"投资新项目，不只是考虑了投资回报水平，更多的是考量如何更好地承担社会责任。

　　在发展初期，企业应该依法经营、诚信经营，首要目的是扩大生产、提升效率。

当企业发展壮大后，在经营过程中应该平衡不同利益群体的利益，积极履行社会责任，这是因为企业需要更和谐的环境和更繁荣的社会来支持其可持续发展。

资料来源：董明珠：疫情之下，考验企业如何履行承担社会责任［EB/OL］．（2020－05－26）．http：//www.xinhuanet.com/politics/2020lh/2020－05/26/c_1126034598.htm.

二、企业投资的类型

企业的资金有限，为了加强投资管理、提高投资收益，必须先分清投资的性质，进行科学投资。根据不同分类标准，企业投资有以下几种分类。

1. 直接投资和间接投资。按投资与企业生产经营的关系，可以将企业投资分为直接投资与间接投资。直接投资是指把资金直接投放于生产经营性资产，以改善企业生产经营能力为目的的投资。例如，建设新厂房、购置新设备等。在非金融企业中，直接投资占的比重很大。间接投资又称为证券投资，指的是把资金投入金融性资产，以取得股利、利息或其他资本利得收入为目的的投资。随着我国金融市场的完善和多渠道筹资的形成，间接投资将越来越广泛。

2. 短期投资和长期投资。按投资回收时间的长短，可以将企业投资分为短期投资与长期投资。短期投资又称为流动资产投资，是指一年以内收回的投资，包括对现金、应收款项、存货、短期有价证券等的投资，具有流动性高、变现能力强等特点。长期投资是指一年以上才能收回的投资，主要包括对厂房、设备等固定资产的投资，也包括长期持有的有价证券投资和对无形资产的投资。由于固定资产投资在长期投资中往往所占比重最大，因此长期投资有时专指固定资产投资。

3. 对内投资和对外投资。按投资的方向，可以将企业投资分为对内投资和对外投资。对内投资是指将资金投放于企业内部以购置生产经营用资产的投资。对外投资是指企业将现金、实物、无形资产等投向其他单位的投资，通常通过购买股票、债券等有价证券的方式来实行。对内投资一般是直接投资，而对外投资主要是间接投资，也可以是直接投资。随着企业发展，对外投资将越来越重要。

4. 初创投资和后续投资。按投资在生产过程中的作用，可以将企业投资分为初创投资与后续投资。初创投资是指在企业新建立时进行的各种投资。初创投资将形成企业的原始资产，为企业的生产经营活动提供保证。后续投资是指企业为了巩固和发展而进行的各种投资，包括为维持简单再生产而进行的设备更新性投资，为实现扩大再生产而进行的追加性投资，以及为调整生产经营方向而进行的转移性投资，等等。

5. 独立项目投资和互斥项目投资。按不同投资项目之间的关系，可以将企业投资分为独立项目投资和互斥项目投资。独立项目的选择不需要依赖或排斥其他投资项目。如果接受了某一项目就不能投资另一项目，并且反过来也如此，那么这两个项目就是互斥项目。在资源有限的情形下，许多项目是互斥项目，这就需要财务人员利用投资决策标准来进行项目选择。

6. 常规项目投资和非常规项目投资。按投资项目现金的流入和流出时间，可以将企业投资分为常规项目投资和非常规项目投资。常规项目是指只有一期的初始现金流出，接着是一期或多期的现金流入的项目。非常规项目则指项目现金流的方向和时间没有规律可循，如现金流出不只是发生在期初，可能在期初和以后某一（些）期间有多次现金流出等。

7. 其他分类方法。除了以上分类以外，还可以按照其他标准进行分类。按投资的影响范围，可分为战术型投资和战略性投资。按投资项目之间的依赖关系，可分为相关项目和非相关项目。例如，要增加生产线就需要新建厂房来安装生产线，那么生产线投资项目和厂房投资项目就是相关项目。不同的投资分类之间存在交叉现象。

三、企业投资的管理原则

企业投资涉及的资金多、经历的时间长，对企业未来的财务状况和经营活动，以及对企业价值都有很大的影响。因此，企业在投资时应当遵循以下管理原则。

1. 现金流量平衡原则。任何一个持续经营的企业的现金流转是不会停止的，现金的流入与流出同时进行，因此企业在投资时应保证现金流量在数量和时间上的平衡。现金收不抵支必然导致企业资金周转的停滞而影响正常的经营。现金流不足也可能使企业承担不必要的机会成本。例如，虽然遇上高收益的投资项目，但由于目前刚购买了大量固定资产用于扩大生产，没有足够的现金投入新项目。因此，企业要配合战略实施合理地安排现金流转的数量与时间。从会计学观点来看，企业在某一时期实现现金流入与流出相等，这只是一个静态的平衡，平衡原则强调的是一个动态的平衡，企业需要在现金的流转中实现增值，只有满足现金的流入与流出始终处于动态的平衡，保证财务资源的可持续利用，才能使企业得以持续健康地运营。

2. 收益风险均衡原则。企业进行任何投资都会面临不同程度的风险。收益和风险是共存的。一般而言，收益越大，风险也越大，收益的增加是以风险的增大为代价的，而风险的增加可能会引起企业价值的下降，不利于财务目标的实现。企业在作出投资决策之前，需要结合风险承受能力，认真权衡投资报酬和风险，不要盲目投资。例如A项目和B项目都能获得50%的收益率，但是A项目有50%的概率蒙受损失，而B项目只有30%的概率蒙受损失，在收益相等的情况下应当选择风险较小的B项目。只有在收益和风险达到均衡时，才有可能不断增加企业价值，实现财务管理的目标。

3. 战略协调原则。企业的财务活动包括筹资活动、经营活动、投资活动和分配活动，在进行任何投资决策时，作为重要组成部分的投资活动应当服从企业整体的发展战略，充分考虑到企业的财务状况以及未来的发展形势。换言之，企业投资应当符合企业总体发展战略、合理配置企业资源、促进要素优化组合，才能创造良好的经济效益。

四、企业投资过程分析

企业投资是一项复杂的综合性工作，需要对投资项目进行规划、评价和取舍。按照时间顺序划分，整个投资过程可分为事前阶段、事中阶段、事后阶段三个阶段。

1. 事前阶段：投资项目的提出与决策。事前阶段也称投资决策阶段，主要包括投资项目的提出、评价和决策。投资决策阶段决定了投资项目的性质、资金的流向和未来取得的报酬。一般来说，首先，由企业各部门成员提出投资方案；其次，由投资管理部门或者财务管理部门对该投资项目的现金流量状况进行估算，并结合资料查询、实地调查等方式，对项目的必要性、风险和报酬等进行评价分析，选用一个或者多个评价指标，将投资项目进行排序，再结合资本限额、政策要求等其他约束因素，编写投资预算和项目可行性评价报告；最后，由企业决策层按项目评估结果作出决策，选择接受或拒绝该投资项目，或是将方案退回原部门进行重新调查和修改。例如，某企业的生产部部门经理提出，需要更换新设备以提高生产效率（方案 A），或新建厂房以扩大生产规模（方案 B）；投资管理部门对这两种方案的现金流量、风险和收益进行估算和评价，并按获利指数将其排序，方案 A 的获利指数为1.2，方案 B 的获利指数为 1.1，则将方案 A 作为优选项目，编写投资预算和项目评价报告后提交决策层；决策层通过考量，决定接受投资方案 A。

2. 事中阶段：投资项目的实施与监控。事中阶段也称投资实施阶段，主要包括投资项目的实施、监督和控制。企业决定接受某个投资项目之后，就要开始为其做准备，包括筹集资金、按照计划分步骤实施、监督与控制项目推进工作。在实施过程中，实行动态跟踪，包括监督项目的质量、工期、施工成本等；定期做好后续分析，将投资预算和实际支出情况进行对比，寻找较大差异的原因，并考虑是否继续进行该项目。例如，企业决定新建一栋厂房，预计花费 180 万元，但在项目进行到2/3 的时候就已经实际支出 150 万元，这时应当及时开展评估分析，找出差异原因。如果差异在可接受范围内，或者差异原因合乎情理且不影响后续收益情况，则项目继续进行。另外，企业还需考虑是否应该扩充或者缩减投资。如果选择中断项目实施，还须考虑应该延期投资项目还是直接放弃投资项目。

3. 事后阶段：投资项目的审计与评价。事后阶段是指在投资项目完成后对投资效果进行事后审计与评价。事后审计工作一般由内部审计部门实施，通过梳理项目实施过程中出现的内部控制问题，评估项目效益的实现程度，并根据项目绩效对投资管理部门进行评价，依据激励制度对部门成员进行奖罚。例如，比较项目的风险、报酬、预算等方面的预测值与实际值，发现预测技术的偏差，检查执行过程中出现的纰漏，总结并提升投资项目的实施效率，尽量使实际值接近预测值。事后审计还可以将赔偿责任引入投资项目的预测阶段。但需要注意的是，引入该制度，一方面会激励预测人员不断改进预测方法，提高预测的准确度；另一方面，预测人员可能出于规避赔偿责任的动机，故意低估风险较大但收益高的项目，导致企业的投资效率不高。此外，预测值与实际值之间的偏差还有可能是环境变化、政策变化等多种原因导致，不应将预测的偏差作为评价预测人员能力的唯一标准。

第二节　投资现金流量的分析

现金流量是计算投资决策指标的重要基础，对现金流量的正确估算和分析是科学决策的前提。长期投资决策以现金流量信息为基础，而不是以传统财务会计中以权责发生制为基础确定的利润为决策依据，原因主要是：（1）有利于科学地考虑货币的时间价值；（2）利润的计算受不同会计政策和会计估计的影响，存在一定的主观性，而现金流量不易受人为因素的影响，以其为基础能使决策更符合客观实际。

一、现金流量的概念

投资中的现金流量是指与投资决策相关的现金流入与流出的数量的统称，包括所有由于接受了这个投资项目而直接导致的未来现金流量的变化量。现金流入量与现金流出量之差，称为净现金流量。投资决策中的现金流量估算，首先应该注意，我们只需要关注和投资项目相关的现金流量。如果一笔现金流量，无论接不接受该项目它都存在，那么它与项目无关，决策时无须考虑。在确定投资项目的相关现金流量时，需要厘清以下重要概念。

1. 沉没成本。沉没成本是指已经发生了的成本，它无法被现在或者将来的任何决策改变。例如，G 公司投资管理部门为了某个项目进行了前期的市场调查和技术分析，已耗费 6 万元，这 6 万元费用的存在不会影响公司是否接受该项目的决策，属于沉没成本，在决策中不应考虑。也就是说，沉没成本是无关成本，在计算项目现金流量的时候需要剔除掉。

2. 机会成本。机会成本是指在投资决策中，投资者由于选择了最优方案，而放弃了次优方案所丧失的收益。例如，G 公司打算在自有土地上建造新厂房，该土地的出售市价为 800 万元。如果 G 公司在这块土地上建厂房，则会丧失出售土地的收入，这项收益的丧失是由新建厂房项目引起的。也就是说，这一项目的机会成本为 800 万元，它与决策直接相关。当存在多个投资机会而资源有限时，选择了其中一个方案则意味着放弃了其他方案的收益，所引致的机会成本是相关成本，在决策过程中应当加以考虑。

3. 附带效应。企业对一个项目进行投资之后，可能会对原来的项目或者业务产生一些附带或者溢出的影响，这种影响可能是积极的，也可能是消极的。当新项目与原有项目之间存在互补关系时，则产生正面影响；当两者之间存在替代关系时，则容易产生负面影响。例如，G 公司原本只生产有线耳机，现在考虑是否增加无线蓝牙耳机这款新产品。在这种情况下，不仅应计算蓝牙耳机可能带来的现金流量，还要考虑新产品推出后对老产品销量的影响，并将由此减少的现金流量也纳入决策考虑范围。也就是说，在估算项目现金流量时应当把附带效应纳入考虑范围。

4. 其他。投资决策中的现金流量指的一定是税后现金流量。税金本身是一种现金流出，只有扣除了税金之后的现金流量才是真实客观的现金流量。因此，凡是由投资决策引起的，应计入当期收入、费用或损失的项目都需要考虑所得税的影响。

二、投资现金流量的构成

在投资决策中，首先须计算现金流量，这是最重要的一步。按照现金流量的发生时间，可将其分为三部分：初始现金流量、营业现金流量和终结现金流量。下面以固定资产投资项目为例，对这三部分现金流量展开说明。

1. 初始现金流量。初始现金流量是指自投资项目开始实施到项目投入使用之前这段时间内所产生的现金流量。这个时期通常只有现金流出，没有现金流入，净现金流量为负值。一般包括以下六个部分。

（1）投资前费用。投资前费用指在正式投资之前为了做好各项准备工作而发生的费用，包括勘察设计费、技术资料费和土地购入费用等。在实际预测时，需要结合具体情况进行合理估计。

（2）设备购置和安装费用。包括购买机器设备所支付的费用、运输费用和安装调试费用，是初始现金流量构成中最主要的部分。

（3）营运资本的垫支。投资项目投入使用后，需要一定的流动资金才能维持运营，如用于原材料的储备和应收账款周转等。这笔营运资本一般在项目终结时收回，因此被视为长期投资。

（4）原有固定资产的变价净收益。新设备投入使用之前，原有设备需要进行清理或者变卖，所得的变现净收入（扣除相关税金）应列入现金流入量，作为初始现金流量的一部分。

（5）建筑工程费。建筑工程费指进行土建工程时所支付的费用。

（6）不可预见费。不可预见费指在投资项目正式建设之前，难以预料的、突发状况导致的、可能发生的一系列费用，如设备价格的上涨、发生自然灾害等。在预估初始现金流量的时候也要将这类因素的影响纳入考虑范围。

2. 营业现金流量。营业现金流量是指投资项目投入使用后，在其寿命周期内因生产经营活动产生的现金流量。它是投资项目的最主要的现金流。如果一个企业没有营业现金流量作保证，企业的现金流迟早要枯竭。同时，营业现金流量最能体现企业的持续经营能力和未来发展前景。因此，如何能够使企业营业现金流量达到最大，是企业投资决策过程中重点把握的关键问题。

一个项目的营业现金流量一般按年度计算，年营业净现金流量（NCF）等于年营业现金流入与营业现金流出的净额。其中，营业现金流入是指与项目相关的营业现金收入（如一个新设备所生产产品的年销售收入），而营业现金流出包括付现成本（即营业现金支出）和缴纳的税金。在营业收入的测算中，需要对产品销量、售价及其变动趋势进行测算，测算资料主要来源于市场营销部门。在付现成本的测算中，涉及各项生产要素的投入量情况及其价格变动趋势，测算资料主要来源于生产、技术管理部门及生产资料供给部门。

3. 终结现金流量。终结现金流量是指投资项目完结时所发生的现金流量，主要包括：固定资产的残值收入或变价收入（已扣除所需缴纳的税金等支出的净收入）；

固定资产的清理费用；停止使用的土地的变价收入；原有垫支的营运资本收回；等等。

三、现金流量的计算

为了正确评价投资项目的优劣，必须正确计算现金流量。本节分别介绍初始现金流量的预测、营业现金流量的预测及全部现金流量的计算。

1. 初始现金流量的预测。预测初始现金流量的关键是预测项目的初始投资额，常用方法如下所述。

（1）逐项测算法。逐项测算法是先逐项测算构成初始投资额的各个项目的数额，然后进行加总计算出初始现金流量的一种方法。

【例题6-1】G公司准备新建一条生产线，经过调查研究，预计各项支出如下：投资前费用15 000元，设备购置和安装费用800 000元，建筑工程费250 000元，投产时需要垫支营运资金35 000元。不可预见费按上述总支出的5%计算，请预测该项目的初始现金流量。

该生产线的初始投资总额为：

（15 000 + 800 000 + 250 000 + 35 000）×（1 + 5%）= 1 155 000（元）

（2）单位生产能力估算法。单位生产能力估算法是根据同类项目的单位生产能力投资额，结合拟建项目的生产能力，来估算初始现金流量的一种方法。计算公式如下：

$$拟建项目初始投资额 = 同类项目单位生产能力投资额 × 拟建项目生产能力$$

$$（6-1）$$

使用该方法进行测算的时候，要注意以下四点问题：①同类企业的单位生产能力投资额可通过有关统计资料来推算，如果国内没有可供参考的资料，可以将国外投资的有关资料作为参考标准，但要进行适当调整。②如果通货膨胀比较明显，要合理考虑物价变动的影响。③用作对比的同类项目的生产能力与拟建投资项目的生产能力应当比较接近，否则会有较大误差。④要考虑投资项目在地理环境、交通条件等方面的差别，并经相应调整后预测投资额。

可见，单位生产能力估算法适用于有大量的同类工程实际投资资料的项目，但当行业没有规范的标准数据时，主观判断必不可少，因而评价人员需要具有丰富的经验。

【例题6-2】某投资项目设计生产能力为每年生产出300万吨甲产品，根据该项目所在行业同类企业统计资料可知，此类项目的单位生产能力投资平均为5 000元/万吨，不考虑地理环境、交通条件等方面的差别，以及物价上涨因素对该项目的影响，请预测该项目的初始现金流量。

该项目的初始投资总额为：

300 × 5 000 = 1 500 000（元）

2. 营业现金流量的预测。

（1）顺推法。根据营业净现金流量（NCF）的定义，年营业现金净流量指营业现金流入扣减营业现金流出的净额，计算公式如下：

$$年营业净现金流量 = 年营业收入 - 年付现成本 - 所得税 \qquad (6-2)$$

【**例题6-3**】沿用『例题6-1』的资料，G公司新建生产线后，预计使用15年，15年后净残值为零，采用直线法计提折旧。经过调查，预计每年可取得销售收入100 000元，付现成本为10 000元，假设所得税税率为25%，不考虑其他税费。请运用顺推法预测该项目的营业净现金流量。

先计算项目的年折旧额，然后根据式（6-2）计算年营业净现金流量。

每年的折旧额 = 1 050 000 ÷ 15 = 70 000（元）

年营业净现金流量 = 100 000 - 10 000 - （100 000 - 10 000 - 70 000）× 25%

= 85 000（元）

（2）逆推法。营业净现金流量包含企业所获得的税后净利润和已计提的折旧。折旧实际上不需要企业支付现金，但在计算所得税时抵减一部分应纳税所得，因此在计算营业现金流量时需要将折旧加回。

$$年营业净现金流量 = 税后净利润 + 折旧 \qquad (6-3)$$

【**例题6-4**】沿用『例题6-1』和『例题6-3』的资料，请运用逆推法预测该项目的年营业净现金流量。

根据式（6-3）计得：

年营业净现金流量 = （100 000 - 10 000 - 70 000）×（1 - 25%）+ 70 000

= 85 000（元）

（3）税盾法。由于企业所得税的存在，公司实际得到的现金流入是税后收入。成本费用能够税前扣除，起到抵减所得税的作用，因此，企业实际承担的支出并不是真实的成本费用，在计算成本费用引起的现金流出时，应当考虑所得税的影响。折旧可以税前扣除，也起到抵减所得税的作用。因此，可以使用税盾法来计算年营业净现金流量。

年营业净现金流量 = 税后收入 - 税后成本 + 税负减少

= 营业收入 ×（1 - 所得税税率）

- 付现成本 ×（1 - 所得税税率）+ 折旧 × 所得税税率

$$\qquad (6-4)$$

【**例题6-5**】沿用『例题6-1』和『例题6-3』的资料，请运用税盾法计算项目的年营业净现金流量。

根据式（6-4）计算得：

年营业净现金流量 = 100 000 ×（1 - 25%）- 10 000 ×（1 - 25%）+ 70 000 × 25%

= 85 000（元）

以上三种方法的计算结果一致。第三种方法在实际工作中较为常用，因为它不需要计算投资项目的利润，可以直接根据项目的营业收入、付现成本和所得税税率计算年营业净现金流量。

3. 全部现金流量的计算。一般来说，初始现金流量和终结现金流量的计算比较简单，将各个项目的金额加总即可，营业现金流量的计算则比较复杂。下面使用〖例题 6 - 6〗说明项目全部现金流量的计算。

【例题 6 - 6】G 公司计划购买新设备来扩充生产能力，现有甲、乙两个方案可供选择。甲方案需要投资 20 000 元，设备使用寿命为 5 年，5 年后残值为原值的 5%，5 年中每年可取得收入预计 5 000 元，付现成本为 1 000 元。乙方案需投资 15 000 元，垫支营运资金 5 000 元，设备使用寿命为 5 年，5 年后净残值为零，5 年间每年能取得收入 6 500 元，第一年付现成本为 500 元，往后每年增加维修费 500 元。设备均采用直线法计提折旧（除非特别说明，本教材假设固定资产的会计残值与税法残值相等，不涉及纳税调整），假设所得税税率为 25%，试计算两个方案的现金流量。

根据已知条件，先计算折旧额：

甲方案每年折旧额 = $[20\,000 \times (1 - 5\%)] \div 5 = 3\,800$（元）

乙方案每年折旧额 = $15\,000 \div 5 = 3\,000$（元）

然后计算两个方案的营业现金流量。为了使结果更清晰，方便项目间的比较，可以根据计算结果编制两个方案的现金流量表，见表 6 - 1。

表 6 - 1　　　　　　　　　　投资项目的营业现金流量　　　　　　　　单位：元

项目	第1年	第2年	第3年	第4年	第5年
甲方案：					
销售收入（1）	5 000	5 000	5 000	5 000	5 000
付现成本（2）	1 000	1 000	1 000	1 000	1 000
折旧（3）	3 800	3 800	3 800	3 800	3 800
税前利润（4）=（1）-（2）-（3）	200	200	200	200	200
所得税（5）=（4）×25%	50	50	50	50	50
税后净利（6）=（4）-（5）	150	150	150	150	150
营业净现金流量（7）=（1）-（2）-（5）	3 950	3 950	3 950	3 950	3 950
乙方案：					
销售收入（1）	6 500	6 500	6 500	6 500	6 500
付现成本（2）	500	1 000	1 500	2 000	2 500
折旧（3）	3 000	3 000	3 000	3 000	3 000
税前利润（4）=（1）-（2）-（3）	3 000	2 500	2 000	1 500	1 000
所得税（5）=（4）×25%	750	625	500	375	250
税后净利润（6）=（4）-（5）	2 250	1 875	1 500	1 125	750
营业净现金流量（7）=（1）-（2）-（5）	5 250	4 875	4 500	4 125	3 750

最后，编制两个方案的全部现金流量表，见表 6-2。

表 6-2　　　　　　　　　投资项目的现金流量　　　　　　单位：元

项目	第 0 年	第 1 年	第 2 年	第 3 年	第 4 年	第 5 年
甲方案：						
固定资产投资	−20 000					
初始现金流量（1）	−20 000					
营业净现金流量（2）		3 950	3 950	3 950	3 950	3 950
固定资产残值						1 000 *
终结现金流量（3）						1 000
现金流量合计（4）=（1）+（2）+（3）	−20 000	3 950	3 950	3 950	3 950	4 950
乙方案：						
固定资产投资（1）	−15 000					
营运资本垫支（2）	−5 000					
初始现金流量（3）=（1）+（2）	−20 000					
营业净现金流量（4）		5 250	4 875	4 500	4 125	3 750
固定资产残值（5）						0
营运资本回收（6）						5 000
终结现金流量（7）=（5）+（6）						5 000
现金流量合计（8）=（3）+（4）+（7）	−20 000	5 250	4 875	4 500	4 125	8 750

注：＊甲方案固定资产净残值 = 20 000 × 5% = 1 000（元）。

第三节　折现现金流量法

对于项目投资，经营者最关注的就是项目是否可以盈利，是否可以给企业带来经济效益。因此，掌握项目投资决策方法对于经营者至关重要。上节展示了项目在各个阶段的现金流量构成，本节重点介绍体现折现现金流量思想的投资决策指标，主要有净现值、内含报酬率和获利指数等。

一、净现值法

投资项目在投入使用后的净现金流量，按资本成本率或项目要求的必要报酬率折算为现值，再减去初始投资后的余额即为净现值（net present value，NPV）。若投资期超过一年，也需要将初始投资进行折现。净现值的计算公式为：

$$NPV = \frac{NCF_1}{(1+k)^1} + \frac{NCF_2}{(1+k)^2} + \cdots + \frac{NCF_n}{(1+k)^n} - C$$

$$= \sum_{t=1}^{n} \frac{NCF_t}{(1+k)^t} - C \qquad (6-5)$$

其中，NPV 表示净现值；NCF_t 表示第 t 年的净现金流量；k 表示折现率（资本成本率或必要报酬率）；C 表示初始投资额；n 表示项目预计使用年限。

1. 净现值（NPV）的计算步骤。

第一步，计算初始现金流量，主要包括初始投资和垫支营运资本。

第二步，计算投资期内各年的营业净现金流量。

第三步，计算终结现金流量，主要包括收回的垫支营运资本和固定资产残值变现。

第四步，计算每期的净现金流量 NCF。

第五步，将未来每期的净现金流量折现。如果未来每期的 NCF 相等，则可以按照年金折现；如果未来每期的 NCF 不相等，则需要将它们分别折现求和。

第六步，计算净现值（NPV），它等于未来现金流量的总现值与初始现金流量之差。

【例题 6-7】假设 G 公司准备投资甲方案，甲方案共运营 5 年，预期初始投资 20 000 元，未来每年的营业净现金流量为 6 000 元，请计算甲方案的净现值。假设资本成本率为 10%。

甲方案每年的营业净现金流量相同，其净现值计算如下：

$NPV =$ 未来现金流量的总现值 - 初始投资额

$= NCF \times PVIFA_{10\%,5} - 20\ 000 = 2\ 740$（元）

【例题 6-8】假设 G 公司准备投资乙方案，乙方案期限为 5 年，预期每年的净现金流量见表 6-3，请计算乙方案的净现值。假设资本成本率为 10%。

表 6-3　　　　　　　　　　投资项目现金流量情况　　　　　　　　　　单位：元

项目		第0年	第1年	第2年	第3年	第4年	第5年
初始现金流量（1）	初始投资	9 000					
	垫支营运资本	3 000					
营业现金净流量（2）			3 250	2 850	2 650	2 250	2 050
终结现金流量（3）	收回营运资本						3 000
	残值变现收入						2 000
NCF（4）=（1）+（2）+（3）		12 000	3 250	2 850	2 650	2 250	7 050

由于乙方案每年的 NCF 不相等，净现值计算见表 6-4。

表 6 - 4 　　　　　　　　　　　　　乙方案的 *NPV* 计算　　　　　　　　　　　单位：元

项目	第 1 年	第 2 年	第 3 年	第 4 年	第 5 年
NCF（4）	3 250	2 850	2 650	2 250	7 050
现值系数 $PVIF_{10\%,t}$（5）	0.909	0.826	0.751	0.683	0.621
现值 =（4）×（5）	2 954.25	2 354.10	1 990.15	1 536.75	4 378.05
未来现金流量总现值	= 2 954.25 + 2 354.10 + 1 990.15 + 1 536.75 + 4 378.05 = 13 213.30				
减：初始现金流量（1）	12 000				
净现值 *NPV*	1 213.30				

注：在计算未来各期现金流量的现值时，除了参考现值系数表外，还可以在 Excel 里输入 *PV* 公式进行求值。

2. 净现值法的决策规则。净现值法的决策规则是：在只有一个备选方案时，选择净现值大于或等于 0 的方案，不选择净现值为负的方案；如果存在多个净现值大于或等于 0 的互斥方案，应当选择净现值最大的方案。

在〖例题 6 - 2〗和〖例题 6 - 3〗中，甲方案的净现值为 2 740 元，乙方案的净现值为 1 213.30 元，在不考虑其他约束条件的情况下，G 公司应当选择甲方案进行投资。

3. 净现值法的优缺点。净现值法是一种比较科学、简便的投资项目评价方法，其优点主要有：一是使用项目现金流量而非利润进行项目评估，能够在一定程度上排除人为因素的影响。二是考虑了货币的时间价值，对未来现金流量进行了合理折现，可以反映投资项目为企业带来的价值增量。

但是，净现值不能揭示投资项目的实际报酬率，内含报酬率法可以弥补这一缺陷。

二、内含报酬率法

内含报酬率（internal rate of return，IRR），也称为内部报酬率，是指能够使未来现金净流量的总现值等于初始现金流量的报酬率。内含报酬率的公式为：

$$\frac{NCF_1}{(1+r)^1} + \frac{NCF_2}{(1+r)^2} + \cdots + \frac{NCF_n}{(1+r)^n} - C = 0 \qquad (6-6)$$

即：

$$\sum_{t=1}^{n} \frac{NCF_t}{(1+r)^t} - C = 0 \qquad (6-7)$$

其中，NCF_t 表示第 *t* 年的净现金流量；*r* 表示内含报酬率；*n* 表示项目使用年限；*C* 表示初始现金流量。

1. 内含报酬率（IRR）的计算步骤。

（1）当每年的 *NCF* 相等时，按照下列步骤计算。

第一步，计算年金现值系数。每年的 *NCF* 相等，可以将其看作年金，根据式（6 - 6），可得：

$$NCF_t \times PVIFA_{i,n} - C = 0$$

即：

$$PVIFA_{i,n} = \frac{C}{NCF_t} \qquad (6-8)$$

其中，C 表示初始现金流量，NCF_t 表示每年的净现金流量。

第二步，查询年金现值系数表，在相同的期数内，找出介于上述年金现值系数的两个折现率。

第三步，根据上述两个折现率及其对应的年金现值系数、第一步求得的年金现值系数，采用插值法计算出该投资方案的内含报酬率。

（2）当每年的 NCF 不相等时，按照下列步骤计算。

第一步，先预估一个折现率，并以该折现率计算净现值。如果计算出的净现值为正，则说明预估折现率小于实际内含报酬率，应提高折现率；当重新预估的折现率计算出的净现值为负时，说明预估折现率大于实际内含报酬率。真实的内含报酬率应该介于使净现值由正到负的两个预估折现率之间。

第二步，根据上述两个折现率，采用插值法计算出该投资方案的内含报酬率。

【例题 6-9】 现以〖例题 6-7〗为例说明 NCF 相等时内含报酬率的计算方法。

$$年金现值系数 = \frac{初始现金流量}{每年的 NCF} = \frac{20\,000}{6\,000} = 3.333$$

通过查询年金现值系数表，期数为 5 年，年金现值系数 3.333 所对应的内含报酬率在（15%，16%）区间。用插值法计算如下：

$$
\begin{array}{ll}
折现率 & 年金现值系数 \\
\left.\begin{array}{l} 15\% \\ ?\% \\ 16\% \end{array}\right\} \left.\begin{array}{l} X\% \end{array}\right\} 1\% & \left.\begin{array}{l} 3.352 \\ 3.333 \\ 3.274 \end{array}\right\} \left.\begin{array}{l} 0.019 \end{array}\right\} 0.078
\end{array}
$$

$$\frac{X\%}{1\%} = \frac{0.019}{0.078}$$

解得：$X = 0.24$；甲方案的内含报酬率 $= 15\% + 0.24\% = 15.24\%$。

【例题 6-10】 现以〖例题 6-8〗为例说明 NCF 不相等时内含报酬率的计算方法。

乙方案每年的 NCF 不相等，因此必须进行测算，测算过程见表 6-5。

表 6-5 　　　　　　　　乙方案内含报酬率的测算过程

年数（t）	NCF	预估折现率 13%		预估折现率 14%	
		$PVIF_{13\%,t}$	现值	$PVIF_{14\%,t}$	现值
0	-12 000	1.000	-12 000	1.000	-12 000
1	3 250	0.885	2 876.11	0.877	2 850.88
2	2 850	0.783	2 231.97	0.769	2 192.98
3	2 650	0.693	1 836.58	0.675	1 788.67

续表

年数（t）	NCF	预估折现率13%		预估折现率14%	
		$PVIF_{13\%,t}$	现值	$PVIF_{14\%,t}$	现值
4	2 250	0.613	1 379.97	0.592	1 332.18
5	7 050	0.543	3 826.46	0.519	3 661.55
NPV	—	—	151.08	—	−173.74

在表 6 - 5 中，先按 13% 的折现率进行测算，净现值为 151.08，大于 0，说明预估的折现率偏低；用 14% 的折现率再次进行测算，净现值变为负数。因此内含报酬率一定介于 13% ~ 14%。

$$\left.\begin{array}{ll}
\text{折现率} & \text{净现值}\\
13\% \\
?\% \left.\right\}X\% \left.\right\}1\% & 151.08 \\
14\% & 0 \left.\right\}151.08 \left.\right\}324.82\\
& -173.74
\end{array}\right.$$

$$\frac{X\%}{1\%} = \frac{151.08}{324.82}$$

解得：$X = 0.47$；乙方案的内含报酬率 $= 13\% + 0.47\% = 13.47\%$。

在计算内含报酬率时，除了利用插值法，还可以在 Excel 里利用 *IRR* 公式进行求值。

2. 内含报酬率法决策规则。利用内含报酬率进行决策，当只有一个备选方案时，内含报酬率大于或等于资本成本率或必要报酬率，则采纳该方案；反之，则拒绝。当有多个备选方案时，则选择内含报酬率超过资本成本率或必要报酬率最多的投资项目。在〖例题 6 - 9〗和〖例题 6 - 10〗中，甲方案的内含报酬率更高，所以甲方案的效益比乙方案好，在这两个方案中甲方案为优选方案。

3. 内含报酬率法的优缺点。内含报酬率法的优点是概念容易理解，且考虑了货币时间价值，可以直接反映各投资项目真实的报酬率。对于独立投资方案的比较决策，如果各方案的原始投资额不同，可以计算各方案的内含报酬率，来反映各独立投资方案的获利水平。

但这种方法计算过程比较复杂，特别是对于每年 NCF 不相等的投资项目，一般需要经过多次测算。如果利用 Excel 的 IRR 函数来计算的话，会大大提高效率。

三、获利指数法

获利指数（profitability index，PI），又称为现值指数或利润指数，是指投资项目未来现金流量总现值与初始投资额的现值之比。获利指数的计算公式如下：

$$PI = \left[\frac{NCF_1}{(1+k)^1} + \frac{NCF_2}{(1+k)^2} + \cdots + \frac{NCF_n}{(1+k)^n} \right] / C \qquad (6-9)$$

即：

$$PI = \frac{未来现金流量的总现值}{初始投资额} \qquad (6-10)$$

如果投资是多期完成的，获利指数的计算公式为：

$$PI = \frac{未来现金流入的总现值}{现金流出的总现值} \qquad (6-11)$$

1. 获利指数（PI）的计算步骤。第一步，计算未来现金流量的总现值。这与计算净现值时采用的方法相同。

第二步，计算获利指数，即根据未来现金流量的总现值和初始投资额之比计算获利指数。

【例题6-11】现沿用〖例题6-7〗和〖例题6-8〗中的资料，计算获利指数。

甲方案的获利指数为：

$$PI = \frac{6\ 000 \times 3.79}{20\ 000} = 1.137$$

乙方案的获利指数为：

$$PI = \frac{13\ 213.30}{12\ 000} = 1.10$$

2. 获利指数法的决策规则。当只有一个备选方案时，获利指数大于或等于1，则该项目可以采纳，否则就拒绝；如果存在多个满足条件的互斥方案，应当选择获利指数最高的项目进行投资。在〖例题6-11〗中，两个方案的获利指数均大于1，都值得投资，而甲方案的获利指数更高，因此甲方案为优选方案。

3. 获利指数法的优缺点。获利指数法的优点是考虑了货币的时间价值，能够真实反映投资项目的盈利能力。而且，获利指数是相对指标，有利于在初始投资额不同的投资方案之间进行对比。但是获利指数只能表示获得收益的能力，并不能表示实际可获得多少收益，忽略了互斥项目之间在投资规模上的差异。因此在多个互斥项目的投资决策中，可能会得出错误的结论。

第四节　非折现现金流量法

非折现现金流量法是指不考虑货币的时间价值，直接根据不同时期的现金流量来分析项目的投资收益的方法。非折现现金流量指标主要包括投资回收期、平均报酬率等。

一、投资回收期法

投资回收期（payback period，PP）指收回全部投资所需要的时间。投资回收期越短，说明项目回笼资金越快，投资方案越优。

1. 投资回收期法的计算。当初始投资一次性支出，且每年的净现金流量相等时，投资回收期等于初始投资额除以年净现金流量，计算公式如下：

$$投资回收期 = \frac{初始投资额}{年净现金流量 NCF} \qquad (6-12)$$

当每年的净现金流量不相等时，回收期需要根据每年年末尚未收回的投资额加以确定。

【例题 6 - 12】现以〖例题 6 - 7〗为例说明投资回收期的计算。

$$投资回收期 = \frac{初始投资额}{年净现金流量} = \frac{20\,000}{6\,000} = 3.33（年）$$

【例题 6 - 13】以〖例题 6 - 8〗为例，每年的净现金流量不相等时投资回收期的计算见表 6 - 6。

表 6 - 6　　　　　　　　　　　乙方案投资回收期计算　　　　　　　　　　单位：元

年数（t）	每年净现金流量	年末尚未收回的投资额
0	- 12 000	12 000
1	3 250	8 750
2	2 850	5 900
3	2 650	3 250
4	2 250	1 000
5	7 050	0

因此，该项目的投资回收期为：

4 + 1 000/7 050 = 4.14（年）

2. 投资回收期法的决策规则。在只有一个备选方案时，如果投资回收期小于或者等于项目运营期，则该项目值得投资。如在〖例题 6 - 12〗中，甲方案运营期限为 5 年，投资回收期为 3.33 年，小于项目运营期，即该项目值得投资。在多个备选方案的互斥选择决策中，应当选择投资回收期最短的方案。在〖例题 6 - 12〗和〖例题 6 - 13〗中，甲方案的投资回收期为 3.33 年，乙方案的投资回收期为 4.14 年，应选择甲方案。

3. 投资回收期法的优缺点。投资回收期法的概念易于理解，且计算简单，但是没有考虑资金的时间价值和回收期以后的净现金流量。实际上，有战略意义的长期投资往往早期收益较低，而中后期收益较高，但投资回收期法优先考虑了急功近利的项目。投资回收期法曾是投资决策中最常用的方法，但随着管理人员的理念改变，目前它往往只作为辅助方法使用，主要用来判断投资方案的流动性而非营利性。〖例题 6 - 14〗说明投资回收期法的缺陷。

【例题 6 - 14】甲、乙两个方案的预计现金流量见表 6 - 7。请计算两个方案的投资回收期，并以此为依据选出最优方案。

表 6-7   **两个方案的预计现金流量**   单位：元

项目	第0年	第1年	第2年	第3年	第4年	第5年
甲方案现金流量	-20 000	8 000	12 000	12 000	12 000	12 000
乙方案现金流量	-20 000	8 000	12 000	15 000	15 000	15 000

由表 6-7 可见，两个方案的投资回收期相同，都是 2 年，若使用投资回收期指标进行评价，难以分出优劣，但实际上乙方案明显优于甲方案。

为了克服投资回收期法忽视货币时间价值的缺陷，可以采用折现回收期法，将货币时间价值纳入决策考虑范围。

【例题 6-15】以〖例题 6-7〗中 G 公司的投资项目为例说明折现回收期法的使用，假定折现率为 10%（见表 6-8）。

表 6-8   **折现回收期计算**   单位：元

项目	第0年	第1年	第2年	第3年	第4年	第5年
净现金流量	-20 000	6 000	6 000	6 000	6 000	6 000
折现系数	1	0.909	0.826	0.751	0.683	0.621
折现后现金流量	-20 000	5 454	4 956	4 506	4 098	3 726
累计折现后现金流量		-14 546	-9 590	-5 084	-986	2 740

从表 6-8 中可以看出，考虑了货币时间价值后，该方案的折现回收期为：

$$4 + \frac{986}{3\,726} = 4.26（年）$$

二、平均报酬率法

平均报酬率（average rate of return，ARR），也称为平均投资报酬率，是指投资项目期限内平均的年投资报酬率。

1. 平均报酬率法的计算。平均报酬率有多种方法计算，其中最常见的计算公式为：

$$ARR = \frac{\overline{NCF}}{C} \times 100\% \tag{6-13}$$

其中，$\overline{NCF}$ 表示平均现金流量，C 表示初始投资额。

【例题 6-16】以〖例题 6-7〗和〖例题 6-8〗为例说明平均报酬率的计算。

$$甲方案的平均报酬率 = \frac{6\,000}{20\,000} = 30\%$$

$$乙方案的平均报酬率 = \frac{(3\,250 + 2\,850 + 2\,650 + 2\,250 + 7\,050) \div 5}{12\,000} = 30\%$$

2. 平均报酬率法的决策规则。在使用平均报酬率这一指标时，事先确定一个企业要求投资项目须达到的平均报酬率，或者称为必要平均报酬率。在进行决策时，只有平均报酬率高于这一必要平均报酬率的方案才能入选。在多个备选方案的互斥项目决策中，应当选用平均报酬率最高的方案。

3. 平均报酬率法的优缺点。平均报酬率的优点是计算简便、易懂，但和投资回收期法一样，没有考虑资金的时间价值，如第一年与最后一年的现金流量被看作具有相同的价值，所以容易导致错误的决策。而且，必要平均报酬率的确定具有很大的主观性。

第五节　投资决策指标的比较

前面介绍了长期投资决策中使用的折现现金流量指标和非折现现金流量指标，本节对这些指标的异同进行比较。

一、两类方法在投资决策应用中的比较

20 世纪 50 年代，非折现现金流量指标，尤其是投资回收期指标曾在全世界流行。例如，迈克尔·戈特（Michael Gort）教授在 1950 年调查 25 家美国大型公司，发现没有一家使用折现现金流量指标，全部公司都使用投资回收期法等非折现现金流量指标。但到了 20 世纪中后期，基于货币时间价值原理建立起来的折现现金流量指标，开始被广泛应用，越来越多的公司采用折现现金流量指标。从 20 世纪 70 年代开始，形成了以折现现金流量指标为主、投资回收期指标为辅的多种指标并存的评价体系。托姆斯·克拉默（Tomes Klammer）和戴维·奥布莱克（David J. Oblack）两位教授分别在 1970 年和 1980 年调查发现，折现现金流量指标的使用已大大超过了非折现现金流量指标。而且，许多公司进行投资决策时会同时使用两种以上的指标，其中规模较大的公司倾向于使用折现现金流量指标，规模相对较小的公司则更多地依赖非折现现金流量指标。

折现现金流量法在投资决策指标体系中的地位发生显著变化，在实践中的应用远比非折现现金流量方法广泛，主要原因有以下六个方面。

（1）非折现现金流量指标忽略了货币的时间价值，把不同时间点上的现金收入和支出当作毫无差别的资金去进行对比，这是不科学的。折现现金流量指标将不同时间点的现金收入和支出按照统一的折现率折算到同一时间点，使不同时期的资金具有可比性，更有利于企业作出正确的投资决策。

（2）投资回收期、平均报酬率等非折现现金流量指标对使用寿命不同、资金投入时间不同、投资收益时间不同的投资方案，往往难以鉴别其优劣。而折现现金流量指标则可以通过净现值、内含报酬率和获利指数等进行综合分析，从而作出正确合理的决策。

（3）非折现现金流量指标中的投资回收期法，只能反映投资的回收速度，不能反映投资的主要目标——公司价值增长多少。同时，由于投资回收期没有考虑货币的时间价值，这也导致高估了投资的回收速度。见〖例题6-12〗和〖例题6-15〗。

（4）采用投资回收期这一指标时，标准回收期是方案取舍的依据，而标准回收期一般是以经验或者主观判断为基础来确定的，缺乏客观依据。折现现金流量指标中的净现值和内含报酬率等指标一般以企业的资本成本率为取舍依据，而任何企业的资本成本率都可以通过计算得出，因而这一取舍标准更加符合客观实际，有利于作出正确的投资决策。

（5）非折现现金流量指标中的平均报酬率，没有考虑货币的时间价值，实际上夸大了项目的盈利水平。而折现现金流量指标中的内含报酬率是以预计的现金流量为基础，考虑了货币的时间价值后计算出的真实报酬率。

（6）随着管理人员水平的不断提高及电子计算机的广泛应用，折现现金流量指标的使用趋于广泛。二十世纪五六十年代，很少有财务管理人员能够真正认识到折现现金流量指标的真正含义，而如今，几乎所有的高级财务管理人员都了解这一方法的正确性和科学性。同时，计算机的应用克服了折现现金流量指标计算复杂的缺陷，更加快了折现现金流量指标的推广使用。

二、折现现金流量法的比较

通过以上对比可知，折现现金流量指标是相对科学的投资决策指标。折现现金流量指标主要包含净现值法、内含报酬率法和获利指数法，下面比较这三种方法的优劣。

1. 净现值法和内含报酬率法的比较。在通常情况下，使用净现值法和内含报酬率法计算得到的结论是一样的。但在以下两种情况中，结果有时会产生差异。

（1）互斥项目。互斥项目是指两个或多个不能同时存在的项目。独立项目是指接受或拒绝某个项目的决策不会对其他项目造成影响。对于常规的独立项目，运用净现值法和内含报酬率法可以得出相同的结论；但是对于互斥项目，结论有时会不一致，主要原因是投资规模差异及现金流量的发生时间差异。

①投资规模差异。当一个项目的投资规模大于另一个项目时，规模较小的项目的内含报酬率可能较大但净现值可能较小。如〖例题6-17〗所示，A项目和B项目的投资规模不同，A项目的净现值大于B项目，但内含报酬率却小于B项目。在两个这样的项目中进行选择，实际上就是在更多的财富获得和更高的内含报酬率之间进行抉择，很显然，抉择者应该选择财富获得。当两个互斥项目的投资规模不同时，净现值法决策规则优于内含报酬率法决策规则。

【例题6-17】G公司有两个初始投资不同的投资项目甲和乙，假设两个项目为互斥项目，在投资期满时没有资产变现产生的现金流，详细情况见表6-9。资本成本率为12%。

表 6-9　　　　　　　甲项目和乙项目的相关数据

指标	年数（t）	甲项目	乙项目
初始投资（元）	0	150 000	13 000
营业现金流（元）	1	60 000	5 500
	2	60 000	5 500
	3	60 000	5 500
	4	60 000	5 500
NPV（元）		32 240.96	3 705.42
IRR（%）		21.86	24.95
PI（元）		1.21	1.29

②现金流量的发生时间差异。有些项目的早期现金流入量较大，而另一些项目的早期现金流入量较小。在现金流量发生时间差异时，"再投资假设"是导致净现值法与内含报酬率法的决策结果不同的主要原因。两种方法假定投资项目在寿命期内产生的现金流进行投资时产生不同的报酬率：净现值法假定项目产生的现金流以企业的资本成本率进行再投资，而内含报酬率法却假定项目产生的现金流以企业的内含报酬率进行再投资。当项目的内含报酬率高于资本成本率时，可以预期，内含报酬率法对早期现金流入量较大的项目给予了更有利的评价。可见，当两个项目的现金流量的发生时间不同时，净现值法决策规则优于内含报酬率法决策规则，见【例题 6-18】。

【例题 6-18】假设 G 公司有两个初始投资相同的投资项目甲和乙，两个项目的年限也相同，资本成本均为 10%，但是现金流量发生时间不同，见表 6-10。

表 6-10　　　　　　　项目甲和项目乙的相关数据　　　　　　　单位：万元

项目名称	现金流量（万元）							IRR（%）	NPV（万元）
	0	1	2	3	4	5	6		
甲项目	-250	100	100	75	75	50	25	22.08	76.29
乙项目	-250	50	50	75	100	100	125	20.01	94.08

由表 6-10 所知，甲项目的 IRR 为 22.08%，高于乙项目的 20.01%，按内含报酬率决策规则应该选择甲项目。但是，甲项目的 NPV 为 76.29 万元，低于乙项目的 94.08 万元，若按净现值决策规则应该选择乙项目。之所以会产生两个方法下的决策结果问题，是因为"再投资率假设"，即净现值法假定甲项目和乙项目在项目期内产生的现金流量都以资本成本率 10% 进行再投资，而在内含报酬率法下，假定甲项目以内含报酬率 22.08% 进行再投资，乙项目以内含报酬率 20.01% 进行再投资，这使得内含报酬率法得到的决策结果可能有误。

（2）非常规项目。非常规项目是指一个投资项目的现金流量形式与常规项目的有所不同，如现金流出不发生在期初，或者在期初、未来经营各个期间出现多次现金流出情况。非常规项目可能会导致净现值法和内含报酬率法的决策结论出现矛盾。特别是当项目的未来现金净流量有正有负时,会出现多个内含报酬率的问题,这时就无法使用内含报酬率指标进行决策。

【例题 6-19】假设甲公司有一个投资项目,该项目的初始投资成本为 45 000 元,项目一共经营 5 年,各年的现金流量分别为:60 000 元、49 350 元、-80 000 元、10 000 元、5 000 元。

根据上述资料可得:

$$NPV = -45\,000 + \frac{60\,000}{(1+IRR)} + \frac{49\,350}{(1+IRR)^2} - \frac{80\,000}{(1+IRR)^3} + \frac{10\,000}{(1+IRR)^4} + \frac{5\,000}{(1+IRR)^5}$$
$$= 0$$

解方程得:$IRR_1 = 5.80\%$,$IRR_2 = 17.01\%$。即此项目有两个内含报酬率 5.80% 和 17.01%。也就是说,能使净现值为 0 的折现率有两个。在这种情况下,内含报酬率法的决策规则失去作用。如果盲目使用内含报酬率法,就会出现错误。

那么当折现率小于 5.80%、介于 5.80% ~ 17.01%,以及大于 17.01% 时,净现值会出现怎样的变化?表 6-11 和图 6-1 显示投资项目在不同折现率下的 NPV。

表 6-11　　　　　　　　　　多重内含报酬率的净现值折算

期数	现金净流量	现值 1	现值 2	现值 3
0	-45 000	-45 000	-45 000	-45 000
1	60 000	57 692	54 545	50 847
2	49 350	45 627	40 785	35 442
3	-80 000	-71 120	-60 105	-48 690
4	10 000	8 548	6 830	5 158
5	5 000	4 110	3 105	2 186
折现率(%)		4	10	18
NPV		-143	160	-57

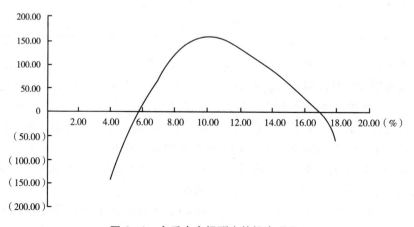

图 6-1　多重内含报酬率的投资项目

一般来说，非常规项目的内含报酬率的个数不会多于项目各期现金流量中正负号的变化次数。此时可以使用净现值法来作出决策。由图 6 - 1 可知，当折现率介于 0 ~ 5.8% 时，净现值逐渐由负转正；当折现率大于 17.01% 时，净现值又从正再次转为负。换言之，当资本成本率低于 5.80% 或大于 17.01% 时，净现值小于 0，该投资方案会被拒绝；如果资本成本率介于 5.80% ~ 17.01%，净现值大于 0，则该投资方案会被接受。由于投资项目的资本成本率为 10%，这时净现值大于 0，因此该投资方案可行。

修正的内含报酬率（MIRR）常用来解决在非常规项目、互斥项目等情况下使用内含报酬率可能出现的一些问题。MIRR 有几种不同的计算方法，但基本思路都是先修正 NCF，然后根据修正后的 NCF 再计算 IRR。第一种方法是贴现法，该方法的思路是将所有负的 NCF 用必要报酬率折现后，与初始成本相加，然后再计算 IRR。第二种方法是再投资法，是将除第一年以外的所有 NCF（无论正负）累积计算复利直到项目末期，再计算 IRR。第三种方法是综合法，是将以上两种方法综合，折现负的现金流量，复利正的现金流量，再计算 IRR。

【例题 6 - 20】沿用〖例题 6 - 19〗的数据，假设项目的必要报酬率为 5%，分别使用贴现法、再投资法和综合法计算 MIRR。

A. 贴现法

首先计算修正后的 NCF：

第 0 期　　　　$-45\,000 + (-80\,000) \times PVIF_{5\%,3} = -114\,040$

第 1 期　　　　$60\,000$

第 2 期　　　　$49\,350$

第 3 期　　　　0

第 4 期　　　　$10\,000$

第 5 期　　　　$5\,000$

其次计算得出：$MIRR = 5\%$

B. 再投资法

首先计算修正后的 NCF：

第 0 期　　　　$-45\,000$

第 1 ~ 4 期　　　0

第 5 期　　　　$5\,000 + 60\,000 \times FVIF_{5\%,4} + 49\,350 \times FVIF_{5\%,3} - 80\,000 \times FVIF_{5\%,2}$

　　　　　　　$+ 10\,000 \times FVIF_{5\%,1} = 57\,367.3$

其次计算得出：$MIRR = 4.98\%$，比贴现法的结果稍小。

C. 综合法

首先计算修正后的 NCF：

第 0 期　　　　$-45\,000 + (-80\,000) \times PVIF_{5\%,3} = -114\,040$

第 1 ~ 4 期　　　0

第 5 期　　　　$5\,000 + 60\,000 \times FVIF_{5\%,4} + 49\,350 \times FVIF_{5\%,3} + 10\,000 \times FVIF_{5\%,1}$

　　　　　　　$= 145\,607.30$

其次计算得出：$MIRR = 5.01\%$，在三种方法中结果最大。

2. 净现值法和获利指数法的比较。在通常情况下，使用净现值法和获利指数法计算得出的结论是一样的。但是当初始投资额不同时，使用净现值法与获利指数法可能会出现差异。如〖例题 6 - 17〗所示，甲项目和乙项目的投资规模不同，甲项目的净现值（32 240.96）大于乙项目（3 705.42），但是乙项目的获利指数（1.29）却大于甲项目（1.21）。净现值法和获利指数法出现了完全不同的结论。

净现值是一个绝对指标，用未来现金流量的总现值减初始投资得到，表示投资效益的多少；而获利指数是一个相对指标，用未来现金流量的现值除以初始投资，衡量的是投资效率。只有当初始投资额不同的时候，净现值法和获利指数法才会产生差异。

在〖例题 6 - 17〗中，虽然乙项目的投资效率高，但是带来的实际收益却没有甲项目的多。换句话说，获利指数只反映了投资回收的程度，不反映投资回收的多少，而较大的净现值才更加符合企业的最大利益。因此，在没有资金量限制情况下的互斥项目决策中，当净现值法和获利指数法的决策结论不同时，应选用净现值较大的投资项目。

总而言之，在没有资金限制的情况下，利用净现值法在所有投资评价决策中都能作出正确选择。而内含报酬率法和获利指数法，虽然在独立项目评价中也能作出正确决策，但是在互斥项目中或者非常规项目中，有时会得出错误结论。因此，净现值法是在三种评价方法中最优的方法。

第六节　本章实验

学习目标

投资决策技术是基于财务报告等会计资料，采用内含报酬率法、获利指数法、投资回收期法等多种方法，对现金流量和主要投资决策指标等进行计算，以分析企业等经济组织的投资决策方案状况并进行抉择。本章结合企业投资的意义与过程，采用 Excel 工具建立六种主要投资决策技术方法的分析模型，结合企业实践案例计算现金流量和投资决策指标，达到理解不同投资决策指标的异同以及各自的适用范围，并熟练掌握不同投资决策指标的计算和使用目的。

计算方法

以下主要介绍现金流量法、净现值法、内含报酬率法、获利指数法、投资回收期法、平均报酬率法六种投资决策技术方法的建模及计算。

表 6 - 12 至表 6 - 14 是上述投资决策技术方法的计算模型。

表 6 – 12　　　　　　　　　　　投资决策项目现金流量

指标名称	指标公式	指标比率
现金流量的计算		
初始现金流量		$=(SUM(F6:G9))\times(1+5\%)$
年折旧额	$\dfrac{初始现金流量-预计净残值}{预计可使用年限}$	$=F11/F12$
年营业净现金流量（顺推法）	年营业收入 – 年付现成本 – 所得税	$=F14-F15-(F14-F15-F17)\times F16$
年营业净现金流量（逆推法）	税后净利润 + 折旧	$=(F14-F15-F17)\times(1-F16)+F17$
年营业净现金流量（税盾法）	折旧 × 所得税税率 +（营业收入 – 付现成本）×（1 – 所得税税率）	$=F14\times(1-F16)-F15\times(1-F16)+F17\times F16$
5 年营业现金流量	5 × 年营业净现金流量	$=F18\times5$

表 6 – 13　　　　　　　　　　投资决策技术——现金流量法

分组标准	指标名称	指标比率				
		第一年	第二年	第三年	第四年	第五年
甲方案	税前利润	$=C27-C28-C29$	$=D27-D28-D29$	$=E27-E28-E29$	$=F27-F28-F29$	$=G27-G28-G29$
	所得税	$=C30\times25\%$	$=D30\times25\%$	$=E30\times25\%$	$=F30\times25\%$	$=G30\times25\%$
	税后净利润	$=C30-C31$	$=D30-D31$	$=E30-E31$	$=F30-F31$	$=G30-G31$
	营业净现金流量	$=C27-C28-C31$	$=D27-D28-D31$	$=E27-E28-E31$	$=F27-F28-F31$	$=G27-G28-G31$
	终结现金流量	$=C48$	$=D48$	$=E48$	$=F48$	$=G48$
乙方案	税前利润	$=C35-C36-C37$	$=D35-D36-D37$	$=E35-E36-E37$	$=F35-F36-F37$	$=G35-G36-G37$
	所得税	$=C38\times25\%$	$=D38\times25\%$	$=E38\times25\%$	$=F38\times25\%$	$=G38\times25\%$
	税后净利润	$=C38-C39$	$=D38-D39$	$=E38-E39$	$=F38-F39$	$=G38-G39$
	营业净现金流量	$=C35-C36-C39$	$=D35-D36-D39$	$=E35-E36-E39$	$=F35-F36-F39$	$=G35-G36-G39$
	终结现金流量	$=C56$	$=D56$	$=E56$	$=F56$	$=G56+G57+G59$

表 6 – 14　　　　　　　　　　　投资决策技术分析方法

分组标准	指标名称	指标公式	指标比率
		净现值法	
甲方案	净现值	净现值 = 未来现金流量的总现值 – 初始投资额 $= \sum_{t=1}^{n} \dfrac{第\ t\ 年的净现金流量}{(1 + 资本成本率)^t} - 初始现金流量$	$= D8 \times B11 - C7$
乙方案	净现值	净现值 = 未来现金流量的总现值 – 初始现金流量 $= \sum_{t=1}^{n} \dfrac{第\ t\ 年的净现金流量}{(1 + 资本成本率)^t} - 初始现金流量$	$= D31 - D32$
		内含报酬率法	
甲方案	年金现值系数	年金现值系数(NCF 相同) $= \dfrac{初始投资额}{每年营业净现金流量}$	
	内含报酬率	$\sum_{t=1}^{n} \dfrac{第\ t\ 年的净现金流量}{(1 + 内含报酬率)^t} - 初始现金流量 = 0$	$= J4 + (K4 - K5) \times (J6 - J4)/(K4 - K6)$
乙方案	内含报酬率	$\sum_{t=1}^{n} \dfrac{第\ t\ 年的净现金流量}{(1 + 内含报酬率)^t} - 初始现金流量 = 0$	$= J26 + (K26 - K27) \times (J28 - J26)/(K26 - K28)$
		获利指数法	
甲方案	获利指数	获利指数 $= \dfrac{未来现金流量的总现值}{初始投资额}$	$= D10 \times B13/C9$
乙方案	获利指数	获利指数 $= \dfrac{未来现金流量的总现值}{现金流出的总现值}$	$= B26/C24$
		投资回收期法	
甲方案	投资回收期	投资回收期 $= \dfrac{初始投资额}{年净现金净流量}$	$= C9/D10$
乙方案	投资回收期	投资回收期 $= M + \dfrac{第\ M\ 年的尚未回收额}{第\ M+1\ 年的现金净流量}$（$M$ 是收回原始投资的前一年）	$= 4 + H31/C32$
	折现回收期	投资回收期 $= N + \dfrac{第\ N\ 年的尚未回收额的现值}{第\ N+1\ 年的现金净流量的现值}$（$N$ 是收回原始投资的前一年）	$= 4 + (-G41/H40)$
		平均报酬率法	
甲方案	平均报酬率	平均报酬率 $= \dfrac{平均现金流量}{初始投资额} \times 100\%$	$= D9/C8$
乙方案	平均报酬率	平均报酬率 $= \dfrac{平均现金流量}{初始投资额} \times 100\%$	$= SUM(D21:H21)/5/C21$

1. 现金流量法。下面以〖例题 6 - 1〗至〖例题 6 - 6〗为例，说明如何计算现金流量。

（1）根据题意计算出初始现金流量。

（2）根据公式"营业净现金流量 = 年营业收入 - 年付现成本 - 所得税"计算出顺推法下的营业净现金流量。

（3）根据公式"营业净现金流量 = 税后净利润 + 折旧"计算出逆推法下的营业净现金流量。

（4）根据公式"营业净现金流量 = 折旧 × 所得税税率 + （营业收入 - 付现成本）×（1 - 所得税税率）"计算出税盾法下的营业净现金流量。

（5）根据年营业净现金流量分别计算出三种计算方法下的 5 年内的营业现金流量。

2. 净现值法。下面以〖例题 6 - 8〗为例，说明如何使用净现值法进行投资决策计算。

（1）根据公式"NPV = 未来现金流量的总现值 - 初始投资额"，先计算出乙方案的未来现金流量。

（2）利用得到的未来现金流量，计算出未来现金流量总现值。

（3）未来现金流量总现值减去初始投资额，即可得到乙方案的净现值。

3. 内含报酬率法。下面以〖例题 6 - 9〗为例，说明如何使用内含报酬率法进行投资决策的计算。

（1）令"NPV = 未来现金流量的总现值 - 初始投资额 = 0"，以此求出年金现值系数。

（2）通过查询年金现值系数表，得到年金现值系数所对应的内含报酬率的大致区间。

（3）用插值法进行计算，先用折现率为 15% 对应的年金现值系数 3.352 减去 NPV = 0 的年金现值系数 3.333，然后乘以 16% 减去 15% 的差，再除以折现率 15% 对应的年金现值系数 3.352 减去折现率 16% 对应的年金现值系数 3.274，即可算出甲方案的内含报酬率。

4. 获利指数法。下面以〖例题 6 - 11〗为例，说明如何使用获利指数法进行投资决策的计算。

（1）根据公式"获利指数 = $\dfrac{未来现金流量的总现值}{初始投资额}$"，计算得出未来现金流量的总现值。

（2）利用未来现金流量总现值除以初始投资额，得出获利指数值。

5. 投资回收期法。下面以〖例题 6 - 11〗为例，说明如何使用投资回收期法进行投资决策的计算。

（1）计算每一年现金流量，然后找到现金流量恰好可以收回初始投资额的前一年。

（2）前一年年份加上前一年尚未收回额除以下一年的现金净流量，即得到投资回收期。

6. 平均报酬率法。下面以〖例题6-12〗为例,说明如何使用平均报酬率法进行投资决策的计算。

(1) 根据公式"平均报酬率 = 平均年现金流量/初始投资额 ×100%",计算出每年净现金流量的总和,求出平均年现金流量。

(2) 用平均年现金流量除以初始投资额,即可得出平均报酬率。

其他例题可以采用类似方式求解,具体模型构建、例题分析、操作过程,可扫描以下二维码:

投资决策技术1——〖例题6-1〗~
〖例题6-6〗

投资决策技术2——〖例题6-7〗~
〖例题6-8〗

投资决策技术3——〖例题6-9〗~
〖例题6-10〗

投资决策技术4——〖例题6-11〗

投资决策技术5——〖例题6-12〗~
〖例题6-13〗、〖例题6-15〗

投资决策技术6——〖例题6-16〗

投资决策技术实验用 Excel 表

本章思维导图

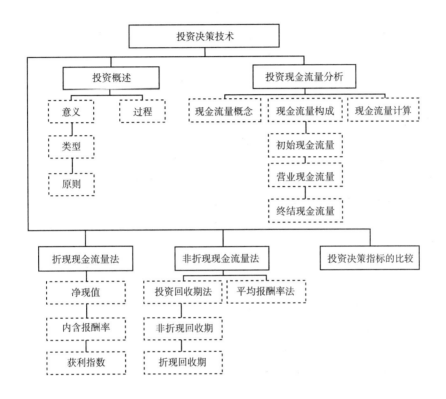

本章概要

本章介绍企业投资活动和投资决策技术的相关内容，包括一系列投资决策评价指标的计算方法。

1. 企业投资是以企业作为主体，对所持有的资金进行运用，包括投入经营资产或购买金融资产，或是取得这些资产的权利的一项财务活动。企业的投资目的是在未来的一定时期内获得与其风险匹配的投资报酬。

2. 长期投资决策时，需要借助一些评价方法和决策指标来确定投资项目的优劣，保证投资决策的正确有效，减少决策失误。而现金流量是计算各个投资决策指标的重要基础，因此对现金流量的正确估算和分析是科学决策的前提。

3. 按照现金流量的发生时间，可将其分为初始现金流量、营业现金流量和终结现金流量三个部分。在计算过程中，要注意沉没成本、机会成本、附带效应、税收等影响。

4. 按投资决策评价指标是否考虑货币的时间价值，可分为折现现金流量指标和非折现现金流量指标。本章介绍三个折现现金流量指标，包括净现值（NPV）、内含报酬率（IRR）和获利指数（PI）的计算方法和决策规则，以及两个非折现现金流量指标，即投资回收期和平均报酬率的计算方法与决策规则。

5. 与非折现现金流量指标相比，折现现金流量指标科学地考虑了货币时间价值，在实际应用中更加广泛。其中，净现值是绝对指标，而内含报酬率和获利指数为相对指标，在不同的决策环境下，应采用不同的指标进行项目评价。

本章思考和练习题

思考题

1. 在投资决策时为什么采用现金流量而不是利润？

2. 在什么情况下，净现值、获利指数和内含报酬率的决策结果一致？在什么情况下出现差异？

3. 一个投资方案的内含报酬率并不一定只有一个，这种说法对吗？为什么？

4. 在没有资金限量的情况下，哪个投资决策指标最具参考价值？

练习题

1. 天星公司10年前引进一条生产线，其生产能力为年加工面粉20万吨，当时的投资额为1 500万元。现由于业务发展需要，公司拟增加一条年加工面粉30万吨的生产线，因物价上涨，需要对投资进行适当调整，取调整系数为1.3。要求：试预测新生产线的投资额。

2. 长辰公司某项目的初始投资为400万元，投产时垫支营运资本50万元，于项目结束时收回。项目有效期为6年，残值为40万元，按直线法计提折旧。预计每年营业收入400万元，付现成本280万元，公司所得税税率25%，资本成本率10%。要求：计算长辰公司每年的营业净现金流量。

3. 武义公司某项目的投资期限为5年，初始投资为50 000元，残值为0，预计未来每年的营业净现金流量为15 000元，资本成本率为10%。要求：请计算净现值，并作出投资决策。

4. 明星公司现有甲、乙两个互斥投资方案可供选择，甲方案第0年至第5年的现金净流量分别为－300万元、100万元、100万元、150万元、100万元和50万元；乙方案的现金净流量则分别为－400万元、100万元、100万元、150万元、150万元和200万元。假设资本成本率为10%。要求：请分别计算两个方案的净现值和内含报酬率，并作出投资决策。

5. 星辰公司准备购入一套新设备200万元，该设备使用寿命为5年，残值为0，采用直线法计提折旧，预计每年可产生税前利润80万元。所得税税率为25%，资本成本率为12%。要求：请分别用投资回收期法和折现回收期法计算回收期。

6. 假设两个投资项目有相同的风险特征，资本成本率都是10%，各自的现金流量见表6－Ⅰ。

表6-1　　　　　　　　　　　　项目预计现金流量　　　　　　　　　　单位：元

年份	项目 A	项目 B
第 0 年	− 2 000 000	− 2 000 000
第 1 年	200 000	1 400 000
第 2 年	1 200 000	1 000 000
第 3 年	1 700 000	400 000

　　要求：（1）计算两个项目的净现值和获利指数；（2）计算两个项目的投资回收期和平均报酬率；（3）如果两个项目是独立的，应当如何选择？如果两个项目互斥，又应当如何选择？

　　7. 天天公司的一个投资项目初始投资为900万元，投产时垫支营运资本50万元，于项目结束时收回，项目有效期为8年，按直线法计提折旧，残值为100万元。每年营业收入为1 000万元，付现成本为600万元。假设所得税税率为25%，资本成本率为10%。要求：（1）计算每年的营业现金净流量；（2）分别计算该项目的净现值、获利指数和内含报酬率，并且判断项目是否可行。

章后案例

蓝光集团的固定资产投资决策

　　蓝光投资控股集团有限公司（以下简称蓝光集团）创建于19×0年，是集工贸、房地产、教育、文化、服务、运输等为一体的多元化产业集团。截至20×0年6月，拥有总资产额超过270亿元。蓝光集团以尖端的生物技术为依托，吸收中医学精华，开发具有降低血脂、延缓衰老、抗肿瘤、润肠通便等功能的高品质系列保健品，目前拥有包括营养补钙为主的系列保健食品、普通食品、医疗器械和生活用品四大系列100多种产品，并在全球十几个国家获得了市场准入资格。

　　蓝光集团投资部的项目团队发现，中国医药保健品行业当前出现了市场热点的空缺，其中骨关节炎相关产品市场前景光明。通过搜集资料发现，我国的骨关节炎患者超过1亿人，但对骨关节炎的治疗手段不尽如人意。氨基酸葡萄糖硫酸盐作为软骨组织的营养补充剂，被认为是唯一能够根本缓解骨关节炎病症的特异性产品，但早期开发的产品因含有杂质，对心血管病及肾病患者有一定影响，效果不够理想。由于没有出现真正的竞争产品，这个市场一直是消炎镇痛类药物的天下。最近，有两家医药企业开发出氨基酸葡萄糖类的特异产品，利用选择性离子过滤技术，有效地剔除了生产过程中的杂质，生物的利用程度得到大幅度提高，显著地缓解了骨关节炎的病症。

　　蓝光集团是以生产壮骨粉起家的，在新产品的研发方面具有一定的技术优势。项目团队认为应该抢抓机遇，进军骨关节炎相关产品市场。蓝光集团打算进行一系列的固定资产投资，为进军骨关节炎相关产品市场做好先期准备。财务人员根据公司的实际情况，提供了甲、乙两种可供选择的方案。

甲方案：初始投资共有 950 万元（全部来源于自有资金），其中，固定资产投资 750 万元，流动资金投资 200 万元。项目的建设期为 2 年，经营期为 10 年。流动资金（即垫付营运资本）在项目完工时（第 2 年年末）投入，流动资金在终结点一次收回。固定资产分别在第 1 年年初和第 2 年年初平均投入，固定资产的寿命期限为 10 年。预计项目投产后，每年发生的相关营业收入和经营成本分别为 600 万元和 200 万元，所得税税率为 25%，不考虑增值税。资本成本率为 10%。

乙方案：比甲方案多增加 80 万元的固定资产投资，建设期为 1 年，固定资产在项目开始时（第 1 年年初）一次性投入，流动资金在建设期的期末投放，经营期也是 10 年，经营期各年的现金流量为 300 万元，其他条件不变。

目前，蓝光集团的固定资产折旧使用按平均年限法，净残值率按原值的 10% 确定，折旧年限分别为：房屋建筑物 20 年；机器设备、机械和其他生产设备 10 年；电子设备、运输工具以及与生产经营有关的器具、工具、家具 5 年。

资料来源：鲜亮. 蓝光集团借壳上市的动因及财务绩效研究 [D]. 成都：西南交通大学，2017.

思考题

1. 骨关节炎相关产品市场虽然有可能成为市场的热点，但该市场也有很多的不确定性因素，如果你是项目团队的投资分析人员，你认为该市场会有哪些不确定的因素？你是如何看待这些不确定性因素的？

2. 假如蓝光集团有能力打入骨关节炎相关产品市场，请你对甲、乙方案中的固定资产投资方案进行财务可行性分析，计算 PP、NPV、PI 等财务指标。根据计算结果，你会选择哪个方案进行投资？

本章教辅资料二维码

练习题答案　　　　章后案例答案　　　　配套课件　　　　进阶习题及答案

第七章 投资决策实务

【章前引例】

希和汽车股份有限公司有一台设备已经使用 6 年，由于设备损耗较大，每年需进行一定程度的维修。而且，相较于市场上的同类设备，该设备的核心技术已经被淘汰，生产效率远不及新设备。因此，为了提高效益、减少成本，公司拟变卖该设备，并购建一台新设备予以替换。旧设备原值 500 万元，购买时预计可使用 10 年，按直线法计提折旧，预计残值为原值的 10%，若此时出售旧设备可得收入 250 万元。公司拟购买的新设备目前市场价值为 600 万元，预计可使用 4 年，同样按直线法计提折旧，预计残值率为 10%。使用新设备后，由于生产能力得以优化，公司每年的销售额将从 5 000 万元上升到 5 500 万元，每年付现成本也将从 4 300 万元上升至 4 500 万元。

问题讨论：

（1）希和汽车公司是否应该进行设备更新？有什么方法可以帮助管理层进行决策？

（2）如果新旧设备剩余可使用年限不同，以上方法还适用吗？如果不适用，是否有其他方法可以选择？

（3）如果由于存在不同程度的风险性，项目未来几年的收益和成本难以准确预测，请问希和公司管理层应采用什么方法来帮助决策，要作出科学决策应当考虑哪些因素？

【学习目标】

1. 了解税负和折旧对投资项目现金流的影响。
2. 掌握项目资产投资的决策方法。
3. 了解风险性投资的决策方法。

【本章重点与难点】

重点：税负和折旧对投资项目现金流的影响；固定资产更新决策；资本限额投资决策；投资时机选择决策；投资期选择决策。

难点：寿命期不同的固定资产更新决策；资本限额投资决策；敏感性分析。

第一节　税负和折旧对投资决策的影响

一、固定资产投资中需要考虑的税负

根据我国税法相关规定，固定资产投资涉及的税负主要有增值税和企业所得税。

1. 增值税。固定资产的处置涉及增值税的情形主要有以下两种。

（1）固定资产取得时不允许抵扣进项税额的，处置时按简易计税方法计税。不动产按照5%的征收率缴纳增值税；非不动产依照3%的征收率减按2%缴纳增值税。

（2）固定资产取得时允许抵扣进项税额，无论企业是否抵扣，处置时按照一般计税方式选用适用税率计税。

2. 所得税。企业处置固定资产获得净收益时，应当缴纳所得税。应纳税所得额为固定资产的变价收入扣除固定资产余值及相应的清理费用后的净收益。

$$应纳税所得额 = 固定资产变价收入 - 折余价值 - 所纳增值税 \qquad (7-1)$$
$$应纳所得税 = 应纳税所得额 \times 所得税税率 \qquad (7-2)$$

项目经营期内销售产品所取得的销售收入所缴纳的增值税是价外税，因此，不需要额外考虑。但经营期内取得的营业利润需要缴纳企业所得税。此外，项目结束时收回所垫支的流动资金也不需要缴纳所得税。

二、税负与折旧对现金流量的影响

处置固定资产时发生的增值税和所得税只对处置当期的现金流量产生影响，而在项目经营期产生的营业利润所需缴纳的所得税对现金流量的影响在整个项目投资期都涉及。经营期内所得税的大小主要受利润总额和所得税税率的影响，而利润大小会受到折旧方法的影响。因此，我们将税负与折旧对现金流量的影响一同讨论。

1. 税后成本与税后收入。税后成本是指扣除所得税的影响后，企业实际承担的成本。作为可以税前扣除的项目，成本可以起到减免所得税的作用。例如，企业租入一间厂房，每月租金为1 000元，在计算缴纳所得税时，由于该租金被列为成本在税前扣除，因而企业将减少缴纳这部分成本对应的所得税，企业租入该厂房所承担的实际成本将小于1 000元，以税后成本计量。

税后收入是指扣除所得税的影响后，企业实际得到的收入。例如，你买彩票中了500万元，但当你兴高采烈地去领奖时却会发现，你能够拿到的奖金远远不够500万元，这就是由于所得税的作用，你实际获得的收入即为税后收入。对企业而言同理。

【例题7-1】某公司的损益情况见表7-1。该公司新增了一笔物业费，每月支付1 000元物业费。所得税税率为25%，则该笔物业费的税后成本为多少？

表7-1　　　　　　　　　　　　　损益情况　　　　　　　　　　　　　单位：元

项目	上月（没有新增物业费）	当月（新增物业费）
销售收入	20 000	20 000
成本和费用	10 000	11 000
税前利润	10 000	9 000
所得税	2 500	2 250
净利润	7 500	6 750
新增物业费后的税后成本		7 500 - 6 750 = 750

从表7-1中可以看出，两种情况的差别是1 000元的物业费，但是对净利润的影响只有750元。在本案例中，企业的税后销售收入为15 000元〔=20 000×（1-25%）〕。

2. 折旧的抵税作用。在计算营业净现金流量时，不能仅考虑付现成本而不考虑折旧。折旧作为一项可税前扣除的费用可以起到抵减所得税的作用，因而对营业净现金流量产生影响。下面通过〖例题7-2〗进行说明。

【例题7-2】A公司与B公司的销售收入与付现成本相同，所得税税率均为25%，但两家公司的唯一差别是A公司的折旧费用为1 000元，B公司的折旧费用为1 500元，两家公司的现金流量情况见表7-2。

表7-2　　　　　　　　　　　　折旧对税负的影响　　　　　　　　　　单位：元

项目	A公司	B公司
销售收入（1）	20 000	20 000
付现成本（2）	9 000	9 000
折旧费用（3）	1 000	1 500
成本和费用合计（4）＝（2）+（3）	10 000	10 500
税前利润（5）＝（1）-（4）	10 000	9 500
所得税（6）＝（5）×25%	2 500	2 375
税后利润（7）＝（5）-（6）	7 500	7 125
营业现金净流量（8）＝（1）-（2）-（6）＝（7）+（3）	8 500	8 625
A公司与B公司现金流量差额		125

在本例中，虽然A公司的净利润比B公司多375元，但是营业现金净流量却比B公司少125元。原因是B公司的折旧费用比A公司多500元，从而少纳税125元（=500×25%）。

3. 税后现金流量。营业期间的税后现金流量就是营业净现金流量。在第六章，我们介绍了年营业净现金流量的计算公式：

$$年营业净现金流量 = 年营业收入 - 年付现成本 - 所得税 \qquad (7-3)$$

这里需要注意的是，年付现成本已经包含项目经营期所纳的增值税。由式（7-3）可直接推导出年营业净现金流量的第二个计算公式：

$$
\begin{aligned}
年营业净现金流量 &= 年营业收入 - 年付现成本 - 所得税 \\
&= 年营业收入 - (年营业成本 - 折旧) - 所得税 \\
&= 税前利润 + 折旧 - 所得税 \\
&= 税后利润 + 折旧 \qquad (7-4)
\end{aligned}
$$

而且，由式（7-4）还可以推导得到营业净现金流量的第三个表达公式：

$$
\begin{aligned}
年营业净现金流量 &= 税后利润 + 折旧 \\
&= (年营业收入 - 年营业成本) \times (1 - 所得税税率) + 折旧 \\
&= (年营业收入 - 年付现成本 - 折旧) \times (1 - 所得税税率) + 折旧 \\
&= 年营业收入 \times (1 - 所得税税率) - 年付现成本 \\
&\quad \times (1 - 所得税税率) + 折旧 \times 所得税税率 \\
&= 税后收入 - 税后成本 + 折旧抵税 \qquad (7-5)
\end{aligned}
$$

比较以上三个公式，式（7-3）和式（7-4）均需要先计算出某个项目所能产生的利润，再计算所得税额，最后分析该项目是否值得投资。而式（7-5）只需要知道项目能带来多少收入以及需要支付多少付现成本，即可快速计算得到年营业净现金流量。因此，使用式（7-5）的计算更为便捷。

第二节　项目投资决策

企业项目投资一般指以特定项目为投资对象，包括与新建固定资产或者固定资产更新改造等有关的长期投资行为。项目投资决策周期长，约束财务资源，一旦投入资金便难以变更，因此企业需要科学合理地决策来降低投资风险。本节讨论固定资产新建项目决策、固定资产更新决策、资本限额投资决策、投资时机选择决策、投资期选择决策等项目投资中需要关注的问题。

一、固定资产新建项目决策

企业在发展过程中，必定会面临固定资产新建项目的投资问题，如购买新的生产线、加建厂房等。当企业准备扩大生产能力的时候，如何判断一个新建项目是否值得投资呢？下面以〖例题7-3〗进行说明。

【例题7-3】G公司拟新建一个固定资产项目，需要一次性投资150万元，该固定资产使用寿命为10年，按直线法计提折旧，期满残值为10万元。项目投入使用后，第一年年初垫支营运资金10万元，经营期内第1~6年每年取得销售收入80

万元，第 7～10 年每年取得销售收入 60 万元。10 年间每年付现成本为 30 万元，第 10 年年末收回垫支的营运资金，同时出售固定资产扣除手续费获得变价收入 6 万元。所得税税率为 25%，资本成本率为 10%。请分析该项目是否值得投资。不考虑增值税。

（1）计算各年的现金流量。

年折旧额 =（150 - 10）/10 = 14（万元）

因为期满后固定资产的变价收入低于账面价值，可以获得亏损节税收益：

亏损节税收益 =（10 - 6）× 25% = 1（万元）

具体各年现金流量见表 7 - 3。

表 7 - 3　　　　　　　　固定资产新建项目现金流量　　　　　　　　单位：万元

项目	第 0 年	第 1～6 年	第 7～9 年	第 10 年
固定资产初始投资（1）	- 150			
垫支的流动资金（2）	- 10			10
固定资产变价收入（3）				7
营业收入（4）		80	60	60
付现成本（5）		30	30	30
折旧（6）		14	14	14
税前利润（7）=（4）-（5）-（6）		36	16	16
所得税（8）		9	4	4
税后利润（9）=（7）-（8）		27	12	12
营业现金净流量（10）		41	26	26
现金流量合计（7）=（1）+（2）+（3）+（10）	- 160	41	26	43

（2）计算净现值（NPV）。

据表 7 - 3 中的计算结果，该项目的净现值为：

$$NPV = 41 \times PVIFA_{10\%,6} + 26 \times PVIFA_{10\%,3} \times PVIF_{10\%,6} + 43 \times PVIF_{10\%,10} - 160$$
$$= 41 \times 4.3553 + 26 \times 2.4869 \times 0.5645 + 43 \times 0.3855 - 160$$
$$= 71.64（万元）$$

由于该项目的净现值为正，可以考虑进行此项投资。

二、固定资产更新决策

固定资产更新是对技术上或经济上不宜继续使用的旧资产进行更换，或者用先进的技术对原有的设备进行局部改造。固定资产更新决策主要研究两个问题：一是决定是否更新，即应该继续使用旧资产还是更换新资产；二是决定选用哪种资产进行更新。

一般而言，固定资产更新决策会遇到新旧固定资产的使用寿命是否相同的问题。

1. 新旧设备使用寿命相同的情况。在新旧设备尚可使用寿命相同的情况下，可以使用差量分析法计算一个方案比另一个方案增减的现金流量，以简化决策分析。

【例题7-4】G公司考虑更换一台效率更高的新设备来降低成本，假设更新后的固定资产不会增加销售收入。两个设备均采用直线法计提折旧，所得税税率为25%，资本成本率为10%，其他数据见表7-4，请作出是否应更新设备的决策。

表7-4   设备更新项目数据   单位：元

项目	旧设备	新设备
原值	20 000	30 000
预计使用寿命	15	5
已使用寿命	10	0
税法规定残值	2 000	3 000
当前变现价值	5 000	30 000
年付现成本	8 000	5 000
年折旧额	1 200	5 400

（1）计算初始投资的差量现金流量。初始投资的差量现金流量等于新设备的价款减去旧设备当前的变现价值。

$$旧设备账面价值 = 20\ 000 - \frac{(20\ 000 - 2\ 000)}{15} \times 10 = 8\ 000（元）$$

$$\Delta 初始投资现金流量 = 30\ 000 - [5\ 000 - (5\ 000 - 8\ 000) \times 25\%] = 24\ 250(元)$$

（2）计算各年的年营业现金净流量差量。年营业净现金流量差额的计算见表7-5。

表7-5   新旧设备营业现金流量差量   单位：元

项目	第1年	第2年	第3年	第4年	第5年
Δ销售收入	0	0	0	0	0
Δ付现成本	-3 000	-3 000	-3 000	-3 000	-3 000
Δ折旧额	4 200	4 200	4 200	4 200	4 200
Δ税前利润	-1 200	-1 200	-1 200	-1 200	-1 200
Δ所得税	-300	-300	-300	-300	-300
Δ税后净利润	-900	-900	-900	-900	-900
Δ营业净现金流量	3 300	3 300	3 300	3 300	3 300

（3）计算新旧设备的现金流量差量。新旧设备的现金流量差量计算见表7-6。

表 7-6　　　　　　　　　　　　　两方案现金流量差量　　　　　　　　　　　单位：元

项目	第 0 年	第 1 年	第 2 年	第 3 年	第 4 年	第 5 年
△初始投资	−24 250					
△营业净现金流量		3 300	3 300	3 300	3 300	3 300
△终结现金流量						1 000
△现金流量	−24 250	3 300	3 300	3 300	3 300	4 300

（4）计算净现值的差量。

$$\Delta NPV = 3\,300 \times PVIFA_{10\%,4} + 4\,300 \times PVIF_{10\%,4} - 24\,250$$
$$= 3\,300 \times 3.1699 + 4\,300 \times 0.6209 - 24\,250$$
$$= -11\,196.86（元）$$

由于固定资产更新后反而会减少净现值 11 196.86 元，G 公司不应进行设备更新。

【例题 7-5】假设更新后的设备每年可增加公司销售收入 3 000 元，其他条件与〖例题 7-4〗一致，请作出公司是否应更新设备的决策。

（1）计算初始投资的差量现金流量：

△初始投资现金流量 $= 30\,000 - [5\,000 - (5\,000 - 8\,000) \times 25\%] = 24\,250(元)$

（2）计算各年的营业净现金流量差量（见表 7-7）。

表 7-7　　　　　　　　　　　新旧设备营业现金流量差量　　　　　　　　　单位：元

项目	第 1 年	第 2 年	第 3 年	第 4 年	第 5 年
△销售收入	3 000	3 000	3 000	3 000	3 000
△付现成本	−3 000	−3 000	−3 000	−3 000	−3 000
△折旧额	4 200	4 200	4 200	4 200	4 200
△税前利润	1 800	1 800	1 800	1 800	1 800
△所得税	450	450	450	450	450
△税后净利润	1 350	1 350	1 350	1 350	1 350
△营业净现金流量	5 550	5 550	5 550	5 550	5 550

（3）计算新旧设备的现金流量差量（见表 7-8）。

表 7-8　　　　　　　　　　　　　两方案现金流量差量　　　　　　　　　　　单位：元

项目	第 0 年	第 1 年	第 2 年	第 3 年	第 4 年	第 5 年
△初始投资	−24 250					
△营业净现金流量		5 550	5 550	5 550	5 550	5 550
△终结现金流量						1 000
△现金流量	−24 250	5 550	5 550	5 550	5 550	6 550

（4）计算净现值的差量。

$$\Delta NPV = 5\ 550 \times PVIFA_{10\%,4} + 6\ 550 \times PVIF_{10\%,5} - 24\ 250$$
$$= 5\ 550 \times 3.1699 + 6\ 550 \times 0.6209 - 24\ 250 = -2\ 590.16\ （元）$$

因为固定资产更新后反而会减少净现值 2 590.16 元，故 G 公司不应进行设备更新。

2. 新旧设备使用寿命不同的情况。在实际情况下，新设备的使用寿命往往比旧设备的长，例如新设备的使用寿命是 6 年，旧设备的使用寿命是 3 年，这时若简单计算两个项目的净现值，即 6 年现金流的净现值与 3 年现金流的净现值不具有可比性。此时，问题演变成两个或两个以上使用寿命不同的固定资产之间的选择问题。为了使指标具有可比性，要设法使其在相同的寿命期内进行比较，可以采用最小公倍寿命法、年均净现值法、年均成本法等。

（1）最小公倍寿命法。最小公倍寿命法又称项目复制法，是将各项目使用寿命的最小公倍数作为比较期间，假设项目重复多次实施，进而调整相关指标，并据此进行比较决策的方法。最小公倍寿命法的决策标准是在相同的时期内选择净现值较大的项目。

【例题 7-6】G 公司考虑购入一台效率更高的设备替代旧设备，新设备的使用寿命是 6 年，而旧设备的使用寿命剩余 3 年，投资者要求的必要报酬率是 10%，项目相关数据见表 7-9。

表 7-9　　　　　　　　　　　设备更新项目现金流量　　　　　　　　　单位：元

项目	0	1	2	3	4	5	6	净现值
旧设备	-20 000	10 000	10 000	10 000				4 869
新设备	-45 000	12 000	12 000	12 000	12 000	12 000	12 000	7 263.6

由表 7-9 可知，比较两个项目的净现值，由于新设备的净现值为 7 263.6 元，而旧设备的净现值为 4 869 元，这时很容易得出应更新设备的结论，但是这样的判断是错误的，因为两个项目的寿命不同。采用最小公倍寿命法，3 和 6 的最小公倍数是 6，在 6 年间使用旧设备的投资项目可以进行 2 次，使用新设备的投资项目可以进行 1 次，则新设备的净现值仍为 7 263.6 元，不需重新计算，旧设备的净现值则调整为：

$$NPV_{旧} = 4\ 869 + 4\ 869 \times PVIF_{10\%,3} = 4\ 869 + 4\ 869 \times 0.7513 = 8\ 527.08\ （元）$$

显然，继续使用旧设备的净现值大于使用新设备的净现值，因此 G 公司目前不应该更新设备。

最小公倍寿命法的优点是易于理解，缺点是比较期间往往较长，导致计算不便。例如，当一个投资项目的使用期是 7 年，另一个项目的使用期是 17 年时，采用最小公倍寿命法比较这两个项目，最小公倍寿命是 119，也就是要将第一个项目重复投资 17 次，将第二个项目重复投资 7 次，计算比较复杂。我们也可以使用年均净现值法来比较寿命期不同的固定资产投资项目。

（2）年均净现值法（*ANPV*）。年均净现值法是把投资项目在寿命周期内的净现值总和转化为每年的年均净现值，进而比较决策的方法。决策标准是选择年均净现值较大的项目。计算公式如下：

$$ANPV = \frac{NPV}{PVIFA_{k,n}} \qquad (7-6)$$

其中，*ANPV* 表示年均净现值，*NPV* 表示净现值，*PVIFA* 表示年金现值系数，*k* 表示资本成本率，*n* 表示项目使用寿命期限。

【例题 7-7】沿用〖例题 7-6〗的数据，采用年均净现值法进行决策。

$ANPV_{旧} = 4\,869/PVIFA_{10\%,3} = 4\,869/2.4869 = 1\,957.86$（元）

$ANPV_{新} = 7\,263.6/PVIFA_{10\%,6} = 7\,263.6/4.3553 = 1\,667.76$（元）

显然，继续使用旧设备的年均净现值大于使用新设备的年均净现值，因此，G 公司目前不应该更新设备。

（3）年均成本法（*AC*）。年均成本法和年均净现值法的原理相似。当更新设备无法增加公司的现金流入且具体现金净流量无法准确估计时，可以比较不同项目的年均成本，也就是比较每年平均的现金流出量，选择年均成本较小的项目。计算公式如下：

$$AC = \frac{C}{PVIFA_{k,n}} \qquad (7-7)$$

其中，*AC* 表示年均成本，*PVIFA* 表示年金现值系数，*C* 表示项目总成本的现值，*k* 表示资本成本率，*n* 表示项目寿命期限。

【例题 7-8】A 公司正面临两个设备更新方案。方案一：购买 8 台甲机器，每台 10 000 元，且预计每台设备每年的维修费为 400 元；该设备将于第 4 年末更换，预计无残值收入。方案二：购买 10 台乙机器，每台 9 000 元，每台每年年末支付的维修费分别为 400 元、500 元、1 000 元；该设备将于第 3 年年末更换，每台残值为 500 元。假设所得税税率为 25%，折现率为 10%；税法规定的折旧年限均为 3 年。

要求：请分析该选择哪一个方案。

假设选择方案一，各时期现金流情况及年均成本计算见表 7-10。

表 7-10　　　　　　　　　方案一的年均成本计算　　　　　　　　　单位：元

项目	第 0 年	第 1 年	第 2 年	第 3 年	第 4 年
初始现金流出（1）	-80 000				
维修费（2）		-3 200	-3 200	-3 200	-3 200
税后维修费用（3）=（2）×（1-25%）		-2 400	-2 400	-2 400	-2 400
折旧费用（4）		26 667	26 667	26 667	
折旧抵税（5）=（4）×25%		6 667	6 667	6 667	
现金净流出量（6）=（1）+（3）+（5）	-80 000	4 267	4 267	4 267	-2 400

续表

项目	第0年	第1年	第2年	第3年	第4年
现金流出现值（7）	-80 000	3 879	3 526	3 206	-1 639
总现值（8）	-71 028				
年金现值系数（9）	3.17				
年均成本（10）=（8）/（9）	-22 406				

假设选择方案二，各时期现金流情况及年均成本计算见表7-11。

表7-11 方案二的年均成本 单位：元

项目	0	1	2	3
初始现金流出（1）	-90 000			
维修费（2）		-4 000	-5 000	-10 000
税后维修费用（3）=（2）×（1-25%）		-3 000	-3 750	-7 500
折旧费用（4）		28 333	28 333	28 333
折旧抵税（5）=（4）×25%		7 083	7 083	7 083
残值流入（6）				5 000
现金净流出量（7）=（1）+（3）+（5）+（6）	-90 000	4 083	3 333	4 583
现金流出现值（8）	-90 000	3 712	2 754	3 443
总现值（9）	-80 091			
年金现值系数（10）	2.49			
年均成本（11）=（9）/（10）	-32 165			

经计算，方案一的年均成本为22 406元，方案二的年均成本为32 165元，所以应选择方案一。

【课堂讨论】

党的十九大报告指出，建设现代化经济体系，必须把发展经济的着力点放在实体经济上。做强做优做大实体经济，提高供给体系质量，是解决中国经济当前关键短板的"牛鼻子"。固定资产投资是GDP重要的组成部分，是推动国民经济发展和社会进步的重要手段和主要动力。在国民经济核算中，GDP的三个组成部分是最终消费、资本形成总额、货物和服务净出口，而固定资产投资直接影响到资本形成总额的大小。于是，固定资产投资的增长稳定会促进GDP的稳定增长，形成投资需求对经济增长的拉动作用。同时，从企业层面看，固定资产投资会通过影响其他相应企业而具有乘数效应，如此一来，经过多次传递，投资需求被放大，进而推动国民经济增长。

"固定资产投资可以形成未来的生产和服务能力，进而增加未来时期社会财富的创造能力，以此实现扩大再生产。投资的最终目的是消费，因此，固定资产投资的稳定增长，显然会有助于释放居民的消费潜力。"请问你同意这个观点吗？

三、资本限额投资决策

资本限额是指在特定时期内的资本支出总量必须控制在预算约束之内，不能超过预算上限。因此，企业不能投资于所有可接受的项目。例如，作为投资部门经理，你可能发现了几个值得投资的高回报项目，其中，一个项目需要投资 120 万元，另一个项目需要投资 100 万元，而公司给你的预算只有 150 万元，此时，就需要作出选择。

资本限额包括软性限额和硬性限额。软性限额是指企业每年给不同部门一定金额的资本支出，公司整体并不缺乏资金，这种分配的主要功能是对总体支出进行追踪和控制。在面对软性限额时，首先寻求方法得到更多的分配额，如果没有办法增加分配额，则需要在不超过预算的前提下选择合适方案。硬性限额是指一个企业无论如何都不能够为某一项目筹集到足够的资金。对于大型公司而言，这种情况可能不会频繁发生。当公司遭遇财务困境时，就有可能出现硬性限额的情形，这意味着公司可能有破产的风险。那么在资本限额的情况下，为了获得最大的利益，企业具体应该如何选择项目投资组合？决策方法有两种：净现值法和获利指数法。

1. 使用净现值法的步骤。

第一步，计算所有项目的净现值，并列出每个项目的初始投资额。

第二步，筛选出 $NPV \geq 0$ 的项目。如果筛选出来的项目的初始投资在资本限额内，则这些项目可以投资。如果资本限额不能满足条件，则需要重新考虑。

第三步，考虑 $NPV \geq 0$ 项目的所有可能组合，再计算可能组合的净现值总和。

第四步，接受净现值总和最大的项目投资组合。

2. 使用获利指数法的步骤。

第一步，计算所有项目的获利指数，并列出每个项目的初始投资额。

第二步，筛选出 $PI \geq 1$ 的项目。如果筛选出来的项目的初始投资额在资本限额内，则这些项目可以投资。如果资本限额不能满足条件，则需要重新考虑。

第三步，考虑 $PI \geq 1$ 项目的所有可能组合，再计算可能组合的加权平均获利指数。

第四步，接受加权平均获利指数最大的项目投资组合。

【例题 7 - 9】假设甲公司有四个可供选择的项目 A、B、C、D，四个项目彼此独立，甲公司的初始投资限额为 400 000 元。详细情况见表 7 - 12。

表 7 - 12　　　　　　　　甲公司投资项目指标计算

投资项目	初始投资（元）	初始投资比例（%）	净现值 NPV（元）	获利指数 PI
A	150 000	17	83 750	1.56
B	187 500	22	99 375	1.53

续表

投资项目	初始投资（元）	初始投资比例（%）	净现值 NPV（元）	获利指数 PI
C	375 000	43	138 750	1.37
D	156 250	18	26 250	1.17
合计	868 750	100	348 125	

为了选出最优的项目投资组合，可以采用穷举法列举出所有满足条件（组合初始投资规模之和小于投资限额）的投资组合。以上四个投资项目一共有 15（$= 2^4 - 1$）种组合，满足初始投资限额条件的组合一共有 7 种。具体情况见表 7 – 13。

表 7 – 13 项目投资组合统计

序号	项目组合	初始投资总和（元）	是否满足投资限额	净现值总和（元）	加权平均获利指数
1	A	150 000	满足	83 750	1.21
2	B	187 500	满足	99 375	1.25
3	C	375 000	满足	138 750	1.35
4	D	156 250	满足	26 250	1.07
5	AB	337 500	满足	183 125	1.46
6	AC	525 000	不满足		
7	AD	306 250	满足	110 000	1.28
8	BC	562 500	不满足		
9	BD	343 750	满足	125 625	1.31
10	CD	531 250	不满足		
11	ABC	712 500	不满足		
12	ABD	493 750	不满足		
13	BCD	718 750	不满足		
14	ACD	681 250	不满足		
15	ABCD	868 750	不满足		

如果甲公司想按照净现值法来选取项目投资组合，则应当选择 AB 项目作为最优投资组合，净现值和为 183 125 元（ = 83 750 + 99 375），此时还有 62 500 元资金没有用完。

如果甲公司想按照获利指数法来选取项目投资组合，需要计算加权平均获利指数。在计算加权平均获利指数时，可以假设剩余资金不再进行投资而作为现金持有，也即将这部分剩余资金的获利指数看作 1，则 C 项目的加权平均获利指数为：

$$PI_C = \frac{375\,000}{400\,000} \times 1.37 + \frac{25\,000}{400\,000} \times 1 = 1.35$$

AB 项目组合的加权平均获利指数为：

$$PI_{AB} = \frac{150\,000}{400\,000} \times 1.56 + \frac{187\,500}{400\,000} \times 1.53 + \frac{62\,500}{400\,000} \times 1 = 1.46$$

其他投资组合的加权平均获利指数的计算结果见表 7 – 13。由表 7 – 13 可知，AB 项目组合的加权平均获利指数最大，这与净现值法得到的结论一致：AB 项目是最优的投资组合。

如果可供选择的项目存在互斥，比如在上面的例子中，假设 A 与 B 互斥，则我们就不能选择 AB 项目组合，也不能选择同时包含 A、B 项目的组合，而是退而求其次，选择投资 C 项目，原因是 C 项目的净现值总和与加权平均获利指数仅次于 AB 项目组合。

四、投资时机决策

投资时机选择可以帮助公司确定项目开始投资的最佳时期。项目投资能否获利除了项目本身的价值外，还取决于很多外部因素，比如外部市场需求、相关产品价格、竞争者提前进入市场等。因此何时开始进行投资也是公司经营者需要考虑的问题。

投资时机决策的标准仍然是净现值最大。由于在不同时期开始的项目所产生的现金流入流出的时间是不一致的，不能简单地将项目的净现值进行比较，而是需要将其折算到同一个时间点再进行比较。

【例题 7 – 10】甲公司有一片经济林准备进行采伐并加工成木材出售。该片经济林的树木将随着时间的推移而变得更加茂密，也即单位面积的经济价值会逐渐提高。公司计划每年采伐 300 亩林木。采伐林木所需设备的初始投资为 150 万元，可使用 4 年，直线法折旧，无残值。采伐项目开始需要垫支营运资本 20 万元，采伐结束后可收回该笔垫支。采伐的第一年每亩可获得销售收入 2 万元，采伐每亩的付现成本为 0.8 万元。根据预测，每年每亩树木的销售收入将会提高 10%，但是每年每亩的付现成本也会增加 5%。

按照公司安排，可以现在开始采伐或 3 年后再开始采伐。无论哪种方案，该经济林都可供采伐 4 年。请问公司是应当现在采伐还是 3 年后再采伐？假设资本成本率为 10%，所得税税率为 25%。

（1）计算现在开始采伐方案的净现值。

第一步，计算初始现金净流量。投资设备 150 万元，垫支营运资本 20 万元。初始现金净流量为 170 万元。

第二步，计算营业现金净流量（见表 7 – 14）。

设备折旧额 = 150/4 = 37.5（万元）

表 7 - 14 　　　　　　　　　　现在采伐的营业现金流量　　　　　　　　　　单位：元

项目	第 1 年	第 2 年	第 3 年	第 4 年
销售收入（1）	600.00	660.00	726.00	798.60
减：付现成本（2）	240.00	252.00	264.60	277.83
折旧（3）	37.50	37.50	37.50	37.50
税前利润（4）	322.50	370.50	423.90	483.27
减：所得税（5）	80.63	92.63	105.98	120.82
税后利润（6）	241.88	277.88	317.93	362.45
营业现金净流量 =（3）+（6）或（1）-（2）-（5）	279.38	315.38	355.43	399.95

　　第三步，计算终结净现金流量。收回垫支营运资本 20 万元。所以终结现金净流量 = 20 万元。

　　第四步，计算每年的现金流量（见表 7 - 15）。

表 7 - 15 　　　　　　　　　　现在采伐现金净流量　　　　　　　　　　单位：元

项目	第 0 年	第 1 年	第 2 年	第 3 年	第 4 年
初始现金净流量	-170.00				
营业现金净流量		279.38	315.38	355.43	399.95
终结现金净流量					20.00
现金流量合计	-170.00	279.38	315.38	355.43	419.95

$$NPV = -170 + 279.38 \times PVIF_{10\%,1} + 315.38 \times PVIF_{10\%,2} + 355.43 \times PVIF_{10\%,3}$$
$$+ 419.95 \times PVIF_{10\%,4}$$
$$= 898.49 （万元）$$

　　（2）计算 3 年后开始采伐方案的净现值。

　　第一步，计算初始现金净流量。投资设备 150 万元，垫支营运资本 20 万元。初始现金净流量为 170 万元。

　　第二步，计算营业现金净流量（见表 7 - 16）。

　　设备折旧额 = 150/4 = 37.5（万元）

表 7 - 16 　　　　　　　　　　3 年后采伐的营业现金流量　　　　　　　　　　单位：元

项目	第 4 年	第 5 年	第 6 年	第 7 年
销售收入（1）	798.60	878.46	966.31	1 062.94
减：付现成本（2）	277.83	291.72	306.31	321.62
折旧（3）	37.50	37.50	37.50	37.50
税前利润（4）	483.27	549.24	622.50	703.81
减：所得税（5）	120.82	137.31	155.62	175.95
税后利润（6）	362.45	411.93	466.87	527.86
营业现金净流量 =（3）+（6）或（1）-（2）-（5）	399.95	449.43	504.37	565.36

第三步，计算终结现金净流量。收回垫支营运资本 20 万元。所以终结现金净流量为 20 万元。

第四步，计算每年的现金流量（见表 7 – 17）。

表 7 – 17　　　　　　　　　　　3 年后采伐的现金流量　　　　　　　　　单位：元

项目	第 3 年	第 4 年	第 5 年	第 6 年	第 7 年
初始现金净流量	– 170.00				
营业现金净流量		399.95	449.43	504.37	565.36
终结现金净流量					20.00
现金流量合计	– 170.00	399.95	449.43	504.37	585.36

第五步，计算第 4 年年初（第 3 年年末）的净现值：

$$NPV_3 = -170 + 399.95 \times PVIF_{10\%,1} + 449.93 \times PVIF_{10\%,2} + 504.37 \times PVIF_{10\%,3}$$
$$+ 585.36 \times PVIF_{10\%,4} = 1\,343.77\ （万元）$$

第六步，将第 4 年年初（第 3 年年末）的净现值折算为当前的净现值：

$$NPV_0 = NPV_3 \times PVIF_{10\%,3} = 1\,343.77 \times 0.751 = 1\,009.60\ （万元）$$

（3）3 年后采伐方案的净现值的另一种计算方法。3 年后采伐的现金流量见表 7 – 18。

表 7 – 18　　　　　　　　　　　3 年后采伐的现金流量　　　　　　　　　单位：元

项目	第 0 年	第 3 年	第 4 年	第 5 年	第 6 年	第 7 年
初始现金净流量		– 170.00				
营业现金净流量			399.95	449.43	504.37	565.36
终结现金净流量						20.00
现金流量合计		– 170.00	399.95	449.43	504.37	585.36

$$NPV_0 = -170 \times PVIF_{10\%,3} + 399.95 \times PVIF_{10\%,4} + 449.93 \times PVIF_{10\%,5}$$
$$+ 504.37 \times PVIF_{10\%,6} + 585.36 \times PVIF_{10\%,7}$$
$$= 1\,009.60\ （万元）$$

（4）结论。由于 3 年后采伐的净现值（1 009.60 万元）大于现在采伐的净现值（898.49 万元）。所以应该在 3 年后开始采伐。

五、投资期选择决策

投资期是指项目从开始投入资金至项目建成投入生产所需要的时间。不同的投资期会导致项目在相同的时间点产生不一样的现金流量。较短的投资期，会较早地收获营业现金流，但是期初也会承担较多的人力、物力投入；较长的投资期，会较晚地收获营业现金流，初始投入也会较少。因此，同一个项目选择不同的投资期，会产生不同的现金流量，可能会导致产生不同的净现值。所以，公司应该运用投资决策分析投资期的长短，以获得最大的收益。

在投资期的选择决策中，最常用的方法是差量分析法。采用差量分析法计算比较简单，但是不能反映不同投资期的项目产生的净现值。

【例题7-11】甲公司有一项投资，正常投资期为3年，投资期完成后可供生产7年。平均每年年初投入100万元，第4~10年产生现金净流量为120万元/年。如果把投资期缩短为2年，平均每年年初投入160万元，此后7年产生的现金净流量不变。假设项目结束时无残值变现，也无须垫支营运资本，资本成本率为10%，所得税税率为25%。请分析是否应缩短投资期限。

（1）采用差量分析法。

第一步，计算不同投资期的现金净流量差量，见表7-19。

表7-19　　　　　　　　　不同投资期的现金净流量差量　　　　　　　　单位：万元

投资期	第0年	第1年	第2年	第3年	第4~9年	第10年
3年	-100.00	-100.00	-100.00	0.00	120.00	120.00
2年	-160.00	-160.00	0.00	120.00	120.00	0.00
现金净流量差量	60.00	60.00	-100.00	-120.00	0.00	120.00

第二步，计算净现值的差量。

$$\Delta NPV = 60 + 60 \times PVIF_{10\%,1} - 100 \times PVIF_{10\%,2} - 120 \times PVIF_{10\%,3}$$
$$+ 120 \times PVIF_{10\%,10}$$
$$= -11.99（万元）$$

因此，缩短投资期会增加净现值11.99万元，所以应该缩短投资期。

（2）分别计算两种方案的净现值。

$$NPV_{正常} = -100 - 100 \times PVIFA_{10\%,2} + 120 \times PVIFA_{10\%,7} \times PVIF_{10\%,3}$$
$$= 165.10（万元）$$

$$NPV_{缩短} = -160 - 160 \times PVIFA_{10\%,1} + 120 \times PVIFA_{10\%,7} \times PVIF_{10\%,2}$$
$$= 177.08（万元）$$

$$\Delta NPV = NPV_{正常} - NPV_{缩短} = -11.98（万元）$$

因此，缩短投资期会增加净现值11.98万元，所以应该缩短投资期。

从上述计算可以看出，采用差量分析法减少了计算量。因为在计算现金流量差量的时候，经营期重合部分的现金流量相互抵销，不需要再计算这部分现金流量的现值。

第三节　风险性投资决策

项目投资一般涉及较长时间，因此对于未来收益和成本都难以进行准确的预测。在前面几节的讨论中，我们避开风险问题，未考虑未来收益和成本的不确定性或风险性。但是，风险是客观存在的，因此，本节将讨论风险性投资决策问题。

风险性投资决策主要采用两类基本方法：第一类方法称为风险调整法，即通过对项目的风险因素进行调整，主要包括调整折现率和调整未来现金流量两种方法；第二类方法是对项目在基础状态下的不确定性进行分析，主要包括决策树、敏感性分析、盈亏平衡等方法。

一、风险调整贴现率法

风险调整贴现率法（risk-adjusted discount rate，RADR）是将净现值法和资本资产定价模型结合起来，利用模型依据项目的风险程度调整基准折现率的一种方法。根据第五章介绍的资本资产定价模型，证券风险可以分为两个部分：可分散风险与不可分散风险。其中，不可分散风险是由市场风险指数 β 来衡量；可分散风险是公司特定风险，可以通过合理的投资组合来消除。在进行项目投资决策时，可以引入与证券风险模型相似的企业总资产风险模型：

$$总资产风险 = 不可分散风险 + 可分散风险 \qquad (7-8)$$

企业可以通过多元化经营来消除可分散风险，那么在投资项目选择时，需要关注的只有不可分散风险。特定投资项目可按下式计算按风险调整的折现率：

$$K_j = R_f + \beta_j \times (R_m - R_f) \qquad (7-9)$$

其中，K_j 表示项目 j 按风险调整的折现率或项目必要报酬率；R_f 表示无风险折现率；β_j 表示项目 j 不可分散风险的 β 系数；R_m 表示所有项目平均的折现率或必要报酬率。

【例题 7-12】 甲公司拟进行项目投资，假设该项目的无风险利率为 4.3%，贝塔系数为 0.6，公司必要报酬率为 10%，拟采用风险调整法计算项目折现率。

$K = R_f + \beta \times (R_m - R_f) = 4.3\% + (10\% - 4.3\%) \times 0.6 = 7.72\%$

故该项目的必要报酬率为 7.72%。

二、风险调整现金流量法

风险调整现金流量法是根据投资项目或方案的风险大小，采用适当的方法，将未来不确定的现金流量调整为确定的现金流量。具体的调整方法有多种，本节主要介绍肯定当量法和概率法。

1. 肯定当量法。肯定当量法是把各年不确定的现金流量，按照一定的系数（即约当系数）折算为大约相当于确定的现金流量的数量，然后利用无风险折现率来评价风险投资项目的决策分析方法。

$$肯定现金流量 = 期望现金流量 \times 约当系数 \qquad (7-10)$$

约当系数是肯定现金流量和与之相当的、不肯定的期望现金流的比值，通常用

d 来表示。企业可根据投资项目的各年现金流量的风险大小，选取不同的约当系数。例如，当现金流量确定时，可取 $d=1$；当现金流量的风险很小时，可取 $0.80 \leqslant d < 1.00$；当现金流量的风险一般时，可取 $0.40 \leqslant d < 0.80$；当现金流量的风险很大时，可取 $0 < d < 0.40$。

约当系数的选取具有较大的主观性，敢于冒险的分析者会选用较高的约当系数，保守的分析者会选用较低的约当系数。因此，可以对不同分析者给出的约当系数进行加权平均，得到加权平均约当系数来对未来不确定的现金流量进行折算，也可以事先制定约当系数的确定标准，如根据项目现金流量的标准离差率来确定约当系数。

【例题 7-13】甲公司拟进行一项投资，其各年的预计现金流和相关的约当系数见表 7-20，无风险折现率为 10%。请判断该投资项目是否可行。

表 7-20 项目现金流和约当系数

项目	第 0 年	第 1 年	第 2 年	第 3 年	第 4 年
NCF（元）	-25 000	10 000	10 000	10 000	10 000
约当系数 d	1.0	0.9	0.8	0.7	0.7
调整后的现金流（元）	-25 000	9 000	8 000	7 000	7 000

若不调整现金流，项目净现值计算为：

$$NPV = -25\ 000 + 10\ 000 \times PVIF_{10\%,1} + 10\ 000 \times PVIF_{10\%,2} + 10\ 000 \times PVIF_{10\%,3} + 10\ 000 \times PVIF_{10\%,4}$$
$$= 6\ 699 \text{（元）}$$

若按约当系数调整后的现金流，项目净现值计算为：

$$NPV = -25\ 000 + 9\ 000 \times PVIF_{10\%,1} + 8\ 000 \times PVIF_{10\%,2} + 7\ 000 \times PVIF_{10\%,3} + 7\ 000 \times PVIF_{10\%,4}$$
$$= -166.31 \text{（元）}$$

通过分析，按约当系数调整现金流量后，计算出的净现值为负数，所以不能进行投资。

采用肯定当量法来调整现金流量，克服了调整折现率法夸大远期风险的缺点。但肯定当量法的难度在于如何合理、准确地确定约当系数，约当系数的大小直接影响决策结果。

2. 概率法。概率法是通过未来不同状况的发生概率来调整各期的现金流量，并计算投资项目的年期望现金流量和期望净现值，从而对风险投资进行评价的方法。概率法适用于各期现金流量相互独立的投资项目，即要求各期的现金流量之间互不相关。各期的期望现金流量计算公式为：

$$\overline{NCF_t} = \sum_{i=1}^{n} NCF_{ti} \times P_{ti} \qquad (7-11)$$

其中，$\overline{NCF_t}$ 表示第 t 年的期望净现金流量；NCF_{ti} 表示第 t 年的第 i 种状况的净现金流量；P_{ti} 表示第 t 年的第 i 种状况发生的概率；n 表示第 t 年可能状况的数量。

投资项目的期望净现值可按下式计算：

$$\overline{NPV} = \sum_{t=0}^{m} \overline{NCF_t} \times PVIF_{k,t} \qquad (7-12)$$

其中，$\overline{NPV}$ 表示投资项目的期望净现值；$\overline{NCF_t}$ 表示第 t 年的期望净现金流量；$PVIF_{k,t}$ 表示折现率为 k、第 t 年的复利现值系数；m 表示未来现金净流量的期数。

【例题 7 - 14】假设甲公司的一个投资项目的各年现金流量及其发生的概率如表 7 - 21 所示。资本成本率为 10%，请计算按概率法调整后的各期现金净流量，以及投资的期望净现值，并判断此项目是否可行。

表 7 - 21　　　　　　　　　　　调整后的现金净流量　　　　　　　　　　　单位：元

第 0 年		第 1 年		第 2 年		第 3 年	
概率	NCF	概率	NCF	概率	NCF	概率	NCF
1	− 10 000	0.2	5 000	0.3	6 000	0.4	5 000
		0.4	6 000	0.4	9 000	0.3	8 000
		0.4	7 000	0.3	11 000	0.3	12 000

各年的期望净现金流量计算过程如下：

$\overline{NCF_0} = -10\ 000 \times 1 = -10\ 000$（元）

$\overline{NCF_1} = 0.2 \times 5\ 000 + 0.4 \times 6\ 000 + 0.4 \times 7\ 000 = 6\ 200$（元）

$\overline{NCF_2} = 0.3 \times 6\ 000 + 0.4 \times 9\ 000 + 0.3 \times 11\ 000 = 8\ 700$（元）

$\overline{NCF_3} = 0.4 \times 5\ 000 + 0.3 \times 8\ 000 + 0.3 \times 12\ 000 = 8\ 000$（元）

计算投资的期望净现值：

$NPV = \overline{NCF_0} + \overline{NCF_1} \times PVIF_{10\%,1} + \overline{NCF_2} \times PVIF_{10\%,2} + \overline{NCF_3} \times PVIF_{10\%,3}$

$\qquad = -10\ 000 + 6\ 200 \times 0.909 + 8\ 700 \times 0.826 + 8\ 000 \times 0.751$

$\qquad = 8\ 830$（元）

因为期望净现值大于零，因此，该项目可行。

三、敏感性分析

敏感性分析是衡量不确定因素的变化对项目评价指标影响程度的一种分析方法。敏感性分析对象主要有 NPV、IRR 等项目评价指标，它回答"如果这样，那么会怎样"的问题。如果某一因素发生较小范围的变动，项目评价指标却发生较大的变动，则表明该因素的敏感性强；反之，如果某一因素发生较大的变动才会影响原有的评价结果，则表明项目评价指标对该因素的敏感性较弱。我们通常使用敏感性系数来衡量某一因素的变化导致目标值变化的多少。一般认为，敏感性系数的绝对值大于 1 的因素是敏感性因素。

例如，初始投资对 NPV 的敏感性系数公式为：

$$初始投资的敏感性系数 = \frac{NPV 变动百分比}{初始投资变动百分比} \qquad (7-13)$$

【例题 7-15】 现以〖例题 7-10〗为基础说明某一指标的变化对 NPV 的影响。在此我们选择"现在开采"这一方案，分别讨论初始投资变化和收入增长率发生变化对 NPV 的影响。

（1）假设初始投资增加 50 万元。如果初始投资发生变化，那么初始现金流量也会相应发生变化。因此该项目的净现值也相应地减少 50 万元。

$$NPV = 898.49 - 50 = 848.49 （万元）$$

初始投资的敏感性系数为：

$$\frac{(848.49 - 898.49)/898.49}{50/170} = -0.19$$

可见，初始投资增加 50 万元，会导致净现值减少，但净现值对初始投资的变化不是很敏感。

（2）假设收入增长率降低 2%。营业现金流量见表 7-22。现金净流量见表 7-23。

表 7-22 营业现金流量 单位：万元

项目	第 1 年	第 2 年	第 3 年	第 4 年
销售收入	600.00	648.00	699.84	755.83
减：付现成本	240.00	252.00	264.60	277.83
折旧	37.50	37.50	37.50	37.50
税前利润	322.50	358.50	397.74	440.50
减：所得税	80.63	89.63	99.44	110.12
税后利润	241.88	268.88	298.31	330.37
营业现金净流量	279.38	306.38	335.81	367.87

表 7-23 现金净流量 单位：万元

项目	第 0 年	第 1 年	第 2 年	第 3 年	第 4 年
初始现金流量	-170.00				
营业现金净流量		279.375	306.375	335.805	367.873
终结现金流量					20.00
现金流量合计	-170.00	279.38	306.38	335.81	387.87

$$
\begin{aligned}
NPV &= -170 + 279.38 \times PVIF_{10\%,1} + 306.38 \times PVIF_{10\%,2} + 335.81 \times PVIF_{10\%,3} \\
&\quad + 387.87 \times PVIF_{10\%,4} \\
&= 854.40 （万元）
\end{aligned}
$$

收入增长率的敏感性系数为：

$$\frac{(854.40 - 898.49)/898.49}{(-2\%)/10\%} = 0.25$$

当收入增长率下降2%时，净现值会下降0.25倍。可见净现值对收入增长率的变动在本例中也不是很敏感。

敏感性分析在一定程度上可以对多种不确定因素的变化对项目评价指标的影响进行定量分析，有助于经营者了解项目决策需要重点分析和控制的因素。但是敏感性分析也存在一定的缺陷，它忽略了某一因素变化对其他因素产生的影响，也没有考虑各种不确定因素在未来发生变动的概率分布情况，从而影响风险投资分析的准确性。

四、盈亏平衡分析

盈亏平衡分析是企业投资决策汇总衡量风险的一种方法，包括会计盈亏平衡和财务盈亏平衡。盈亏平衡分析是通过计算项目的盈亏平衡点来判断项目的盈利能力、投资的可行性，通过分析产品销量、单价和成本三者之间的关系，求出不盈不亏的最低销售量，进而控制企业盈亏平衡。盈亏平衡点越低，说明项目抗风险的能力越高。

1. 会计盈亏平衡分析。会计盈亏平衡点是指在净利润为零状态下的销售量或销售收入。根据会计恒等式，净利润等于营业收入扣除所有的成本支出，再扣除所得税后的收益。其中，成本支出可划分为变动成本 VC 和固定成本 FC，在一定时期和一定业务范围内，变动成本总额 VC 随业务量的增减正比例变动，但单位变动成本 v 保持不变。假设所有的变动成本为付现变动成本，而固定成本分为付现固定成本和非付现成本（折旧），则：

$$
\begin{aligned}
净利润 &= 税前利润 \times (1 - 企业所得税税率) \\
&= (销售收入 - 变动成本 - 固定成本 - 折旧) \times (1 - 企业所得税税率) \\
&= (S - VC - FC - D) \times (1 - T) \qquad (7-14)
\end{aligned}
$$

其中，S 表示总销售收入，VC 表示总变动成本，FC 表示固定成本（代表付现固定成本），D 表示折旧，T 为企业所得税税率。

由式（7-14）可以推导当净利润为零时，会计盈亏平衡点的销量 Q 的计算公式为：

$$
\begin{aligned}
S - VC - FC - D &= 0 \\
P \times Q - Q \times v - FC - D &= 0 \qquad (7-15) \\
Q &= \frac{FC + D}{P - v}
\end{aligned}
$$

其中，P 为单位售价，v 为单位变动成本，Q 为销售量，其他变量含义同前。

【例题 7-16】甲公司的某技术方案年设计生产能力为 10 万台，年固定成本为 1 200 万元（含折旧），产品销售单价为 1 000 元，单位可变成本为 600 元。试求会计盈亏平衡点。

根据式（7-15），可得：

$$会计盈亏平衡点 = \frac{1\ 200}{1\ 000 - 600} = 3（万台）$$

因此，该方案的会计盈亏平衡点为 3 万台。

（1）会计盈亏平衡和现金流量。投资项目的年营业净现金流量（OCF）可以由逆推法公式计算得来，即等于净利润加折旧，而会计盈亏平衡点即为净利润为零时的销售量或销售收入，因此，会计盈亏平衡与现金流量之间必然有联系。下面以例题进行说明。

【例题 7-17】G 公司打算推出一批新产品，该产品的单位售价为 200 元/件，单位变动成本为 100 元/件，固定成本每年 2 500 元（不含折旧）。该项目所需的总投资为 17 500 元，于项目初期一次性投入，可在 5 年的设备使用期限内按直线法进行折旧摊销，预期无残值，且项目无须另外投入营运资本。G 公司对该项目要求的必要报酬率为 15%。

①经调查分析，G 公司预计未来 5 年内将售出产品 500 件，每年均可售出 100 件。假设不考虑税的影响，G 公司是否应投资该项目？

②G 公司每年需售出多少件产品才能达到会计盈亏平衡？在会计盈亏平衡点时，该项目每年的现金流量为多少？项目的报酬率如何？

③该项目达到会计意义上的盈亏平衡时，它的投资回收期是怎样的？

解答过程如下：

①计算年营业现金净流量及净现值，并根据净现值作出投资决策。

$$
\begin{aligned}
年营业现金净流量（OCF） &= 税前利润 - 所得税 + 折旧 \\
&= (S - VC - FC - D) - 0 + D \\
&= 100 \times (200 - 100) - 2\ 500 \\
&= 7\ 500（元）
\end{aligned}
$$

$$NPV = -17\ 500 + 7\ 500 \times PVIFA_{15\%,5} = 7\ 640（元）$$

由于项目净现值大于零，因此 G 公司应投资该项目。

②计算会计盈亏平衡点的销售量、年营业现金净流量及报酬率。

$$年折旧额 = 17\ 500/5 = 3\ 500（元）$$

$$会计盈亏平衡点销量（Q） = \frac{FC + D}{P - v} = \frac{2\ 500 + 3\ 500}{200 - 100} = 60（件）$$

此时净利润为零，因此，

$$年营业净现金流量（OCF） = 净利润 + 折旧 = 折旧 = 3\ 500（元）$$

此时项目的内含报酬率为零。

③由上可知，在会计盈亏平衡点，每年的营业净现金流量等于折旧。则此项目在营运期间的现金流量之和为 3 500×5 = 17 500（元），即为项目初始投资额。换言之，投资回收期刚好等于项目的运行年限，即 5 年。我们还可以进一步思考，若项目的销售量超过会计盈亏平衡点，则它的投资回收期将比运行年限短，且内含报酬率大于零。

（2）销售量和经营现金流量。由上节讨论可知，在不考虑税的情况下，OCF 可简化为息税前利润加折旧：

$$OCF = [(P - v) \times Q - FC - D] + D = (P - v) \times Q - FC \qquad (7 - 16)$$

则：

$$Q = \frac{FC + OCF}{P - v} \qquad (7 - 17)$$

可利用式（7 - 17）计算任何给定 OCF 情况下的销售量（Q）。在〖例题 7 - 17〗中，G 公司推出新产品的项目，年营业净现金流量和销售量之间的一般关系可表示为：

$$OCF = (P - v) \times Q - FC = (200 - 100) \times Q - 2\,500 = -2\,500 + 100Q$$

则：

$$Q = \frac{OCF + 2\,500}{100}$$

2. 财务盈亏平衡分析。财务盈亏平衡点是指在净现值为零状态下的销售量或销售收入，即现金流入量的现值等于现金流出量的现值。在不考虑税的情况下，财务盈亏平衡的销售量计算公式如下：

$$Q = \frac{FC + OCF^*}{P - v} \qquad (7 - 18)$$

其中，OCF^* 表示净现值为 0 时的年营业净现金流量，其他符号含义同前。因此，要计算财务盈亏平衡的销售量，应先确定净现值为 0 时的年营业净现金流量。而且，在财务意义上达到盈亏平衡的项目，其折现回收期等于项目的运行年限，且内含报酬率等于它的必要报酬率。

【例题 7 - 18】 沿用〖例题 7 - 17〗的数据，请问：G 公司每年需要销售多少件新产品才能达到财务意义上的盈亏平衡？

由于 OCF 的现值总额等于初始投资总额时，项目的净现值为 0，而每年的 OCF 相同，因此，可以通过 $PVIFA_{15\%,5}$ 进行求解，即：

$$17\,500 = OCF \times PVIFA_{15\%,5} = OCF \times 3.352$$

则：$OCF = 5\,220.76$（元）

将 OCF 代入式（7 - 18）得：

$$Q = (2\,500 + 5\,220.76)/(200 - 100) = 77.21 \text{（件）}$$

可见，每年至少需要销售 78 件新产品才能达到财务盈亏平衡。

第四节　本章实验

学习目标

投资决策实务主要介绍企业投资决策的实务问题和解决方法。本部分基于财务报表等会计资料，结合常见的项目投资决策方法，进行考虑现实因素的现金流估算、固定资产新建或更新决策、投资时机选择决策等。本部分使用 Excel 工具，从企业固定资产投资项目的更新决策、新建决策、投资时期决策、投资时机决策等方面，建立投资决策实务分析模型并进行计算求解，已掌握合理估计各类投资项目的收益方法。

计算方法

以下分别以固定资产新建项目决策、固定资产更新项目投资决策、资本限额投资决策、投资时机决策、投资期决策为例介绍如何构建投资决策实务分析模型。

1. 固定资产新建项目决策（其余内容以此类推）。下面以〖例题 7 - 3〗为例，说明如何进行固定资产新建项目决策。表 7 - 24 是相关模型及计算结果。

（1）计算年折旧额。

（2）计算各年现金流量计算。

（3）计算该项目的净现值。

表 7 - 24 　　　　　　　　　固定资产新建项目——现金流量表

指标名称	指标比率		
	固定资产新建项目决策：		
	第 0 年	第 1 ~ 6 年	第 7 ~ 9 年	第 10 年
固定资产初始投资	- 150			
垫支的流动资金	- 10	10		
固定资产变价收入	7			
营业收入	80	60	60	
付现成本	30	30	30	
折旧	= (150 - E7)/10	= (150 - E7)/10	= (150 - E7)/10	
税前利润	= C9 - C10 - C11	= D9 - D10 - D11	= E9 - E10 - E11	
所得税	= C12 × 25%	= D12 × 25%	= E12 × 25%	
税后利润		= C12 - C13	= D12 - D13	= E12 - E13
营业现金净流量		= C14 + C11	= D14 + D11	= E14 + E11
现金流量合计	= SUM(B6:B8,B15)	= SUM(C6:C8,C15)	= SUM(D6:D8,D15)	= SUM(E6:E8,E15)
净现值	= C16 × B20 + D16 × B19 × B21 + E16 × B22 + B16			

注意该表头列跨列，应对应第0年、第1~6年、第7~9年、第10年四列。

2. 固定资产更新项目投资决策。下面以〖例题 7 - 4〗为例，说明如何进行固定资产更新项目投资决策。表 7 - 25 是相关模型及计算结果。

（1）计算初始投资的差量现金流量。

（2）计算各年的营业现金流量差量。

（3）计算新旧设备的现金流量差量。

（4）计算净现值的差量。

表 7 – 25   **固定资产更新项目决策——现金流量表**

分组	指标名称	指标比率				
		新旧设备营业现金流量差量				
		第 1 年年末	第 2 年年末	第 3 年年末	第 4 年年末	第 5 年年末
增加收入前	Δ 付现成本	= H12 – F12	= H12 – F12	= H12 – F12	= H12 – F12	= H12 – F12
	Δ 折旧额	= H13 – F13	= H13 – F13	= H13 – F13	= H13 – F13	= H13 – F13
	Δ 税前利润	= (D19 – D20 – D21) – (D19)	(F12 + F13) – (H12 + H13)	= (F12 + F13) – (H12 + H13)	= (F12 + F13) – (H12 + H13)	= (F12 + F13) – (H12 + H13)
	Δ 税后净利	= D22 – D23	= E22 – E23	= F22 – F23	= G22 – G23	= H22 – H23
	Δ 营业净现金流量	= D24 + D21	= E24 + E21	= F24 + F21	= G24 + G21	= H24 + H21
增加收入后	Δ 付现成本	= H12 – F12	= H12 – F12	= H12 – F12	= H12 – F12	= H12 – F12
	Δ 折旧额	= H13 – F13	= H13 – F13	= H13 – F13	= H13 – F13	= H13 – F13
	Δ 税前利润	= D44 – D45 – D46	= E44 – E45 – E46	= F44 – F45 – F46	= G44 – G45 – G46	= H44 – H45 – H46
	Δ 所得税	= D47 × 25%	= E47 × 25%	= F47 × 25%	= G47 × 25%	= H47 × 25%
	Δ 税后净利	= D47 – D48	= E47 – E48	= F47 – F48	= G47 – G48	= H47 – H48
	Δ 营业净现金流量	= D49 + D46	= E49 + E46	= F49 + F46	= G49 + G46	= H49 + H46

分组	指标名称	指标比率					
		两方案现金流量差量					
		第 1 年年初	第 1 年年末	第 2 年年末	第 3 年年末	第 4 年年末	第 5 年年末
增加收入前	Δ 初始投资	= – (H7 – F11)					
	Δ 营业净现金流量		= D25	= E25	= F25	= G25	= H25
	Δ 终结现金流量						= H10 – F10
	Δ 现金流量	= C32 + C33 + C34	= D32 + D33 + D34	= E32 + E33 + E34	= F32 + F33 + F34	= G32 + G33 + G34	= H32 + H33 + H34
	净现值差量	= D35 × B36 + H35 × B37 + C35					
增加收入后	Δ 营业净现金流量		= D50	= E50	= F50	= G50	= H50
	Δ 终结现金流量						= H10 – F10
	Δ 现金流量	= C57 + C58 + C59	= D57 + D58 + D59	= E57 + E58 + E59	= F57 + F58 + F59	= G57 + G58 + G59	= H57 + H58 + H59
	净现值差量	= D60 × B61 + H60 × B62 + C60					

续表

分组	指标名称	指标比率
		设备更新项目现金流量
旧设备	NPV	$= (C68 \times B74 + B68) + (C68 \times B74 + B68) \times B73$
	ANPV	$= (C68 \times B74 + B68)/B74$
新设备	NPV	$= C69 \times B75 + B69$
	ANPV	$= F71/B75$

3. 资本限额投资决策。下面以〖例题 7 – 9〗为例，说明如何进行资本限额投资决策。表 7 – 26 是相关模型及计算结果。

（1）采用穷举法列举出所有满足条件的投资组合。以上四个投资项目一共有 15 种组合。

（2）判断满足初始投资限额条件的组合。

（3）计算符合条件的项目的净现值总和及加权平均获利指数。

表 7 – 26　　　　　资本限额投资决策——项目投资组合表

指标名称	指标比率			
	资本限额投资决策			
	单个项目			
	组合 A	组合 B	组合 C	组合 D
净现值总和	$= E5$	$= E6$	$= E7$	$= E8$
加权平均获利指数	$= C15/400\,000 \times F5 + (400\,000 - C15)/ 400\,000 \times 1$	$= C16/400\,000 \times F6 + (400\,000 - C16)/ 400\,000 \times 1$	$= C17/400\,000 \times F7 + (400\,000 - C17)/ 400\,000 \times 1$	$= C18/400\,000 \times F8 + (400\,000 - C18)/ 400\,000 \times 1$
	多个项目组合			
	组合 AB	组合 AD	组合 BD	
净现值总和	$= E15 + E18$	$= E16 + E18$	$= E15 + E18$	
加权平均获利指数	$= C15/400\,000 \times F5 + C18/ 400\,000 \times F8 + (400\,000 - C21)/400\,000 \times 1$	$= C16/400\,000 \times F6 + C18/ 400\,000 \times F8 + (400\,000 - C23)/400\,000 \times 1$	$= C15/400\,000 \times F5 + C18/ 400\,000 \times F8 + (400\,000 - C21)/400\,000 \times 1$	

4. 投资时机决策。下面以〖例题 7 – 10〗为例，说明如何进行投资时机决策。表 7 – 27 是相关模型及计算结果。

（1）计算两种情况下的初始现金净流量。

（2）计算两种情况下各年的营业现金流量。

（3）计算两种情况的终结净现金流量。

（4）计算两种情况的每期现金净流量。根据结果进行比较。

表 7-27　　　　　　　　　　投资时机决策——现金流量表

决策	指标名称		指标比率			
			营业现金流量			
方案一：现在采伐		时间	第 1 年	第 2 年	第 3 年	第 4 年
		税前利润	= D9 - D10 - D11	= E9 - E10 - E11	= F9 - F10 - F11	= G9 - G10 - G11
		所得税	= D12 × 25%	= E12 × 25%	= F12 × 25%	= G12 × 25%
		税后利润	= D12 - D13	= E12 - E13	= F12 - F13	= G12 - G13
		营业现金流量	= D14 + D11	= E14 + E11	= F14 + F11	= G14 + G11
方案二：3 年后采伐		时间	第 4 年	第 5 年	第 6 年	第 7 年
		采伐销售收入	= G9	= D34 × (1 + 10%)	= E34 × (1 + 10%)	= F34 × (1 + 10%)
		付现成本	= G10	= D35 × (1 + 5%)	= E35 × (1 + 5%)	= F35 × (1 + 5%)
		税前利润	= D34 - D35 - D36	= E34 - E35 - E36	= F34 - F35 - F36	= G34 - G35 - G36
		所得税	= D37 × 25%	= E37 × 25%	= F37 × 25%	= G37 × 25%
		税后利润	= D37 - D38	= E37 - E38	= F37 - F38	= G37 - G38
		营业现金流量	= D39 + D36	= E39 + E36	= F39 + F36	= G39 + G36
			现金净流量计算			
方案一：现在采伐			第 0 年	第 1 年	第 2 年	第 3 年	第 4 年
		营业现金净流量		= D15	= E15	= F15	= G15
		终结现金净流量	= C20 + C21 + C22	= D20 + D21 + D22	= E20 + E21 + E22	= F20 + F21 + F22	= G20 + G21 + G22
		未来现金净流量现值	= SUM(D25:G25)				
		净现值	= C26 + C25				
方案二：3 年后采伐			第 4 年年初	第 4 年	第 5 年	第 6 年	第 7 年
		营业现金净流量		= D40 = D49	= E40 = E49	= F40 = F49	= G40 = G49
		终结现金净流量	= C46 + C47 + C48 = SUM(C59: C61)	= D46 + D47 + D48 = SUM(D59: D61)	= E46 + E47 + E48 = SUM(E59: E61)	= F46 + F47 + F48 = SUM(F59: F61)	= G46 + G47 + G48 = SUM(G59: G61)
方案二：3 年后采伐			第 4 年年初	第 4 年	第 5 年	第 6 年	第 7 年
		折现值	= SUM(D51: G51)				
		净现值	= SUM(D51: G51)				
		第 0 年初净现值	= SUM(C64:G64)				

5. 投资期决策。下面以〖例题 7-11〗为例，说明如何进行投资期决策。表 7-28 是相关模型及计算结果。

（1）采用差量分析法，计算不同投资期的现金净流量差。

（2）计算净现值的差量。

（3）分别计算两种方案的净现值。

（4）确认两方案的净现值差额，将两方案净现值相减即得。

表 7 - 28　　　　　　　　　　　投资期决策—营业现金流量表

指标名称	指标比率					
	第 0 年	第 1 年	第 2 年	第 3 年	第 4 ~ 9 年	第 10 年
现金净流量差量	= B12 + C12 × J8 + D12 × J9 + E12 × J10 + G12 × J11	= B12 + C12 × J8 + D12 × J9 + E12 × J10 + G12 × J11	= B12 + C12 × J8 + D12 × J9 + E12 × J10 + G12 × J11	= B12 + C12 × J8 + D12 × J9 + E12 × J10 + G12 × J11	= B12 + C12 × J8 + D12 × J9 + E12 × J10 + G12 × J11	= B12 + C12 × J8 + D12 × J9 + E12 × J10 + G12 × J11
净现值的差量	= B12 + C12 × J8 + D12 × J9 + E12 × J10 + G12 × J11					
方案一净现值	= B22 + C22 × J15 + G22 × J16 × J10					
方案二净现值	= B23 + C23 × J14 + F23 × J16 × J9					
两种方案净现值的差值	= B26 - F26					

其他财务比率的计算模型可以采用类似方式构建，具体模型构建、例题求解、操作过程，可扫描以下二维码。

投资决策实务1——〖例题 7 - 3〗

投资决策实务2——〖例题 7 - 4〗~〖例题 7 - 8〗

投资决策实务3——〖例题 7 - 9〗

投资决策实务4——〖例题 7 - 10〗

投资决策实务5——〖例题 7 - 11〗

投资决策实务实验用 Excel 表

本章思维导图

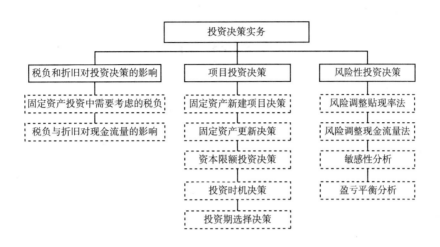

本章概要

本章探讨投资决策技术在实际应用中可能遇到的问题，除了介绍比较常见的固定资产新建、更新及其他项目决策外，还介绍了风险性投资分析的方法。

1. 在实际应用中，计算现金流量必须要考虑税负和折旧的影响。需要考虑的税负主要包括增值税和所得税；所得税不仅在处置固定资产时需要考虑，而且在整个项目期间通过折旧抵税、税后付现收入与成本等方式对现金流量产生影响。

2. 企业在发展过程中，必定会面临固定资产的投资决策问题，包括固定资产的新建、更新等。在分析时要注意区分相关和不相关的现金流量，增量现金流量的概念是分析的核心。

3. 固定资产更新项目决策要关注新旧资产的使用寿命是否相同，需要根据具体情况选择恰当的决策指标。若新旧资产的使用寿命不同，设法使其在相同的寿命期内进行比较，可采用最小公倍法、年均净现值法、年均成本法等，使其调整后的投资决策指标具有可比性。

4. 由于资本总是有限的，企业往往不能投资于所有可接受的项目。在资本限额的情况下，企业为获得最大的利益，可以采用净现值法和获利指数法对项目投资组合进行选择。

5. 投资时机的选择的标准是净现值最大化，但需要注意，在不同时期开始的项目产生的现金流入和流出的时间是不一致的，因此不能直接比较净现值，而需要将其折算到同一个时间点再比较。

6. 投资期是指项目从开始投入资金至项目建成投入生产所需要的时间。同一个项目选择不同的投资期，可能产生不同的净现值。在投资期的选择决策中，最常用的方法是差量分析法。

7. 项目投资一般涉及较长时间，难以准确地预测未来收益和成本，因此，在长期投资过程中，风险是客观存在的。结合风险因素进行投资项目分析时，可使用风险调整法、敏感性分析、盈亏平衡分析等。

本章思考和练习题

思考题

1. 税负与折旧对投资有什么影响？

2. 固定资产更新决策为什么要考虑新旧设备的寿命是否相同？

3. 为什么需要进行投资时机决策和投资期决策？

4. 简述敏感性分析的优缺点。

5. 在使用风险性投资分析方法时，应如何看待其有效性和局限性？

练习题

1. 星辰公司拟购入一台价值300万元，残值为50万元的固定资产，折旧期为5年。假设所得税税率为25%，资本成本率为10%。请估计每年从该固定资产折旧中得到的税收收益并计算这些税收收益的现值。

2. TTD公司拟购入一套设备，现有A、B两个方案可供选择。方案A：投资10万元购买设备，预计使用寿命5年，采用直线法计提折旧，无残值，5年内年销售收入4万元，年付现成本2万元。方案B：投资15万元购买设备，预计使用寿命也为5年，同样采用直线法计提折旧，残值率为10%，年销售收入7万元，第一年付现成本3万元，以后逐年增加修理费0.2万元，另需在年初垫支营运成本1万元。假设所得税税率为25%，资本成本率10%。公司应选择哪个方案？

3. 清平公司拟用新设备取代已使用3年的旧设备。旧设备原价255 000元，当前估计旧设备尚可使用5年，目前折余价值为165 000元，出售可得150 000元，每年销售收入65 000元，每年付现成本30 000元，预计最终残值为15 000元。购置新设备需花费225 000元，预计可使用5年，每年销售收入90 000元，每年付现成本45 000元，最终预计残值为20 000元。该公司的资本成本率为12%，所得税税率25%。税法规定该类设备采用直线法折旧。请问公司是否应该替换旧设备。

4. 假设明城公司有可供选择的项目甲、乙、丙，三个项目彼此独立，公司的投资限额为600 000元。详细情况如表7-Ⅰ所示。

表7-Ⅰ　　　　　　　　　　投资项目基本信息

投资项目	初始投资（元）	净现值NPV（元）	获利指数PI
甲	230 450	100 000	1.48
乙	390 200	120 350	1.34
丙	170 000	140 650	1.86
合计	790 650		

问：（1）如果公司按照净现值法来选取项目投资组合，则如何投资才能使投资组合最优？

（2）如果公司按照获利指数法来选取项目投资组合，则如何投资才能使投资组合最优？

（3）如果乙丙项目互斥，按照上述两种方法，应如何选择？

5. B公司拥有一处矿区拟进行开采，由于矿产品稀有，潜在价值高，根据预测，该矿产品虽然在5年内价格保持稳定，但之后价格将上涨40%。开采矿产品所需设备的初始投资为90万元，建设期为1年，从第2年开始投产，使用寿命为5年，直线法折旧，残值为0。公司计划每年开采2 000吨矿产品，项目开始需垫支营运资本10万元，项目结束后收回。若现在开采，每吨矿产品可销售0.1万元，若5年后再开采则每吨矿产品可销售0.14万元。不论选择哪种方案，该矿区仅可供开采5年，且开采矿产品每年均需负担付现成本50万元，那么，B公司应该选择现在开采还是5年后开采？假设资本成本率为10%，所得税税率为25%。

6. 甲公司进行一项投资，正常投资期为3年，每年投资200万元，3年共需投资600万元。第4～第13年每年现金净流量为210万元。如果把投资期缩短为2年，每年需投资320万元，2年共投资640万元，竣工投产后的项目寿命和每年现金净流量不变。资本成本率为20%。假设寿命终结时无残值，不用垫支营运资本。试分析判断是否应缩短投资期。

7. WDS公司拟准备进行一项投资，其各年的净现金流量和分析人员确定的约当系数如表7-Ⅱ所示。假设公司的资本成本率为15%。请分析该项投资是否可行。

表7-Ⅱ   投资项目的净现金流量情况和约当系数

项目	0	1	2	3	4
净现金流量（元）	-50 000	20 000	25 000	30 000	40 000
约当系数	1.0	0.9	0.8	0.7	0.7

8. 明月公司拟作一个投资，需要一次性投入资金150万元。该项目投资有效期为10年，预计无残值，采用直线法进行折旧。预计该项投资所生产的产品每件售价5 000元，单位变动成本3 000元，每年固定成本10万元（不含折旧）。假设公司资本成本率10%，试求财务盈亏平衡点的产品销量。

章后案例

石药集团的项目投资决策

石药集团有限公司（以下简称石药集团）是全国医药行业首家以强强联合方式组建的特大型制药企业，主要从事医药产品的开发、生产和销售，拥有原料药、成药和医药商业三大业务板块，下设和维生药业、中诺药业等30余家下属公司，其中控股子公司香港石药集团有限公司是中国医药行业首家境外上市公司，连续两次被

《福布斯》杂志评为全球亚洲区营业额 10 亿美元以下的 100 家优秀上市公司之一。公司的产品主要包括抗生素、维生素、心脑血管、解热镇痛、消化系统用药、抗肿瘤用药和中成药等七大系列近千个品种，产品销售遍及全国和世界 60 多个国家和地区。经全世界品牌实验室测评，"石药"品牌自 2005 年以来连续五度入选"中国 500 最具价值品牌"，石药集团连续三次跻身中国企业 500 强。

2011 年，石药集团在现有产品 P–Ⅰ 的基础上成功研制出第二代产品 P–Ⅱ。如果第二代产品投产，需要新购置成本为 1 200 000 元的设备一台，税法规定该设备使用期为 5 年，采用直线法计提折旧，预计残值率为 5%。第 5 年年末，该设备预计市场价值为 100 000 元（假定第 5 年年末 P–Ⅱ 停产）。财务部门估计每年固定成本为 60 000 元（不含折旧费和利息费用），变动成本为 60 元/盒。投产初期需要投入营运资金 200 000 元。营运资金于第 5 年年末全额收回。

新产品 P–Ⅱ 投产后，预计年销售量为 8 000 盒，销售价格为 120 元/盒。同时，由于产品 P–Ⅰ 与新产品 P–Ⅱ 存在竞争关系，新产品 P–Ⅱ 投产后会使产品 P–Ⅰ 的每年营业现金净流量减少 45 000 元。

新产品 P–Ⅱ 项目的 β 系数为 1.5，石药集团的债务权益比为 1∶1（假设资本结构保持不变），债务融资成本为 8%（税前）。石药集团适用的公司所得税税率为 25%。资本市场中的无风险利率为 5%，市场组合的预期报酬率为 11%。假定营业现金流入在每年年末取得。

资料来源：吴冰彬. 石药集团分拆上市案例分析 [D]. 南昌：江西财经大学，2020.

思考题

1. 简要说明常用的投资项目评价方法。

2. 计算产品 P–Ⅱ 投资的初始现金流量、第 5 年年末现金流量净额。

3. 假设折现率为 10%，计算产品 P–Ⅱ 投资的净现值、现值指数。

4. 若这些数据的发生概率出现变化，说明项目存在一定风险，请说明衡量项目风险的方法。

本章教辅资料二维码

练习题答案

章后案例答案

配套课件

进阶习题及答案

第八章　长期筹资与资本成本

【章前引例】

近年来，始终秉持"立足中国，全球化经营"的理念，希和汽车公司高速发展，产业规模不断扩大，逐渐成为中国规模较大的新能源汽车制造商之一。2020年9月，希和汽车公司得知美国安平公司的股东有意愿出售公司后，组织公司财务部开展调查，发现收购安平公司不仅可以将市场延伸到发达国家，还可以利用安平公司提高品牌影响力。但是，公司发起跨国并购需要筹集巨额资金。即使安平公司连续两年出现巨额亏损，但其规模仍是希和汽车公司的4倍，营业收入是希和汽车公司的6倍，双方的经济实力差距悬殊。经测算，希和汽车公司至少需要筹集20.5亿美元才能顺利完成此次"蛇吞象"式的跨国并购。最终，希和汽车公司通过向以中信银行北京分行牵头的银团贷款、增发普通股、发行长期债券、筹集自有资金等多种方式募足资金，完成了并购。

问题讨论：

使用单一方式进行筹资看起来更为简单和易于管理操作，但是希和汽车公司为什么要从多个渠道，采取多种方式进行筹资？组合式的筹资与单一方式筹资相比有什么优势？在本章中我们将了解不同企业的筹资渠道，对比不同的筹资方式，重点掌握各种资本成本的测算。

【学习目标】

1. 理解长期筹资的渠道、类型，掌握不同筹资方式的特点。
2. 掌握债务资本成本的测算。
3. 掌握权益资本成本的测算。
4. 掌握综合资本成本和边际资本成本的测算，并进行初步的融资决策。

【本章重点与难点】

重点：资本成本的概念；权益性筹资与债务性筹资的特点；个别资本成本的测算；综合资本成本与边际资本成本的测算。

难点：以股利折现模型测算普通股资本成本；以资本资产定价模型测算普通股资本成本；综合资本成本的测算；边际资本成本规划。

第一节 长期筹资概述

　　企业存在的目的是获取最大的经济效益，要实现这一目标，企业就需要将一定数量的资金投向有利可图的项目。如果存在能够为企业带来高额投资回报的项目，但企业自身没有足够的资金进行投资，这就产生了企业的筹资需求。

　　长期筹资（long-term financing）是指企业根据经营、投资活动和资本结构调整的需要，通过金融市场和筹资渠道，运用一定的筹资方式，经济有效地筹措和集中长期资本的活动。维持一定规模的长期资本对企业的生存与发展具有重要意义，不管是为了适应生产经营活动的发展变化，还是为了稳定一定的供求关系并获得一定的投资收益，又或者是根据企业内外部环境变化适时调整企业资本结构，都需要进行长期资本筹集。

一、长期筹资渠道

　　随着改革开放的不断深入和社会主义市场经济制度的建立和完善，我国企业的融资渠道日益呈现出多元化的趋势。认识融资渠道的种类和特点，有助于企业构建更为合理有效的筹资组合。常见的长期筹资渠道主要有以下七种。

　　1. 国家财政资金。出于控制关系国家安全和国民经济命脉的重要行业和领域的需要，或者为了扶持特定行业、支持和引导非国有经济发展等，国家财政以各种形式向企业投入资金，今后仍然是企业筹资的重要资金来源。除投入资本、无偿拨款等形式外，企业获得的财政贴息、先征后退或即征即退等方式返还的税款、减免的税款、行政划拨的非货币资产（如土地使用权等），都可视同国家对企业的投资，属于国家财政资金。

　　2. 银行。银行对企业提供的各类贷款是我国各类企业的主要资金来源渠道。按照功能，我国银行可分为商业银行和政策性银行：商业银行是以营利为主要经营目标的金融企业，主要包括中国工商银行、中国农业银行、中国建设银行、中国银行等；政策性银行是为特定企业提供政策性贷款的银行，主要有国家开发银行、中国农业发展银行和中国进出口银行。商业银行信贷资金来源城乡居民储蓄和企事业单位存款，稳定充足且贷款方式灵活，能满足企业不同的资金需求。

　　3. 非银行金融机构。非银行金融机构是指除银行之外的各种金融机构及金融中介机构，主要有金融资产管理公司、保险公司、证券公司、信托投资公司、金融租赁公司等。这类机构不仅提供信贷资金的投放，也提供包括融资融物、承销证券等金融服务，虽然资金储备实力比不上银行，但所提供的金融服务丰富多样，发展前景广阔。

　　4. 其他法人企业。在我国，法人可分为企业法人、事业单位法人和团体法人等，它们在日常经营中，有时会产生一定数量的闲置资金，这就为其他企业提供了资金筹集来源。比如在企业之间，因为购销业务往来而通过商业信用直接向企业提供债务资金；为了提高资金使用效率而将闲置资金投资于其他企业；因为业务关系、投资需求直接向外进行长期投资等。

5. 民间资本。民间资本同样是企业资金的重要来源。我国企事业单位职工和城乡居民手中持有大量资金，他们可以将闲置资金存放于银行再投向于资金需求方，也可以个人自主选择购买股票、债券、基金等有价证券，或直接向一些企业投资，为企业筹资提供资本。

6. 企业内部积累。企业内部积累是指企业留存收益，即企业提取盈余公积和保留未分配利润形成的资本。这些资本可以用于弥补亏损、转增资本或用于企业的生产经营活动，简单便利，有盈利的企业都可以采取这种方式筹集资金。

7. 外商。外商是指外国投资者及我国香港特别行政区、澳门特别行政区和台湾地区的投资者。在改革开放的背景下，外商资金是中国境内的外国企业和外商投资企业的主要资金来源。

二、长期筹资类型

长期筹资可以按照不同标准来分类。按长期筹资的资本来源，可分为内部筹资和外部筹资两种类型。内部筹资是指企业通过留用利润在内部筹集资金的财务行为；而外部筹资则指企业在内部筹资不能满足需要时，向企业外部进行筹集资金的财务行为。相比于内部筹资而言，外部筹资的筹资费用相对较高。按企业筹资是否借助银行等第三方金融机构，可分为直接筹资和间接筹资两种类型。直接筹资是指企业不借助银行等金融机构，直接与资本所有者协商融通资本的筹资活动，如投入资本、发行股票、发行债券等。间接筹资是指企业借助银行等金融机构融通资本的筹资活动，如银行借款、融资租赁等。按资本属性的不同，长期筹资可分为股权性筹资、债务性筹资和混合性筹资三类。混合性筹资指兼具股权性筹资和债务性筹资双重属性的长期筹资类型，如发行可转换债券筹资等。由于优先股筹资同时具有债务性筹资的性质，部分教材也将其归类为混合性筹资。本小节主要介绍股权性筹资和债务性筹资两类重要的长期筹资类型。

1. 股权性筹资。股权性筹资（equity financing）形成企业的股权资本。股权资本又称为权益资本，是企业依法取得并长期持有、无须到期归还、可自主调配使用的资本。股权性筹资具有以下特点：一是股权资本的所有权归属于企业所有者，所有者根据持有股权资本的比例依法参与企业的经营管理与利润分配，并对企业债务承担有限或无限责任。二是企业股权资本可依法交易转让。企业存续期间有权使用调配股权资本，股权持有者除依法转让所有权之外，不能以任何方式或理由撤回投入的股权资本。股权性筹资主要包括发行普通股筹资和发行优先股筹资。

（1）发行普通股筹资。普通股（common stock）是公司发行的，代表股东享有平等的权利和义务，不附加特别限制且股利不固定的股票。发行普通股筹资具有以下优点：第一，没有固定的股利负担。普通股股利是否分配以及分配多少，主要由董事会根据公司的盈利水平和发展情况而定，公司用资风险小。第二，筹集资金没有规定的到期日。股权资本是公司的永久性资本，除企业破产清算时需清偿外，其余情形下无须偿还，这保证了企业持续稳定经营。第三，发行普通股筹资产生的股本和资本公积是公司筹措债务资本的基础，有利于提升公司的信用价值。

但是发行普通股筹资同样存在一些不足，具体体现在：第一，由于投资普通股风险较大，投资者要求更高的风险报酬率；普通股的股利使用税后利润支付，不能抵免所得税；普通股的发行费用比优先股、债券和长期借款更高，因此发行普通股的筹资成本较高。第二，公司增发新股时若原股东不按原持股比例购入增发的股票，引进新股东就会稀释原股东对公司的控制权，也可能降低每股收益从而引起股价下降。同时，新股东有权参与公司的留存盈余的分享。第三，公司在股票上市后要遵循严格的信息披露制度，接受公众的监督，加大了公司保护商业秘密的难度，也就增加了信息披露成本。

（2）发行优先股筹资。优先股（prefect stock）是公司发行的，优先于普通股股东分享股利和公司剩余财产的股票。发行优先股筹集到的资金与发行普通股一样，没有规定的到期日，能增强公司的举债能力，同时也具有资本成本较高的特点。此外，优先股筹资还具有如下一些特点。

第一，优先股股利虽然采用固定股利政策，但较为灵活，股利支付不构成公司的法定义务，当公司财务状况不佳时可以暂时不支付优先股股利，且优先股持有者不能迫使公司破产。第二，优先股股东一般没有表决权，不享有对公司重大经营决策的控制权和取得额外红利的权力，发行优先股不会分散原有普通股股东对公司的控制权。第三，优先股股东可以在普通股股东之前分得固定股息和剩余财产，与普通股相比风险更小，公司发行优先股可以吸引比较保守的投资者；第四，优先股与债务一样具有杠杆作用，当公司盈利增长时，公司只需支付固定股息或利息，就能获得较大的财务杠杆利益，但是当公司盈利下降时，杠杆的负效应也可能加剧公司的财务风险。

2. 债务性筹资。债务性筹资（debt financing）是指企业通过负债筹集资金，形成企业的债务资本，是企业依法取得、依约运用，并按期偿还的资本。债务资本是企业一项重要的资金来源，几乎没有一家企业只靠自有资本而不运用负债就能满足资金需要的。债务性筹资是与股权性筹资性质不同的筹资方式。债务性筹资具有以下特点：一是债权人有权按期索取债权本息，但无权参与企业的经营管理和利润分配，对企业的其他债务不承担责任；二是企业对债务资本在约定的期限内享有使用权，并承担按期还本付息的义务。我国企业的债务资本一般由长期借款、发行债券等方式取得。

（1）长期借款筹资。长期借款（long-term loan）是指企业向银行等金融机构以及其他单位借入的、偿还期限在1年或超过1年的一个营业周期以上的债务。长期借款主要用于企业长期资产投资和满足永久性流动资产的资金需要。目前，我国企业的长期借款主要是向金融机构尤其是向商业银行借入的各项长期性借款。长期借款筹资具有以下优点。

第一，与发行股票和债券等方式相比，筹资程序更为简便，筹集速度更快，筹资费用也更低，而且利息可以在所得税前列支，有抵税作用，因此长期借款的筹资成本较低。第二，无论是借款利率、借款期限、用款进度、还款安排，还是后续变更借款数量和还款期限等，都可以根据企业的财务状况和偿债能力与贷款银行协商解决，筹资弹性较大。第三，长期借款能够起到财务杠杆作用，即企业通过银行借款方式可提高股东收益。第四，与公开发行股票和企业债券相比，向银行申请借款可避免向社会公众披露大量信息，因而具有保守企业商业机密的好处。

但是，长期借款筹资有以下不足之处：第一，固定的利息负担和固定的偿付期限使得公司的财务风险较大，公司如果不能按时履行偿债义务，不但信誉受损，甚至引发破产威胁；第二，借款提供方为了保证贷款的安全性和营利性，对借款的使用、偿还等方面附加许多约束条件，在一定程度上限制了企业使用筹集资金的自主性；第三，长期借款与发行股票、债券等筹资方式相比，筹资规模相对较小。

（2）发行债券筹资。债券（bond）是企业为了筹集资金而发行的、承诺在一定期限内按照一定的利息率向债权人支付利息，并到期还本的一种有价证券。我国非公司企业发行的债券称为企业债券，股份有限公司和有限责任公司发行的债券称为公司债券。公司发行债券通常是为大型投资项目一次性筹集长期资本。按照发行价格与票面金额的大小关系，债券发行可分为平价发行、溢价发行和折价发行三种。平价发行是指以债券的票面金额作为发行价格，多数公司债券采用平价发行；溢价发行是指按高于债券面额的价格发行债券；折价发行是指按低于债券面额的价格发行债券。

按照国际惯例和我国相关法律规定，公司发行债券需要符合规定条件，一般包括：第一，股份有限公司的净资产额不低于人民币 3 000 万元，有限责任公司的净资产额不低于人民币 6 000 万元；第二，累计发行的债券总额不超过公司净资产的40%；第三，最近 3 年平均可分配利润足以支付公司债券 1 年的利息；第四，筹集资金的投向符合国家产业政策；第五，债券的利率不得超过国务院限定的利率水平；第六，公司内部控制制度健全，内部控制制度的完整性、合理性和有效性不存在重大缺陷；第七，经资信评级机构评级，债券信用级别良好；第八，国务院规定的其他条件。此外，发行公司债券所筹集的资本必须按审批机关批准的用途使用，不得用于弥补亏损和非生产性支出。

发行债券筹资和长期借款筹资一样，利息在所得税前支付，公司可享受节税利益。而且，无论公司是否盈利，或是盈利多少，都需要支付固定的利息，这能够发挥财务杠杆作用。此外，当公司发行可转换债券或可提前赎回债券时，有利于公司主动、合理地调整资本结构。但同样，发行债券筹资也具有财务风险高、限制条件多和筹资数量有限等缺点。

不同的长期筹资方式有不同的特点，见表 8 - 1。

表8-1 各类长期筹资方式的特点比较

特点	权益性筹资		债务性筹资	
	发行普通股	发行优先股	长期借款	长期债券
到期还本义务	无	无	有	有
按期付息义务	灵活	较为灵活	有	有
税收减免效应	无	无	有	有
控制权稀释风险	有	无	无	无
财务杠杆效应	无	有	有	有
信息披露成本	高	高	低	低
筹资灵活度	较低	较低	高	高
用资限制	低	低	高	高
筹资规模	大	大	较为有限	较为有限
资本成本	高	较高	低	低

第二节 资本成本的测算

资本成本（cost of capital）是指企业筹集和使用资本而承担的代价，如公司向银行支付的借款利息和向股东支付的股利等。在实务中，资本成本通常采用相对数即资本成本率来表示，资本成本率包括个别资本成本率、综合资本成本率和边际资本成本率。资本成本的概念之所以重要，有两个原因：一是公司要达到股东财富最大化，必须使其投入的所有成本最小化，其中包括资本成本的最小化，因此正确估计和合理降低资本成本是制定筹资决策的基础；二是公司为了增加股东财富，公司只能投资于报酬率高于资本成本率的项目。换言之，资本成本是公司进行项目投资所要求的必要报酬率或最低报酬率，正确估计项目的资本成本是制定投资决策的关键。本节的主要目标是测算资本成本。

一、个别资本成本率的测算

个别资本成本率（individual cost of capital ratio）是指特定筹资方式的融资成本，如长期借款资本成本、长期债券资本成本、股权资本成本等，这些长期筹资方式的个别资本成本率的不同，可作为比较、选择筹资方式的依据。一般而言，个别资本成本率可使用企业用资费用与有效筹资额的比率来表示：

$$K = \frac{D}{P - f} \qquad (8-1)$$

或

$$K = \frac{D}{P(1-F)} \tag{8-2}$$

其中，K 表示资本成本率，以百分比表示；D 表示用资费用；P 表示筹资额；f 表示筹资费用额；F 表示筹资费用率，即筹资费用额与筹资额的比率。可见，资本成本率由用资费用、筹资费用和筹资额三个因素决定。需要特别说明的是：

（1）筹资费用 f 是一次性费用，属于固定性资本成本，而用资费用 D 是每期支付的经常性费用，属于变动性成本，因此，$K = D/(P-f)$ 不可以写成 $K = (D+f)/P$；

（2）筹资费用 f 在资金筹集时一次性支付，可视为对筹资额的一项扣除，即有效筹资额或筹资净额为 $P-f$；

（3）资本成本率和利息率有着本质上的区别，利息率 D/P 是用资费用与筹资额的比率，不考虑筹资费用，而资本成本率 $D/(P-f)$ 既考虑了用资费用，也考虑了筹资费用。

1. 长期债务资本成本的测算。长期借款、长期债券和融资租赁的融资成本统称为长期债务资本成本，这几种融资方式具有以下共同特点：第一，债务利息按预先确定的利息率计算，用资费用固定；第二，都产生一定的筹资费用，公司实际筹集到的资金是融资总额扣除筹资费用后的差额；第三，债务利息在企业税前利润列示，具有所得税的减免作用，公司实际承担的债务资金成本是利息费用扣除抵减所得税税额的净额。以下介绍不同类型的债务资本成本的测算方法。

（1）长期借款资本成本率的测算。长期借款的资本成本一般由借款利息和手续费两部分组成，计算公式如下：

$$K_l = \frac{I_l(1-T)}{L(1-F_l)} \tag{8-3}$$

其中，K_l 表示长期借款资本成本率；I_l 表示长期借款年利息额；T 表示所得税税率；L 表示长期借款筹资额；F_l 表示长期借款筹资费用率。

长期借款的筹资费用主要是银行借款手续费，一般数额很小，在计算资本成本时可以忽略不计，此时长期借款资本成本率的计算公式可简化为：

$$K_l = R_l(1-T) \tag{8-4}$$

也即长期借款的资本成本率近似于税后借款利率。

【例题 8-1】假设某公司从银行取得一笔 500 万元的长期借款，手续费率为 1%，年利率为 4%，5 年后到期，每年年末结息一次，到期一次还本，该公司适用的所得税税率为 25%，这笔借款的资本成本是多少？在不考虑手续费的情况下，长期借款资本成本又是多少？

考虑手续费的情况下：

$$K_l = \frac{500 \times 4\% \times (1-25\%)}{500 \times (1-1\%)} = 3.03\%$$

不考虑手续费的情况下：

$$K_l = 4\% \times (1 - 25\%) = 3\%$$

在可供选择的企业融资方式中，长期借款的资本成本是最低的，但银行出于资金安全性的考虑往往提出一些附加条件，比如银行要求一定的补偿性余额作为借款条件，此时借款企业可实际使用的借款筹资额应该扣除补偿性余额，这使得从银行获得借款所承担的实际成本将高于按借款利息率计算的名义成本。

【例题 8 – 2】 假设某公司欲从银行借款 500 万元，年利率为 4%，期限为 4 年，每年年末结息一次，到期一次还本，银行要求的补偿性余额所占比例为 15%。该公司适用的所得税税率为 25%，这笔借款的资本成本是多少？

$$K_l = \frac{500 \times 4\% \times (1 - 25\%)}{500 \times (1 - 15\%)} = 3.53\%$$

在借款年内结息次数超过一次时，借款实际利率也会高于名义利率，资本成本率会上升。此时，借款资本成本的测算公式为：

$$K_l = \left[\left(1 + \frac{R_l}{M} \right)^M - 1 \right] (1 - T) \tag{8-5}$$

其中，M 表示一年内结息的次数，其他符号含义同前。

【例题 8 – 3】 假设某公司从银行取得一笔 500 万元的长期借款，年利率为 4%，期限为 5 年，半年结息一次，到期一次还本。该公司适用的所得税税率为 25%，这笔借款的资本成本是多少？

$$K_l = \left[\left(1 + \frac{4\%}{2} \right)^2 - 1 \right] (1 - 25\%) = 3.03\%$$

（2）长期债券资本成本率的测算。长期债券资本成本的构成和计算方式与长期借款类似，但是企业发行长期债券的筹资费用包括申请费、注册费、印刷费、上市费和摊销费等，这些比起长期借款的筹资费用要高得多，因此在计算资本成本率时不可忽略。计算公式如下：

$$K_b = \frac{I_b(1 - T)}{B(1 - F_b)} \tag{8-6}$$

其中，K_b 表示债券资本成本率；I_b 表示债券年利息；B 表示债券筹资额；F_b 表示债券筹资费用率。

要注意的是，长期债券既可以按面值发行，也可以折价或者溢价发行，因此，在计算长期债券资本成本时，债券的筹资总额应按照债券的发行价格计算，而各期应付的债券利息应该按照债券面值和票面利率计算所得。

【例题 8 – 4】 某公司发行了 5 年期、票面利率为 7%、面值为 100 元的长期债券，发行费用为发行价格的 5%，每年付息一次，该公司适用的所得税税率为 25%，那么该长期债券的资本成本为多少？

$$K = \frac{100 \times 7\% \times (1 - 25\%)}{100 \times (1 - 5\%)} = 5.53\%$$

但是，公司发行长期债券，应当考虑货币时间价值。根据债券的估值公式，债券持有人投资的必要报酬率即公司债券的税前资本成本率，也即使下式成立的 R_b。

$$P_0 = \sum_{t=1}^{n} \frac{I}{(1+R_b)^t} + \frac{P_n}{(1+R_b)^n} \quad\quad (8-7)$$

其中，P_0 表示债券筹资净额，即债券发行价格扣除发行费用；I 表示债券年利息额；P_n 表示债券面额或到期价值；t 表示债券付息期数；n 表示债券期限。

债券税前资本成本率乘以 $(1-T)$，可折算为税后的资本成本率：

$$K_b = R_b(1-T) \quad\quad (8-8)$$

【例题 8-5】假设某公司平价发行面值为 1 000 元、期限为 22 年的长期债券，票面利率为 7%，每年付息一次，发行费用为发行价格的 10%，公司适用的所得税税率为 25%，那么该长期债券的资本成本为多少？

$$1\,000 \times (1-10\%) = \sum_{t=1}^{22} \frac{1\,000 \times 7\%}{(1+R_b)^t} + \frac{1\,000}{(1+R_b)^{22}}$$

$$900 = 1\,000 \times 7\% \times (P/A, R_b, 22) + 1000 \times (P/F, R_b, 22)$$

用内插法求解：$R_b = 7.98\%$

此时有：

税后资本成本 $K_b = 7.98\% \times (1-25\%) = 5.99\%$

2. 股权资本成本率的测算。按照公司股权资本的构成，股权资本成本率主要分为优先股资本成本率、普通股资本成本率和留存收益资本成本率。股权资本成本具有以下特点：第一，企业的生产经营存在不确定性，股票股利的支付会出现波动，因此股票的用资成本不固定；第二，股票股利使用税后利润支付，不能起到减免所得税的作用，因此股权资本成本要比债务资本成本高很多。

（1）优先股资本成本率的测算。优先股资本成本包括优先股股息和发行费用，具有税后支付股息、每期股息固定的典型特征，因此优先股股息可视为永续年金。资本成本测算公式如下：

$$K_p = \frac{D_p}{P_p} \quad\quad (8-9)$$

其中，K_p 表示优先股资本成本率；D_p 表示优先股每股股利；P_p 表示优先股筹资净额，即发行价格扣除发行费用。

【例题 8-6】某公司为募集资金，拟发行每股面值为 100 元、固定股息率为 2% 的优先股，筹资费用率为 3%，可以很容易地测算出此次发行优先股的资本成本：

$$K = \frac{100 \times 2\%}{100 \times (1-3\%)} = 2.06\%$$

（2）普通股资本成本率的测算。普通股资本成本率是普通股股东所要求的必要报酬率，主要有以下两种测算方式。

①股利折现模型。运用股利折现模型测算普通股资本成本率，需要根据不同的股利政策选择不同的计算公式。

当公司实施固定股利政策时，每年分派的现金股利可视为永续年金，则普通股资本成本率为：

$$K_c = \frac{D_c}{P_c} \qquad (8-10)$$

其中，K_c 表示普通股资本成本率（即普通股投资的必要报酬率）；D_c 表示每年分派的现金股利；P_c 表示普通股筹资净额，也即发行价格扣除发行费用后的余额。

当公司实施固定增长股利政策时，假定股利固定增长率为 G，那么普通股资本成本率为：

$$K_c = \frac{D_1}{P_c} + G \qquad (8-11)$$

其中，D_1 为下一年普通股每股股利，其他符号同前。

【例题 8-7】TB 公司准备增发普通股，每股发行价格为 20 元，发行费用为 1 元，预计第一年分派现金股利每股 1.5 元，并且股利将会稳定地以每年 5% 无限期增长下去，那么该普通股的资本成本率是多少？

$$K = \frac{1.5}{20-1} \times 100\% + 5\% = 12.89\%$$

用股利折现模型测算股权资本成本的最大优点在于操作简单、易于理解，但是也存在一些不足：一是股利折现模型只适用于支付股利的公司，但在实务中有不少公司不分配股利，而且固定增长型股利政策假设公司保持固定的股利增长率，但在实际上固定股利增长率很难维持下去；二是股利增长模型测算的股权资本成本率对股利增长率很敏感，只要增长率变动 1 个单位，就会使得资本成本率变动 1 个单位；三是股利折现模型没有考虑风险因素。

②资本资产定价模型。根据资本资产定价模型，证券投资的报酬率取决于该投资的风险水平，因此普通股投资的必要报酬率等于无风险报酬率加上风险报酬率。股权资本成本可根据必要报酬率的公式测算：

$$K_c = R_f + \beta_i (R_m - R_f) \qquad (8-12)$$

其中，K_c 表示普通股资本成本率，也即普通股投资的必要报酬率；R_f 表示无风险报酬率，通常以一年期国债收益率来衡量；β_i 表示第 i 只股票的贝塔系数，也即该股票的系统风险指数；R_m 表示市场报酬率；$R_m - R_f$ 表示市场风险溢价。

【例题 8-8】承接〖例题 8-7〗，假设 TB 公司股票贝塔系数为 1.2，市场报酬率为 10%，短期国债收益率为 4%。采用资本资产定价模型测算的资本成本率为：

$$K_c = 4\% + 1.2 \times (10\% - 4\%) = 11.2\%$$

〖例题 8-7〗中使用股利折现模型测算的资本成本率为 12.89%，和本例中使用资本资产定价模型测算的结果相近，可以取平均值估计该公司的普通股资本成本率，即为 12.05%。

使用资本资产定价模型测算权益资本成本的优势在于：系统地考虑了风险调整，

且对于不分配股利的公司也同样适用。但也存在一些不足：一是该方法要估计市场风险溢价和贝塔系数，如果估计不准确，那么测算的资本成本率的准确性就会大打折扣；二是该方法和股利折现模型法一样，都是基于过去预测未来，在快速变化的经济环境中，预测结果未必准确。

（3）留存收益资本成本率的测算。留存收益是由企业的税后利润形成，包括提取的盈余公积和未分配利润。从产权属性来看，留存收益属于公司股权资本。直观上，使用留存收益无需任何融资成本，但实际上，股东愿意将其留在公司作为对公司的再投资，而不作为股利取出投资于其他公司，是希望能带来预期的收益。因此，留存收益的资本成本是一种机会成本。留存收益资本成本率的测算可参照普通股资本成本率的计算方式，但是无须考虑筹资费用。

【例题 8－9】2020 年 6 月 30 日，北京必创科技股份有限公司（股票简称：必创科技）发布 2019 年度利润分配及资本公积转增股本实施公告。资本公积转增股本的具体方案为：以资本公积金向全体股东每 10 股转增 5 股。分红前公司总股本为 127 052 546 股，分红后总股本增至 190 578 819 股。必创科技实现了将留存收益转化为新增投资。查找相关资料，必创科技 2020 年 6 月 30 日的普通股价格为每股 29 元，假定必创科技采用固定股利政策，每年分派现金股利每股 1 元，那么留存收益转增资本的资本成本为 3.45%。

二、综合资本成本的测算

企业长期资本通常由多种方式筹集而得，前面介绍了长期筹资方式的资本成本的测算，本小节介绍特定筹资组合的综合资本成本率的测算，用以进行资本结构决策和融资方案选择。

综合资本成本率（weighted average cost of capital）是指一个企业全部长期资本的成本率，一般将各种融资方式的个别资本成本率按融资比例为权重进行加权平均测算计算得到，因此也称加权平均资本成本率。因此，综合资本成本率不仅受到个别资本成本率的大小的影响，还受到各种长期资本的比例的影响，计算时需要确定各种长期资本所占权重（即资本结构）。

1. 融资权重的确定基础。

（1）账面价值权重。按照各种融资方式的实际入账融资额作为权重的计算基础。使用这种方式的优点在于，相关数据资料容易从资产负债表获得；缺点在于，账面价值基于历史成本基础，可能脱离市场价值，如果市场价值和账面价值偏差过大会导致测算的权重比例不够准确，不利于未来的筹资管理决策。

（2）市场价值权重。按照各种长期资本的现行市场价格作为基础计算融资权重。使用这种方式的优点在于，反映了公司现在的资本构成比例，有利于筹资管理决策；但不足之处在于，证券价格具有波动性，不容易选定。在实务中，可以计算一定时期的证券平均价格来计算权重。此外，按照市场价值确定的是现在的资本结构，不必适用于未来的筹资管理决策。

（3）目标价值权重。按照各种长期资本的未来目标市场价值作为基础确定资本比例。目标价值权重代表公司对未来资本结构的期望，有利于未来的筹资管理决策。但是，目标价值难以客观地确定。

综合而言，上市公司应选择市场价值来确定资本比例，但在实务中，仍有许多公司选择账面价值权重，主要原因在于该方式更易于操作。

2. 综合资本成本测算原理。综合资本成本率可按以下公式进行测算：

$$K_w = K_l W_l + K_b W_b + K_p W_p + K_c W_c + K_r W_r \tag{8-13}$$

其中，K_w 表示综合资本成本率；K_l 表示长期借款资本成本率，W_l 表示长期借款资本所占权重；K_b 表示长期债券资本成本率，W_b 表示长期债券资本所占权重；K_p 表示优先股资本成本率，W_p 表示优先股资本所占权重；K_c 表示普通股资本成本率，W_c 表示普通股资本所占比重；K_r 表示留存收益资本成本率，W_r 表示留存收益资本所占权重。

式（8-13）可以简写为：

$$K_w = \sum_{j=1}^{n} K_j W_j \tag{8-14}$$

其中，K_j 表示第 j 项长期资本的资本成本率；W_j 表示第 j 项长期资本的所占权重，$\sum_{j=1}^{n} W_j = 1$。

【例题 8-10】假设某公司现有长期资本总额 20 000 万元，其中长期借款 3 000 万元，长期债券 8 000 万元，优先股 2 000 万元，普通股 4 500 万元，留用利润 2 500 万元，资本成本率依次为 5%、7%、10%、15% 和 12%。该公司的综合资本成本率为多少？

$$
\begin{aligned}
K_w &= K_l W_l + K_b W_b + K_p W_p + K_c W_c + K_r W_r \\
&= 5\% \times \frac{3\,000}{20\,000} + 7\% \times \frac{8\,000}{20\,000} + 10\% \times \frac{2\,000}{20\,000} + 15\% \times \frac{4\,500}{20\,000} \\
&\quad + 12\% \times \frac{2\,500}{20\,000} \\
&= 9.43\%
\end{aligned}
$$

3. 综合资本成本测算实务。接下来以纳思达公司的筹资过程为例，详细展示实务中综合资本成本的测算程序。

【例题 8-11】纳思达公司于 2016 年对美国 Lexmark 公司发起跨国并购。双方经济实力差距悬殊，为了保证并购的顺利进行，纳思达筹措了大量资本。

①确定资本总额。根据纳思达公司的 2016 年年报披露，流通在外的普通股共有 1 012 024 028 股，每股账面价值为 1.77 元，股权资本的账面价值为 17.91 亿元，长期借款的账面价值为 153.83 亿元，长期债券的账面价值为 26.57 亿元，因此 2016 年纳思达资本总额为 198.31 亿元。

②确定债务资本成本率。截至 2016 年末，纳思达公司的债务资本构成如下：

一是向中信银行和中国进出口银行组成的银团（以下简称"银团"）申请9亿美元贷款（按2016年美元兑人民币的平均汇率6.6423计算，合计人民币59.78亿元），年利率为5.5%，手续费率为0.2%，计划在未来5年内还清，每年付息一次，到期还本，企业所得税税率为25%。

二是以开曼子公司的名义向银团额外申请6亿美元贷款（合计人民币39.85亿元），利率、手续费率等与前一笔借款保持一致，银团为确保资金安全提出要求补偿性余额所占比例为15%。

三是其余银行借款54.2亿元以中国人民银行发布的贷款利率为参考，2016年的税前利息率为4.35%。

根据以上材料，债务资本成本率的计算过程如下。

第一笔贷款：$K_{l1} = \dfrac{5.978 \times 10^9 \times 5.5\% \times (1 - 25\%)}{5.978 \times 10^9 \times (1 - 0.2\%)} = 4.13\%$

第二笔贷款：$K_{l2} = \dfrac{3.985 \times 10^9 \times 5.5\% \times (1 - 25\%)}{3.985 \times 10^9 \times (1 - 15.2\%)} = 4.86\%$

余下部分贷款：$K_{l3} = 4.35\% \times (1 - 25\%) = 3.26\%$

则纳思达公司的长期借款的资本成本率为：

$$K_l = K_1 W_1 + K_2 W_2 + K_3 W_3$$

$$= \frac{5.978 \times 10^9}{1.5383 \times 10^{10}} \times 4.13\% + \frac{3.985 \times 10^9}{1.5383 \times 10^{10}} \times 4.86\% + \frac{5.42 \times 10^9}{1.5383 \times 10^{10}} \times 3.26\%$$

$$= 4.01\%$$

四是向银团借入贷款和筹集自有资金之后，纳思达公司仍有4亿美元的资金缺口（按2016年美元兑人民币平均汇率6.6423计算，合计人民币26.57亿元）。于是公司平价发行10年期、票面利率为8%、面值为100元的长期债券，筹集发行费用为发行价格的5%，每年付息一次，适用的所得税税率为25%。则纳思达公司长期债券的资本成本为：

$$K_b = \frac{100 \times 8\% \times (1 - 25\%)}{100 \times (1 - 5\%)} = 6.32\%$$

③确定权益资本成本。纳思达股份有限公司没有每年都分派现金股利，因此采用资本资产定价模型法估算股权资本成本。查阅相关资料，2016年发行的1年期国债利率为3.8%，则无风险收益率 R_f 为3.8%；选取近4年的国内生产总值年均增长率作为市场风险溢价（$R_m - R_f$），为6.74%；2016年公司股票的 β 系数为0.9907（资料来源锐思数据库）。因此，纳思达公司的股权资本成本率为：

$$K_c = R_f + \beta(R_m - R_f) = 3.8\% + 0.9907 \times 6.74\% = 10.48\%$$

④计算各项长期资本的权重。以账面价值为基础计算各项长期资本所占权重：

长期借款资本权重：$W_l = \dfrac{1.5383 \times 10^{10}}{1.9831 \times 10^{10}} = 0.78$

长期债券资本权重：$W_b = \dfrac{2.657 \times 10^9}{1.9831 \times 10^{10}} = 0.13$

普通股资本权重：$W_c = \dfrac{1.791 \times 10^9}{1.9831 \times 10^{10}} = 0.09$

⑤计算综合资本成本率。纳思达公司 2016 年的综合资本成本率为：

$$K_w = K_l W_l + K_b W_b + K_c W_c$$
$$= 4.01\% \times 0.78 + 6.32\% \times 0.13 + 10.48\% \times 0.09$$
$$= 4.89\%$$

综上所述，使用账面价值资本结构权重，纳思达公司 2016 年的综合资本成本率为 4.89%。

三、边际资本成本率的测算

1. 边际资本成本测算原理。边际资本成本率（margin cost of capital）是指企业追加筹资的资本成本率，即企业每增加一单位资本所需要负担的成本。边际资本成本率就是企业追加筹资的加权平均资本成本率，各种资本所占的权重一般按目标价值权重确定。

【例题 8 – 12】天清公司现有长期资本总额 2 000 万元，当前资本结构是目标结构：长期债务 0.35，优先股 0.05，普通股 0.4，留用利润 0.2。现拟追加资本 500 万元，仍按此资本结构筹资。经测算，个别资本成本率分别为：长期债务 6%，优先股 10%，普通股 15%，留用利润 12%，则该公司追加筹资的边际资本成本率为多少？

$$K = 0.35 \times 6\% + 0.05 \times 10\% + 0.4 \times 15\% + 0.2 \times 12\% = 11\%$$

但需要注意的是，企业的筹资成本和筹资总额存在一定的内在联系，企业无法永远按照一个固定的资本成本率去筹集无限量的资本。当企业以某种方式筹资超过一定限额时，边际资本成本率就会提高。因此，在追加筹资时，企业应当预先测算不同规模范围内的筹资组合的边际资本成本率，以便作出正确的筹资决策。

2. 边际资本成本测算实务。接下来的例题详细展示如何进行边际资本成本的测算，并据此选择筹资组合。

【例题 8 – 13】仍以纳思达公司为例，若在顺利并购 Lexmark 之后，出于资源整合和技术改进的需要还需追加筹资，接下来将详细说明纳思达公司的边际资本成本率的测算与筹资规划。

第一步，确定目标资本结构。纳思达公司目前的资本结构为：长期借款资本占比 78%、长期债券资本占比 13%、普通股资本占比 9%。财务人员经过分析认为，纳思达公司目前的资本结构处于目标资本结构范围内，在增资时应当保持。

第二步，确定个别资本成本率。财务人员分析资本市场状况和公司的筹资能力后，认为随着公司筹资规模的扩大，各种资本的成本也会增加，经测算的个别资本成本率见表 8 – 2。

表8-2   个别资本成本测算资料

资本种类	目标资本结构（%）	追加筹资数量（万元）	个别资本成本率（%）
长期借款	78	40 以内	5
		40~160	6
		160 以上	7
长期债券	13	7.5 以内	9
		7.5 以上	10
普通股	9	2.8 以内	12
		2.8~9	13
		9 以上	14

第三步，测算筹资总额分界点。根据目标资本结构和各种资本的资本成本率分界点，测算筹资总额分界点，计算公式如下：

$$BP_j = \frac{TF_j}{W_j} \tag{8-15}$$

其中，BP_j 是筹资总额分界点；TF_j 是第 j 种资本的资本成本率分界点，W_j 是目标资本结构中第 j 种资本的权重。

根据式（8-15），纳思达公司筹资总额分界点的测算结果见表8-3。

表8-3   纳思达公司筹资总额分界点测算

资本种类	个别资本成本率（%）	各种资本筹资范围（万元）	筹资总额分界点（万元）	筹资总额范围（万元）
长期借款	5	40 以内	40/78% = 51.28 160/78% = 205.13	51.28 以内
	6	40~160		51.28~205.13
	7	160 以上		205.13 以上
长期债券	9	7.5 以内	7.5/13% = 57.69	57.69 以内
	10	7.5 以上		57.69 以上
普通股	12	2.8 以内	2.8/9% = 31.11 9/9% = 100.00	31.11 以内
	13	2.8~9		31.11~100.00
	14	9 以上		100.00 以上

表8-3列示各类资本成本率变动的分界点。当普通股筹资在2.8万元以内时，资本成本率为12%，而在目标资本结构中，普通股资本权重为9%，可得出普通股的第一个筹资总额分界点为31.11万元。这说明如果企业的筹资总额超过31.11万元，按9%的权重来进行股权筹资，则普通股筹资额高于2.8万元时，这时普通股资本成本率将由12%上升到13%。

第四步，测算边际资本成本率。根据第三步测算出的筹资分界点，可以划分为六个筹资总额范围：①31.11 万元以内；②31.11 万元到 51.28 万元；③51.28 万元到 57.69 万元；④57.69 万元到 100.00 万元；⑤100.00 万元到 205.13 万元；⑥205.13 万元以上。对这六个筹资总额范围分别测算其加权资本成本率，即可得到各种筹资总额范围的边际资本成本率，见表 8－4。

表 8－4　　　　　　　　　　　　边际资本成本规划

序号	筹资范围总额（万元）	资本种类	目标资本结构（%）	个别资本成本率（%）	边际资本成本率（%）
1	31.11 以内	长期借款	78	5	3.9
		长期债券	13	9	1.17
		普通股权益	9	12	1.08
第一个筹资总额范围的边际资本成本率为 6.15%					
2	31.11 ~ 51.28	长期借款	78	5	3.9
		长期债券	13	9	1.17
		普通股权益	9	13	1.17
第二个筹资总额范围的边际资本成本率为 6.24%					
3	51.28 ~ 57.69	长期借款	78	6	4.68
		长期债券	13	9	1.17
		普通股权益	9	13	1.17
第三个筹资总额范围的边际资本成本率为 7.02%					
4	57.69 ~ 100.00	长期借款	78	6	4.68
		长期债券	13	10	1.3
		普通股权益	9	13	1.17
第四个筹资总额范围的边际资本成本率为 7.15%					
5	100.00 ~ 205.13	长期借款	78	6	4.68
		长期债券	13	10	1.3
		普通股权益	9	14	1.26
第五个筹资总额范围的边际资本成本率为 7.24%					
6	205.13 以上	长期借款	78	7	5.46
		长期债券	13	10	1.3
		普通股权益	9	14	1.26
第六个筹资总额范围的边际资本成本率为 8.02%					

综上所述，根据企业所需资金的规模，进行边际资本成本规划，可选取最为经济有效的筹资方式组合。

第三节　本章实验

学习目标

长期筹资与资本成本是通过测算不同筹资方法的资本成本，进行初步的融资决策。本部分结合长期筹资的渠道、类型、特点等知识，基于企业财务数据，使用 Excel 工具构建边际资本成本、个别资本成本、综合资本成本的计算模型，并结合企业实践案例进行资本成本测算和分析，以提供更好的融资决策信息。

计算方法

表 8 – 5 是长期筹资与资本成本分析模型。以下分别以个别资本成本、综合资本成本和边际资本成本三个方面为例介绍如何构建长期筹资与资本成本分析模型。

表 8 – 5　　　　　　　　　　　　长期筹资与资本成本分析模型

指标名称	指标公式	指标比率
个别资本成本		
长期借款的资本成本（考虑手续费）	$长期借款资本成本率 = \dfrac{筹资额 \times 借款年利息率 \times (1 - 所得税税率)}{筹资额 \times (1 - 长期借款筹资费用率)}$	= B6 × B8 × (1 – B9)/B6 × (1 + B7)
长期借款的资本成本（不考虑手续费）	长期借款资本成本率 = 借款利息率 × (1 – 所得税税率)	= B8 × (1 – B9)
半年结息的长期借款的资本成本	$借款资本成本率 = (1 - 所得税税率) \times \left[\left(1 + \dfrac{借款利息率}{一年内的借款结息次数} \right)^{M} - 1 \right]$（$M$：一年内的借款结息次数）	= [(1 + B17/2)^2 – 1] × (1 – B18)
有效筹资额	有效筹资额 = 筹资额 – 筹资费用额	= B24 × (1 – B26)
长期债券的资本成本	$债券筹资净额 = \displaystyle\sum_{t=1}^{期数} \dfrac{债券年利息额}{(1 + 税前资本成本率)^t} + \dfrac{债券面值}{(1 + 税前资本成本率)^n}$（$t$:付息期数,$n$:债券期限）	= D24 – (G24 – B28) × (D24 – D25)/(G24 – G25)
税后资本成本	税后资本成本率 = 资本成本率 × (1 – 所得税税率)	= B29 × (1 – B27)
优先股的资本成本	$优先股资本成本率 = \dfrac{优先股每股年股息}{优先股筹资净额}$	= B35 × B36/B35 × (1 – B37)
股利折现模型测算的普通股资本成本率	$普通股资本成本率 = 股利固定增长率 + \dfrac{普通股第 1 年股利}{普通股筹资净额}$	= B45/(B43 – B44) + B46
资本资产定价模型测算的普通股资本成本率	普通股投资的必要报酬率 = 第 i 种股票的贝塔系数 × (市场报酬率 – 无风险报酬率) + 无风险报酬率	= B49 + B47 × (B48 – B49)

指标名称	指标公式	指标比率
普通股的资本成本率平均值	平均资本成本率 = $\frac{1}{2}$ × (普通股投资必要报酬率 + 普通股资本成本率)	= AVERAGE(B50：B51)
综合资本成本		
综合资本成本率	综合资本成本率 = $\sum_{j=1}^{n}$ 第 j 种长期资本的资本成本率 × 第 j 种长期资本的资本比例	= B14 × B9/B8 + B15 × B10/B8 + B16 × B11/B8 + B17 × B12/B8 + B18 × B13/B8
资本总额	资本总额 = 长期借款 + 长期债券 + 优先股 + 普通股 + 留存收益	= SUM(B24：B26)
向银团申请9亿美元贷款的债务资本成本率	借款资本成本率 = $\frac{借款年利息率 × (1 - 所得税税率)}{筹资额 × (1 - 长期借款筹资费用率)}$	= B33 × B34 × (1 - B42)/[B33 × (1 - B35)]
向银团额外申请6亿美元贷款的债务资本成本率	借款资本成本率 = $\frac{借款年利息率 × (1 - 所得税税率)}{筹资额 - 补偿性余额}$	= B37 × B38 × (1 - B42)/[B37 × (1 - B40)]
其余54.2亿元银行贷款的债务资本成本率	税后资本成本率 = 资本成本率 × (1 + 所得税税率)	= B41 × (1 - B42)
长期借款的资本成本率	综合资本成本率 = $\sum_{j=1}^{n}$ 第 j 种长期资本的资本成本率 × 第 j 种长期资本的资本比例	= B33/B25 × B43 + B37/B25 × B44 + (B25 - B33 - B37)/B25 × B45
长期债券的资本成本率	长期债券资本成本率 = $\frac{年利息额 × (1 - 所得税税率)}{筹资额 × (1 - 筹资费用率)}$	= B51 × B52 × (1 - B54)/[B51 × (1 - B53)]
权益资本成本率	权益资本成本 = 贝塔系数 × (市场报酬率 - 无风险报酬率) + 无风险报酬率	= B59 + B61 × B60
股权资本权重	普通股资本权重 = $\frac{普通股筹资额}{长期资本总额}$	= B24/B27
长期借款资本权重	长期借款资本权重 = $\frac{长期借款筹资额}{长期资本总额}$	= B25/B27
长期债券资本权重	长期债券资本权重 = $\frac{长期债券筹资额}{长期资本总额}$	= B26/B27
综合资本成本率	综合资本成本率 = $\sum_{j=1}^{n}$ 第 j 种长期资本的资本成本率 × 第 j 种长期资本的资本比例	= B46 × B67 + B55 × B68 + B66 × B62
边际资本成本		
追加筹资的边际资本成本率	边际资本成本率 = $\sum_{j=1}^{n}$ 第 j 种长期资本的追加资本 × 第 j 种长期资本个别资本成本率	= E10 × E16 + E11 × E17 + E12 × E18 + E13 × E19
筹资总额分界点	筹资总额分界点 = $\frac{第 j 种资本成本率发生变化的筹资额分界点}{目标资本结构中第 j 种资本的比例}$	= 40/B25；= 160/B25

续表

指标名称	指标公式	指标比率
以筹资范围总额 <31.11 万元时为例		
长期借款的边际资本成本率	长期借款的边际资本成本率 = 长期借款的目标资本结构 × 个别资本成本率	= C46 × C47
长期债券的边际资本成本率	长期债券的边际资本成本率 = 长期债券的目标资本结构 × 个别资本成本率	= D46 × D47
普通股的边际资本成本率	普通股的边际资本成本率 = 普通股的目标资本结构 × 个别资本成本率	= E46 × E47
筹资范围内的边际资本成本率	范围内的边际资本成本率 = 长期债券边际资本成本率 + 长期借款边际资本成本率 + 普通股边际资本成本率	= SUM(C48∶E48)

1. 个别资本成本。下面以〖例题 8 – 5〗为例，说明长期债券的资本成本的计算过程。

（1）计算有效筹资额，有效筹资额等于债券面值乘以一减发行费用率。

（2）查表可知，当利率为 8%，年限为 22 的时候，PVIF 为 0.184、PVIFA 为 10.201，计算此时的实际筹资额。

（3）查表可知，当利率为 7%，年限为 22 的时候，PVIF 为 0.226、PVIFA 为 11.061，计算此时的实际筹资额。

（4）利用内插法计算实际的资本成本率。

（5）计算税后资本成本率。

2. 综合资本成本。下面以〖例题 8 – 11〗为例，说明纳思达公司进行并购筹资的计算过程。

（1）确定资本总额。

（2）确定债务资本成本，首先确定长期借款的资本成本。

（3）确定权益资本成本。

（4）计算各项长期资本权重。

（5）计算综合资本成本率。

3. 边际资本成本。下面以〖例题 8 – 13〗为例，说明边际资本成本率的计算过程。

（1）确定目标资本结构。

（2）确定个别资本成本率。

（3）测算筹资总额分界点。根据资本结构以及个别资本成本率，计算筹资总额分界点，从而确定筹资总额范围。

（4）根据筹资总额范围计算边际资本成本率。

其他财务比率的计算模型可以采用类似方式构建，具体模型构建、例题求解、操作过程，可扫描以下二维码。

长期筹资与资本成本 1——
〖例题 8 −1〗~〖例题 8 −2〗

长期筹资与资本成本 2——
〖例题 8 −5〗

长期筹资与资本成本 3——
〖例题 8 −6〗

长期筹资与资本成本 4——
〖例题 8 −7〗~〖例题 8 −8〗

长期筹资与资本成本 5——
〖例题 8 −10〗

长期筹资与资本成本 6——
〖例题 8 −11〗

长期筹资与资本成本 7——
〖例题 8 −12〗

长期筹资与资本成本 8——
〖例题 8 −13〗

长期筹资与资本成本实验用 Excel 表

本章思维导图

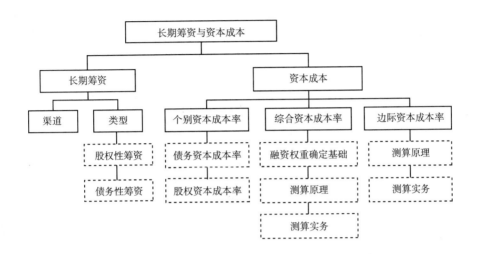

本章概要

本章包含长期筹资的介绍和资本成本的测算。

1. 长期筹资对企业的生产经营、稳定发展具有重要意义。企业主要有以下几种筹资渠道：国家财政资金、银行、非银行金融机构、其他法人企业、民间资本、企业内部积累及其他。

2. 长期筹资按资本来源可分为内部筹资和外部筹资；按是否借助银行等金融机构可分为直接筹资和间接筹资；按资本属性可分为权益性筹资、债券性筹资和混合性筹资。

3. 股权性筹资形成企业的股权资本。股权资本主要通过发行普通股和发行优先股来筹集，企业可以长期持有、自主调配股权资本。

4. 债务性筹资形成企业的债务资本。债务资本主要通过长期借款和长期债券两种方式筹集，企业对债权人有按期还本付息义务。

5. 资本成本是指企业筹集和使用资本而承付的代价，可使用企业用资费用与有效筹资额的比率来表示。每类筹资方式要求支付的代价不一致，即存在不同的个别资本成本，如长期借款资本成本、长期债券资本成本、股权资本成本等，它们可作为选择筹资方式的依据。

6. 测算债务资本成本率时，用资费用的确定应考虑利息费用的节税作用，且借款筹资额需要扣除筹资费用、补偿性余额等才为有效筹资额。此外，还应当考虑一年内多次结息、长期债券的货币时间价值。测算股权资本成本率时，股利是税后支付，不存在节税作用。股权资本成本率测算可以采用股利折现模型或资本资产定价模型。

7. 企业长期资本往往通过多种方式筹集，形成不同结构的筹资组合，需要比较不同组合的综合资本成本率和边际资本成本率，来进行资本结构决策和融资方案选择。

8. 综合资本成本率是指在筹资组合中，不同融资方式的个别资本成本率按融资比例为权重计算的加权平均资本成本率。测算程序一般如下：（1）计算资本总额；（2）计算债务资本成本率；（3）计算股权资本成本率；（4）计算各项长期资本所占权重；（5）计算综合资本成本率。

9. 边际资本成本率是企业追加筹资的加权平均资本成本率，即企业每增加1单位资本所需要负担的成本。当筹资规模和筹资方式发生变化时，边际资本成本率也会发生变化。筹资规划基本程序如下：（1）确定目标资本结构；（2）确定个别资本成本率；（3）确定筹资总额分界点；（4）测算边际资本成本率。

本章思考和练习题

思考题

1. 公司为什么需要进行长期筹资？

2. 公司长期筹资的来源有哪些？

3. 股权性筹资、债务性筹资分别有什么优势和不足？

4. 资本成本的影响因素有哪些？资本成本的作用与意义是什么？

5. 如何测算不同筹集方式的资金成本？

6. 如何运用综合资本成本率和边际资本成本率进行财务决策？

练习题

1. 天武公司向银行借款500万元，双方约定借款期限为5年，年利率为10%，每年年末付息一次，到期还本，企业所得税税率为25%，筹资费用率为0.5%。请计算：（1）该笔借款税后债务资本成本是多少？（2）如果银行要求20%的补偿性余额，此时长期借款的资本成本率是多少（忽略筹资费用）？

2. 清远公司正在进行债务资本成本测算，现有长期债务的资本构成如下：（1）5年前发行10年期、面值100元、票面利率6%、每年付息一次的长期债券，账面价值为300万元；（2）3年前发行15年期、面值100元、票面利率8%、每年付息一次的长期债券，账面价值为500万元；（3）一笔200万元的银行长期借款尚未到期，年利率为10%。企业所得税税率为25%。不考虑筹资费用，请问清远公司的债务资本成本率为多少？

3. 鑫能公司计划发行优先股2 000万股，每股发行价格5元，发行费用率为4%，每年支付的固定股息为0.25元。请计算该优先股的资本成本率为多少？

4. 明哲公司计划发行普通股3 000万股，每股面值1元，发行价格10元，计划融资总额为30 000万元，股票筹资费用率为2%。请计算：（1）若明哲公司采用固定股利政策，每年分派现金股利每股1.2元，该公司的普通股资本成本率为多少？（2）若明哲公司采用稳定增长股利政策，第一年分派现金股利每股0.75元，并且以3%的增长速度无限增长，该公司的普通股资本成本率为多少？

5. 新智能公司的股票贝塔系数为1.2，当前国库券收益率为4%，市场平均收益率为10%。请问新智能公司的股权资本成本是多少？

6. 洪石公司的股票贝塔系数为1.05，市场平均收益率为11%，国库券当前收益率为4.2%；公司上一期分派现金股利每股2元，股利预期以3.8%的增长率无期限增长，当前股票售价为每股25.5元。请分别用资本资产定价模型和股利折现模型测算公司普通股资本成本，并分析哪一种方法测算的结果相对合理？

7. YD公司正在确定公司的资本成本率，从账面上看来，现有长期资本构成的情况见表8-Ⅰ。

表8-Ⅰ YD公司的长期资本构成

项目	账面价值（万元）	个别资本成本率（%）
长期借款	1 000	8
长期债券	1 500	8.5
优先股	500	10
普通股	1 600	14.5
留存收益	400	5
总计	5 000	

在表8-Ⅰ中，长期借款与长期债券的资本成本率均为税前资本成本率，YD公司适用的所得税税率为25%。请以账面价值衡量各项资本所占权重，计算综合资本成本率为多少？

8. 清新公司欲投资一个新项目，投资总额为2 000万元，拟通过发行普通股和向银行借款的方式解决资金问题。具体的融资安排为：长期借款筹资800万元，借款利率为12%，不考虑筹资费用；发行普通股筹资1 200万元，发行价格为每股6元，融资费用率为3.5%，预计第一年支付股利每股0.4元，股利以每年5%的增长率无期限增长。公司适用的所得税税率为25%。根据以上资料，请计算该项目筹资的边际资本成本率。

9. KK公司欲进行一个新项目的研发，预计研发成功后产生的投资收益率为14%。但是该项目的前期投入需要大量资金，拟订以下筹资方案：（1）发行10年期债券筹集45%的项目款项，每张债券面值1 000元，发行价格为1 050元，筹资费用率为4%，票面利息率为10%；（2）定向发行优先股筹集10%的项目款项，优先股的固定股息率为12%，筹资费用率为5%；（3）发行普通股筹集余下的45%项目款项，每股面值1元，发行价每股3元，筹资费用率为5%，第一年拟分派现金股利0.25元，之后的股利以每年4%的增长率无期限增长。公司适用的所得税税率为25%。请计算为该创新研发项目筹资所发生的资本成本率，并判断该项目是否可行。

章后案例

顺达航空的筹资方式选择

顺达航空公司于2014年实行持续扩张后,负债比率一直居高不下。直至2020年底,公司的负债比率仍然很高,且有近15亿元的债务将于2023年到期。为此,公司需要采用适当的筹资方式追加筹资,降低负债比率。

2021年初,公司董事长和总经理正在研究公司的筹资方式的选择问题。董事长和总经理两人都是主要持股人,也都是财务专家。他们考虑了包括增发普通股等筹资方式。

顺达航空公司2020年底和2021年初增发普通股后(如果接受投资银行的咨询建议)的筹资方式组合见表8-Ⅱ。

表8-Ⅱ   顺达航空公司长期筹资方式情况

长期筹资方式	2020年末实际数		2021年初估计数	
	金额(亿元)	占比(%)	金额(亿元)	占比(%)
长期债券	49.66	70.9	48.63	68.1
融资租赁	2.45	3.5	2.45	3.4
优先股	6.51	9.3	6.51	9.1
普通股	11.43	16.3	13.86	19.4
总计	70.05	100	71.45	100

资料来源:荆新,王化成,刘俊彦.财务管理学(学习指导书)[M].8版.北京:中国人民大学出版社,2018:102.

思考题

假如你是顺达航空公司的财务总监(CFO)。

1. 请你分析普通股筹资方式的优缺点。

2. 你将对公司提出怎样的筹资方式建议?

本章教辅资料二维码

练习题答案   章后案例答案   配套课件   进阶习题及答案

第九章 资本结构决策

【章前引例】

2020 年第二季度，中国国内市场疫情影响逐渐消退，汽车行业稳步复苏。受益于行业恢复及品牌力的持续提升，希和汽车公司的新能源汽车销量及收入走出低谷，带动公司收入实现恢复性增长。同时，新能源汽车的成本持续下降，燃油车的销量也表现良好。出于扩大业务规模、优化资本结构与扩充流动资金的资金需求，希和汽车公司在 2020 年 8 月向战略投资者非公开发行 5 800 万股新股，发行价格为 9.90 元/股，募集资金 5.27 亿元。

2021 年 5 月，希和汽车公司为了偿还即将到期的银行贷款，改善公司资金状况，计划发行面值总额为 10 亿元的公司债券，债券采取分期发行的方式。2021 年 6 月 18 日，公司发布首期债券募债说明书，发行规模为不超过 3.90 亿元（含 3.90 亿元），债券面值为 100 元，按面值平价发行。本期债券为 3 年期，附第 2 年年末发行人调整票面利率选择权和投资者回售选择权。

问题讨论：

由上述案例可以看出，公司的融资方式可划分为股权融资、债务融资等，融资方式的选择将改变公司资本结构。希和汽车公司在作出资本结构决策时，需要考虑哪些因素？选择股权融资还是债务融资？如何衡量两种融资方式的利弊，并确定两者相应金额比例？

【学习目标】

1. 理解资本结构的基本概念和意义。

2. 了解与资本结构相关的理论观点。

3. 理解经营杠杆、财务杠杆和总杠杆的作用原理。

4. 掌握经营杠杆、财务杠杆和总杠杆的计算方法及其应用。

5. 掌握资本结构决策的方法，包括资本成本比较法、每股收益比较法和公司价值比较法的原理及实际应用。

【本章重点与难点】

重点： 经营杠杆、财务杠杆和总杠杆的计算方法及其应用；资本结构决策的方法，包括资本成本比较法、每股收益比较法和公司价值比较法的原理及实际应用。

难点：资本结构相关的理论观点；资本结构决策追求企业价值最大化的原因；经营杠杆、财务杠杆和总杠杆的作用原理；公司价值的计算与衡量。

第一节 资本结构理论

一、资本结构概念

如章前引例，公司在各个时期进行筹资活动时会采用多种筹资方式的组合，这种组合筹资的结果形成了公司的资本结构。资本结构（capital structure）是指企业资本的价值构成及其比例关系。通俗来讲，资本结构在公司实务中一般指公司债务资本与股权资本的比例，而资本结构决策是对债务资本和股权资本比例构成方案的选择过程。

在考虑公司债务资本和股权资本的比例关系时，需要明确资本的价值基础。一般而言，资本的价值基础有会计账面价值、现实市场价值和未来目标价值。企业的资本分别按这三种价值基础来计量，就形成资本的账面价值结构、市场价值结构和目标价值结构。例如，根据表 9 – 1 欣旺达公司 2018 年及 2019 年末的资产负债表节选，公司债务资本与股权资本的账面价值结构在 2018 年末和 2019 年末分别是 2.46 $\left(=\dfrac{1\ 328\ 321.03}{539\ 360.75}\right)$ 和 2.94 $\left(=\dfrac{1\ 759\ 542.52}{599\ 368.29}\right)$。

表 9 – 1	欣旺达公司资产负债表节选	单位：万元
项目	2018 年 12 月 31 日	2019 年 12 月 31 日
负债合计	1 328 321.03	1 759 542.52
所有者权益合计	539 360.75	599 368.29
资产总计	1 867 681.77	2 358 910.81

在以上三种资本价值结构中，账面价值结构反映的是过去的筹资和运营的结果，不大符合企业资本结构决策面向未来的要求；目标价值结构的使用取决于公司能否准确地估计其资本的未来目标价值，否则企业资本结构决策的结果将不够客观；市场价值结构按现时市场价值基础计量，上市公司可以根据所发行股票和债券的市场价格来计量和反映其资本的市场价值结构。一般认为，市场价值结构比较适合上市公司的资本结构决策。因此，本章讨论的资本结构理论和资本结构决策主要以资本的市场价值结构为基础。

为了研究资本结构的相关问题，美国学者罗斯等提出了"馅饼模型"（Pie Rule）。罗斯将公司的资本总额比作一个"馅饼"，"馅饼"的大小取决于公司资本总额在金融市场上的价值，即债务资本和股权资本价值之总和。那么公司的价值 V 可以用以下公式表示：

$$V = B + S \qquad (9-1)$$

其中，B 为公司债务资本的市场价值，S 为公司股权资本的市场价值。由此可见，债务资本与股权资本的各自价值的大小决定了公司资本总额这块"馅饼"的构成。

同时，罗斯提出，如果公司想要实现公司增值的目标，那么应该尽可能地使"馅饼"的面积最大，也即选择使公司价值尽可能大的负债—权益比。随之而来的一个问题是：怎样的负债—权益比才能使公司价值最大化？我们将在下节讨论这一问题。

二、资本结构的理论观点

1. MM 资本结构理论。

（1）MM 资本结构理论的基本观点（无税 MM 理论）。MM 理论由弗兰科·莫迪格里安尼（Franco Modigliani）和默顿·米勒（Merton Miller）基于完善资本市场的假设条件提出。这两位学者在 1958 年发表了《资本成本、公司价值与投资理论》一文，在该文中创立了 MM 理论，探讨了公司资本结构与公司价值的关系，并因此获得了诺贝尔经济学奖。MM 理论是后续资本结构理论研究的基石。它的基本结论是：在完善资本市场的假设下，公司的价值与其资本结构无关。因此，MM 理论也称 MM 无关理论或无税 MM 理论。

MM 资本结构理论的基本假设主要有以下九项：

①公司在无税的环境中经营；

②经营风险可以由息税前利润的方差来衡量，公司的风险等级由其经营风险决定；

③投资者对于公司未来的收益与风险的预期是相同的；

④股票市场与债券市场中无交易成本，所有债务利率均相同；

⑤个人和公司均可以发行无风险债券，并有无风险利率；

⑥公司均为零增长公司，年息税前利润保持不变，所有债券都是永续的；

⑦公司无破产成本；

⑧公司的股利政策与公司的价值无关，公司发行新债不会影响已有债务的价值；

⑨存在高度完善和均衡的资本市场。

在上述假设下，得出无税 MM 理论的两项命题。

命题 1：在没有公司税的情况下，无论公司有无债务资本，公司价值都等于公司所有资产的预期收益按适合公司风险等级的必要报酬率折现的价值，也即资本结构与公司价值无关，有债务公司和无债务公司的价值相等。其表达式如下：

$$V_L = V_U \qquad (9-2)$$

其中，V_L 表示有债务公司的价值；V_U 表示无债务公司的价值。命题 1 的基本含义是：计算公司价值的折现率取决于公司的经营风险大小，这时，有债务公司的综合资本成本率与风险等级相同的无债务公司的股权资本成本率相同，公司价值不受资本结构影响。

命题2：有债务公司的股权资本成本随着债务资本比例的增加而上升，因此公司的市场价值不变。命题2的基本含义是：虽然债务资本成本率相对股权资本成本率要低，但债务资本比例提高给公司带来的财务杠杆利益会被股权资本成本率的上升所抵销，这使得有债务公司的综合资本成本率等于无债务公司的综合资本成本率，所以公司价值不受资本结构影响。

进一步地，有债务公司的股权资本成本等于无债务公司的股权资本成本加上风险溢价，而风险溢价与财务杠杆（负债—权益比）成正比。其表达式如下：

$$r_S^L = r_S^u + 风险溢价 = r_S^u + \frac{D}{E}(r_S^u - r_d) \tag{9-3}$$

其中，r_S^L 表示有债务公司的股权资本成本；r_S^u 表示无债务公司的股权资本成本；D 表示有债务公司的债务资本的市场价值，E 表示股权资本价值；r_d 表示税前债务资本成本。

无税 MM 理论的命题1可以由图9-1表示。

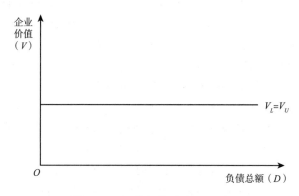

图9-1 无税条件下 MM 理论

在获得诺贝尔经济学奖后，莫迪格里安尼和米勒在接受采访时被要求用一句通俗易懂的话来解释 MM 理论。他们提出无比形象的"蛋糕"理论（Pie Theory）："资本结构决定蛋糕怎么分，不决定蛋糕做多大"。但重要的是，MM 理论是在一系列假设下推导得出，它是资本结构理论研究的重大起点。

（2）MM 资本结构理论的修正观点（有税 MM 理论）。莫迪格里安尼和米勒在1963年发表论文《公司所得税与资本成本：一项修正》。在这篇论文中，他们放宽了无公司税的假设，在考虑企业所得税的基础上，重新审视了资本结构与公司价值的关系，并提出如下修正观点。

有债务公司的价值等于无债务公司的价值加上利息抵税收益。公司在借款后产生的利息可以在税前抵扣，形成节税利益，这会增加公司的净收益。该命题的表达式如下：

$$V_L = V_U + PV(利息抵税) \tag{9-4}$$

其中，V_L表示有债务公司的价值；V_U表示无债务公司的价值；PV（利息抵税）表示债务利息抵税收益的现值。因此，MM 理论的修正观点也称有税 MM 理论，它可以用图 9-2 表示。

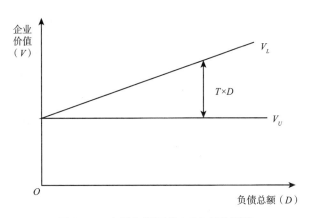

图 9-2　有税条件下的 MM 理论模型

　　MM 理论是现代资本结构研究的起点。最初的 MM 理论在一系列完美资本市场的假设条件下，得出了公司价值与资本结构无关的结论。这些假设已成为资本结构研究的基础，但在现实世界中，一般无法得到满足。在 MM 理论的研究基础上，学者们从不同视角对资本结构进行了大量研究，不断放宽假设条件，逐渐形成了资本结构研究的理论体系。其中，比较具备代表性的有权衡理论和基于信息不对称的资本结构理论。

　　2. 权衡理论。根据 MM 资本结构理论，在考虑公司税时，有债务公司的价值等于无债务公司的价值加上债务利息的抵税收益现值，公司的价值随着债务的增加而增加，由此出现两个问题：有债务公司的价值是否总大于无债务公司的价值？负债—权益比越大，公司价值越高吗？

　　现实中存在的公司似乎已经给出了答案：没有一家公司的资本总额全部由债务资本组成。债务资本的确会为公司带来税收上的好处，但同时也为公司带来偿付压力，如果公司未能及时偿还本金或利息，很可能面临财务困境（financial distress）。

　　伴随财务困境而来的是财务困境成本。财务困境成本可分为直接成本和间接成本。直接成本包括公司清算或重组的法律成本和管理成本。间接成本主要指公司因陷入财务困境所引发的资信状况恶化使得经营活动受到影响所导致的损失。财务困境成本的现值由两个重要因素决定：财务困境的发生概率和财务困境的成本大小。随着债务资本的增加，公司陷入财务困境的概率越大，财务困境成本也会随之提高，会逐渐抵销债务利息带来的"税盾"收益。如何平衡债务资本带来的财务困境成本和抵税收益，从而选择合适的资本结构来实现公司价值的最大化，就是权衡理论（trade-off theory）研究的主要内容。

　　权衡理论在有税 MM 理论的基础上，考虑了债务资本带来的财务困境成本，即有债务公司的价值等于无债务公司的价值加上债务利息的抵税收益现值再减去财务困境成本的现值。其表达式为：

$$V_L = V_U + PV(利息抵税) - PV(财务困境成本) \qquad (9-5)$$

其中，V_L 表示有债务公司的价值；V_U 表示无负债公司的价值；PV（利息抵税）表示利息抵税收益的现值；PV（财务困境成本）表示财务困境成本的现值。权衡理论的图形表达如图 9-3 所示。

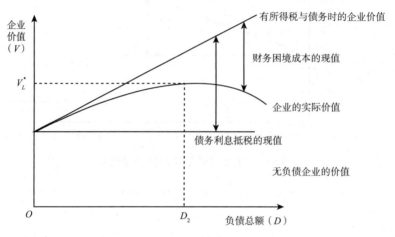

图 9-3 权衡理论模型

在考虑所得税的有税 MM 理论中，有债务公司存在债务利息的抵税收益，在资本总额不变的情况下，公司价值会随着债务资本占比的增加而增加。但根据上述分析，债务比重增加的同时，公司面临的财务困境成本也会增加。如图 9-3 所示，在资本总额不变的情况下，债务资本总额 D 从 O 点到 D_2 增加的过程中，债务增加带来的边际利息抵税收益一直大于边际财务困境成本，因此公司的实际价值不断增加；到达 D_2 点后，债务增加带来的边际利息抵税收益等于边际财务困境成本，债务抵税收益现值与财务困境成本现值的正向差额最大，公司价值达到最大值 V_L^*；在 D_2 点之后，随着债务资本总额的增加，边际财务困境成本大于边际利息抵税收益，公司价值开始下降。因此，在资本总额确定的前提下，D_2 点的负债—权益比即为使公司价值最大化的最佳资本结构。

权衡理论有助于解释公司的负债—权益比需要选取适当的原因。财务困境成本的存在说明公司不能一味追求高债务比重，也有助于解释不同行业的公司之间杠杆水平存在的差异。

3. 基于信息不对称的资本结构理论。信息不对称理论认为，在市场经济活动中，各类人员对信息的了解是有差异的，信息掌握比较充分的人员，往往处于比较有利的地位，而信息贫乏的人员，则处于比较不利的地位。基于信息不对称的资本结构理论研究在利益相关者对公司信息的了解存在差异的情况下，公司该如何选择资本结构？信息不对称理论的引入，是现代资本结构理论发展的一大飞跃，其中，较具代表性的是代理理论、信号传递理论和优序融资理论。

（1）代理理论。在公司管理者作出资本结构决策时，不完全契约、信息不对称，以及股东和债权人的利益冲突等问题都会对公司的筹资投资活动造成影响。代理理论指出，由于公司的财务困境风险会随着债务资本比重的增加而增加，当公司出现财务困境时，股东和债权人的利益冲突会扩大。由于公司内部人员与外部人员所掌握的信息存在差异，当公司陷入财务困境时，容易引起过度投资或投资不足问题，导致发生债务代理成本，降低公司的价值。债务在产生代理成本的同时，也会伴生相应的代理收益，具体表现为引入债权人保护条例、高管激励政策等。

债务引发的代理成本和相应的代理收益，最终反映在对公司价值的影响上。考虑债务代理成本和债务代理收益之后，资本结构的权衡理论模型得到了拓展，如下式所示：

$$V_L = V_U + PV(利息抵税) - PV(财务困境成本)$$
$$- PV(债务代理成本) + PV(债务代理收益) \tag{9-6}$$

其中，PV 代表现值。

代理理论说明适度的资本结构会增加公司的价值，它为分析资本结构如何影响公司价值提供了新的框架。

（2）信号传递理论。信号传递理论是指由于公司内外部存在信息不对称，公司可以通过调整资本结构传递公司盈利能力、投资风险及内部股价评估相关的信息。在信息不对称的情况下，公司的股票可能会被错误地定价。当公司的股价被低估时，管理层不愿意以低于预期的价格发行股票，更倾向于内部融资或发行债券。当公司股价被高估时，公司更倾向于股权融资。但也有观点认为，公司可能并不想通过筹资让外界知晓股价超出预期，因此会尽量选择内部筹资方式从留存收益中筹集资金，甚至模仿股价被低估公司的策略增加债务资本。

（3）优序融资理论。优序融资理论又叫啄序理论，该理论认为，当公司面临筹资需求时，会首先考虑内部融资，如使用留存收益，因为这样不会向外界传导任何对公司股价不利的信息；其次在外部融资时，会先选择债务融资，再选择股权融资，这样的筹资顺序也不会传递对公司股价产生不利影响的信息。可见，优序融资理论也属于基于信息不对称框架的资本结构理论。

按优序融资理论，公司的融资顺序是先使用留存收益，再到债务融资，最后是股权融资，因此不存在最优的目标资本结构。盈利能力较强的公司债务比重可能较低，因为公司有足够的留存收益；而盈利能力较差的公司的债务资本占比一般较大，因为公司没有足够的留存收益。在外部筹资选择中，债权融资比外部股权融资优先被考虑。

MM 理论、权衡理论、代理理论、信号传递理论和优序融资理论都是资本结构的重要理论，从不同的角度解释了资本结构决策的原因和影响因素。但这些理论并不能完全解释现实生活中所有的资本结构规律。资本结构决策通常是在管理层自身动机的基础上，综合其他各种因素考虑的结果，不能以单纯的某一种理论进行解释。

第二节　杠杆利益与风险

在金融市场中，"杠杆"（leverage）一般指公司的负债—权益比。它指一个企业在自有资金不足的情况下，通过借贷筹集资金，投入生产，以获得更多的收益。杠杆利益与风险是企业资本结构决策的基本因素之一，也即资本结构决策应当在杠杆利益和风险之间权衡。

但在企业的财务管理中，管理者面临的杠杆利益和风险不仅仅是财务杠杆的利益和风险，还包括经营杠杆的利益和风险。本节将分析并衡量经营杠杆、财务杠杆的利益与风险，以及这两种杠杆利益和风险的综合——联合杠杆的利益与风险。

一、经营杠杆利益与风险

1. 经营杠杆原理。

（1）经营杠杆的概念。经营杠杆（operating leverage），又称营业杠杆或营运杠杆，是指在企业经营成本中固定成本的存在而使得息税前利润（EBIT）变动率大于营业收入变动率的现象。企业的经营成本一般包括营业成本、营业税金及附加、销售费用、管理费用等。根据成本性态分析，企业的经营成本可以按其与营业收入的相关关系划分为变动成本和固定成本两部分。其中，变动成本是指随着营业收入总额变动而变动的成本；固定成本是指在一定的产销量范围内，不会随营业收入总额变动而变动的成本。当企业的产销量提高，营业收入增加时，固定成本总额不会受影响，但单位产品的固定成本会降低，从而提高了单位产品的利润，也就增加了企业的经营利润，形成经营杠杆。但经营成本中固定成本的存在，既可能给企业带来经营杠杆利益，也可能让企业承担经营杠杆风险。

（2）经营杠杆利益分析。经营杠杆利益是指在企业的营业收入总额上升的情形下，单位产品的固定成本下降给企业带来额外的息税前利润增加。

【例题 9 – 1】TY 公司 20×1～20×3 年的营业收入总额持续增长，分别是 2 000 万元、2 400 万元和 3 000 万元。假设每年的固定成本总额均为 600 万元，变动成本率为 40%。现测算其经营杠杆利益，见表 9 – 2。

表 9 – 2　　　　　　　　　　　　　经营杠杆利益测算

年份	营业收入总额（万元）	营业收入增长率（%）	变动成本（万元）	固定成本（万元）	息税前利润（万元）	息税前利润增长率（%）
20×1	2 000		800	600	600	
20×2	2 400	20.00	960	600	840	40.00
20×3	3 000	25.00	1 200	600	1 200	42.86

由表9-2可见，当TY公司的固定成本总额保持不变时，随着营业收入的增长，息税前利润以更快的速度增长。例如，20×2年与20×1年相比，TY公司的营业收入增长率为20.00%，同期息税前利润的增长率为40.00%；20×3年与20×2年相比，TY公司的营业收入增长率为25.00%，同期息税前利润的增长率为42.86%。由此可知，息税前利润的增长率大于营业收入的增长率。这说明在营业收入增长时，公司能够通过经营杠杆获得更多的经营杠杆利益。

下面进一步对拥有不同经营杠杆的公司进行比较分析。

【例题9-2】 A、B、C公司是营业收入、变动成本相同，但固定成本不同的三家公司，第一季度的经营情况见表9-3。假设在第二季度，A、B、C公司的固定成本保持不变，销售量均增加50%时，三家公司的息税前利润如何变动？

表9-3　　　　　　　　**A、B、C公司经营杠杆利益测算**　　　　　　单位：万元

	A公司	B公司	C公司
第一季度			
营业收入总额	3 000	3 000	3 000
经营成本：			
变动成本	1 800	1 800	1 800
固定成本	0	500	300
息税前利润	1 200	700	900
第二季度			
营业收入总额	4 500	4 500	4 500
经营成本：			
变动成本	2 700	2 700	2 700
固定成本	0	500	300
息税前利润	1 800	1 300	1 500
第二季度相比第一季度EBIT变动百分比	50%	85.70%	66.70%

由表9-3可见，尽管在第二季度营业收入的增长率都是50%，但三家公司的息税前利润的增长率不同。A公司没有固定成本，息税前利润增长率与营业收入增长率相同；B、C公司都有固定成本，他们的息税前利润增长率均大于营业收入增长率；B公司的固定成本比例较C公司的大，息税前利润增长率也相对更大。这说明经营杠杆效应和固定成本比例相关。

（3）经营杠杆风险分析。经营风险又称营业风险，是指与企业经营相关的风险，尤其指企业在经营过程中因经营杠杆而导致的息税前利润下降的风险。由于经营杠杆的存在，当营业收入下降时，息税前利润下降得更快，这为企业带来了经营风险。

【例题9-3】 TY公司20×1~20×3年的营业收入总额持续下降，分别是3 000万元、2 400万元和2 000万元。假设每年的固定成本总额均为600万元，变动成本率为40%。现测算其经营杠杆风险（见表9-4）。

表 9 - 4   经营杠杆风险测算

年份	营业收入总额（万元）	营业收入降低率（%）	变动成本（万元）	固定成本（万元）	息税前利润（万元）	息税前利润降低率（%）
20×1	3 000		1 200	600	1 200	
20×2	2 400	20.00	960	600	840	30.00
20×3	2 000	16.67	800	600	600	28.57

由表 9 - 4 可见，当 TY 公司的固定成本总额保持不变时，随着营业收入的下降，息税前利润以更快的速度下降。例如，20×2 年与 20×1 年相比，TY 公司的营业收入降低率为 20.00%，同期息税前利润的降低率为 30.00%；20×3 年与 20×2 年相比，TY 公司的营业收入降低率为 16.67%，同期息税前利润的降低率为 28.57%。由此可知，息税前利润的降低率大于营业收入的降低率。这说明当营业收入下降时，公司会因为经营杠杆面临更大的经营风险。

▶▶▶ **课堂小案例** ··

在欣旺达电子股份有限公司 2020 年面向专业投资者公开发行公司债券（第一期）（疫情防控债）的募集说明书中，列举了公司近期亏损的原因，请讨论哪些属于公司的经营风险。

2020 年 1~3 月，发行人归属于上市公司股东的净利润为 -10 262.67 万元。主要原因如下。

（1）受新冠疫情影响，对公司以下经营造成不利影响：第一季度低水平的开工率；公司原材料采购及产成品运输延迟；部分供应商无法正常提供产品或服务从而造成生产瓶颈；公司防控疫情及复工招聘方面的支出较高。

（2）公司在 2019 年底推出的限制性股票激励从 2020 年第一季度开始计入费用。

（3）动力电池板块投入的增加及第一季度汽车市场低迷。

（4）受疫情影响，国际汇率市场波动较大，印度子公司受卢比贬值的影响而产生了较大金额的汇兑损失。以上综合因素对公司第一季度业绩造成较大的不利影响。未来公司将密切关注以上因素对业务经营的影响，持续评估并采取积极应对措施，最大限度降低相关因素对公司全年业绩的不利影响。

2. 经营杠杆系数与测算。经营杠杆将营业收入对于息税前利润的影响"放大"，对于公司而言是一把"双刃剑"。经营杠杆系数是指息税前利润变动率相当于营业收入变动率的倍数。它测量经营杠杆的影响程度，也就是反映了企业的经营风险。其计算公式如下：

$$DOL = \frac{\Delta EBIT / EBIT}{\Delta S / S} \tag{9-7}$$

或

$$DOL = \frac{\Delta EBIT / EBIT}{\Delta Q / Q} \tag{9-8}$$

其中，DOL 表示经营杠杆系数；$\Delta EBIT$ 表示息税前利润变动额；$EBIT$ 表示变动前息税前利润；ΔS 表示营业收入变动额；S 表示变动前营业收入；ΔQ 表示销售数量变动额；Q 表示变动前销售数量。

假设公司变动成本率和固定成本总额保持不变，式（9–8）可以变换如下：

$$DOL = \frac{Q(P-V)}{Q(P-V)-F} \qquad (9-9)$$

其中，DOL 表示经营杠杆系数；P 表示单位销售价格；V 表示单位变动成本；F 表示固定成本总额。式（9–9）也可以进一步变换为：

$$DOL = \frac{S-VC}{S-VC-F} = \frac{EBIT+F}{EBIT} \qquad (9-10)$$

其中，DOL 表示经营杠杆系数；S 表示营业收入；VC 表示变动成本总额。

在实际应用中，式（9–9）适用于单一产品的经营杠杆系数测算，而式（9–10）则不受此限制，可以用于多种产品的经营杠杆系数。当固定成本等于 0 时，经营杠杆系数为 1，即不存在经营杠杆效应。当固定成本不为 0 时，经营杠杆系数一般大于 1，呈现出经营杠杆效应。

【例题9–4】TY 公司的产品单位售价是 100 元，销量为 300 000 件，营业收入总额是 30 000 000 元，固定成本为 6 000 000 元，变动成本率为 40%，则经营杠杆系数是多少？

$$DOL = \frac{300\,000 \times (100-40)}{300\,000 \times (100-40) - 6\,000\,000} = 1.50$$

经营杠杆系数为 1.50 的意义在于：当公司的营业收入增长 10% 时，息税前利润将增长 15%；相反地，当公司的营业收入下降 10% 时，息税前利润将下降 15%。前一种情形显示经营杠杆利益，后一种情形显示经营风险。经营杠杆系数越高，营业杠杆利益和营业风险就越大；经营杠杆系数越小，营业杠杆利益和营业风险则越小。

3. 经营杠杆系数的影响因素。固定成本的存在是引发经营杠杆效应的根源，但除了固定成本外，影响经营杠杆系数的因素还包括产品销量、单位产品售价和单位产品变动成本等。

【例题9–5】承接〖例题9–4〗，假设在其他因素不变的情况下，TY 公司的产品销量由 300 000 件增加至 330 000 件，增加 10%，则经营杠杆系数会变为多少？

$$DOL = \frac{330\,000 \times (100-40)}{330\,000 \times (100-40) - 6\,000\,000} = 1.43$$

承接〖例题9–4〗，假设在其他因素不变的情况下，TY 公司的单位产品售价由 100 元增加至 110 元，增加 10%，则经营杠杆系数会变为多少？

$$DOL = \frac{300\,000 \times (110-40)}{300\,000 \times (110-40) - 6\,000\,000} = 1.40$$

承接〖例题9–4〗，假设在其他因素不变的情况下，TY 公司的单位产品变动成本由 40 元增加至 44 元，增加 10%，则经营杠杆系数会变为多少？

$$DOL = \frac{300\,000 \times (100 - 44)}{300\,000 \times (100 - 44) - 6\,000\,000} = 1.56$$

承接〖例题 9 - 4〗，假设在其他因素不变的情况下，TY 公司的固定成本由 6 000 000 元增至 6 600 000 元，增加 10%，则经营杠杆系数会变为多少？

$$DOL = \frac{300\,000 \times (100 - 40)}{300\,000 \times (100 - 40) - 6\,600\,000} = 1.58$$

由上例可见，产品销量、单位产品售价、单位产品变动成本和固定成本是影响经营杠杆系数，也即影响经营杠杆利益和经营风险的重要因素。当产品销量、单位产品售价上升时，经营杠杆系数下降；当单位产品变动成本和固定成本上升时，经营杠杆系数上升。

由于经营杠杆系数会影响企业的息税前利润，从而也就会对企业的筹资能力和资本结构产生影响。因此，资本结构决策需要考虑经营杠杆系数这一因素。

二、财务杠杆利益与风险

1. 财务杠杆原理。

（1）财务杠杆的概念。财务杠杆（financial leverage），又叫筹资杠杆、负债杠杆或资本杠杆，它指由于固定的债务利息和优先股股利的存在而导致普通股每股利润的变动幅度大于息税前利润的变动幅度的现象。由于优先股筹资在中国未被广泛使用，本节只关注债务融资中固定的债务利息带来的财务杠杆效应。无论企业的息税前利润是多少，都要扣除固定的债务利息，才能归属股权资本提供者，因此，财务杠杆有时会给股东带来额外的收益（获得财务杠杆利益），有时也可能造成一定的损失（遭受财务风险）。

（2）财务杠杆利益分析。财务杠杆利益是指企业利用债务筹资这一财务杠杆而给股东带来的额外收益。这是因为，在企业资本规模和资本结构一定的条件下，企业从经营获得的息税前利润支付的债务利息是固定的，当息税前利润提高时，每 1 元息税前利润所负担的债务利息会相应地降低，此时在进一步扣除所有税后留给股东的利润就会增加，这为股东带来额外的收益。

【例题 9 - 6】TY 公司在 20 ×1 ~ 20 ×3 年的息税前利润分别是 600 万元、840 万元和 1 200 万元，每年的债务利息是 200 万元，公司所得税税率为 25%。该公司的财务杠杆利益测算见表 9 - 5。

表 9 - 5　　　　　　　　　TY 公司的财务杠杆利益测算

年份	息税前利润（万元）	息税前利润增长率（%）	债务利息（万元）	所得税（万元）	税后利润（万元）	税后利润增长率（%）
20 ×1	600		200	100	300	
20 ×2	840	40.00	200	160	480	60.00
20 ×3	1 200	42.86	200	250	750	56.25

由表9-5可见，当TY公司的债务利息总额保持不变时，随着息税前利润的增长，税后利润以更快的速度增长。例如，20×2年与20×1年相比，TY公司的息税前利润增长率为40.00%，同期税后利润的增长率为60.00%；20×3年与20×2年相比，TY公司的息税前利润增长率为42.86%，同期税后利润的增长率为56.25%。由此可知，税后利润增长率大于息税前利润增长率。这说明在营业收入增长时，公司通过财务杠杆为股东带来了额外的收益，也即获得更多的财务杠杆利益。

（3）财务风险分析。财务风险又称筹资风险，是指企业经营活动中与筹资有关的风险，尤其是指在筹资活动中利用财务杠杆可能导致股权资本提供者的收益下降的风险。由于财务杠杆的存在，当息税前利润下降时，税后利润下降更快，这就给股东带来财务风险。财务风险是企业财务管理必须面对的现实问题，财务风险是客观存在的，严重的财务风险甚至可能导致企业破产。

【例题9-7】TY公司在20×1~20×3年的息税前利润分别是1 200万元、840万元和600万元，每年的债务利息是200万元，公司所得税税率为25%。该公司的财务风险测算见表9-6。

表9-6 TY公司的财务风险测算

年份	息税前利润（万元）	息税前利润下降率（%）	债务利息（万元）	所得税（万元）	税后利润（万元）	税后利润下降率（%）
20×1	1 200		200	250	750	
20×2	840	30.00	200	160	480	36.00
20×3	600	28.57	200	100	300	37.50

由表9-6可见，当TY公司的债务利息总额保持不变时，随着息税前利润的下降，税后利润以更快的速度下降。例如，20×2年与20×1年相比，TY公司的息税前利润下降率为30.00%，同期税后利润的下降率为36.00%；20×3年与20×2年相比，TY公司的息税前利润下降率为28.57%，同期税后利润的下降率为37.50%。由此可知，税后利润下降率大于息税前利润下降率。这说明在息税前利润下降时，公司的财务杠杆为股东带来了额外的损失，也即股东承担了更多的财务风险。

2. 财务杠杆系数及测算。财务杠杆系数是指公司税后利润变动率相当于息税前利润变动率的倍数，它衡量财务杠杆的放大效应，也即公司的财务风险。对于上市公司而言，财务杠杆系数也可以用每股收益变动率与息税前利润变动率的比值表示。财务杠杆系数越小，财务杠杆作用越小，财务风险越小；财务杠杆系数越大，财务杠杆作用越大，财务风险就越大。

财务杠杆系数的定义表达式为：

$$DFL = \frac{\Delta EAT/EAT}{\Delta EBIT/EBIT} \tag{9-11}$$

或

$$DFL = \frac{\Delta EPS / EPS}{\Delta EBIT / EBIT} \qquad (9-12)$$

其中，DFL 表示财务杠杆系数；ΔEAT 表示税后利润变动额；EAT 表示变动前的税后利润；$\Delta EBIT$ 表示息税前利润变动额；$EBIT$ 表示变动前的息税前利润；ΔEPS 表示普通股每股收益变动额；EPS 表示变动前的普通股每股收益。

上述表达式可做如下变换：

$$EPS = (EBIT - I)(1 - T)/N$$

$$\Delta EPS = \Delta EBIT(1 - T)/N$$

$$DFL = \frac{EBIT}{EBIT - I} \qquad (9-13)$$

其中，I 表示债务年利息；T 表示公司所得税税率；N 表示流通在外的普通股股数；其他符号含义同上。

【例题 9-8】TY 公司在 20×3 年的全部长期资本为 10 000 万元，债务资本比例为 40%，债务年利率为 6%，息税前利润为 1 200 万元，公司所得税税率为 25%。公司财务杠杆系数测算如下：

$$DFL = \frac{1\ 200}{1\ 200 - 10\ 000 \times 40\% \times 6\%} = 1.25$$

本例中，财务杠杆系数为 1.25 的含义是，当息税前利润增加 10% 时，税后利润或普通股每股收益将增加 12.5%；反之，当息税前利润下降 10% 时，税后利润或普通股每股收益将下降 12.5%。前一种情形是财务杠杆收益，后一种情形呈现的是财务风险。

3. 财务杠杆系数的影响因素。债务资本的固定利息的存在是引发财务杠杆效应的根源，但除了固定利息外，影响财务杠杆系数（或者财务杠杆收益和财务风险）的因素还包括资本规模、资本结构、债务利率、息税前利润等。

【例题 9-9】承接【例题 9-8】，假设在其他因素不变的情况下，TY 公司的资本规模由 10 000 万元增加至 11 000 万元，增加 10%，则财务杠杆系数会变为多少？

$$DFL = \frac{1\ 200}{1\ 200 - 11\ 000 \times 40\% \times 6\%} = 1.28$$

承接【例题 9-8】，假设在其他因素不变的情况下，TY 公司的债务资本比例从 40% 上升至 44%，增加 10%，则财务杠杆系数会变为多少？

$$DFL = \frac{1\ 200}{1\ 200 - 10\ 000 \times 44\% \times 6\%} = 1.28$$

承接【例题 9-8】，假设在其他因素不变的情况下，TY 公司的债务利率 6% 增加至 6.6%，增加 10%，则财务杠杆系数会变为多少？

$$DFL = \frac{1\ 200}{1\ 200 - 10\ 000 \times 40\% \times 6.6\%} = 1.28$$

承接【例题 9-8】，假设在其他因素不变的情况下，TY 公司的息税前利润由 1 200 万元增加至 1 320 万元，增加 10%，则财务杠杆系数会变为多少？

$$DFL = \frac{1\ 320}{1\ 320 - 10\ 000 \times 40\% \times 6\%} = 1.22$$

由上例可见，资本规模、资本结构、债务利率和息税前利润是影响财务杠杆系数，也即影响财务杠杆利益和财务风险的重要因素。当公司的资本规模、债务资本比例、债务利率上升时，财务杠杆系数上升；当公司的息税前利润上升时，财务杠杆系数下降。

综上所示，财务杠杆系数衡量公司的财务杠杆利益和财务风险，因此，资本结构决策需要考虑财务杠杆系数这一因素。

三、联合杠杆利益与风险

联合杠杆（combining leverage），也称总杠杆（total leverage），是指经营杠杆与财务杠杆的综合。经营杠杆是由于企业经营成本中固定成本的存在而导致营业收入变化对息税前利润的影响，而财务杠杆是由于企业债务资本中固定利息费用的存在而导致息税前利润对每股收益的影响。在企业实务中，固定经营成本和固定利息费用一般会同时存在，经营杠杆和财务杠杆两者会共同造成营业收入变化对每股收益的更大影响。因此，联合杠杆综合反映了经营杠杆和财务杠杆的共同影响。

联合杠杆系数（degree of combining leverage，DCL），也称总杠杆系数（DTL），是指普通股每股收益的变动率与营业收入（销售量）变动率的倍数。它是经营杠杆系数和财务杠杆系数的乘积。用公式表示为：

$$DCL(\text{或}\ DTL) = DOL \times DFL = \frac{\Delta EBIT/EBIT}{\Delta Q/Q} \times \frac{\Delta EPS/EPS}{\Delta EBIT/EBIT} = \frac{\Delta EPS/EPS}{\Delta Q/Q}$$

$$(9-14)$$

或

$$DCL = \frac{\Delta EPS/EPS}{\Delta S/S} \qquad (9-15)$$

其中，DCL 表示联合杠杆系数，其他变量含义同前。

【例题 9 − 10】承接〖例题 9 − 4〗和〖例题 9 − 8〗，TY 公司的经营杠杆系数为 1.50，财务杠杆系数为 1.25。求该公司的联合杠杆系数。

$$DCL = 1.50 \times 1.25 = 1.88$$

在此例中，联合杠杆系数为 1.88 的含义是，当公司的营业收入增长 10% 时，普通股每股收益增加 18.8%；反之，当公司的营业收入下降 10% 时，普通股每股收益下降 18.8%。联合杠杆系数反映公司的联合杠杆利益和风险。

第三节　资本结构决策分析

资本结构决策是企业财务决策的重要内容之一。债务资本和股权资本的比例关系构成公司的资本结构。债务资本的成本虽然比股权资本的成本低，且有一定的抵税效应，但随着债务资本增加，公司面临的风险也会增加。资本结构决策的主要内容就是权衡债务资本的收益与风险，选择合理的目标资本结构，从而实现公司价值最大化。

公司资本结构决策的影响因素很多，涵盖了公司财务目标、发展阶段、财务状况、投资者动机、盈利能力、债权人态度、税收政策、行业差别等。管理者在决策时需要定性地分析这些公司的内外部因素对资本结构的影响。但除了上述因素外，管理层的自身动机和主观判断也会影响定性分析结果，这使得资本结构决策难以形成统一的行为原则与模式。本节主要介绍资本结构决策的定量分析办法，包括资本成本比较法、每股收益分析法和公司价值比较法。

一、资本成本比较法

资本成本比较法是指在适度的财务风险条件下，测算不同筹资组合方案或资本结构的综合资本成本率，并以此为标准进行比较，从而确定最佳资本结构的方法。一般而言，企业筹资可分为创立时的初始筹资和发展过程中的追加筹资两种情况，因此企业的资本结构决策也可以分为初始筹资的资本结构决策和追加筹资的资本结构决策两类。

1. 初始筹资的资本结构决策。在创立时，企业需要对拟订的投入资本进行筹资安排，从而形成不同的资本结构。我们可以使用资本成本比较法，测算不同筹资方案的综合资本成本率来进行选择。

【例题 9 - 11】BT 公司在成立时需要投入资本总额 10 000 万元，现有三个筹资方案可供选择，相关资料经测算列示于表 9 - 7。请用资本成本比较法选择最优的筹资方案。

表 9 - 7　　　　　　　　　　　BT 公司的筹资方案选择

筹资方式	方案一		方案二		方案三	
	筹资金额（万元）	资本成本（%）	筹资金额（万元）	资本成本（%）	筹资金额（万元）	资本成本（%）
长期借款	1 500	6.0	2 000	6.5	1 000	5.5
长期债券	1 500	6.5	2 000	7.0	1 000	6.0
优先股	1 000	12.0	1 000	12.0	2 000	12.5
普通股	6 000	14.5	5 000	14.0	6 000	14.5
合计	10 000		10 000		10 000	

注：表中债务资本成本均为税后资本成本，所得税税率为 25%。

先计算每一个筹资组合方案下，长期借款、长期债券、优先股和普通股四种筹资方式的筹资额与筹资总额的比率，然后计算三个组合方案的综合资本成本率。计算如下：

$$K_{W1} = \frac{1\ 500}{10\ 000} \times 6.0\% + \frac{1\ 500}{10\ 000} \times 6.5\% + \frac{1\ 000}{10\ 000} \times 12\% + \frac{6\ 000}{10\ 000} \times 14.5\%$$

$$= 11.8\%$$

$$K_{W2} = \frac{2\ 000}{10\ 000} \times 6.5\% + \frac{2\ 000}{10\ 000} \times 7.0\% + \frac{1\ 000}{10\ 000} \times 12.0\% + \frac{5\ 000}{10\ 000} \times 14.0\%$$

$$= 10.9\%$$

$$K_{W3} = \frac{1\ 000}{10\ 000} \times 5.5\% + \frac{1\ 000}{10\ 000} \times 6.0\% + \frac{2\ 000}{10\ 000} \times 12.5\% + \frac{6\ 000}{10\ 000} \times 14.5\%$$

$$= 12.4\%$$

通过比较发现，方案二的综合资本成本最低。因此，在适度的财务风险条件下，BT公司应该按照方案二筹措资金，由此形成的资本结构（即长期借款占20%、长期债券占20%、优先股占10%和普通股占50%）可确定为最优资本结构。

2. 追加筹资的资本结构决策。企业在成立后，持续开展经营活动，由于业务或投资需要，有时会追加新的长期筹资，这时就要面临追加筹资的资本结构决策，以确定最佳的筹资方案。

在适度财务风险的前提下，企业选择追加筹资方案有两种方法：一是直接测算不同追加方案的边际资本成本率，据此选择最佳方案；二是将原来的资本结构与不同追加方案进行汇总，比较汇总方案下的综合资本成本率，再据此选择最佳方案。

【例题9-12】BT公司计划追加筹资2 000万元，现有两个方案供选择，相关资料见表9-8。

表9-8　　　　　　　　　　BT公司的追加筹资方案选择

筹资方式	方案一		方案二	
	追加筹资（万元）	资本成本（%）	追加筹资（万元）	资本成本（%）
长期借款	600	6.0%	900	6.5%
优先股	400	12.5%	400	12.5%
普通股	1 000	15.0%	700	15.0%
合计	2 000		2 000	

注：表中债务资本成本均为税后资本成本，所得税税率为25%。

①仅考虑追加方案的边际资本成本比较法。

首先，测算方案一的边际资本成本率为：

$$\frac{600}{2\ 000} \times 6.0\% + \frac{400}{2\ 000} \times 12.5\% + \frac{1\ 000}{2\ 000} \times 15.0\% = 11.8\%$$

其次，测算方案二的边际资本成本率为：

$$\frac{900}{2\ 000} \times 6.5\% + \frac{400}{2\ 000} \times 12.5\% + \frac{700}{2\ 000} \times 15.0\% = 10.7\%$$

最后，比较两个追加筹资方案，方案二的边际资本成本率要比方案一的低，因此方案二优于方案一，应选择该方案筹资。追加筹资后形成新的资本结构如下：长期借款 2 900 万元、长期债券 2 000 万元、优先股 1 400 万元和普通股 5 700 万元。

②综合原资本结构的综合资本成本比较法。

首先，将原资本结构与追加筹资方案汇总，形成汇总后的筹资方案，见表 9-9。

表 9-9　　　　　　　　　　　BT 公司的汇总筹资方案选择

筹资方式	原资本结构		方案一		方案二	
	原资本额（万元）	资本成本（%）	追加筹资（万元）	资本成本（%）	追加筹资（万元）	资本成本（%）
长期借款	2 000	6.5	600	6.0	900	6.5
长期债券	2 000	7.0				
优先股	1 000	12.0	400	12.5	400	12.5
普通股	5 000	14.0	1 000	15.0	700	15.0
合计	10 000		2 000		2 000	

其次，测算汇总原资本结构的方案一的综合资本成本率为：

$$\left(\frac{2\ 000}{12\ 000}\times 6.5\% + \frac{600}{12\ 000}\times 6.0\%\right) + \left(\frac{2\ 000}{12\ 000}\times 7.0\%\right) +$$

$$\left(\frac{1\ 000}{12\ 000}\times 12.0\% + \frac{400}{12\ 000}\times 12.5\%\right) +$$

$$\left(\frac{5\ 000 + 1\ 000}{12\ 000}\times 15.0\%\right) = 11.5\%$$

再次，测算汇总原资本结构的方案二的综合资本成本率为：

$$\left(\frac{2\ 000}{12\ 000}\times 6.5\% + \frac{900}{12\ 000}\times 6.5\%\right) + \left(\frac{2\ 000}{12\ 000}\times 7.0\%\right) +$$

$$\left(\frac{1\ 000}{12\ 000}\times 12.0\% + \frac{400}{12\ 000}\times 12.5\%\right) +$$

$$\left(\frac{5\ 000 + 700}{12\ 000}\times 15.0\%\right) = 11.3\%$$

值得关注的是，根据普通股股票的同股同利原则，原普通股股东与新股东的必要报酬率相同，也即全部股票按新发行股票的资本成本率计算综合资本成本率。

最后，比较两个综合资本成本率，可以发现，汇总后方案二的综合资本成本率要比汇总后方案一的低，因此，在适度财务风险的前提下，追加筹资方案二优于筹资方案一，由此形成 BT 公司的新的资本结构：长期借款 2 900 万元、长期债券 2 000 万元、优先股 1 400 万元和普通股 5 700 万元。

综上，尽管 BT 公司在追加筹资后，改变了原来的资本结构，但经测算后可知，新的资本结构仍是最优的资本结构。

3. 资本成本比较法的优缺点。资本成本比较法以各种筹资组合方式的资本成本率最低为决策标准，测算原理容易理解，测算过程简单。但是，资本成本比较法没有考虑不同融资方案的财务风险差异，其决策目标实质上是利润最大化而不是公司价值最大化。一般适用于资本结构较为简单、资产规模较小的非股份制企业。

二、每股收益分析法

每股收益分析法是通过测算不同筹资组合方案的每股收益，以此为标准，来选择最优的筹资方案的方法。每股收益分析法是基于股东利益最大化的理念，即公司应该选择使得每股收益最大的资本结构。我们可以使用列表测算法和公式测算法来进行每股收益分析。

1. 每股收益分析的列表测算法。下例说明如何使用列表测算法进行每股收益分析。

【例题 9 - 13】GM 公司目前拥有长期资本 9 000 万元，其资本结构为：长期债务 3 000 万元，普通股权益 6 000 万元。经财务人员评估，还需追加筹资 1 000 万元。公司所得税税率为 25%。现有两种筹资方式可供选择：发行普通股和增加长期债务。相关资料见表 9 - 10。

表 9 - 10　　　　　　　　　GM 公司资本结构相关资料

资本种类	目前资本结构		追加投资后资本结构			
	金额（万元）	比率	增发普通股		增加长期借款	
			金额（万元）	比率	金额（万元）	比率
长期债务	3 000	0.33	3 000	0.3	4 000	0.4
普通股权益	6 000	0.67	7 000	0.7	6 000	0.6
资本总额	9 000	1	10 000	1	10 000	1
其他资料						
年债务利息额（万元）	250		250		300	
普通股股数（万股）	200		250		200	

财务人员根据以往年度的盈利能力分析，今年的息税前利润预计为 800 万元。由此测算两种筹资方式的每股收益，见表 9 - 11。

表 9 - 11　　　　　　　　　两种筹资方式的每股收益测算

项目	增发普通股	增加长期债务
息税前利润（万元）	800	800
减：年债务利息	250	300
税前利润（万元）	550	500
减：所得税（25%）	137.5	125
税后利润（万元）	412.5	375
普通股股数（万股）	250	200
普通股每股收益（元）	1.65	1.875

由表9-11中的测算结果可知，采用两种筹资方式追加投资后，普通股每股收益不同。在息税前利润800万元时，增加长期债务的每股收益要比增发普通股的高，因此，应该选择增加长期债务的方式进行融资。

2. 每股收益分析的公式测算法。根据〖例题9-13〗可知，当息税前利润一定时，不同的筹资方案形成的资本结构对普通股每股收益的影响不同。那么，是否存在一个息税前利润，在该息税前利润下，两种筹资方案没有差别呢？我们测算每股收益无差别点，也即每股收益相同的息税前利润，测算公式为：

$$\frac{(\overline{EBIT} - I_1)(1 - T)}{N_1} = \frac{(\overline{EBIT} - I_2)(1 - T)}{N_2} \tag{9-16}$$

其中，$\overline{EBIT}$表示每股收益无差别点；I_1、I_2分别表示两种筹资方案的长期债务利息；N_1、N_2分别表示两种筹资方式下的普通股股数。

【例题9-14】根据〖例题9-13〗的资料，测算GM公司增发普通股和增加长期债务两种筹资方式的每股收益无差别点。

$$\frac{(\overline{EBIT} - 250)(1 - 25\%)}{250} = \frac{(\overline{EBIT} - 300)(1 - 25\%)}{200}$$

$$\overline{EBIT} = 500（万元）$$

根据测算结果，当息税前利润为500万元时，两种筹资方式对普通股每股收益的影响相同，也即增发普通股和增加长期债务方案没有差别。可以将$\overline{EBIT}$ = 500万元代入上式，解得两种筹资方式下每股收益均为1元/股，这印证了息税前利润500万元是每股收益无差别点。

每股收益无差别点的分析结果还可以用图形来表达（见图9-4）。

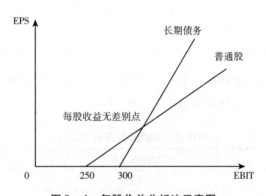

图9-4 每股收益分析法示意图

由图9-4可知，每股收益无差别点是图形中代表增加长期债务和代表增发普通股的两条射线的交点。当实际息税前利润大于每股收益无差别点时，应该选择增加长期债务筹资；当实际息税前利润小于每股收益无差别点时，应该选择增发普通股筹资。如在〖例题9-14〗中，GM公司的预计息税前利润为800万元，大于每股收益无差别点500万元，因此GM公司应该选择增加长期债务筹资，这与列表测算法的分析结果相同。

3. 每股收益分析法的优缺点。每股收益分析法以普通股每股收益最高作为决策标准，其决策目标是追求股东财富最大化，而非公司价值最大化。它的测算原理比较容易理解，测算过程也比较简单。但这种方法没有考虑不同融资方式的财务风险，适用于资本规模不大、资本结构较简单的股份有限公司。

三、公司价值比较法

公司价值比较法是在充分考虑公司财务风险的前提下，以公司价值的高低作为不同筹资方式的判断标准，以此确定最佳资本结构的方法。与资本成本比较法和每股收益分析法相比，这种方法考虑了公司的财务风险和资本成本等因素，更符合资本结构决策中公司价值最大化的目标，适用于资产规模较大的上市公司。

1. 公司价值的测算。有关公司价值的衡量有以下三种常见的观点：（1）公司价值等于未来净收益的现值；（2）公司价值是其股票的现行市场价值；（3）公司价值等于长期债务和股票的折现价值之和。在这三者之中，第三种观点的认可度和普及度最高。因此，在测算公司价值时，这种测算方法可以用公式表示为：

$$V = B + S \qquad (9-17)$$

其中，V 表示公司价值；B 表示长期债务的现值；S 表示公司股票的现值。

为了简化测算，假设长期债务（包括长期借款和长期债券）的现值等于其面值（本金），股票的现值按公司未来净收益的折现价值计算，则：

$$S = \frac{(EBIT - I) \times (1 - T)}{K_S} \qquad (9-18)$$

其中，S 表示公司股票的现值；$EBIT$ 代表公司的息税前利润；I 表示长期债务利息；T 表示公司所得税税率；K_S 表示公司的股权资本成本率。

2. 公司资本成本率的测算。在测算公司价值的基础上，假设不考虑优先股，公司的全部长期资本由长期债务和普通股构成，综合资本成本率可按照以下公式测算：

$$K_W = K_B \times \frac{B}{V}(1 - T) + K_S \times \frac{S}{V} \qquad (9-19)$$

其中，K_W 表示公司综合资本成本率；K_B 表示长期债务的税前资本成本率；K_S 表示普通股资本成本率。

考虑公司存在财务风险，普通股的资本成本率可以按照资本资产定价模型（CAPM模型）进行测算：

$$K_S = R_F + \beta(R_M - R_F) \qquad (9-20)$$

其中，K_S 表示普通股资本成本率；R_F 表示无风险利率；R_M 表示市场利率；β 表示公司股票的贝塔系数。

3. 公司最佳资本结构的确定。公司价值比较法就是通过上述公式测算公司的价值及综合资本成本率，以公司价值最大化为决策标准来确定最佳资本结构的方法。以〖例题9-15〗来说明公司价值比较法的使用。

【例题9-15】WWT公司的全部长期资本均为普通股资本，无长期债务资本和优先股资本，其普通股的账面价值为12 000万元。公司财务人员认为无杠杆的资本结构很不合理，准备通过发行长期债券回购部分股票，以提高公司价值。假设长期债券利率等于债券税前资本成本，债券市场价值等于债券面值，公司预计息税前利润为8 000万元。相关资料见表9-12。

表9-12　　　　　　　　　　长期债券利率和股权资本成本情况

B（万元）	K_B（%）	β	R_f（%）	R_m（%）	K_s（%）
0	10	1.2	10	14	14.8
2 000	10	1.25	10	14	15.0
3 000	11	1.3	10	14	15.2
5 000	12	1.4	10	14	15.6

举例说明，在表9-12中，当债券价值 $B = 3\ 000$ 万元时，$\beta = 1.3$，$R_f = 10\%$，$R_m = 14\%$，则有：

$$K_s = 10\% + 1.3 \times (14\% - 10\%) = 15.2\%$$

其余测算同理。

根据表9-12，可测算不同长期债券规模下的公司价值和综合资本成本率。结果见表9-13。

表9-13　　　　　　　　　　公司价值与综合资本成本的测算结果

B（万元）①	S（万元）②	V（万元）③=①+②	K_B（%）	K_s（%）	K_w（%）
0	40 540.54	40 540.54	10	14.8	14.8
2 000	39 000.00	41 000.00	10	15.0	14.6
3 000	37 845.39	40 845.39	11	15.2	14.7
5 000	35 576.92	40 576.92	12	15.6	14.8

举例说明，在表9-13中，当债券市场价值为3 000万元时，债券税前资本成本率为11%，股权资本成本率为15.2%，预计息税前利润为8 000万元，则有：

$$S = \frac{(8\ 000 - 3\ 000 \times 11\%) \times (1 - 25\%)}{15.2\%} = 37\ 845.39 \text{（万元）}$$

$$V = 3\ 000 + 37\ 845.39 = 40\ 845.39 \text{（万元）}$$

$$K_w = 11\% \times \frac{3\ 000}{40\ 845.39} \times (1 - 25\%) + 15.2\% \times \frac{37\ 845.39}{40\ 845.39} \approx 14.7\%$$

由表 9 – 13 可知，当 WWT 公司没有长期债务资本时，公司价值等于股权资本价值，综合资本成本率等于股权资本成本率；当公司利用长期债务资本替换股权资本后，公司价值上升，综合资本成本率下降；当长期债务资本达到 2 000 万元时，公司价值达到最大值 41 000 万元，综合资本成本率达到最低值 14.6% 。因此，可以确定，WWT 公司的最佳资本结构是长期债务资本为 2 000 万元时的资本结构。这时，WWT 公司的总价值为 41 000 万元，其中，股权资本价值 39 000 万元，占 95.12% ；长期债务资本价值 2 000 万元，占 4.88% 。

第四节 本章实验

学习目标

资本结构指企业各类资本的价值构成及其比例关系。本部分结合资本结构理论、资本成本计算方法、决策类型等知识，基于企业财务数据，使用 Excel 工具构建财务杠杆、经营杠杆、联合杠杆、资本结构决策的计算模型，并结合企业实践案例进行资本成本测算，以作出最优资本结构决策。

计算方法

表 9 – 14 和表 9 – 15 均为资本结构决策模型，分别为采用资本成本比较法和每股收益比较法进行资本结构决策，以下是具体的计算方法。

表 9 – 14 资本成本比较法

筹资方案	综合资本成本率
方案一	= B5/B9 × C5 + B6/B9 × C6 + B7/B9 × C7 + B8/B9 × C8
方案二	= D5/D9 × E5 + D6/D9 × E6 + D7/D9 × E7 + D8/D9 × E8
方案三	= F5/F9 × G5 + F6/F9 × G6 + F7/F9 × G7 + F8/F9 × G8

表 9 – 15 每股收益比较法

筹资方案	增发普通股	增加长期债务
息税前利润（万元）	800	800
减：年债务利息（万元）	250	300
税前利润	= D36 – D37	= F36 – F37
减：所得税（25%）	= D38 × 25%	= F38 × 25%
税后利润	= D38 – D39	= F38 – F39
普通股股数（万股）	250	200
普通股每股收益（万元）	= D40/D41	= F40/F41

1. 资本成本比较法。以〖例题 9 - 12〗为例，说明企业进行资本结构决策的过程。

（1）确定筹资方案，具体包括长期借款、长期债券、优先股、普通股的筹资比例及资本成本率。

（2）计算每种筹资方案的综合筹资成本，如方案一的综合筹资成本为 = B5/B9 × C5 + B6/B9 × C6 + B7/B9 × C7 + B8/B9 × C8。

（3）比较各方案的资本成本，选择资本成本最低的方案为最优资本结构决策。

2. 每股收益比较法。以〖例题 9 - 13〗为例，说明企业进行资本结构决策的过程。

（1）确定筹资方案，具体包括债权和股权的筹资比例及资本成本率。

（2）计算每种筹资方案的每股收益，如增发普通股后的每股收益为 D40/D41。

（3）比较各方案的每股收益，选择每股收益最高的方案为最优资本结构决策。

其他筹资方案的计算模型可以采用类似方式构建，具体模型构建、例题求解、操作过程，可扫描以下二维码。

资本结构决策 1——
〖例题 9 - 4〗

资本结构决策 2——
〖例题 9 - 9〗

资本结构决策 3——
〖例题 9 - 11〗

资本结构决策 4——
〖例题 9 - 12〗、〖例题 9 - 14〗

资本结构决策实验用 Excel 表

本章思维导图

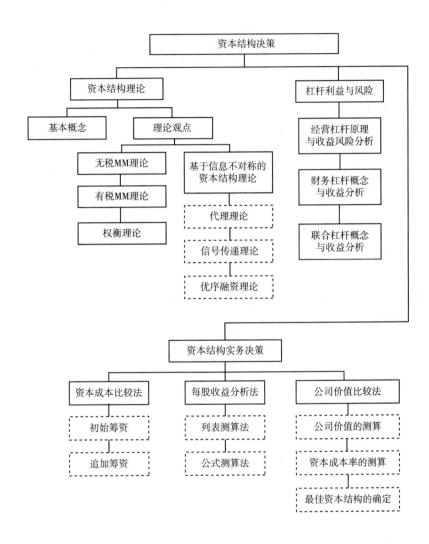

本章概要

本章主要介绍资本结构相关理论和资本结构决策方法。

1. 资本结构（capital structure）是指企业各种资本的价值构成及其比例关系，资本结构决策即对资本结构的选择问题。资本结构理论主要有 MM 理论、修正 MM 理论、权衡理论和基于信息不对称的理论。后者较具代表性的有代理理论、优序融资理论和信号传递理论。

2. 杠杆利益和风险是资本结构决策中需要考虑的重要因素。经营杠杆又称营业杠杆，是指在企业经营成本中固定成本的存在而使得息税前利润变动率大于营业收入变动率的现象。经营杠杆系数测量经营杠杆的影响程度，反映企业的经营风险。财务杠杆指由于固定的债务利息和优先股股利的存在而导致普通股每股利润的变动幅度大于息税前利润的变动幅度的现象。财务杠杆系数衡量财务杠杆的放大效应，也即公司的财务风险。

3. 联合杠杆综合反映经营杠杆和财务杠杆的共同影响。联合杠杆系数是普通股每股收益的变动率与营业收入（销售量）变动率的倍数，是经营杠杆系数和财务杠杆系数的乘积。

4. 资本结构决策的主要内容就是权衡债务资本的收益与风险，选择合理的目标资本结构，从而实现公司价值最大化。资本结构决策的常用定量分析办法包括资本成本比较法、每股收益分析法和公司价值比较法。

5. 资本成本比较法是指在适度的财务风险条件下，测算不同筹资组合方案或资本结构的综合资本成本率，并以此为标准进行比较，从而确定最佳资本结构的方法。该方法以各种筹资组合方式的资本成本率最低为决策标准，测算原理容易理解，测算过程简单，但没有考虑不同融资方案的财务风险差异，其决策目标实质上是利润最大化而不是公司价值最大化。

6. 每股收益分析法是通过测算不同筹资组合方案的每股收益，以此为标准，来选择最优的筹资方案的方法。该方法主要基于股东利益最大化的理念，即公司应该选择使得每股收益最大的资本结构。每股收益分析可以使用列表测算法和公式测算法，后者利用每股收益无差别点进行资本结构决策。

7. 公司价值比较法是在充分考虑公司财务风险的前提下，以公司价值的高低作为不同筹资方式的判断标准，以此确定最佳资本结构的方法。与资本成本比较法和每股收益分析法相比，这种方法考虑财务风险和资本成本等因素，更符合公司价值最大化的目标。

本章思考和练习题

思考题

1. 如何理解资本结构决策中的公司价值最大化？
2. 试说明经营杠杆、财务杠杆、总杠杆的基本原理及测算方法。
3. 试说明资本成本比较法、每股收益分析法、公司价值比较法的决策标准。
4. 试说明资本结构决策方法的适用范围和原因。

练习题

1. 明亮公司的财务杠杆系数为 2.5，息税前利润（$EBIT$）的计划增长率为 10%，假定其他因素不变，请计算每股收益（EPS）的增长率。

2. 天成公司年营业收入为 28 000 万元，息税前利润为 8 000 万元，固定成本为 3 200 万元，变动成本率为 60%；资本总额为 20 000 万元，其中债务资本比例占 40%，平均年利率 8%。请计算公司的营业杠杆系数、财务杠杆系数和联合杠杆系数。

3. 利丰公司没有发行优先股，年营业收入为 500 万元，变动成本率为 40%，经营杠杆系数为 1.5，财务杠杆系数为 2，如果固定经营成本增加 50 万元，请计算联合杠杆系数。

4. 林森公司全部固定成本为 300 万元（含利息）。企业资产总额为 5 000 万元，资产负债率为 40%，负债平均利率为 5%，净利润为 750 万元，公司发行在外的优先股有 1 000 万股，每股股利为 0.15 元，所得税税率是 25%。要求：

（1）计算公司的营业杠杆系数、财务杠杆系数和联合杠杆系数。

（2）预计销售增长 20%，公司每股收益增长多少？

5. 某企业初始成立时，需要资本总额 7 000 万元。现有两种筹资方案，如表 9-Ⅰ 所示。

表 9-Ⅰ　　　　　　　　　　　　筹资方案基本信息

筹资方案		长期借款	长期债券	优先股	普通股	合计
方案一	筹资金额（万元）	500	1 000	500	5 000	7 000
	资本成本	4.5%	6%	10%	15%	
方案二	筹资金额（万元）	500	2 000	500	4 000	7 000
	资本成本	4.5%	6.75%	10%	13%	

其中，债务资本成本为税后资本成本，所得税税率为 25%。要求：使用资本成本比较法，判断应该选择哪一个投资方案。

6. 天天公司目前拥有长期资本 400 万元，其中，普通股 25 万股，每股价格 10 元；债券 150 万元，年利率 8%。公司产品销量为 5 万件，单价为 50 元，单位变动成本是 20 元，固定成本为 40 万元，所得税税率是 25%。公司打算扩大生产规模，预计需要新增投资 500 万元，有以下两个资金募集方案供选择：（1）发行债券 500 万元，年利率 10%；（2）发行普通股股票 500 万元，每股价格 20 元。预计扩大生产能力后，固定成本增加 52 万元，假设其他条件不变。要求：

（1）计算两个筹资方案的每股收益相等时的销量水平；

（2）若预计扩大生产能力后企业销量会增加 4 万件，不考虑风险因素，确定该公司最佳的筹资方案。

7. XZT 公司是一家上市公司，息税前利润为 900 万元，预计未来年度保持不变，所得税税率为 25%。为简化计算，假定净利润全部分配，债务资本的市场价值等于其面值，确定债务资本成本时不考虑筹资费用。证券市场的平均收益率为 12%，无风险收益率为 4%，不同债务水平下的税前利率和 β 系数如表 9-Ⅱ 所示。

表 9-Ⅱ　　　　　　　不同债务水平下的税前利率和公司股票 β 系数

债务账面价值（万元）	税前利率	β 系数
1 000	6%	1.25
1 500	8%	1.50

（1）确定表9-Ⅲ中字母代表的数字。

表9-Ⅲ　　　　　　　　　公司价值和综合资本成本

债务市场价值（万元）	股票市场价值（万元）	公司总价值（万元）	税后债务资本成本	股权资本成本	综合资本成本
1 000	4 500	5 500	A	B	C
1 500	D	E	F	G	H

（2）依据公司价值比较法，确定上述两个债务水平的资本结构哪种更优，并说明理由。

章后案例

红马餐饮的资本结构管理

红马餐饮公司主营快餐和饮料，在全国有三个连锁店。公司根据经营特点和实际情况，经过多年探索，创建了名为"净债率"的资本结构管理目标，并力图使净债率保持在20%~25%。

红马餐饮公司的净债率是以市场价值为基础计算的。其计算公式如下：

$$NDR = \frac{L + S - (C + M)}{N \times P + L + S - (C + M)}$$

其中，NDR表示净债率；L表示长期负债的市场价值；S表示短期负债的市场价值；C表示现金和银行存款；M表示有价证券的价值；N表示普通股股份数；P表示普通股每股市价。

红马餐饮公司2021年度财务报告提供的有关资料整理见表9-Ⅳ。

表9-Ⅳ　　　　　　　　红马餐饮公司2021年度财务报告

项目	账面价值	市场价值
长期负债资本（万元）	4 200	4 500
短期负债资本（万元）	800	900
现金和银行存款（万元）	500	500
有价证券价值（万元）	500	450
普通股股份数（万股）	2 000	
普通股每股市价（元）		5

红马餐饮公司的股权资本成本率为12%，未来净收益的折现率为8%，假定公司所得税税率为25%。息税前利润是2 000万元，利息费用为300万元。

资料来源：荆新，王化成，刘俊彦. 财务管理学（学习指导书）[M]. 8版. 北京：中国人民大学出版社，2018：131-132.

思考题

1. 计算红马餐饮公司 2021 年末的净债率，并说明是否符合公司规定的净债率管理目标。

2. 运用公司价值比较法计算红马餐饮公司未来净收益的折现价值，并与 2021 年末公司的市场价值进行比较评价。

3. 你认为公司以净债率作为资本结构管理目标是否合理？如果不合理，请提出建议。

本章教辅资料二维码

练习题答案

章后案例答案

配套课件

进阶习题及答案

第十章 短期资产管理

【章前引例】

希和汽车股份有限公司作为一个汽车制造和销售商，因业务发展需求及外部经济环境的改变，需要调整营运资本的管理政策，例如现金、存货、应收账款等短期资产的管理政策来应对危机。

公司生产的汽车零部件属于非标准化产品，主要根据客户订单组织生产。对于应收账款，企业参考历史信用损失经验，结合当前经营状况和对未来经济状况的预测，编制应收账款账龄分析表和计算坏账损失率。为了使公司持续经营，需要让公司管理层了解最适合公司的现金持有量、存货及应收账款，以及短期金融资产等情况，从而制定更适合公司发展的策略。

问题讨论：

（1）企业存货有哪些管理方法？希和汽车公司应该采用哪种存货管理策略？

（2）希和汽车公司的应收账款有什么特点？应该采用哪种应收账款管理政策？

（3）企业的短期资产管理包含哪些内容？希和汽车公司应该如何提高短期资产管理效率？

【学习目标】

1. 了解营运资本的概念、基本原则及管理目标。

2. 了解短期资产的概念与内容，掌握短期资产的持有政策。

3. 了解现金管理与现金管理预算的概念，掌握现金持有的动机与成本以及现金预算与最佳现金持有量决策方法，熟悉存货的日常控制方法。

4. 了解存货的概念与类型，掌握存货的作用与成本，掌握存货的管理办法与日常控制方法，掌握经济批量、安全库存和再订货点的计算方法。

5. 了解应收账款的概念，掌握应收账款的作用和成本、应收账款政策的制定，以及应收账款的日常控制方法。

6. 熟悉短期金融资产的概念与类型，了解短期金融资产的持有动机和投资决策方法。

【本章重点与难点】

重点：掌握营运资本的概念与内容；掌握现金管理方法与现金预算表的编制；掌握存货的类型与管理办法；掌握应收账款的管理目标与政策制定。

难点：短期资产的持有政策；最佳现金持有量的计算；存货的经济批量、安全库存和再订货点的计算；应收账款政策的制定及日常控制方法。

第一节　营运资本管理

短期资产管理主要解决短期资产的持有问题，这与营运资本管理密切相关。在学习短期资产管理之前，先要了解营运资本的概念、营运资本与现金周转关系，以及营运资本管理原则。

一、营运资本的概念

营运资本的定义有广义和狭义之分。广义营运资本是指总营运资金，也即企业生产活动中的短期资产；狭义营运资本是指净营运资金，也即短期资产与短期负债的差额。通常所说的营运资本多指狭义营运资本。

营运资本管理主要解决两个问题：一是如何确定短期资产的最佳持有量；二是如何筹集短期资金。因此，营运资本管理包括短期资产和短期负债的管理方式与政策的制定，是对公司短期性财务活动的概括。本教材的第十章介绍短期资产管理的内容，第十一章介绍短期筹资管理的内容。

二、营运资本与现金周转关系

在公司经营过程中，由于现金收入和支出存在时间差异，即便是盈利的公司也可能会出现现金周转困难。现金周转是指持续的现金流动，这种流动主要是通过营运资本的各个项目，例如现金、应收账款、存货、应付账款以及应计费用等不断变现和再投入的循环实现的。因此，营运资本直接影响公司的现金周转，两者相辅相成。

图 10-1 展示了企业的现金周转过程，主要包括存货周转、应收账款周转和应付账款周转等环节。

由图 10-1 可知，营运资本各项目的变化与现金周转甚至是现金流量是不可分割的。一旦公司的非现金性短期资产转化为现金，就会形成公司的现金流入；公司偿还短期负债等需要支付现金，就会形成公司的现金流出。如果现金的流动不平衡，就会因现金不足导致短期偿付困难，或者因现金过剩而降低资产获利能力。因此，通过营运资本管理来控制短期资产和短期负债，使现金流入和流出尽量协调，实现现金流动平衡，成为公司重要的日常管理内容。

现金流入量与现金流出量具有非同步性和不确定性，即公司的现金流入与现金流出无法在时间上相互匹配，同时未来经营活动的不确定性也加大了财务人员对现金流量进行准确预测的难度。为了使资金的日常收付形成良性循环，公司需要储备适当的营运资本。

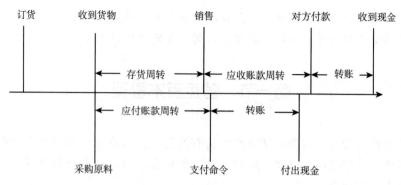

图 10-1 公司现金周转

三、营运资本管理原则

营运资本管理有两个目的：一是保证足够的资金满足企业生产经营需要；二是能够按时、足额地偿还到期债务。因此，企业需要制定短期资产和短期负债的管理方式与政策，来控制公司的资金流转。企业的营运资本管理应遵循以下原则。

1. 需求导向原则。企业的营运资本需求量，与生产经营规模、营运资本的周转速度等密切相关。企业需要结合业务和发展需求，确定营运资本的需求量。此外，企业还需要考虑社会责任履行等非营利性活动的资金需求，以保障其他利益相关者的权益。

2. 流动性导向原则。充足的流动性，是保障公司正常生产经营和偿付短期债务的重要前提，流动性不足可能导致公司因无法正常偿还短期债务而陷入财务困境。因此，营运资本管理要关注短期筹资政策和短期资产持有政策的配合关系，维持资金流转的平衡性。

3. 盈利性导向原则。根据风险溢价理论，资产流动性越高，风险溢价越低，投资回报就越少。因此，过高的流动性可能会降低资产的收益能力，导致公司的盈利性更低。而且，短期资产的周转速度与流动资金的需求呈反向关系，通过加快存货的周转速度、缩短应收账款的收款期等方式，都可以提高资金的流转速度，降低企业对营运资本的需求。此外，企业可以通过商业信用融资方式，向银行借款或推延向供应商付款等方式，增加企业的外部融资规模，提高财务杠杆率，以增加股东权益报酬率。因此，企业要结合业务发展需求和短期资产的流转速度，调整短期资产的流动性水平，以提高资金的使用效率。

▶▶▶ 课堂小案例

2020 年是中国打赢脱贫攻坚战、全面建成小康社会的关键年份，为响应国家要求企业参与精准扶贫的号召，大量企业积极履行"精准扶贫"社会责任。中国平安银行通过"金融扶贫＋产业扶贫"的方式进行精准扶贫，2018 年累计发放产业扶贫贷款 4.39 亿元，累计中标扶贫政府债 23.19 亿元，帮扶建档立卡户 1 580 人。南光（集团）有限公司 2018 年捐资 50 万元建立养鸡场，通过村合作社发展方式进行乌骨鸡养殖，帮扶两个村的脱贫攻坚工作，实现了先进村帮扶后进村，轻度贫困村帮扶深度贫困村的创新帮扶。企业履行社会责任，需要营运资金的支持，导致企业对营运资金需求更大。这说明，企业在预测营运资金需求时，还需要关注其他利益相关者需求等非经营性因素的影响。

资料来源：今天，银行们是这么精准扶贫的［EB/OL］.（2018 - 07 - 09）. http：//bank. pingan. com/about/guanzhu/1531103431660. shtml.

第二节　短期资产管理原理

一、短期资产概述

短期资产，又称流动资产，是指可以在 1 年以内或超过 1 年的一个营业周期内变现或耗用的资产。

1. 短期资产的特征。相对于长期资产，短期资产具有以下显著特征。

（1）流动性强。短期资产可在 1 年内或一个营业周期内耗用或变现，流动性较强，周转速度较快。固定资产等长期资产的价值则需要长期使用才能逐步收回或得到补偿。

（2）变现能力强。短期资产中的现金及等价物可以直接使用和交易，短期金融资产、应收账款、存货等的变现能力也很强，也可以在短期内变现。

（3）财务风险小。短期资产的高流动性和变现能力，可以提高资产管理的灵活性和企业的债务偿还能力，有效降低因流动性不足导致的经营困境和无法偿付债务产生的财务风险。但充足的流动性虽然可以降低财务风险，也会降低资产的盈利性，公司应该根据业务发展需求，制定合适的短期资产管理政策，兼顾财务风险和资产收益能力。

2. 短期资产的类型。按实物形态分类是短期资产划分的常用标准之一。短期资产按该标准可以分为现金、存货、应收及预付账款、短期金融资产等。

（1）现金。现金是指可以直接用来购买物品、支付费用或偿还债务的交换媒介或支付手段，主要包括库存现金和银行活期存款，一般也将即期或到期的票据看作现金。现金是短期资产中流动性最强的资产，可以直接支付，也可以立即投入用于生产经营，债务偿还能力强，但现金持有的收益较低，机会成本较高。

（2）存货。存货是指生产经营过程中为销售或者耗用而储存的各种资产，包括商品、产成品、半成品、在产品、原材料、辅助材料、低值易耗品以及包装物等。存货是保障企业正常生产经营的前提，在短期资产中所占比重较大，且存货的周转速度会影响现金流入。因此，存货的管理和控制是企业财务管理的重要内容。

（3）应收及预付款项。应收及预付款项是指生产经营过程中所形成的应收而未收的或预先支付的款项，包括应收账款、应收票据、其他应收款和预付账款。这些应收及预付款项的可变性能力较强，其周转速度会影响现金流转效率，也是短期资产管理的重点内容。

（4）短期金融资产。短期金融资产是指可以随时变现的有价证券及持有期限不超过 1 年的其他短期投资。短期金融资产既可以提高资产的收益能力，也可以保持充足的流动性，能兼顾资产的流动性和盈利性，因此，企业持有适当的短期金融资产是一项较好的财务策略。

二、短期资产管理的影响因素

短期资产包含现金、存货、短期金融资产等多种资产，不同资产在流动性、盈利性与风险性等方面存在较大差异。企业在权衡各类短期资产的最优持有水平时，应该综合考虑以下因素。

（1）流动性与风险。从资产的角度来看，流动性与风险是资产管理的对立性特征，较高的流动性可以降低财务风险，但会导致较低的资产盈利性，而较低的流动性会增加资产收益能力，也会增加财务风险。当流动性较强时，企业有足够的现金支付各项费用，可以降低财务风险；反之，当流动性较弱时，企业现金不足，可能无法支付相应的费用，增加财务风险。例如，现金相较于固定资产，流动性较强，但不能像固定资产那样生产物品，为企业带来收益，盈利性较低。如何权衡资产的流动性与风险，是短期资产管理的重要难题。这要求企业结合盈利性目标和风险承担能力，制定最佳的资产持有政策，以平衡资产管理中的风险收益关系。

（2）企业规模。从企业的角度来看，企业规模是影响短期资产管理的重要因素。首先，相对于小规模企业，大规模企业的融资约束较少，融资能力较强，这可能降低企业的资产流动性需求，减少短期资产的规模。其次，大规模企业的业务更复杂，市场竞争力更强，盈利性更高，使企业的风险承担水平更高，这也可能减少短期资产的规模。因此，企业规模是影响短期资产管理的重要因素，制定短期资产管理政策时要充分考虑企业的规模效应。

（3）行业特征。不同行业的企业在生产类型、经营范围、资产流转速度等方面存在较大差异。一方面，行业特征会影响企业的流动性需求，改变企业的资产管理类型和数量；另一方面，行业特征会影响企业的产品竞争力，改变企业的风险承担水平，影响企业的风险和收益的权衡决策。例如，服务业和金融业两者在生产类型、经营范围、资产流转速度等方面存在较大差异，对短期资产管理政策的需求也不同。因此，行业特征也是影响短期资产管理政策制定的重要因素。

（4）经济环境。经济环境是企业生存发展的土壤，对企业的运营、投资、筹资等活动都有着重要影响。首先，经济环境会改变企业产品的市场需求。例如，当市场对企业产品的需求降低时，企业的行业竞争力会减弱，导致企业的销售能力下降，企业不得不减少存货规模。而产品市场需求的降低，也可能降低产品的盈利性，增加企业的风险偏好，减少对盈利性较低的短期资产的持有规模。其次，经济环境会影响企业的外部融资能力。例如，宽松的货币政策会改善外部融资环境，降低企业的融资成本和外部融资约束，这可能导致企业会减少资产的流动性。这些都说明，经济环境是制定短期资产管理政策不可忽视的因素。

三、短期资产的管理政策

根据短期资产和销售额的配比关系，可以将短期资产持有政策分为宽松型、适中型和紧缩型，如图 10 – 2 所示。

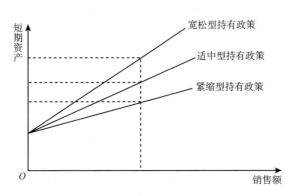

图 10 – 2 短期资产持有政策

（1）宽松型持有政策。宽松型持有政策是指企业持有短期资产的规模超过销售需求水平，也即短期资产规模过大。该政策的优点是流动性充足、财务风险小，可以较大程度地满足企业的资金需求。但在该政策下，资产的收益性较低，资金较为浪费，资金管理效率较低。例如，企业持有较多现金和短期有价证券，这会占用较多营运资金，资金回报率较低，降低了企业的盈利能力。

（2）适中型持有政策。适中型持有政策是指企业持有短期资产的规模和销售需求水平较为匹配，也即短期资产规模适中。该政策的优点是流动性和风险较为平衡，可以保证流动性需求和降低风险。但缺点是企业要有较强的业务预测能力，能够较准确地评估未来经济和企业业务的发展趋势。这种资产持有政策提高了对管理层能力的要求。

（3）紧缩型持有政策。紧缩型持有政策是指企业持有短期资产的规模小于销售需求水平，也即短期资产规模过小。该政策的优点是可以提高资产的盈利性，提升企业的整体收益能力，能够更好地实现盈利目标。但缺点是企业的流动性不足，可能存在短期债务无法偿还或因突发情况导致资金周转困难等财务风险。当外部融资环境较好，或融资约束较少时，企业可以采用该政策，在确保流动性水平的前提下尽可能地提高资产收益性。

理论上，企业应该根据销售额、订单量、存货周转速度、应收账款收账期等，持有最低水平的短期资产，以提高整体资产的收益能力。但在实务中，企业经营存在许多不可预测的因素，例如行业竞争加剧和经济环境恶化等，这些都会影响企业的资产流动性和风险，导致短期资产规模发生变化。因此，企业应该结合自身经营发展需求，在充分权衡资产流动性和风险的基础上，结合企业规模、行业竞争和经济环境等因素，制定合适的短期资产持有政策。

【例题 10 - 1】目前，希和汽车公司的甲车间生产产品的年销售量为 8 万件，年销售收入为 40 万元，净利润 10 万元。根据市场预测，未来每年可以销售 10 万件产品，销售收入为 60 万元，净利润 14 万元，但由于车间产能问题，必须追加 10 万元长期投资才能达到所需产能。现决定减少短期投资 10 万元，增加长期投资 10 万元，以保证资产总额不变。

试根据表 10 - 1 所示的甲车间资产组合和筹资组合，计算不同资产组合下的投资报酬率、短期资产与总资产的比值以及流动比率，并对计算出的数据加以分析。

表 10 - 1　　　　　　　希和汽车公司甲车间资产组合与筹资组合　　　　　　　单位：万元

资产组合		筹资组合	
短期资产	35	短期资金	20
长期资产	40	长期资金	55
合计	75	合计	75

由表 10 - 2 计算结果可知，如果甲车间选择减少短期资产，即选择紧缩的持有政策，则投资组合改变后，投资报酬率有所增加，但同时也造成短期资产占比与流动比率下降。这说明，紧缩的持有政策虽然能够增加企业利润，但同时也增大了财务风险。因此，企业在投资决策时应当合理安排资产组合，平衡风险与报酬的关系，以达到最好的投资效果。

表 10 - 2　　　　　　　　　资产组合对车间风险和报酬的影响

项目	目前情况	计划变动情况
资产组合		
短期资产（万元）	35	25
长期资产（万元）	40	50
资产总计（万元）	75	75
净利润（万元）	10	14
主要业务比率		
投资报酬率	10/75 = 13.33%	14/75 = 18.67%
短期资产/总资产	35/75 = 46.67%	25/75 = 33.33%
流动比率	35/20 = 1.75	25/20 = 1.25

第三节　现金管理

现金是指企业以各种货币形态占用的资产，主要包括库存现金、银行存款和其他货币资金。现金具有特殊性，一方面，它是流动性最强的资产，可以直接用来购买物品、支付费用或偿还债务；另一方面，它也是收益性最弱的资产，企业现金管理的目标就是权衡现金的流动性与收益性，既要维护适度的流动性，又要尽量提高其收益性。

一、现金管理的内容

为了实现现金的流动性和收益性的权衡，现金管理主要包含以下四项内容。

（1）编制现金计划。结合企业的经营发展情况，合理估算未来的现金需求量，制订现金收支计划。

（2）现金日常控制。控制日常经营活动中的现金收支，根据企业的现金流转情况，计算现金净流量。

（3）确定最佳余额。根据现金估算和实际周转情况，结合现金的流动性和收益性，确定企业的最佳现金余额。

（4）维持理想状况。当实际现金数量少于最佳余额时，采用短期筹资等方式增加现金持有量，以达到现金持有数量的最佳值，避免流动性不足导致的财务风险。反之，当现金持有量超过最佳余额时，则要减少现金的持有数量，将多余的现金投资有价证券，以提高资产的收益能力。

现金管理的内容如图 10-3 所示。

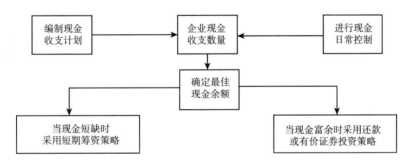

图 10-3 现金管理的内容

二、现金预算管理

合理预测企业未来的现金收支数量和时间，编制现金预算，是确定最佳现金持有量水平的重要方法，也是现金管理的核心环节。

1. 现金预算的概念。现金预算是基于企业的长期发展战略，结合现金管理的目标，在充分调查和分析各种影响现金收支的因素后，运用一定的方法合理预测企业未来的现金收支状况，并对预期差异采取相应对策的活动。现金预算周期主要根据企业的经营特点和管理需求而定，可以按月、周或日为编制基础，也可以覆盖几个月至 1 年。

2. 现金预算的作用。现金预算主要有以下三个作用。

（1）揭示现金管理状况。企业通过对比现金的实际和预算数量，了解企业的现金管理情况，尽早地发现现金过剩或短缺的问题，使资金管理部门能够将暂时过剩的现金转入投资或在短缺时期来临之前安排筹资，以避免不必要的资金闲置或不足，减少机会成本。

（2）预测未来偿债能力。企业可以在实现现金的实际收支之前，了解经营计划的财务结果，预测企业未来的债务偿还能力，提前做好债务偿还规划，降低财务风险。

（3）改善现金管理效率。权衡现金流动性和收益性，确定最佳现金持有量是企业现金管理的重要目标。通过编制现金预算，企业可以有效地预计未来现金流量，动态调整现金持有量，优化现金管理效率，以保持一定的现金来防止可能发生的现金短缺，但又不把过多的现金闲置于这种收益极低的资金用途上，提高现金的使用和管理效率。

3. 现金预算的编制方法。现金预算的编制方法主要有收支预算法和调整净收益法。

（1）收支预算法。收支预算法也称直接法，是目前最流行、应用最广泛的现金预算编制法。它将预算期内可能发生的一切现金收支分类列入现金预算表内，据此预测企业未来的现金需求。收支预算法具有直观、简便、便于控制等特点。

采用收支预算法进行现金预算，主要包含以下步骤。

首先，根据销售收入预算、投资收入预算及其他收入预算等企业收入预算，计算企业在预算期内的现金流入。

其次，根据采购原材料、支付工资、支付期间费用、支付税费等企业现金支出计划，计算企业在预算期内的现金流出。

再其次，计算企业在预算期内的现金流入和现金流出的差额，得到现金余缺水平。其计算公式如下：

$$预算期内现金节余 = 预算期初现金余额 + 预算期内现金流入$$
$$- 预算期内现金流出 - 预算期末现金余额 \qquad (10-1)$$

最后，根据预算期内的现金结余水平，安排短期投资和筹资活动。具体而言，若现金富余，企业应提前归还借款或投资有价证券，以提高收益性；若现金不足，企业应提前安排短期筹资，以避免流动性不足导致的财务风险。

【例题 10-2】表 10-3 为希和汽车公司 2×20 年 2 月的收支预算法下的现金收支预算。

表 10-3　　　　　2×20 年 2 月希和汽车公司收支预算法下的现金收支预算　　　单位：万元

序号	现金收支项目	上月实际数	本月预算数
1	现金收入		
2	营业现金收入		
3	现销和当月应收账款的收回	12 497	15 438
4	以前月份应收账款的收回	1 535	1 875

续表

序号	现金收支项目	上月实际数	本月预算数
5	营业现金收入合计	14 032	17 313
6	其他现金收入		
7	固定资产变价收入	548	30
8	利息收入	348	413
9	租金收入	1 105	1 443
10	股利收入	175	206
11	其他现金收入合计	2 176	2 092
12	现金收入合计（12 = 5 + 11）	16 208	19 405
13	现金支出		
14	营业现金支出		
15	材料采购支出	11 692	13 960
16	当月支付的采购材料支出	9 615	1 073
17	本月付款的以前月份采购材料支出	2 077	12 887
18	工资支出	1 543	1 783
19	管理费用支出	486	503
20	销售费用支出	284	313
21	财务费用支出	193	219
22	营业现金支出合计	14 198	16 778
23	其他现金支出		
24	厂房、设备投资支出	235	254
25	税款支出	186	197
26	利息支出	172	193
27	归还债务	280	309
28	股利支出	269	254
29	证券投资	264	323
30	其他现金支出合计	1 406	1 530
31	现金支出合计（31 = 22 + 30）	15 604	18 308
32	净现金流量		
33	现金流入减现金流出（33 = 12 − 31）	604	1 097
34	现金余缺		
35	期初现金余额	2 364	2 968
36	净现金流量	604	1 097
37	期末现金余额（37 = 35 + 36）	2 968	4 065
38	最佳现金余额	3 350	4 043
39	现金富余或短缺（39 = 37 − 38）	−382	22

由表 10 - 3 可见，希和汽车公司预算期末发生了现金短缺，为避免流动性不足导致的财务风险，企业应该提前进行短期融资活动。

（2）调整净收益法。调整净收益法也称间接法，是指将企业按权责发生制计算的会计净收益调整为按收付实现制计算的现金净收益，然后加减有关现金收支项目，使净收益与现金流量相互关联，以预测未来的现金需求和差异。

采用调整净收益法编制现金预算，主要包含以下步骤：首先，编制利润预算表，求出预算期的净收益；其次，处理影响损益及现金收支的各会计事项；最后，计算预算期现金余额。

调整净收益法通过统一权责发生制和收付实现制下的净收益，可以克服净收益与现金流量不平衡的问题，提高现金预测的准确性，但一个明显缺陷在于，现金余额的增加额不能直观地反映在生产经营过程中，这可能会影响对现金预算执行情况的分析和控制。

【例题 10 - 3】表 10 - 4 为希和汽车公司 2×20 年 2 月使用调整净收益法编制的现金收支预算。

表 10 - 4　　　　2×20 年 2 月希和汽车公司调整净收益法下的现金收支预算　　单位：万元

项目	上月实际数	本月预算数
预计利润表		
营业收入	14 032	17 313
减：营业成本	13 235	15 743
税金及附加	53	61
销售费用	284	313
管理费用	486	503
财务费用	193	219
资产减值损失	339	469
加：公允价值变动损益	0	0
投资收益	175	206
资产处置收益	0	0
其他收益	1 453	1 856
营业利润		
加：营业外收入	548	30
减：营业外支出	961	1 054
利润总额		
减：所得税费用	133	136
净利润	524	907
经营活动产生的现金流量		
净利润	524	907

续表

项目	上月实际数	本月预算数
加：计提的资产减值准备	23	34
固定资产折旧		16
无形资产摊销	17	11
长期待摊费用摊销	15	29
处置固定资产、无形资产和其他长期资产的损失（减收益）		3
固定资产报废损失		12
公允价值变动损失		
财务费用		17
投资损失（减收益）	8	13
递延所得税资产减少	2	10
递延所得税负债增加		12
存货的减少（减增加）	164	702
经营性应收项目的减少（减增加）		5
经营性应付项目的增加（减减少）		
其他		10
经营活动产生的净现金流量	753	1 781
投资活动产生的现金流量		
处置固定资产、无形资产和其他长期资产取得的现金	548	30
取得投资收益收到的现金	523	619
购置固定资产、无形资产和其他长期资产支付现金	−235	−254
投资支付的现金	−264	−323
投资活动产生的现金流量净额	572	72
筹资活动产生的现金流量		
分配股利、利润或偿付利息支付的现金	−441	−447
偿还债务支付的现金	−280	−309
筹资活动产生的现金流量净额	−721	−756
汇率变动对现金及现金等价物影响	0	0
现金及现金等价物净增加额	604	1 097
现金余缺		
期初现金余额	2 364	2 968
现金及现金等价物净增加额	604	1 097
期末现金余额	2 968	4 065
最佳现金余额	3 350	4 043
现金富余或短缺	−382	22

表 10-4 中的结果显示，希和汽车公司在预算期末出现现金短缺，应该提前开展短期融资活动，以减少现金流动性不足对企业生产经营和债务偿还的不利影响。

三、现金持有量决策

在第十章第三节的现金预算中，企业为了确定预算期末现金的余缺状况，除了合理估计预算期内现金收支各项目外，还需要确定期末应该保持的最佳现金余额。最佳现金持有量，是企业权衡现金流动性和风险的重要参考依据，也是现金预算表的重要内容。因此，确定最佳现金持有量，是现金管理的首要任务之一。

1. 现金持有的动机。企业持有现金的动机，是决定最佳现金持有量的关键因素。一般而言，企业持有现金有以下四类动机。

（1）交易动机。交易动机是指企业为了购产销等生产经营活动而持有现金。为了维持正常的生产经营活动，企业必须保持一定的现金流动性。这是因为，企业销售产品不一定能立即收到现金，而采购原材料、支付工资等则需要现金支持，考虑到现金流入和流出的时间差异，企业必须持有一定数量的现金才能维持日常经营的资金需求。

（2）补偿动机。补偿动机是指企业为了满足银行要求而保留在银行账户中的现金需求。例如，银行在为企业提供服务时，为了保证债权的安全性，要求企业在银行账户中保留一定数量的存款余额来补偿服务费用。此外，银行在提供贷款时，也会要求企业在银行留有存款以保证银行的资金安全。

（3）预防动机。预防动机是指企业为了应对突发性资金需求而持有的现金。现金流入和流出因受经济环境、行业政策和企业状况等因素的影响而具有不确定性。为了应对突发情况导致的现金需求增加，企业必须持有一定的现金以保证生产经营顺利进行。例如，国家实施紧缩性货币政策，可能导致企业的融资成本急剧增加，降低企业的外部融资能力，加大对内部资金的依赖性，此时充足的现金可以保障日常经营活动免受经济政策波动的影响。

（4）投机动机。投机动机是指企业为了等待未来的高收益率项目而持有的现金。投资机会转瞬即逝，为了防止错过未来可能出现的好的投资项目，企业可能会持有较多现金，持币而动，待高收益的投资项目出现时立即进行投资。

在实务中，企业持有现金的动机是复杂多样的，可能同时受上述多种动机的驱动。此外，企业的现金持有可能还会受到一些其他因素的影响，例如产业政策。当企业所在行业受到国家政策的大力支持时，企业的发展前景相对较好，这可能导致企业持有更多现金以选择合适的机会扩大生产规模。企业应结合内外部多个因素综合分析，以确定最佳的现金持有量。

2. 现金持有量的决策方法。常用的现金持有量决策模型主要有成本分析模型、存货模型和米勒—欧尔模型。

（1）成本分析模型。成本分析模型（cost analysis model）是指根据持有现金的相关成本，分析预测现金总成本最低时的现金持有量的方法。与现金持有量密切相关的成本是机会成本和短缺成本。

①机会成本。机会成本是指企业因持有一定现金而增加的管理费用及丧失的投资收益。这种投资收益是企业不能使用这些现金来进行其他投资而损失的投资收益，它与现金持有量成正比。计算公式如下：

$$机会成本 = 现金持有量 \times 有价证券利率 \qquad (10-2)$$

②短缺成本。短缺成本是指在现金持有量不足且又无法及时将其他资产变现而产生的损失，包括直接损失和间接损失。现金的短缺成本与现金持有量成反比。

现金持有的成本分析模型如图10-4所示。

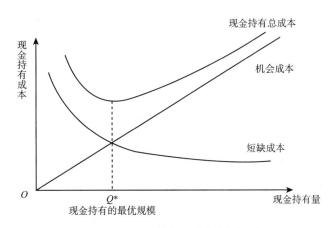

图 10-4　现金持有的成本分析模型

【例题 10-4】希和汽车公司的甲车间为了满足日常运营的需要持有一定数量的现金，表10-5为该公司的现金持有备选方案。结合成本分析模型，计算希和汽车公司的现金最佳持有量。

表 10-5　　　　　　　　希和汽车公司的现金持有备选方案

项目	方案 A	方案 B	方案 C
现金持有量（万元）	20	30	50
机会成本率（%）	18	18	18
短缺成本（万元）	15	3	0

根据成本分析模型，方案 A 的相关总成本为：$20 \times 18\% + 15 = 18.6$（万元）；方案 B 的相关总成本为：$30 \times 18\% + 3 = 8.4$（万元）；方案 C 的相关总成本为：$50 \times 18\% + 0 = 9$（万元）。相关总成本最低的方案为方案 B，因此，希和汽车公司应该选择持有现金30万元。

（2）存货模型。确定最佳现金持有量的存货模型主要借鉴了存货的经济批量模型。这一模型最早由美国学者鲍默尔（W. J. Baumol）于1952年提出，因而也称鲍默尔模型。

存货模型假设企业的现金收入每隔一段时间发生一次，但现金支出均匀发生，在此期间，企业可通过出售有价证券来实现现金收入。图 10 – 5 形象地描绘了这一模型。

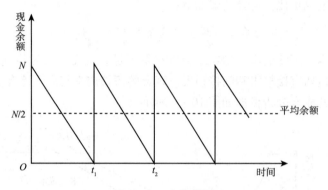

图 10 – 5　存货模型

由图 10 – 5 可见，存货模型假设企业的现金使用过程如下：企业在 O 时点持有现金 N 元，由于现金流入的速度小于现金流出的速度，在第 t_1 时点企业的现金余额下降为零，这时企业通过出售价值 N 元的有价证券补充现金。随后，在 t_2 时点现金余额再次下降为零，企业再次出售价值 N 元的有价证券。这一过程不断重复。

在存货模型下，企业持有现金的总成本主要有持有成本和转换成本。前者为持有现金的机会成本，通常指有价证券的利息，它与现金持有量成正比；后者指企业将有价证券转换成现金的交易成本，包括经纪佣金、印花税及其他管理成本等。转换成本只与交易的次数有关，与现金持有量无关。持有现金总成本最小的持有量是最佳现金余额。

假设 TC 为持有现金的总成本；b 表示有价证券与现金的转换成本；T 表示特定期间内的现金总需要量；N 表示理想的现金转换数量（最佳现金余额）；i 表示短期有价证券的利息率，则有：

$$TC = \frac{N}{2}i + \frac{T}{N}b \qquad (10 - 3)$$

对式（10 – 3）求一阶导数，可求出令总成本 TC 最小的 N 值，即：

$$TC' = \left(\frac{N}{2}i + \frac{T}{N}b \right)' = \frac{i}{2} - \frac{Tb}{N^2}$$

令 $TC' = 0$，则有：

$$\frac{i}{2} = \frac{Tb}{N^2}$$

$$N^2 = \frac{2Tb}{i}$$

由此可得，最佳现金余额为：

$$N = \sqrt{\frac{2Tb}{i}} \qquad (10-4)$$

【例题 10 – 5】 假设希和汽车公司 2×20 年度的现金需求为 7 200 000 元,有价证券与现金的转换成本为每次 2 000 元,有价证券的利息率为 18%,根据存货模型,计算公司的最佳现金余额。

根据现金持有的存货模型,希和汽车公司的最佳现金余额计算如下:

$$N = \sqrt{\frac{2 \times 7\ 200\ 000 \times 2\ 000}{18\%}} = 400\ 000 \text{(元)}$$

存货模型形象地描绘了现金管理中基本的成本结构,可以据此测算出最佳现金余额和现金转换次数,这对于加强企业现金管理有积极意义。但这一模型的假设过于严格,不符合企业实践。例如,存货模型假设现金收入只在期初或期末发生,现金支出均匀发生,且不考虑安全库存。而在实际经营中,多数企业在每一个工作日都会发生现金收入,且现金支出不均匀,企业同时也需要保留适当的现金库存以应对不时之需。

(3) 米勒—欧尔模型。米勒—欧尔模型由默顿·米勒(Merton Miller)和丹尼尔·欧尔(Daniel Orr)提出,是一个基于不确定性的现金管理模型。米勒—欧尔模型假设现金流转是不确定的,企业无法预测每天的现金需求,但现金流量服从正态分布,而且现金与有价证券之间可以自由兑换。图 10 – 6 描绘了企业的现金余额的随机波动情况。

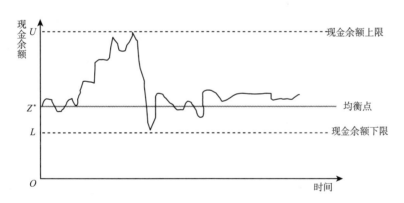

图 10 – 6 米勒—欧尔模型

米勒—欧尔模型假设企业的现金持有量在上限(U)与下限(L)之间随机波动。当现金余额低于下限水平时,企业需要出售部分有价证券来补充现金,使现金余额恢复至均衡点;当现金余额高于上限水平时,企业可以通过投资有价证券减少现金持有量,同样使现金余额恢复至均衡点。Z^* 是最佳现金持有量,也是现金余额随机波动的均衡点和目标水平,其计算公式为:

$$Z^* = L + \sqrt[3]{\frac{3b\sigma^2}{4r}} \qquad (10-5)$$

其中，L 代表现金持有量下限；b 代表证券交易成本；σ 代表每日现金持有量的标准差；r 代表有价证券的日收益率。现金持有量下限 L 受到企业每日最低的现金需要量、管理人员的风险偏好等因素的影响，最低可以为零。现金持有量上限 U 的计算公式为：

$$U = L + 3 \times \sqrt[3]{\frac{3b\sigma^2}{4r}} \qquad\qquad (10-6)$$

【例题 10-6】 假设希和汽车公司的现金流量具有不确定性，日现金余额的标准差为 4 000 元，有价证券日收益率为 0.05%，证券交易成本为每次 1 000 元，每日最低现金需要量为 500 元，根据米勒—欧尔模型，计算希和汽车公司的最佳现金持有量和现金持有量上限。

在米勒—欧尔模型下，希和汽车公司的最佳现金持有量和现金持有量上限分别如下：

$$Z^* = L + \sqrt[3]{\frac{3b\sigma^2}{4r}} = 500 + \sqrt[3]{\frac{3 \times 1\,000 \times 4\,000^2}{4 \times 0.05\%}} = 29\,345 \text{（元）}$$

$$U = L + 3 \times \sqrt[3]{\frac{3b\sigma^2}{4r}} = 500 + 3 \times \sqrt[3]{\frac{3 \times 1\,000 \times 4\,000^2}{4 \times 0.05\%}} = 87\,035 \text{（元）}$$

四、现金的日常控制

企业需要对现金进行日常控制，以保证现金持有水平一直保持或接近最佳持有量。现金的日常控制主要包括现金流动同步化、合理估计"浮存"、实行内部牵制制度和及时进行现金清理等。

1. 现金流动同步化。企业的实际现金持有量应超过最佳现金持有数量，以应对不确定性情况产生的现金需求。为了提高资产的收益性和减少现金持有成本，企业需要将现金流出和流入相互匹配，尽量保证现金的持有数量接近最佳水平，但现金的流入和流出很难准确预测，一些不确定性因素可能会改变企业的现金流转，导致企业的现金需求突然增加，这可能使企业陷入现金短缺的财务困境。

2. 合理估计"浮存"。"浮存"指企业账簿与银行记录中的现金余额的差额。考虑到企业的现金收支和银行转账业务之间存在时滞性，企业账簿与银行记录的现金数量可能存在差异。在进行现金持有量估计时，要考虑这个差异对现金流转的影响，以准确判断企业的现金持有情况。

3. 实行内部牵制制度。内部牵制制度指不相容职务要分离，以便互相监督。在现金管理中，有些职务是不相容的，需要进行职务隔离，例如出纳人员和会计人员，应该互相牵制。凡有库存现金收付，应坚持复核制度，以减少差错、堵塞漏洞；在出纳人员调换时，必须办理交接手续，做到责任清楚。内部牵制制度可以提高现金管理效率，减少因员工失误或职务侵占等对现金管理的影响。

4. 及时进行现金清理。现金库存应做到日清月结，以确保库存现金的账面数与实际库存数相互符合；银行存款账户余额与银行对账单余额相互符合；现金、银行存款日记账数额分别与现金、银行存款总账数额相互符合。在现金管理中，及时地进行现金清理，可以减少现金账实不符的问题。

第四节 存货管理

存货在短期资产中所占的比重较大，对企业财务状况具有重要影响，这使存货的管理和控制成为财务管理的一项重要内容。存货管理的主要目的是加强存货的规划和控制，尽量使存货处于最佳持有水平，在充分发挥存货功能的基础上，尽可能地降低存货成本。

一、存货的概述

1. 存货的类型与作用。存货包括各类材料、在产品、半成品、产成品等。按照完成程度，存货可分为原材料、在产品和产成品三大类。

对于企业而言，存货主要有以下作用。

（1）储存必要的原材料和在产品，以保证生产正常进行。首先，存货是企业生产经营必需的物质资料，为了保证生产的顺利进行，企业必须储备一定数量的原材料和在产品。其次，由于生产不均衡和商品供求关系波动，存货的需求量难以准确估计，企业需要提前储备存货以缓解供需不一致的矛盾。最后，即使生产按规划程序进行，企业根据需求即时采购存货不现实，也不一定符合成本收益原则，适当的储备存货更可能降低总成本。

（2）储备必要的产成品，以满足销售需求。从规模经济来看，企业成批采购可节约采购成本和其他费用，成批发运可降低运输费用，成批销售可以节约销售费用等成本等。因此，企业储备适量的存货能够保证批量生产和销售的顺利进行。

（3）适当储存原材料和产成品，可降低产品成本。一些企业的产品市场需求波动性较大，容易受季节性因素或产品稳定性的影响。如果根据产品需求状况来进行生产，会导致企业生产的波动性较大。一般而言，企业的生产能力和生产规模是相对稳定的，根据生产需求动态调整的可能性较小。产品需求波动性可能导致企业的生产能力过剩或不足、生产成本增加。为了降低总生产成本，企业可实行均衡生产，不频繁调整企业的生产能力而是调整储备的产成品数量，这使储备原材料和产成品成为降低生产成本的重要方式。

（4）储备适当存货，以降低意外事件的损失。在存货的采购、运输、生产和销售过程中，都存在不确定性因素，可能导致存货需求的急剧增加。为了避免意外事故对正常生产的影响，企业需要保持适当的存货，以避免或减少损失。

2. 存货的成本。企业持有存货，主要有以下三类成本。

（1）采购成本。采购成本指采购存货发生的成本，包括买价、运杂费等。采购成本与采购数量呈正相关关系。为了降低采购成本，企业可以通过比较分析存货的供应情况，争取采购质量好、价格低的存货。

（2）订货成本。订货成本指为订购材料、商品而发生的成本。订货成本与订货的数量无关，与订货的次数呈正相关关系。企业可以通过大批量采购，减少订货次数的方式，降低订货成本。

（3）储存成本。储存成本指储存存货时发生的成本，包括仓储费、搬运费、保险费、占用资金支付的利息费等。储存成本与存货储备数量呈正相关关系，等于平均存货量与单位储存成本的乘积。小批量采购存货，降低平均存货量，是减少储存成本的重要方式。

此外，企业还应该考虑存货管理中的一些非经常性损失，例如存货储存过多、时间过长而发生的变质与销毁，或存货储存过少不能满足生产和销售需要而造成的损失，这些都会增加存货成本。

二、存货规划

1. 经济批量。经济批量（economic order quantity，EOQ），也称经济订货批量，是指在一定时间内储存成本和订货成本总和最低时的订货批量。

从存货成本的构成来看，存货的储存成本与订货批量呈正比关系，订货成本与订货批量呈反比关系。每次订货的批量越大，需要储存的存货就越多，企业存货储存成本就越高；与此同时，每次订货的批量越大，订货的次数减少，总订货成本就会越低。储存成本、订货成本与订货批量的关系可用图 10 - 7 表示。

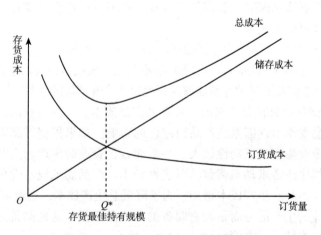

图 10 - 7　存货总成本与订货批量关系

图 10 - 7 的横轴为存货订货量，纵轴为存货成本，随着订货批量的增加，储存成本和订货成本此消彼长，存货总成本也在不断变动，但存在一个特定的 Q^* 点，可以使存货总成本最低，这就是存货的经济订货批量点。经济订货批量可以由基本经济批量模型来求得。

（1）基本经济批量模型。基本经济批量模型（EOQ），也称整批间隔进货模型，指根据存货的储存和采购成本整批间隔批量进货。基本经济批量模型遵循以下假设。

①存货能够及时补充，即企业需要订货时能够立即购得足够存货；

②每批购进存货能够一次性到位，不需要陆续入库；

③不存在缺货成本；

④没有固定订货成本和固定储存成本；

⑤存货需求量稳定且能够提前准确预测；

⑥存货供应量稳健且单价不变；

⑦企业的现金充足，不会因现金短缺而影响采购。

假设 A 为企业存货的年需求量，Q 为每批存货的订货量，F 为每批订货成本，C 为每件存货的年储存成本，T 为存货总成本。则计算成本的公式如下：

$$订货成本 = 每批订货成本 \times 订单次数 = F \times \frac{A}{Q} \qquad (10-7)$$

$$储存成本 = 平均存货量 \times 单位储存成本 = \frac{Q}{2} \times C \qquad (10-8)$$

$$存货总成本 T = 订货成本 + 存储成本 = F \times \frac{A}{Q} + \frac{Q}{2} \times C \qquad (10-9)$$

令式（10-9）的一阶导数等于0，即：

$$T' = \left(F \times \frac{A}{Q} + \frac{Q}{2} \times C \right)' = \frac{C}{2} - \frac{AF}{Q^2} = 0$$

可得：

$$经济批量 Q^*(EOQ) = \sqrt{\frac{2AF}{C}} \qquad (10-10)$$

$$经济批数 = \frac{A}{Q^*} = \sqrt{\frac{AC}{2F}} \qquad (10-11)$$

$$存货总成本 T = \sqrt{2AFC} \qquad (10-12)$$

经济批量也可以根据图10-7求得。由图可知，当订货成本和储存成本两线相交，也即两类成本相等时，存货总成本最小。据此也可根据下式求出存货经济批量 Q^*：

$$F \times \left(\frac{A}{Q^*} \right) = \left(\frac{Q^*}{2} \right) \times C$$

【例题10-7】假设希和汽车公司对 A 零件的年需求量为 100 000 件，每次订货成本为 200 元，每件存货的年储存成本为 10 元。根据经济批量模型分别计算经济批量、经济批数和存货总成本：

$$经济批量 EOQ = \sqrt{\frac{2AF}{C}} = \sqrt{\frac{2 \times 100\,000 \times 200}{10}} = 2\,000（件）$$

$$经济批数 = \frac{A}{EOQ} = \sqrt{\frac{AC}{2F}} = \sqrt{\frac{100\,000 \times 10}{2 \times 200}} = 50 \text{（批）}$$

$$存货总成本\,T = \sqrt{2AFC} = \sqrt{2 \times 100\,000 \times 200 \times 10} = 20\,000 \text{（元）}$$

（2）考虑数量折扣的经济批量模型。基本 EOQ 模型假设存货采购单价不受订购数量的影响。但在实践中，许多企业在销售商品时给予数量折扣，也即对大规模采购给予一定比例的价格折扣，这也会影响存货总成本。因为企业可能会为了获得数量折扣而改变订货批量，导致每次的订货批量偏离经济订货批量。此时，企业需要根据成本收益原则，确定存货的最佳采购数量。

【例题10-8】 承《例题10-7》，假设 A 零件的单价为18元，但若一次订购数量超过4 000件，可以给予2%的数量折扣。请问希和汽车公司应订购 A 零件多少件？

考虑数量折扣的最佳订货批量需要考虑以下两种情况：

①按经济订货批量采购，不享受数量折扣。《例题10-7》计得经济批量为2 000件，则：

存货总成本 = 订货成本 + 存储成本 + 采购成本

$$= \frac{100\,000}{2\,000} \times 200 + \frac{2\,000}{2} \times 10 + 100\,000 \times 18$$

$$= 1\,820\,000 \text{（元）}$$

②不按经济批量采购，享受数量折扣，则每批订货量至少为4 000件，则：

存货总成本 = 订货成本 + 存储成本 + 采购成本

$$= \frac{100\,000}{4\,000} \times 200 + \frac{4\,000}{2} \times 10 + 100\,000 \times 18 \times (1 - 2\%)$$

$$= 1\,789\,000 \text{（元）}$$

比较上述两种情况可知，公司应按4 000件订货，这时的存货总成本更低。

2. 再订货点。基本经济批量模型假设企业能够及时补充存货，也即企业有订货需求时可以立即购得足够存货，但考虑到存货到货可能存在时滞性，例如供应商接到订单后需要在运送时间 t 后才能交付货物，这意味着企业应该在存货没有完全消耗的时候就重新订货。存货的再订货点是指订购下一批存货时本批存货的储存量。图10-8描绘了考虑运送时间的再订货点操作。

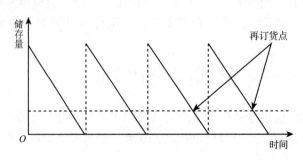

图10-8 再订货点

假设企业从发出订单到货物验收完毕入库的交货期为 t，企业每天平均的存货耗用量为 n，则再订货点 R 可用以下公式计得：

$$R = nt \qquad\qquad (10-13)$$

【例题 10-9】 希和汽车公司每天正常耗用 A 零件 100 件，订货的交货期为 20 天，则再订货点为：

$R = nt = 100 \times 20 = 2\,000$ （件）

结果说明，希和汽车公司在 A 零件的存货储存量达到 2 000 件时，应该开始订货。

3. 安全储备。基本经济批量模型假设企业在存货用完之后再订货，且在订货后存货立即到货，不会出现缺货情况。但在实务中，企业总会储备一定数量的存货，即安全储备或保险储备，以防止存货使用量突然增加或者交货期延长等意外情况。图 10-9 是考虑了安全储备的 EOQ 模型。

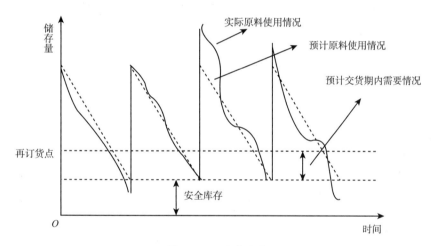

图 10-9 安全库存

安全库存的水平，可根据企业预计的最大日消耗量和最长交货期来确定，以确保企业存货在任何情况下都可以满足生产经营需求。当预计的存货日消耗量越大、交货时间越长，企业就应该持有越大的安全库存。从安全库存的作用来看，安全库存不会影响存货的采购成本，但会影响存货的储存成本，因而会影响企业的存货再订货点的确定。计算公式如下：

$$安全库存 \ S = \frac{1}{2}(mr - nt) \qquad\qquad (10-14)$$

$$再订货点 \ R = nt + S = nt + \frac{1}{2}(mr - nt) = \frac{1}{2}(mr + nt) \qquad\qquad (10-15)$$

其中，S 表示安全库存；m 表示预计的存货日最大消耗量；r 表示预计的存货最长收货时间。

【例题 10-10】 假设希和汽车公司每天正常耗用 B 零件 270 件，预计最大日耗用量为 300 件，存货订货期为 20 天，预计最长收货时间为 25 天。据此计算安全库存以及安全库存下的再订货点：

$$安全库存 S = \frac{1}{2} \times (300 \times 25 - 270 \times 20) = 1\,050（件）$$

$$再订货点 R = \frac{1}{2} \times (300 \times 25 + 270 \times 20) = 6\,450（件）$$

希和汽车公司的安全库存为 1 050 件，且当存货储备量下降到 6 450 件时，应该开始订货。

三、存货控制

存货控制是指企业在日常经营中，按照存货规划的要求，对存货使用和周转情况进行组织、协调和监督。本节介绍存货控制常用的三种存货管理方法。

1. ABC 存货分类管理法。ABC 存货分类管理法，是指企业根据一定标准，按重要性将存货划分为 A、B、C 三类，分别实行按品种重点管理、按类别一般控制和按总额灵活掌握的存货管理方法。ABC 存货分类管理由意大利经济学家巴雷特于 19 世纪提出，目前广泛应用于存货管理、成本管理和生产管理等。存货分类的标准主要有：金额标准和品种数量标准，其中，金额标准是基本依据，品种数量标准是辅助参考依据。对存货进行划分时，要按照企业确定的标准，通过列表、计算、排序等具体步骤来确定存货的类别。

存货分类管理的目的在于提高存货管理效率。A 类存货的种类虽少，但占用资金多，应集中主要力量进行管理，认真规划经济批量等；C 类存货虽然种类繁多，但占用的资金不多，不需要耗费大量人力、物力和财力管理；B 类存货介于 A 类和 C 类之间，管理力度也应介于两者之间。该方法的优点在于，通过对存货进行分类管理，可以区分管理的主次顺序，针对性地进行管理和控制，降低存货管理成本。但该方法也存在一定局限性，企业可能忽视对 B 类和 C 类存货的管理，从而可能影响企业正常的生产经营。

ABC 存货分类管理法主要有以下四个步骤。

第一，计算每种存货在一定期间内（一般是一年）的资金占用额。

第二，计算每种存货的资金占用额占全部资金的比值，并按比值大小进行排序，将结果编成表格。

第三，根据存货的分类标准，把最重要的存货划为 A 类，一般存货划为 B 类，不重要的存货划为 C 类，并画图表示。

第四，实行存货分类管理，对 A 类存货进行重点规划和控制，对 B 类存货进行次重点管理，对 C 类存货只进行一般管理。

【例题 10 – 11】假设希和汽车公司实行 ABC 存货分类管理，将原材料按占用资金多少排列后，划分为 A 组、B 组、C 组三组存货，金额占比分别为 59%、29%、12%，品种数量占比分别为 12%、35%、53%，请根据上述条件画出希和汽车公司的 ABC 存货分析图。

图 10-10 是希和汽车公司的 ABC 存货分析。可见，从金额标准和品种数量标准来看，A 组存货的收入和发出都需要严格控制，而 B 组和 C 组的管理控制相对宽松些。

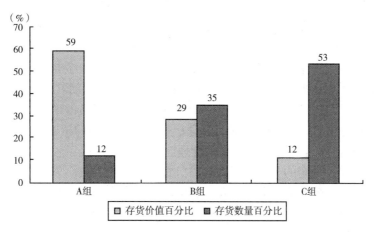

图 10-10　希和汽车公司 ABC 存货分析

2. 适时制存货管理。适时制存货管理法（just in time，JIT），是指只保留满足即时生产需要的存货数量，也即将存货的库存量减少到一个生产班次恰好需要的数量。JIT 法强调企业只有在使用存货之前才要求供应商送货，以将存货数量减到最少，同时要求物资供应、生产和销售形成连续的同步运转过程，以消除企业内部存在的所有浪费，提高产品生产效率。运用 JIT 法管理存货，可以提高产品质量，降低存货储存成本，加快存货的周转速度。但在 JIT 法下，存货是没有替代品的，每个产成品都必须是合格商品，加大了对产品质量的要求；而且要求企业与供应商之间有较高的合作度，存货的频繁再订购和再储备加大了存货短缺的可能性。

适时制存货管理法的实行，需要满足以下要求。

（1）计划要求。JIT 法需要制订协调完整的实施计划。详细的实施计划可以减少保险储备的存货数量，节约存货储备成本，缩短存货在途时间等。

（2）良好的供应商关系。良好的供应商关系是顺利实施 JIT 法的重要前提。在 JIT 法下，企业储备的存货很少，对供应商的依赖度较高，与供应商高度合作才能确保送货计划、数量、质量和及时联系等顺利进行，避免存货短缺对生产经营的影响。

（3）信息化系统。存货的采购、生产、销售过程高度依赖信息化系统，完备的信息化系统是保证 JIT 法顺利实施的前提。

（4）其他成本因素。JIT 法可能伴随较高的采购价格。由于 JIT 法需要企业建立良好的供应商关系，但能够满足适时供应要求的供应商数量有限。而且，供应商为了达到 JIT 要求，必须提高存货质量、增加送货频率，这会增加供应商的销售成本，因而使企业可能承担更高的采购成本。但采用 JIT 的企业可以从存货和生产管理效率提升中获得更多的利益。

3. 归口分级控制法。存货的归口分级控制，是指区分企业内部各单位的存货管理和控制责任的存货管理方法。该方法包括以下三项内容。

（1）财务部门对存货资金实行统一管理。财务部门要对存货资金实行集中、统一管理，以促进供、产、销各环节的互相协调，实现资金使用的综合平衡。资金的统一管理内容为以下四个方面：根据相关政策规定，制定企业的资金管理制度；测算各项资金需求量，编制现金使用计划；将财务指标分解，落实到各单位和个人；对各单位的资金使用情况进行检查和分析，统一考核资金的使用情况。

（2）实行存货资金的归口管理。根据使用资金和管理资金相结合、物资管理和资金管理相结合的原则，将资金管理任务分配到各个使用部门。具体而言，原材料、燃料、包装物等资金归供应部门管理；在产品和自制半成品占用的资金归生产部门管理；产成品占用的资金归销售部门管理；工具用具占用的资金归工具部门管理；修理用备件占用的资金归设备动力部门管理。

（3）实行存货资金的分级管理。各归口管理部门根据资金管理要求，分解资金计划指标，并分配至所属单位或个人，层层落实，实现分级管理。具体而言，原材料资金计划指标可划分为供应计划、材料采购、仓库保管、整理准备等，分配至各业务组管理；在产品资金计划指标可分配给各车间、半成品库管理；成品资金计划指标可分配给销售、仓库保管、成品发运各业务组管理。

第五节　应收账款管理

应收账款是企业一项重要的短期资产。随着市场经济的发展及商业信用的推行，应收账款占短期资产的比重不断增加，同时应收账款的可变现能力较强，其周转速度会影响现金的流转效率，这使应收账款管理日渐重要，已成为企业短期资产管理的重要内容之一。

一、应收账款的概述

应收账款，是指生产经营过程中形成的应收而未收的款项。企业提供商业信用，采用赊销、分期收款等方式，在未收到款项的情况下先把产品提供给客户，由此产生应收账款。

1. 应收账款的作用。应收账款在企业生产经营中的作用主要有以下两个方面。

（1）扩大销售。赊销是促进销售的重要方式。企业向顾客赊销，实际上向顾客提供了两项交易：一是向顾客销售产品；二是向顾客提供在一定期间内可以使用的资金。在经济形势不景气、银根紧缩、资金紧张时，赊销带来的促销作用更加明显。此外，赊销也有助于企业构建良好的客户关系，为未来相互合作、扩大销售规模奠定良好的基础。

（2）减少存货。赊销可以减少存货规模，降低存货的持有成本，这包括储存存货产生管理费、仓储费和保险费等支出，也包括存货占用资金的机会成本。因此，当存货数量较多时，企业可采用优惠的信用条件进行赊销，把存货转化为应收账款，减少存货规模，节约成本支出。

2. 应收账款的成本。持有应收账款，也会产生一定成本，主要包括以下三项。

（1）机会成本。应收账款的机会成本指企业因将资金投放于应收账款而放弃的投资收益，例如投资有价证券产生的利息等。应收账款的机会成本一般按有价证券的利息计算。

（2）管理成本。应收账款的管理成本指管理应收账款的过程中产生的各种费用，包括调查客户信用状况的费用、收集各种信息的费用、账簿记录费用、收账费用和其他相关费用。这些费用与应收账款的规模呈正相关关系。

（3）坏账成本。应收账款的坏账成本指因应收账款无法如期足额收回发生的损失。坏账成本也与应收账款的规模呈正相关关系。

3. 应收账款的管理目标。应收账款的管理目标是，在利用应收账款扩大企业销售规模的基础上，尽量降低应收账款的成本，保证应收账款的安全性，减少应收账款的坏账损失，最大限度地提高应收账款投资的效益。应收账款的管理体系如图 10-11 所示。

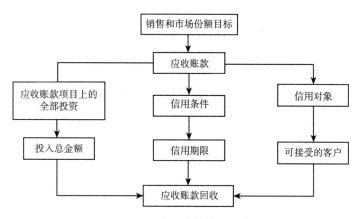

图 10-11　应收账款的管理体系

二、应收账款政策的制定

应收账款政策也称信用政策，是指企业管理和控制应收账款的一项财务政策。企业信用政策主要包括信用标准、信用条件和收账政策三个部分。

1. 信用标准。信用标准是指企业同意向顾客提供商业信用而提出的基本要求。信用标准一般以顾客的预期坏账损失率为基准。信用标准较严的企业，通常只给商业信誉良好、坏账损失率较低的顾客提供赊销，这会降低应收账款的机会成本和坏账损失，但不利于扩大销售规模，甚至降低销售收入。而信用标准较宽松的企业，对顾客的信誉和坏账损失率要求不高，有利于扩大销售规模，但也会相应增加应收账款的机会成本和坏账损失。因此，企业需要根据经营发展情况，选择合适的信用标准，以提高应收账款的总收益。

【例题 10-12】希和汽车公司在当前信用政策下的经营情况如表 10-6 所示。现公司准备修改现有的信用标准，提出 A、B 两个信用标准方案。方案 A 为较严格的信用标准政策，实施方案 A 预计会减少销售收入 20 000 元，收入减少部分的平均收现期为 50 天，坏账损失率为 7%，剩余 380 000 元的平均收现期为 20 天，坏账损失率降为 5%。方案 B 为较宽松的信用标准政策，实施方案 B 预计会增加收入 30 000 元，收入增加部分的平均收现期为 60 天，坏账损失率为 8%；原 400 000 元收现期不变，仍为 30 天，坏账损失率仍为 6%。根据上述材料，请分析希和汽车公司应该选择哪种方案作为新的信用标准？

表 10-6 希和汽车公司当前信用政策下的经营情况

项目	数据
S_0：销售收入（元）	400 000
P'：销售利润率（%）	20
$\overline{C_0}$：平均收现期（天）	30
$\overline{B_B}$：平均坏账损失率（%）	6
R_0：应收账款占用资金的机会成本率（%）	18

为了评价两个信用标准方案的优劣，需要分别计算两个方案的收益和成本，并比较两个方案的净收益。计算结果如表 10-7 所示。

表 10-7 希和汽车公司的两个信用标准方案的收益成本测算 单位：元

项目	方案 A	方案 B
销售利润	$P_A = (S_0 + \Delta S_A) \times P'$ $= (400\,000 - 20\,000) \times 20\%$ $= 76\,000$	$P_B = (S_0 + \Delta S_B) \times P'$ $= (400\,000 + 30\,000) \times 20\%$ $= 86\,000$
应收账款机会成本	$I_A = \left[(S_0 + \Delta S_A) \times \dfrac{\overline{C_A}}{360} \right] \times R_0$ $= (400\,000 - 20\,000) \times \dfrac{20}{360} \times 18\%$ $= 3\,800$	$I_B = \left[S_0 \times \dfrac{\overline{C_B}}{360} + \Delta S_B \times \dfrac{\overline{C_B}}{360} \right] \times R_0$ $= \left[400\,000 \times \dfrac{30}{360} + 30\,000 \times \dfrac{60}{360} \right] \times 18\%$ $= 6\,900$
坏账损失	$K_A = 380\,000 \times 5\% = 19\,000$	$K_B = 400\,000 \times 6\% + 30\,000 \times 8\% = 26\,400$
净收益	$P_{mA} = P_A - I_A - K_A$ $= 76\,000 - 3\,800 - 19\,000$ $= 53\,200$	$P_{mB} = P_B - I_B - K_B$ $= 86\,000 - 6\,900 - 26\,400$ $= 52\,700$

以上结果表明，采用方案 A 能使希和汽车公司获得更多净收益，因此，应当采用方案 A 作为新的信用标准。

表 10-7 计算了两种信用标准政策产生的净收益，并据此选择最佳的信用标准方案，这种方法通常称为总量法。此外，我们也可以采用增量法评估不同的信用标准方案，即

比较不同信用标准方案所产生的增量收益，根据增量收益的大小作出决策。增量法一般关注以下四个方面：（1）信用标准变化对销售利润的影响；（2）应收账款机会成本的变化；（3）坏账成本的变化；（4）管理成本的变化。

2. 信用条件。信用条件是指企业要求顾客支付赊销款项的条件，包括信用期限、折扣期限和现金折扣。信用期限指企业规定的应收账款的最长付款期限，折扣期限指顾客可享受现金折扣的付款期限，现金折扣指顾客提前付款给予的优惠政策。例如，销售合同中的"2/10，$N/30$"为信用条件，如果顾客在发票开出后 10 天内付款，可享受 2% 的现金折扣；如果不想取得折扣，只要在 30 天内付清款项即可。在这一例子中，30 天为信用期限，10 天为折扣期限，2% 为现金折扣。从信用条件上看，给予优惠的信用条件有助于扩大销售规模，增加销售收入，但也会导致应收账款的机会成本、坏账损失等应收账款成本增加。

【例题 10－13】假设希和汽车计划改变现行的信用条件，可供选择的 A、B 信用条件备选方案如表 10－8 所示。公司应收账款的机会成本率为 18%。请根据成本收益原则，选择最佳的信用条件方案。

表 10－8　　　　　希和汽车公司的信用条件备选方案相关资料

项目	方案 A	方案 B
信用条件	$N/30$	2/10，$N/20$
销售收入（万元）	40	45
销售利润（万元）	10	15
平均坏账损失率（%）	6	8
平均收现期（天）	45	60
享受现金折扣的比例（%）	0	50

根据表 10－8 的数据，分别计算 A、B 两个方案的销售利润和成本，计算结果如表 10－9 所示。

表 10－9　　　　　希和汽车公司的信用条件备选方案测算结果　　　　　单位：万元

项目	方案 A	方案 B
销售利润	$P_A = 10$	$P_B = 15$
应收账款机会成本	$I_A = 40 \times 18\% \times \dfrac{45}{360} = 0.9$	$I_B = 45 \times 18\% \times \dfrac{60}{360} = 1.35$
坏账损失	$K_A = 40 \times 6\% = 2.4$	$K_B = 45 \times 8\% = 3.6$
折扣成本	$D_{mA} = 0$	$D_{mB} = 45 \times 50\% \times 2\% = 0.45$
净收益	$P_{mA} = P_A - I_A - D_{mA} - K_A$ $= 10 - 0.9 - 2.4 - 0 = 6.7$	$P_{mB} = P_B - I_B - D_{mB} - K_B$ $= 15 - 1.35 - 3.6 - 0.45 = 9.6$

结果显示，选择方案 B 可以获得更多净收益。因此，希和汽车公司的最佳信用条件方案为 B 方案。

3. 收账政策。收账政策指当顾客不遵守信用条件时，企业所采取的收账策略。当信用条件被违反时，企业如果采取较为积极的收账政策，可能会减少应收账款投资和坏账损失，但会增加收账成本；反之，则会增加应收账款投资和坏账损失，但会减少收账费用。

一般情况下，企业可参照信用标准和信用条件来确定收账政策。虽然收账费用越多，坏账损失越少，但这两者并不一定为线性关系。两者的变动规律通常如下：一开始，少量收账费用可以降低应收账款余额和坏账损失；随着收账费用不断增加，应收账款余额和坏账损失明显减少；但当收账费用达到某一限度，即饱和点后，应收账款余额和坏账损失的减少开始不再明显（见图10-12）。因此，企业需要权衡收账费用和坏账损失选择合适的收账政策。

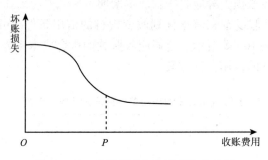

图10-12 收账费用与坏账损失的关系

【例题10-14】表10-10为希和汽车公司的两个收账政策方案及其对比分析。假设希和汽车公司的应收账款机会成本为12%，请结合成本收益原则，选择最佳的收账政策方案。

表10-10　　　　　　　希和汽车公司不同收账政策方案及对比分析

项目	现行收账政策	建议收账政策
年收账费用（万元）	100	130
应收账款平均收现期（天）	90	60
坏账损失率（%）	8	6
年销售收入（万元）	166 639	166 639
应收账款周转次数（次）	4	6
应收账款平均占用额（万元）	41 659.75	27 773.17
坏账损失（万元）	13 331.12	9 998.34
节约的机会成本（万元）		1 666.39
减少的坏账损失（万元）		3 332.78
节约金额合计（万元）		4 999.17
增加的收账费用（万元）		30
建议政策可增加的收益（万元）		4 969.17

由以上结果可知，建议的收账政策比现行的收账政策增加净收益 4 969.17 万元，因此，希和汽车公司应采用建议的收账政策。

4. 综合信用政策。最优的信用政策，应该综合考虑信用标准、信用条件、收账政策三个因素。根据信用标准、信用条件、收账政策的综合变化，考虑它们对企业销售规模和应收账款成本影响，基于成本收益原则，制定赊销总收益大于总成本的综合信用政策。但因为多个变量需要根据经验估算，有相当大的不确定性，这使得综合决策相当困难。因此，综合信用政策的制定，需要同时依靠数量分析和管理经验来判断。制定综合信用政策的基本模式如表 10－11 所示。

表 10－11　　　　　　　　　　综合信用政策的基本模式

信用标准： 预计坏账损失率（％）	信用条件	收账政策
0～0.5 0.5～1	从宽信用条件 （60 天付款）	消极收账政策 （拖欠 20 天不催收）
1～2 2～5	一般信用条件 （45 天付款）	一般收账政策 （拖欠 10 天不催收）
5～10 10～20	从严信用条件 （30 天付款）	积极收账政策 （拖欠立即催收）
20 以上	不予赊销	—

企业在确定综合信用政策后，才能根据信用政策和预计的销售收入等指标，计算企业的应收账款的最佳规模。

三、应收账款的日常控制

为了提高应收账款的管理效率，企业需要对应收账款进行日常控制，包括：对顾客进行信用调查和评价，及时发现违反信用政策的客户；及时催收账款，减少应收账款的坏账损失。应收账款的日常控制主要包括信用调查、信用评估、账款监控、账款催收四个部分。

1. 信用调查。信用调查是指对顾客信用状况进行调查，以了解和评估顾客的信用水平，据此制定和执行合理的信用政策。信用调查包括直接调查和间接调查两种方法。前者指调查人员直接与被调查单位接触，通过采访、询问、观看、记录等方式了解企业的信用状况，这可以保证收集资料的准确性和及时性，但直接调查要求被调查单位积极配合，否则调查资料可能不完整；后者指基于被调查单位的相关业务的原始记录和核算资料，通过加工整理获得被调查单位的信用状况，这可以提高调查信息的客观性。

当前，信用调查的相关资料主要有以下四个来源途径。

（1）财务报表。顾客的财务报表是信用资料的重要来源。通过分析财务报表，可以掌握一家企业的财务状况和盈利能力。

（2）信用评估机构。企业根据信用评估机构定期发布的信用等级报告确定顾客的信用状况。当前国内外均有专业的信用评级机构，它们的评估方法先进，评估调查细致，评估程序合理，可信度较高。在评估等级方面，目前主要有两种信用等级划分方式，第一种是三类九级制，即把企业的信用等级分为 AAA、AA、A、BBB、BB、B、CCC、CC、C 九级，AAA 为最优等级，C 为最差等级；第二种是三级制，把企业的信用等级分为 AAA、AA、A 三级，其中，AAA 为最优等级。

（3）银行。企业也可以根据银行信用部门的信用评估资料来确定顾客的信用状况。但银行的资料一般仅愿意在同业之间交流，很少向其他企业提供。不过，如果涉及较大规模的业务，企业也可向当地开户银行征询顾客的信用资料。

（4）其他方式。财税部门、工商管理部门、证券交易部门等也是顾客信用资料的重要来源。这些部门由于业务需要也会调查和评估企业的信用状况，企业可以借鉴这些部门的信用资料确定顾客的信用状况。此外，报纸、杂志、书籍等可能提供一定的信用资料。

2. 信用评估。企业根据收集的信用资料，对顾客的信用状况进行分析和评估。信用评估使用最广泛的方法有 5C 评估法和信用评分法。

（1）5C 评估法。5C 评估法，是指从企业的品质（character）、能力（capacity）、资本（capital）、抵押品（collateral）和情况（conditions）五个方面来评估企业的信用状况。由于这五个方面的英文首字母都是 C，故称 5C 评估法。其中，品质指客户愿意履行付款义务的可能性，这是信用评估的最重要因素，因为客户是否愿意尽自己最大努力来偿还货款，直接决定着账款的回收速度和数量；能力指客户偿还货款的能力，主要根据客户的经营规模和盈利状况来判断；资本指企业的财务状况，可根据相关财务比率来判断；抵押品指客户为获取商业信用提供的担保资产；情况指一般的经济情况对顾客偿债能力的影响。

通过上述五个方面的分析，企业基本可以判断顾客的信用情况，据此决定是否向顾客提供商业信用支持。5C 评估法的优点在于可以全方位、多角度地评估企业的信用状况，但这种方法的主观性较强，评估结果可能不够客观。

（2）信用评分法。信用评分法，是指根据一系列财务比例和信用情况指标进行评分，再据此确定顾客的信用状况的一种方法。具体步骤为：首先对财务比率和信用情况等各项指标进行评分；其次将所有评分结果进行加权平均，得出顾客的综合信用分数，并以此判断顾客的信用情况。信用评分的基本公式为：

$$Y = \alpha_1 x_1 + \alpha_2 x_2 + \alpha_3 x_3 + \cdots + \alpha_n x_n = \sum_{i=1}^{n} \alpha_i x_i \qquad (10-16)$$

其中，Y 表示某企业的信用评分；α_i 表示事先拟定的对第 i 种财务比率和信用品质进行加权的权数，$\sum_{i=1}^{n} \alpha_i = 1$；$x_i$ 表示第 i 种财务比率和信用品质的评分。

3. 账款监控。企业根据信用调查资料，评估出顾客的信用状况后，还要分析顾客的信用状况变动趋势。当顾客的信用状况恶化时，企业最好的控制应收账款方法是拒绝赊销商品，或将赊销的商品作为附属担保品进行有担保销售。对于已经产生的应收账款，要加强收账力度，及时掌握账款回收进度，以减少坏账损失的产生。

企业可以通过账龄分析、观察应收账款平均账龄等方式监控应收账款。账龄分析是指将所有应收账款按照账龄进行分类，根据账龄确定顾客的信用政策。具体而言，将应收账款按账龄进行分类并编制账龄分析表，表格显示每一类应收账款的数量和所占比例，并根据表格分析没有收回的应收账款的质量。在一般情况下，应收账款的账龄可分为 0～30 天、30～60 天、60～90 天和 90 天以上四个等级。账龄分析表展示企业所提供的信用条件、顾客的付款习惯及销售趋势等信息，也可以反映企业改变信用条件、客户付款速度改变、销售趋势变化等情况下的账龄变动情况，这可以成为判断企业应收账款质量的重要依据。例如，随着当月销售收入的增加，账龄为 0～30 天的应收账款比例也将增加。

应收账款平均账龄分析，是指计算企业所有未清偿的应收账款的平均账龄，根据平均账龄判断企业的信用状况。计算应收账款平均账龄的方法有两种，一是计算所有未清偿应收账款的加权平均账龄，使用的权数是每项应收账款金额占应收账款总额的比例；二是根据账龄分析表计算平均账龄。例如，账龄为 0～30 天的应收账款的平均账龄为 15 天，账龄为 30～60 天的应收账款的平均账龄为 45 天，账龄为 60～90 天的应收账款的平均账龄为 75 天；将 15、45 和 75 作为加权平均数，计算企业所有应收账款的平均账龄，权数分别是账龄为 0～30 天、30～60 天、60～90 天的应收账款金额占全部应收账款的比例。

【例题 10－15】2×20 年 12 月 31 日，希和汽车公司为了监控应收账款，对第四季度的应收账款明细表进行汇总，如表 10－12 所示。假设 12 月应收账款的平均账龄为 0～30 天，11 月应收账款的平均账龄为 30～60 天，10 月应收账款的平均账龄为 60～90 天。请编制希和汽车公司第四季度的账龄分析表（见表 10－13），并计算公司应收账款的平均账龄。

表 10－12　　　　希和汽车公司 2×20 年度第四季度应收账款明细　　　单位：元

10 月		11 月		12 月	
发生日期	金额	发生日期	金额	发生日期	金额
10 月 5 日	1 500	11 月 11 日	500	12 月 5 日	400
10 月 28 日	800	11 月 18 日	1 200	12 月 12 日	500
		11 月 23 日	1 100	12 月 18 日	800
				12 月 28 日	1 300
合计	2 300	合计	2 800	合计	3 000

表 10 – 13　　　　　　　　　　希和汽车公司的账龄分析

账龄	金额（元）	百分比（%）
0 ~ 30 天	3 000	37.04
30 ~ 60 天	2 800	34.57
60 ~ 90 天	2 300	28.30
90 天以上	0	
合计	8 100	100.00

平均账龄 = 15 × 37.04% + 45 × 34.57% + 75 × 28.30% = 42.34（天）

结果显示，希和汽车公司应收账款的平均账龄为 42.34 天。

4. 账款催收。催收过期拖欠应收账款，是企业应收账款管理的重要内容。首先，应收账款的催收要遵循一定原则，账款的催收努力程度应从成本最低的方式开始，在低成本方法失败后才采用较高成本的催收方法。例如，早期的收款接触要保持友好，后来的方式可以逐渐严厉。收款决策要遵循成本收益原则，一旦继续收款回收的现金流量小于所追加的成本，企业应该立即停止账款的催收。其次，账款催收的过程中会产生各种费用，企业需要权衡账款催收支出和坏账损失数量，以确保应收账款的总成本最小。最后，应收账款的催收要遵循一定方法，催收力度应根据账款过期期限、债务规模等综合选择，以降低应收账款的管理成本和坏账损失。一般而言，账款过期期限是影响催收方式的重要因素。例如，对于过期较短的客户，催收力度较小；对于过期较长的客户，适当加大催收力度；而对于过期很长的客户，需要频繁催款，采取较大的账款催收力度。常见的应收账款催收方法如下。

（1）信件。即通过信件的方式提醒顾客付款。如果仍然没有收到款项，则可发出 1 ~ 2 封甚至更多的邮件，措辞可以更加严厉和迫切。这种方法适用于账期过期较短的顾客。

（2）电话。即通过电话的方式提醒顾客付款。如果邮件催收没有效果，可以直接给顾客打电话，询问无法付款的原因，商讨债款偿付方式和额度。

（3）个人拜访。即通过直接拜访顾客方式，请对方支付款项。

（4）收款机构。即通过专业的收账机构收回款项。但收款机构需要收费，会增加账款的催收成本，选用此方法要综合权衡账款催收的收益和成本。

（5）诉讼程序。即通过法律手段要求顾客付款。如果账款的数额较大，且其他方法均无法回收账款，这时可以考虑通过法律途径进行账务催收。但这种方法会产生一定的账务催收成本，如诉讼费和律师费，且诉讼期限一般较长，企业很难在短期内收回款项。

第六节　短期金融资产管理

短期金融资产是短期资产中流动性和收益性均较强的资产，短期金融资产管理是短期资产管理的重要内容之一。

一、短期金融资产管理概述

1. 短期金融资产的概念。短期金融资产，是指能够随时变现且持有时间不准备超过一年（含一年）的金融资产，包括股票、债券、基金等。短期金融资产的可变现能力较强，一般被认为现金的替代物。因此，短期金融资产与现金管理密不可分。

2. 短期金融资产的持有动机。企业持有短期金融资产，主要有以下三个目的。

（1）作为现金等价物。虽然短期金融资产不能直接用于支付，但具有较高的流动性和较强的变现能力。通过持有不同的短期金融资产组合，企业可以丰富货币资金的持有形式。而且，投资短期资产可以为未来投资机会做准备，当遇到较好的投资机会时，可以通过减持短期金融资产的方式获得现金，以避免错过投资机会。

（2）提高资产收益性。单纯的现金（包括货币资金和银行存款）是没有收益或者收益很低的，而短期金融资产同时具备高收益性和高流动性的特点，可以成为提高资产收益的重要方式，同时也不用担心流动性不足对企业的不利影响。

（3）提高投资灵活性。短期金融资产投资的类型丰富、流动性高、变现能力强，企业将闲置资金用于短期金融资产投资，可以提高短期投资的灵活性。

3. 短期金融资产的管理原则。

（1）安全性、流动性与盈利性相均衡原则。持有短期金融资产的目的之一是丰富企业的现金持有形式，在确保安全性和流动性的基础上，增加资产的投资收益。因此，短期金融资产的规模要综合考虑上述三个方面因素。

（2）多元化投资原则。根据投资组合理论，分散化投资可以降低投资风险。虽然短期金融资产的持有期限短，但为了充分降低风险，应遵循多元化投资的原则。

（3）合理配置原则。短期金融资产的类型非常丰富，包含银行债券、企业债券、政府债券、股票等多种类型，每种类型的金融资产的收益和风险存在差异性。因此，短期金融资产的管理，不仅要考虑短期金融资产的投资规模，还需要考虑各类型资产的配置比例，以达到风险和收益的最佳平衡点。

二、短期金融资产的类型

短期金融资产主要包括短期政府债券、大额可转让定期存单、货币市场基金等。

（1）短期政府债券。短期政府债券，是指各级政府或由政府提供信用担保的部门发行的、期限在一年以内的短期债券。短期政府债券也称为短期国库券，一般包含 3 个月、6 个月、9 个月、12 个月四种类型。短期政府债券具有风险小、收益低的特征。广义上，政府债券同时包括国家财政部门和各级地方政府及政府代理部门发行的债券。狭义上，政府债券仅指国家财政部门所发行的债券。目前，中国的短期政府债券主要包括财政部发行的短期国债和中国人民银行发行的中央银行票据。

（2）大额可转让定期存单。大额可转让定期存单的风险性和收益率均高于政府债券，是银行存款证券化的一种形式，也是银行印发的一种定期存款凭证。存单上印有票面金额、存款日、到期日和存款银行的证券化利率。持有人在存单到期后可按票面金额和规定利率提取本息，逾期存款不计息。大额可转让定期存单具有可流通转让、自由买卖的特征，是短期金融资产的主要投资对象，包括3个月、6个月、9个月、12个月四种期限类型。

（3）货币市场基金。货币市场基金是指专门投资货币市场的短期货币工具的一种基金。短期货币工具主要包括国库券、商业票据、银行定期存单、政府短期债券、企业债券等。货币市场基金最早创立于1972年的美国。我国于2004年8月首次颁布《货币市场基金管理暂行规定》，标志着货币市场基金在我国出现。投资货币市场基金可以在保持资产收益性的前提下，通过投资组合来降低投资风险，但投资者需要向基金管理公司缴纳基金管理费，这会降低基金投资净收益。

（4）其他短期金融资产。其他短期金融资产，包括商业票据、证券化资产等短期金融资产。商业票据是大型企业为筹措短期资金而发行的无担保短期本票。商业票据是一种较常见的企业短期筹资工具，也是一种较常见的货币市场投资工具，具有较高的安全性。证券化资产是指实施了资产证券化的资产，是一种对资产所有权和收益权进行分离的金融创新。证券化资产一般由信誉较好的投资银行或资产公司作为发行中介，具有较高的安全性，但这种创新金融工具背后隐藏的金融风险在2007年美国次贷危机中充分体现，投资这类工具需要防范投资风险。

除了上述短期金融资产外，企业也可以将闲置资金投入证券市场购买股票和债券，在需要使用现金时再将这些金融资产出售变现。

三、短期金融资产的投资决策

为了提高短期金融资产的管理效率，需要综合权衡短期金融资产的流动性和收益性，以确定企业持有的短期金融资产的最佳数量。企业可以采用以下三种短期金融资产投资模式。

（1）期限搭配组合模式。期限搭配组合模式，是指根据企业不同时期的现金流量模式和规律，对短期金融资产的期限进行搭配，构建长期、中期、短期相结合的投资组合。在一般情况下，长期资金主要用于长期投资，以获得较大的投资收益，而短期资金主要投资于风险较小、易于变现的有价证券。通过期限搭配投资，可以使现金流入与流出的时间尽可能接近，从而降低由于到期日不同而造成的机会成本。

（2）三分组合模式。三分组合模式，是指将资产分为三等分，分别进行投资的管理方法。例如，资产投资组合三分法可以是：将1/3的资金存入银行以保持流动性；1/3的资金投资于债券、股票等有价证券以提高收益性和保持流动性；1/3的资金投资用于房地产等不动产以提高资产收益能力。同样，短期金融资产投资也可以使用三分法：将1/3资金投资于高风险、高收益的股票；1/3资金投资于低风险、低收益的债券或优先股；1/3资金投资于风险和收益都适中的有价证券。

（3）风险与报酬组合模式。风险与报酬组合模式，是指根据资产投资的风险报酬配置短期金融资产。企业可以根据自己的投资报酬率和风险承担水平，选择风险与报酬合适的证券组合进行投资。一般来说，选择证券投资组合时，同等风险的证券，优先投资高收益率的证券；同等报酬的证券，优先选择风险小的证券进行投资。

第七节　本章实验

学习目标

短期资产管理是解决短期资产的持有量决策和管理问题。本部分主要基于企业财务数据，结合营运资本的管理政策及方法，使用 Excel 工具构建现金、存货、应收账款等短期资产的计算模型，通过计算各种管理政策的成本收益找出最优的短期资产管理政策。本部分旨在帮助读者学习和掌握各类型短期资产的最佳持有水平的计算方法，以帮助企业确定合理的短期资产管理政策，提高资金的使用效率和公司业绩。

计算方法

以下分别以现金管理、存货管理、应收账款管理三个方面为例介绍如何构建短期资产管理分析模型。

1. 现金管理。下面以〖例题 10 - 6〗为例，说明如何计算最佳现金持有量和现金持有量上限。表 10 - 14 是现金管理模型。

（1）计算最佳现金持有量，根据米勒—欧尔模型"最佳现金持有量 = 现金持有量下限 + $\sqrt[3]{\dfrac{3 \times 证券交易成本 \times 每日现金持有量的标准差^2}{4 \times 有价证券的日收益率}}$"，从而得到最佳现金持有量。

（2）根据米勒—欧尔模型"现金持有量上限最佳现金持有量 = 现金持有量下限 + $3 \times \sqrt[3]{\dfrac{3 \times 证券交易成本 \times 每日现金持有量的标准差^2}{4 \times 有价证券的日收益率}}$"，从而得到现金持有量上限。

表 10 - 14　　短期资产管理 – 现金管理计算方法

方法	指标	公式	指标比率
现金管理			
成本分析模型	最佳现金持有量	总成本（即机会成本与短缺成本）最低的现金持有量	= MIN（B8 × B9 + B10, C8 × C9 + C10, D8 × D9 + D10)
存货模型	最佳现金余额	$\sqrt{2} \times \sqrt{\dfrac{现金需要量总额 \times 现金与有价证券的转换成本}{短期有价证券利息率}}$	= (2 × B17 × B18/B19)^(1/2)

续表

方法	指标	公式	指标比率
米勒—欧尔模型	最佳现金持有量	现金持有量下限 + $\sqrt[3]{\dfrac{3 \times 证券交易成本 \times 每日现金持有量的标准差^2}{4 \times 有价证券的日收益率}}$	= ((3 × B26 × B24^2) / (4 × B25)) ^ (1/3) + B27
	现金持有量上限	现金持有量下限 + $3 \times \sqrt[3]{\dfrac{3 \times 证券交易成本 \times 每日现金持有量的标准差^2}{4 \times 有价证券的日收益率}}$	= (((3 × B26 × B24^2) / (4 × B25)) ^ (1/3)) × 3 + B27

2. 存货管理。下面以〖例题 10 - 7〗为例，说明如何计算经济批量、经济批数和存货总成本。表 10 - 15 为具体的计算模型及公式。

（1）计算经济批量，根据公式，经济批量 = $\sqrt{\dfrac{2 \times 每批次存货的订货成本 \times 企业每年的存货需求总量}{每单位存货的储存成本}}$，得到经济批量。

（2）计算经济批数，2020 年度零件需求量除以上一步骤得出的经济批量，得到经济批数。

（3）计算存货总成本，根据公式，存货总成本 = $\sqrt{2 \times 每年的存货需求总量 \times 每批次存货的订货成本 \times 每单位存货的储存成本}$，得到存货总成本。

表 10 - 15　　　　　　　　短期资产管理 - 存货与应收账款管理表

分类	指标	公式	指标比率
存货管理			
经济批量	经济批量 =	$\sqrt{\dfrac{2 \times 每批次存货的订货成本 \times 企业每年的存货需求总量}{每单位存货的储存成本}}$	= (2 × B6 × B7 / B8) ^ (1/2)
经济批数	经济批数 =	$\sqrt{\dfrac{每年的存货需求总量 \times 每单位存货的储存成本}{2 \times 每批次存货的订货成本}}$	= B6 / B12
存货总成本	存货总成本 =	$\sqrt{2 \times 每年的存货需求总量 \times 每批次存货的订货成本 \times 每单位存货的储存成本}$	= (2 × B6 × B7 × B8) ^ (1/2)
按照经济订货批量采购总成本		总成本 = 订货成本 + 存储成本 + 采购成本 $= \dfrac{每批次存货的订货成本}{} \times \dfrac{企业每年的存货需求总量}{每批次存货的订货数量}$ $+ \dfrac{每单位存货的储存成本 \times 每批次存货的订货数量}{2}$ + 单价 × 企业每年的存货需求总量	= B6 / B12 × B7 + B12 / 2 × B8 + B6 × B9

分类	指标	公式	指标比率
按照取得数量折扣的情况采购总成本		总成本 = 订货成本 + 存储成本 + 采购成本 $= \dfrac{每批次存货}{的订货成本} \times \dfrac{企业每年的存货需求总量}{取得数量折扣的订货数量}$ $+ \dfrac{每单位存货的储存成本 \times}{取得数量折扣的订货数量}{2}$ $+ 单价 \times \dfrac{企业每年的}{存货需求总量} \times (1 - 数量折扣)$	$= B6/B10 \times B7 + B10/2 \times B8 + B6 \times B9 \times (1 - B11)$
安全库存		安全库存 = $\dfrac{1}{2}\left(\begin{array}{l}预计的存货日最大消耗量 \times\\预计最长收货时间 -\\存货平均每天耗用量 \times\\从发出订单到货物验收完毕所用时间\end{array}\right)$	$= (B19 \times B21 - B18 \times B20)/2$
安全库存点下的再订货点		安全库存下再订货点 $= \dfrac{1}{2}\left(\begin{array}{l}预计的存货日最大消耗量 \times\\预计最长收货时间 +\\存货平均每天耗用量 \times\\从发出订单到货物验收\\完毕所用时间\end{array}\right)$	$= (B19 \times B21 + B18 \times B20)/2$

应收账款管理

分类	指标	公式	指标比率
紧缩型信用标准下	销售利润	销售利润 = 销售收入 × 销售利润率	$= (B5 + B11) \times B6$
	应收账款机会成本	应收账款机会成本 = 应收账款的年机会成本率 × 销售收入 $\times \dfrac{平均收现期}{360}$	$= (B5 + B11) \times B14/360 \times B9$
	坏账损失	坏账损失 = 坏账损失率 × 销售收入	$= (B5 + B11) \times B15$
	净收益	净收益 = 销售利润 − 机会成本 − 坏账损失	$= G6 - G7 - G8$
宽松型信用标准下	销售利润	销售利润 = 销售收入 × 销售利润率	$= (B5 + B17) \times B6$
	应收账款机会成本	应收账款机会成本 = 应收账款的年机会成本率 × $\left(\begin{array}{l}销售收入 \times \dfrac{平均收现期}{360} +\\销售收入变动部分 \times \dfrac{变动部分的平均收现期}{360}\end{array}\right)$	$= (B5 \times B7/360 + B17 \times B18/360) \times B9$
	坏账损失	坏账损失 = 坏账损失率(原有部分) × 销售收入(原有部分) + 坏账损失率(新增部分) × 销售收入(新增部分)	$= B5 \times B8 + B17 \times B19$
	净收益	净收益 = 销售利润 − 机会成本 − 坏账损失	$= H6 - H7 - H8$
无现金折扣信用条件下	应收账款机会成本	应收账款机会成本 = 应收账款的年机会成本率 × 销售收入 $\times \dfrac{平均收现期}{360}$	$= B25 \times B23 \times B28/360$
	坏账损失	坏账损失 = 坏账损失率 × 销售收入	$= B25 \times B27$
	净收益	净收益 = 销售利润 − 机会成本 − 坏账损失	$= B26 - G24 - G25 - G26$

续表

分类	指标	公式	指标比率
现金折扣信用条件下	应收账款机会成本	应收账款机会成本 = 应收账款的年机会成本率 × 销售收入 × $\dfrac{\text{平均收现期}}{360}$	= C25 × B23 × C28/360
	坏账损失	坏账损失 = 坏账损失率 × 销售收入	= C25 × C27
	折扣成本	折扣成本 = 销售收入 × 享受现金折扣的比例 × 折扣率	= C25 × C29 × 2%
	净收益	净收益 = 销售利润 - 机会成本 - 坏账损失 - 折扣成本	= C26 - H25 - H24 - H26

3. 应收账款管理。下面以〖例题 10 - 12〗为例，说明不同信用条件下的净收益的计算过程。表 10 - 15 为具体的计算模型及公式。

（1）计算应收账款机会成本。方案 A 的应收账款机会成本为其销售收入乘以应收账款机会成本率，乘以平均收现期再除以 360；方案 B 同理。

（2）计算坏账损失。坏账损失为其销售收入乘以其平均坏账损失率。

（3）计算折扣成本，方案 A 无折扣，所以折扣成本为 0；方案 B 的折扣成本为销售收入乘以享受现金折扣的比例，再乘以 2% 的现金折扣率。

（4）计算净收益，净收益为销售利润减去应收账款机会成本，减去坏账损失后再减去折扣成本。

（5）比较不同方案得出的净收益，选择最佳的信用方案。

其他例题可以采用类似方式求解，具体模型构建、例题分析、操作过程，可扫描以下二维码。

短期资产管理 1——〖例题 10 - 4〗

短期资产管理 2——〖例题 10 - 5〗

短期资产管理 3——〖例题 10 - 6〗

短期资产管理 4——〖例题 10 - 7〗

短期资产管理 5——〖例题 10 – 8〗

短期资产管理 6——〖例题 10 – 9〗

短期资产管理 7——〖例题 10 – 11〗

短期资产管理 8——〖例题 10 – 12〗

短期资产管理实验用 Excel 表

本章思维导图

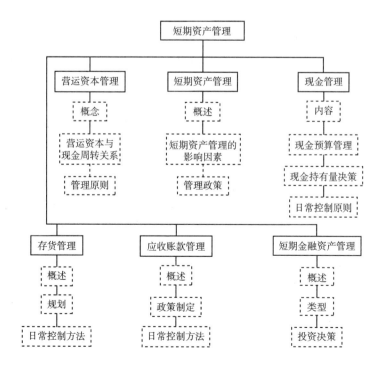

本章概要

本章主要介绍营运资本的概念与内容、短期资产的类型，以及不同类型短期资产的管理政策。

1. 广义营运资本是指总营运资金，也即企业生产活动中的短期资产；狭义营运资本指净营运资金，也即短期资产与短期负债的差额。通常所说的营运资本多指狭义营运资本。营运资本管理主要解决两个问题，如何确定短期资产的最佳持有量和如何筹集短期资金。

2. 短期资产持有政策可分为宽松型、适中型和紧缩型三种。宽松型持有政策是指企业持有短期资产的规模超过销售需求水平，也即短期资产规模较大；适中型持有政策是指企业持有短期资产的规模和销售需求水平较为匹配，也即短期资产规模适中；紧缩型持有政策是指企业持有短期资产的规模小于销售需求水平，也即短期资产规模较小。

3. 在现金存货模型下，企业持有现金的总成本主要包括持有成本和转换成本。前者为持有现金的机会成本，通常指有价证券的利息，与现金持有量呈正比关系；后者指企业将有价证券转换成现金的交易成本，包括经纪佣金、印花税以及其他管理成本等。持有现金总成本最小的持有量是最佳现金余额。

4. 经济批量，也称经济订货批量，是指在一定时间内储存成本和订货成本总和最低时的订货批量。随着订货批量的增加，储存成本和订货成本此消彼长，存货总成本也在不断变动，但存在一个特定的 Q^* 点，可以使存货总成本最低，这就是存货的经济订货批量点。考虑数量折扣的经济批量模型，需要根据成本收益原则，确定存货的最佳采购数量。

5. 存货的再订货点是指订购下一批存货时本批存货的储存量，考虑到存货到货时滞，再订货点等于企业从发出订单到货物验收完毕入库的交货期乘以企业每天平均的存货耗用量。安全库存则可根据企业预计的最大日消耗量和最长交货期来确定，考虑安全库存的再订货点应等于安全库存与预计交货期的需要。

6. 应收账款政策也称信用政策，主要包括信用标准、信用条件和收账政策三个部分。信用标准指企业同意向顾客提供商业信用而提出的基本要求，一般以顾客的预期坏账损失率为基准。信用条件指企业要求顾客支付赊销款项的条件，包括信用期限、折扣期限和现金折扣。收账政策指当顾客不遵守信用条件时所采取的收账策略。基于成本收益原则，比较不同方案下的销售收益和应收账款成本，根据净收益的大小选择最优的信用政策。

7. 短期金融资产主要包括短期政府债券、短期大额可转让定期存单、货币市场基金等。企业持有短期金融资产，主要目的包括作为现金等价物，提高资产收益性和提高投资灵活性等。

本章思考和练习题

思考题

1. 营运资本与现金周转有什么关系?

2. 短期资产持有政策有哪些类型? 各自的特点是什么?

3. 现金预算管理包括哪些内容? 其作用是什么?

4. 持有应收账款的成本有哪些? 企业应该如何制定应收账款政策?

5. 请说明 ABC 分类管理、适时制管理两种存货管理方法的要点。

练习题

1. WDS 公司全年需要现金为 160 000 元, 现金与有价证券的转换成本为每次 800 元, 有价证券年利息率为 16%, 则公司最佳现金余额为多少?

2. 明月公司的日现金余额标准差为 3 000 元, 有价证券日收益率为 0.05%, 证券交易成本为每次 16 元, 每日最低现金需要量为 15 000 元, 请计算米勒—欧尔模型下的最佳现金持有量和现金持有量上限。

3. 天明公司全年需要 A 零件 1 500 000 件, 每次订货成本 400 元, 每件零件的年储存成本为 3 元。请计算公司采购 A 零件的经济批量、经济批数与总成本。

4. 星光公司全年需要 B 原材料 6 000 件, 每件价格为 40 元, 一次订购超过 1 200 件可以获得 5% 的折扣。假设每次订货成本为 400 元, 每件年储存成本为 4.8 元。请问企业应选择多大的批量订货?

5. TBS 公司对甲零件的正常耗用量为每日 20 件, 订货提前期为 13 天, 最大日消耗量为每日 25 件, 预计最长收货时间为 22 天, 则该公司保险储备下的再订货点为多少件?

6. 清辰公司对现有的应收账款进行账龄分析, 一季度的账龄分析表如表 10 - I 所示, 请计算该公司的应收账款平均账龄。

表 10 - I　　　　　　　　清辰公司的应收账款账龄分析表

账龄	金额 (万元)	百分比 (%)
0~30 天	50	58.82
30~60 天	30	35.29
60~90 天	5	5.89
90 天以上	0	
合计	85	100%

7. 晨星公司因资金管理需要, 计划改变企业现行的信用条件, 假设该公司应收账款的机会成本率为 10%。表 10 - II 为两个信用条件的备选方案。请根据成本收益原则, 分析方案 A 和 B 的收益情况并选择最佳的信用条件方案。

表 10 - Ⅱ　　　　　　　　　晨星公司的两个信用条件备选方案资料

项目	方案 A	方案 B
信用条件	N/30	2/10，N/30
销售收入（万元）	90	100
销售利润（万元）	16	20
平均坏账损失率（%）	4	5
平均收现期（天）	60	45
享受现金折扣的比例（%）	0	40

章后案例

宏达公司的短期资产管理

宏达公司因发展需求及外部环境改变，需要对现有的短期资产进行管理。

（1）宏达公司目前的年销售量为 5 万件，年销售收入为 50 万元，净利润 10 万元。根据市场预测，公司未来每年可以销售 6 万件产品，销售收入为 60 万元，净利润 12 万元。由于产能不足，公司需要追加 10 万元长期投资。现宏达公司决定减少短期投资 10 万元，增加长期投资 10 万元以保证资产总额不变。试根据宏达公司资产和筹资组合（见表 10 - Ⅲ）计算不同资产组合下的投资报酬率、短期资产与总资产的比值，以及流动比率，并对计算出的数据加以分析。

表 10 - Ⅲ　　　　　　　宏达公司资产组合与筹资组合　　　　　　　单位：万元

资产组合		筹资组合	
短期资产	50	短期资金	30
长期资产	75	长期资金	95
合计	125	合计	125

（2）宏达公司为了满足日常运营需要持有一定数量的现金，表 10 - Ⅳ是宏达公司 A、B、C 三种现金持有方案。试计算成本最低的方案。

表 10 - Ⅳ　　　　　　　　宏达公司的现金持有备选方案

项目	方案 A	方案 B	方案 C
现金持有量（万元）	10	15	20
机会成本率（%）	7.2	7.2	7.2
短缺成本（万元）	5	1	0

（3）假设宏达公司预计全年需要现金为 1 800 000 元，现金与有价证券的转换成本为每次 800 元，有价证券利息率为 7.2%，且公司现金流量具有不确定性，日现金余额标准差为 3 000 元，每日最低现金需要量为 0，则公司在存货模型下的最佳现金余额、在米勒—欧尔模型下的最佳现金持有量和现金持有量上限分别是多少？

（4）假设宏达公司因生产需要，全年需要甲零件 5 000 件，每次订货成本 500 元，每件存货年储存成本 5 元，每天正常耗用甲零件 12 件，订货的收货期为 20 天，甲零件最大日耗用量为 15 件，预计最长收货时间为 25 天。请计算甲零件的经济批量、经济批数、存货总成本与再订货点。

（5）在（4）的基础上，每件甲零件价格为 10 元，若一次订购甲零件超过 1 250 件，则可以给予 3% 的批量折扣，请问应以多大批量订货？

（6）在（4）的基础上若甲零件最大日耗用量为 15 件，预计最长收货时间为 24 天，计算保险储备以及保险储备下的再订货点。

（7）宏达公司因资金管理的需要，要对信用条件进行变更，请对表 10 - V 中两种信用条件进行比较。假设应收账款的机会成本率为 18%。

（8）宏达公司为了检测公司的信用标准，对应收账款进行账龄分析，第一季度账龄分析如表 10 - VI 所示，计算公司应收账款的平均账龄。

表 10 - V   宏达公司的两个信用条件备选方案相关资料

方案 A	方案 B
销售收入：175 万元	销售收入：200 万元
销售利润：20 万元	销售利润：35 万元
平均坏账损失率：6%	平均坏账损失率：8%
平均收现期：40 天	平均收现期：60 天
信用条件：$N/35$	信用条件：2/30，$N/90$
享受现金折扣的比例：0%	享受现金折扣的比例：60%

表 10 - VI   宏达公司的应收账款账龄分析表

账龄	金额（万元）	百分比（%）
0 ~ 30 天	20	57.14
30 ~ 60 天	9	25.71
60 ~ 90 天	6	17.15
90 天以上	0	
合计	35	100

资料来源：荆新，王化成，刘俊彦. 财务管理学［M］. 8 版. 北京：中国人民大学出版社，2018：261 - 292.

本章教辅资料二维码

练习题答案   章后案例答案   配套课件   进阶习题及答案

第十一章　短期筹资管理

【章前引例】

　　希和汽车公司日常经营所需的流动资金，主要依赖于银行借款和资金周转中形成的应付账款等短期负债，短期负债在总负债的比例高达85%。因此，在经营过程中一旦出现资金周转困难，公司将面临较大的短期负债压力。2×20年，公司生产所需的A材料面临缺货，急需200万元资金投入，但公司目前尚无多余资金。若这一问题得不到解决，则会给公司及当年效益带来严重影响，故财务经理迅速会同其他财务人员商讨对策。经过一番讨论，形成以下四个备选筹资方案。

　　方案一，银行短期贷款。商业银行提供期限6个月的短期借款200万元，年利率为8%，银行要求保留20%的补偿性余额。方案二，票据贴现。将面值为200万元的未到期（不带息）商业汇票提前3个月进行贴现，贴现率为9%。方案三，商业信用融资。长乐公司愿意以2/20、N/60的信用条件，向其销售200万元的A材料。方案四，以10%的票面利率发行200万元为期180天的短期融资券。公司的产品销售利润率为10%。

　　问题讨论：

　　希和汽车公司应选择哪种短期资金筹集方式？做决策时，公司应该考虑哪些因素呢？

【学习目标】

　　1. 了解短期筹资定义与特征，以及短期筹资政策与短期资产持有政策的配合关系。

　　2. 了解自然性筹资的内容，掌握商业信用筹资的特征、分类与资本成本计算，以及应付费用的概念和筹资额的计算。

　　3. 了解短期借款筹资的种类、程序、决策因素以及优缺点，掌握短期借款筹资的成本计算。

　　4. 了解短期融资券的概念。

【本章重点与难点】

　　重点：短期筹资的定义、特征及类型；商业信用筹资的定义及成本计算；短期借款筹资的成本计算。

　　难点：不同短期筹资方式的比较及其成本计算。

第一节　短期筹资政策

在经营活动中，公司应当根据自身的生产经营实际和内外部环境，合理预计未来的生产经营活动，并将短期筹资政策与短期资产持有政策相结合，构建一个完整的资金运转体系。

一、短期筹资的定义与特征

1. 短期筹资的定义。短期筹资（short-term financing），是指筹集在一年内或者超过一年的一个营业周期内到期的资金。由于短期资本一般是通过短期负债取得，因而也称短期负债筹资。

2. 短期筹资的特征。与长期负债筹资相比，短期负债筹资具有以下四个特征。

（1）筹资速度快。长期负债偿还期限长、风险大，为了保护其债权的安全，长期负债的债权人往往要对债务人进行全面的财务调查和周密的财务分析，因而长期负债筹资所需时间一般较长。而短期筹资由于偿还期限较短，债权人承担的风险也相对较小，一般只对债务人的近期财务状况做调查，耗时较短，筹资速度较快。

（2）筹资弹性好。在筹集长期资金时，由于期限长、风险高，资金提供者出于资金安全考虑，会向筹资方提出较多的限制性条款或相关约束条件，例如利率、偿还期限、违约金等。而短期筹资的限制和约束则相对较少，筹资方在资金的使用和配置上更加灵活，弹性较好。

（3）筹资成本低。当筹资期限较短时，债权人所承担的利率风险较小，资金的使用成本也相对较低。此外，某些短期筹资，例如应付税金、应交税费等则没有利息负担。

（4）筹资风险大。尽管短期负债的成本低于长期负债，但其风险却高于长期负债，主要体现在两个方面：第一，短期负债的偿还期限短，要求筹资方在短期内偿还债务，这对筹资方的资金管理提出较高的要求，如果债务到期时不能及时偿还债务，就有可能陷入财务危机，因此，短期筹资的风险一般要比长期筹资风险大；第二，长期负债的利息较为稳定，即在较长的一段时间内保持不变，而短期负债的利率通常随市场利率变动，波动较大，很难在较长时期内将筹资成本锁定在某个较低水平，因此，其利率水平有可能高于长期负债。

二、短期筹资政策的类型

短期筹资政策与公司资产的类型相关。按照资产周转时间的长短（即流动性），可以把公司资产分为两大类：一类是短期资产；另一类是长期资产（主要指固定资产）。进一步按照短期资产的用途，又可以将短期资产划分为临时性短期资产和永久性短期资产。

短期筹资政策就是对临时性短期资产、永久性短期资产和固定资产的来源进行管理。公司可选择的筹资政策一般有以下三种。

1. 配合型筹资政策。配合型筹资政策是指公司的负债结构与公司资产的寿命周期相匹配，这样既可以减少公司到期不能偿债的风险，又可以减少公司资金的占用量，提高资金利用效率。其特点是：临时性短期资产所需资金用临时性短期负债筹集，永久性短期资产和固定资产所需资金用自发性短期负债和长期负债、股权资本筹集（见图 11 – 1）。自发性短期负债的定义见第二节。

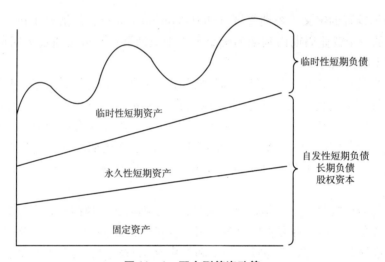

图 11 – 1　配合型筹资政策

配合型筹资政策的基本思想是：公司将资产和资金来源在期限和数额上相匹配，以降低不能按期偿还债务的风险，同时，采用较多的短期负债筹资也可以使资本成本保持较低水平。这一政策可以用以下两个公式来表示：

$$临时性短期资产 = 临时性短期负债 \qquad (11-1)$$

$$永久性短期资产 + 固定资产 = 自发性短期负债 + 长期负债 + 股权资本$$

$$(11-2)$$

在配合型筹资政策下，只要公司短期筹资计划严密，现金流与预期安排一致，则在经营低谷时，公司除自发性短期负债外没有其他短期负债。只有在经营高峰期，公司才举借临时性短期负债。但在公司经营中，现金流和各类资产使用寿命往往是不确定的，很难做到资产与负债的完全配合。在生产经营高峰期，一旦销售和经营不理想，公司未能取得预期的现金收入，便会发生难以偿还临时性负债的情况。因此，配合型筹资政策是一种理想的筹资模式，但在实践中较难实现。

2. 激进型筹资政策。激进型筹资政策是一种扩张型筹资政策，其特点是：临时性短期负债既要满足临时性短期资产的需要，也要满足一部分永久性短期资产的需要，有时甚至全部短期资产都要由临时性短期负债满足（见图 11-2）。公式如下：

$$临时性短期资产 + 部分永久性短期资产 = 临时性短期负债 \qquad (11-3)$$

$$永久性短期资产 - 靠临时性短期负债筹得的部分 + 固定资产$$
$$= 自发性短期负债 + 长期负债 + 股权资本 \qquad (11-4)$$

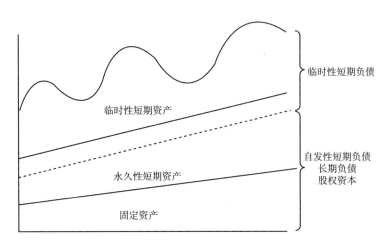

图 11-2　激进型筹资政策

相对于长期负债和股权资本，临时性短期负债的资本成本一般较低，而激进型筹资政策下临时性短期负债所占的比重较大，因此，该政策下的资本成本低于配合型筹资政策。但为了满足公司永久性短期资产的长期、稳定的资金需要，必须在临时性短期负债到期后重新举债或申请债务展期，不断举债和还债会加大公司的筹资和偿债风险。因此，激进型筹资政策是一种报酬高、风险大的短期资金筹集政策。这种政策一般适合于长期资金来源不足或流动负债成本较低的公司。

3. 稳健型筹资政策。稳健型筹资政策是一种谨慎型筹资政策，其特点是：临时性短期负债只满足部分临时性短期资产的需要，其他短期资产和长期资产用自发性短期负债、长期负债和股权资本来筹集（见图 11-3）。其计算公式如下：

$$部分临时性短期资产 = 临时性短期负债 \qquad (11-5)$$

$$永久性短期资产 + 靠临时性短期负债未筹足的临时性短期资产 + 固定资产$$
$$= 自发性短期负债 + 长期负债 + 股权资本 \qquad (11-6)$$

稳健型筹资政策的目的之一是规避风险。在这种筹资政策下，临时性短期负债的比例较低，公司可以保留较多的营运资金，其优点是增强公司的偿债能力，降低无法偿还到期债务的风险，同时也可以降低利率变动风险。但是，由于长期负债和股权成本在公司资金来源中占比较大，资本成本较高，稳健型筹资政策在降低风险的同时也降低了收益。而且，在经营淡季，公司仍要负担长期债务的利息。即使公司将过剩的长期资金投资于短期有价证券，投资收益一般也会低于长期负债的利息。

因此，稳健型筹资政策是一种低风险、低报酬的筹资政策，通常适合长期资本闲置，但又找不到更好投资机会的公司。

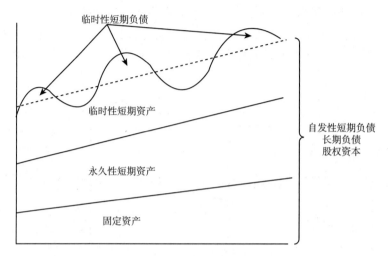

图 11 - 3　稳健型筹资政策

一般而言，若公司对营运资本的使用游刃有余，则最有利的筹资政策是风险和报酬相匹配的配合型筹资政策。

【课堂讨论】

　　TDS 公司目前采用的短期筹资政策是激进型政策，公司决定转向更为保守的稳健型政策，请问这一决策对公司的获利能力和风险会产生什么影响？

三、短期筹资政策与短期资产持有政策的配合

在第十章，我们介绍了短期资产持有政策，包括宽松、适中及紧缩三种政策，这三种短期资产持有政策与本章的短期筹资政策的关系非常紧密，公司需要协调配合这两种政策，例如采用某种短期资产持有政策时，需要选择与之相适应的短期筹资政策，以构建一个完整的资金运转体系。本节介绍三种配合情况。

1. 宽松的短期资产持有政策。当采用宽松的短期资产持有政策时，公司在单位销售额水平上有较多的短期资产支持，这使公司的资金短缺风险和偿债风险较小，但由于投资短期资产的比例较大，公司的盈利能力较低。此时，公司可以使用不同的短期筹资政策与之对应：采用风险小、报酬低的稳健型筹资政策，叠加宽松的短期资产持有政策，公司总体的风险将更小、报酬更低；采用风险和报酬平衡的配合型短期筹资政策，则无法对宽松的短期资产持有政策发挥中和作用，公司总体的风险和报酬仍较低；采用风险大、报酬高的激进型筹资政策，使用大量的短期负债筹资，在一定程度上可以平衡公司持有过多短期资产带来的低风险、低报酬，使公司

总体的报酬和风险基本均衡。

2. 适中的短期资产持有政策。当公司采用适中的短期资产持有政策时，公司在单位销售额水平上有适当数量的短期资产支持，这使公司的报酬和风险适中。公司可使用三种短期筹资政策与之相对应：采用稳健型筹资政策，会降低公司的风险和报酬；采用配合型筹资政策，与适中的持有政策匹配，会使总体风险和报酬处于平均水平；采用激进型筹资政策，公司的风险和报酬会提高。

3. 紧缩的短期资产持有政策。当公司采用紧缩的短期资产持有政策时，公司在单位销售额水平上有较少的短期资产支持，这时公司资金短缺风险和偿债风险较大，但盈利能力也相对较高。此时使用三种短期筹资政策与之配合也会产生不同效果：与稳健型筹资政策配合，可以对紧缩的短期资产持有政策产生平衡效应；与配合型筹资政策匹配，对公司风险和报酬没有太大影响；与激进型筹资政策配合，会出现两个风险高、报酬高的政策组合，提高了公司总体的资金风险，但也在一定程度上提高了公司的报酬水平。

短期资产持有政策与短期筹资政策配合的效应如图 11 - 4 所示。

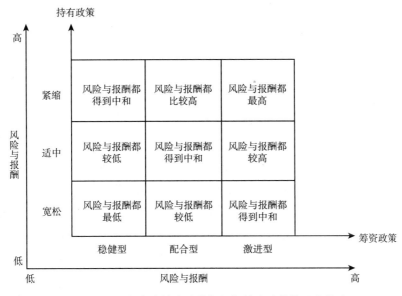

图 11 - 4 短期资产持有政策与短期筹资政策的配合效应

【例题 11 - 1】佛达公司的筹资组合和资产组合如表 11 - 1 所示。不考虑相关税费。

表 11 - 1 资产组合与筹资组合 单位：元

资产组合		筹资组合	
短期资产	50 000	短期资金	30 000
长期资产	60 000	长期资金	80 000
合计	110 000	合计	110 000

假设公司息税前利润为 30 000 元，短期资本成本率和长期资本成本率分别为 5% 和 15%，当息税前利润和资产组合都保持不变时，不同的筹资组合对公司风险和报酬产生不同的影响，如表 11 - 2 所示。

表 11 - 2　　　　　　　　　筹资组合对佛达公司的风险和报酬的影响　　　　　　单位：元

项目	当前情况（保守组合）	变动情况（激进组合）
筹资组合		
短期资金	30 000	60 000
长期资金	80 000	50 000
资金总额	110 000	110 000
息税前利润	30 000	30 000
减：资本成本		
短期资本成本	30 000 × 5% = 1 500	60 000 × 5% = 3 000
长期资本成本	80 000 × 15% = 12 000	50 000 × 15% = 7 500
净利润	16 500	19 500
三个主要比率		
投资报酬率	16 500/110 000 = 15%	19 500/110 000 = 17.73%
短期资金/总资金	30 000/110 000 = 27.27%	60 000/110 000 = 54.55%
流动比率	50 000/30 000 = 1.67	50 000/60 000 = 0.83

由表 11 - 2 可知，在采用比较冒险的筹资方式时，即采用较多的成本较低的短期负债进行筹资，公司的净利润由 16 500 元提高至 19 500 元，投资报酬率也从 15% 提高到 17.73%，但短期资金在总资金的比例从 27.27% 上升到 54.55%，流动比率也从 1.67 下降为 0.83。这说明财务风险也相应提高了。因此，公司在筹资时需要谨慎权衡风险和报酬，从而选择最优筹资组合。

第二节　自然性筹资

自发性短期负债，又称自然性短期负债，是指公司在正常生产经营过程中，由于结算程序的原因自然而然形成的短期负债，主要包括商业信用和应付费用。

一、商业信用筹资

1. 商业信用的定义与形式。商业信用（commercial credit），是指在商品交易中延期付款或延期交货形成的借贷关系，它是因商品交易中钱与货在时间上的分离而产生的，是企业之间的一种直接信用关系。商业信用在银行信用之前产生，但在银行信用出现之后仍然存在。

随着市场经济的发展，商业信用得到广泛应用，逐渐成为中国企业筹集短期资金的重要方式，其形式主要有以下两种。

（1）赊购商品。赊购商品是最典型的商业信用形式之一，它指买卖双方发生商品交易，买方收到商品后不需要立即支付货款，可延迟一定时期再支付。

（2）预收货款。预收货款是另一种典型的商业信用形式，它指卖方预先向买方收取货款，但延迟到一定时期后交货，等同于卖方先向买方借入一笔资金。公司对于热销商品倾向于采取这种形式。此外，对于生产周期长、售价高的商品，例如轮船、飞机等，公司也会采用向买方分次预收货款的方式，以缓解资金过多占用的矛盾。

2. 商业信用的条件。信用条件是指销货方对现金折扣和付款时间作出的具体规定，例如"2/10，N/30"便属于一种信用条件。从整体上看，信用条件主要有以下形式。

（1）预付货款。购货方先付货款，并约定在以后一定时期收货的一种交易方式。预付货款一般应用于以下两种情况：一是已知买方信用欠佳；二是销售商品的生产周期长、售价高。采用这种信用条件，销货单位可以得到暂时的资金来源，但购货单位不仅因先行付款而占压了资金，还要承担销货方不交货或延迟交货的风险。

（2）延期付款，但不提供现金折扣。在这种条件下，销货方允许购货方在交易发生后一定时期内按照发票金额支付货款，例如"Net 45"，意思是在 45 天内按照发票金额付款。在这种条件下，信用期间一般为 30 ~ 60 天，但有些生产企业具有季节性，可能为客户提供更长的信用期间。此时，购销双方存在商业信用，购货方可因延期付款而获得资金来源。

（3）延期付款，但早付款享有现金折扣。在这种条件下，若购货方提前付款，销货方可给予一定的现金折扣，若购货方不享受现金折扣，则需要在一定时期内付清货款，例如"2/10，N/30"便属于这种信用条件。企业在信用交易中广泛应用现金折扣，鼓励客户提前付款，从而缩短收账期，减少公司在应收账款上的投资。现金折扣一般为发票金额的 1% ~ 5%。

在商业信用条件下，购销双方存在信用交易。购货方若在折扣期间付款，则可获得短期资金来源，并获得现金折扣；若放弃现金折扣，则可在稍长时间内占用销货方的资金。

如果提供现金折扣，购货方应尽量争取获得折扣，因为放弃现金折扣的机会成本很高，可按下式计算：

$$放弃现金折扣的资本成本率 = \frac{CD}{1 - CD} \times \frac{360}{N} \qquad (11 - 7)$$

其中，CD 表示现金折扣的百分比；N 表示放弃现金折扣后的延期付款天数。

【课堂讨论】

佛达公司向和平公司购买原材料，和平公司提供的信用条件是"2/10，N/30"。佛达公司财务经理王洋查阅公司记录得知，会计人员对此交易的处理方式是：一般在收到货物后15天支付款项。王洋询问公司会计为什么不争取现金折扣，负责该交易的会计回答道，这一交易的资金成本仅为2%，而银行借款成本却为12%。

思考：（1）会计人员错在哪里？他在观念上混淆了什么？他这一做法，导致公司丧失现金折扣的实际成本有多大？（2）如果佛达公司无法获得银行借款，而被迫使用商业信用资金，为了降低年利息成本，你应向王洋提出何种建议？

【例题11-2】 佛达公司计划向东方公司采购一批价值20 000元的原材料，信用条件为"2/10，N/30"。现计算公司在不同付款方式下的商业信用成本。

若公司选择在10天内付款，则享受10天的折扣信用期间，并取得2%的现金折扣，免费信用额为19 600元（20 000 - 20 000×2%）。

若公司选择在10天后、30天内付款，则承担因放弃现金折扣而产生的机会成本，即：

$$放弃现金折扣的资本成本率 = \frac{CD}{1-CD} \times \frac{360}{N} = \frac{2\%}{1-2\%} \times \frac{360}{30-10} = 36.73\%$$

由上述结果可知，放弃现金折扣的机会成本较高。如果公司不能在放弃现金折扣的信用期间内获得高于这一成本率的报酬率，则放弃现金折扣是不明智的选择。

当公司当前的短期资金非常紧缺，则需要进一步考虑能否以低于放弃折扣机会成本的利率借入资金。假设同期的银行短期借款年利率为12%，远低于放弃现金折扣的机会成本率36.73%，此时，公司应该在现金折扣期内借入资金来支付货款，享受现金折扣。

当公司面对两家或以上提供不同信用条件的销货方时，应该比较放弃现金折扣机会成本的大小，选择信用成本最小（或所获利益最大）的销货方。

【例题11-3】 沿用〖例题11-2〗资料，除东方公司提供"2/10，N/30"的信用条件外，另一家供应商清远公司提供的信用条件为"3/20，N/50"，请问佛达公司应该选择哪家供应商？

若公司在20天内付款，则享受了20天的免费信用期间，并获得2%的现金折扣，免费信用额为19 400元（20 000 - 20 000×3%）。

若公司在20天后、50天内付款，则承担的机会成本率为：

$$放弃现金折扣的资本成本率 = \frac{CD}{1-CD} \times \frac{360}{N} = \frac{3\%}{1-3\%} \times \frac{360}{50-20} = 37.11\%$$

由于这一机会成本率高于"2/10，N/30"信用条件的机会成本率，佛达公司应该选择信用条件为"2/10，N/30"的供应商。

3. 商业信用的控制。

（1）信息系统的监督。应付账款是商业信用的一般表现形式，对其进行有效管理需要一个健全、完整的信息系统。例如，当收到账单时，公司需要确认采购活动是否已经发生，是否已收到货物，以及货物是否完好等情况。然后，公司将账单与订货单核对，同时查看运输和收货部门的记录。当上述情况确认完毕后，公司再将账单转入支付程序，确定支付时间等。此时，公司就要考虑是否取得现金折扣、是否按期付款以及延迟多久支付等问题。

公司需要快速地作出决策，以避免错过获得现金折扣的机会，这就要求信息系统的反应必须及时有效。而且，信息系统可以与其他活动发生联系，为其他活动提供数据。例如，当公司作出支付货款的决定后，这一信息将通过信息系统传递至现金预测系统，使之自动更新未来期间的现金预测。

（2）应付账款余额控制。当公司确定支付政策后，监督日常政策的执行成为关键一环。控制支付状态的方法有两种：考察应付账款周转率和分析应付账款余额百分比。

①应付账款周转率。控制商业信用的传统方式是考察应付账款周转率。应付账款周转率等于采购成本除以同期的应付账款平均余额。采购成本有时也可以用销售成本代替。计算公式为：

$$应付账款周转率 = \frac{采购成本}{同期应付账款平均余额} \qquad (11-8)$$

【例题11-4】佛达公司于2×21年采购了一批物资，采购成本为750 000元，年度应付账款平均余额为250 000元，则该公司的应付账款周转率为多少？

$$应付账款周转率 = \frac{采购成本}{同期应付账款平均余额} = \frac{750\ 000}{250\ 000} = 3（次）$$

在企业实务中，财务人员除了分析年度情况外，还需要掌握更短期间内的应付账款情况变化，才能保证公司获得适当的现金折扣，并在对公司有利的期间内偿付款项。

②应付账款余额百分比。应付账款余额百分比，是指采购当月发生的应付账款在当月月末及随后的每一个月末尚未支付的金额与采购当月应付账款总额的比值。分析应付账款余额百分比，可以观察应付账款的支付速度和程度，较直观地反映公司的应付账款管理情况。

【例题11-5】佛达公司于2×21年上半年采购原材料发生的采购成本和应付账款余额情况如表11-3所示。假设公司采购该原材料均为赊购。

表11-3　　　　2×21年上半年佛达公司采购成本和应付账款余额情况　　　单位：万元

月份	采购成本	应付账款余额					
		1月	2月	3月	4月	5月	6月
1	200	100	50				
2	150		60	30			
3	100			40	50		

续表

月份	采购成本	应付账款余额					
		1月	2月	3月	4月	5月	6月
4	300				150	150	
5	400					300	40
6	120						60
合计	1 270	100	110	70	200	450	100

由表 11 - 3 可知，佛达公司 1 月未支付的采购成本为 100 万元，到 2 月尚有 50 万元未支付，3 月全部支付。其他月份以此类推。

表 11 - 3 虽然在一定程度上显示了应付账款的周转情况，但是不够清晰和直观，我们需要进行百分比处理。以 1 月为例，当月应付账款尚未支付的金额为 100 万元，占当期采购成本的 50%（100/200）；2 月尚未支付的金额为 50 万元，占 1 月采购成本的 25%（50/200）。换言之，如果在一定期间内未支付的应付账款在以后的多个期间仍未支付，在计算余额百分比时也要以该应付账款发生月份的采购成本为基础计算。据此得到公司的应付账款余额百分比如表 11 - 4 所示。

表 11 - 4   2×21 年佛达公司上半年应付账款余额百分比情况

月份	采购成本（万元）	应付账款余额百分比（%）					
		1月	2月	3月	4月	5月	6月
1	200	50	25				
2	150		40	20			
3	100			40	50		
4	300				50	50	
5	400					75	10
6	120						50

由表 11 - 4 可知，佛达公司尽管应付账款支付情况不是很稳定，但是都能保持在两个月内完成支付。财务人员要进一步考察每笔应付账款的具体情况，尽量使应付账款支付比率保持在一个稳定的范围，避免因支付比率波动给公司的现金等相关项目带来不良影响。

（3）道德控制。一般而言，公司不应拖欠应付账款，但当拖欠账款支付的成本小于公司的投资收益时，从理论上来看，根据成本收益原则，公司可以选择推迟应付账款的支付。但是，企业不能仅依据简单的成本收益原则来决策，现实中的成本和收益很难完全按公式就可以计算清楚，许多成本和收益是隐性的，例如公司的商业道德（信誉）评价。

当公司赊购货物时，购货合同会明确列出应付账款的支付条件、期限等情况，它代表了公司对供应商的承诺。如果违反合同，毫无疑问，公司的商业道德形象会受到破坏，这很可能会给公司未来的经济活动造成不良影响，而这种损失通常无法用成本收益来衡量。商业道德是公司的无形资产，公司对商业道德的重视程度会影响其应付账款的支付政策和实际操作，而市场对商业道德的看法也会约束公司的行为。

图 11-5 反映了道德控制的三个层次。基础层衡量的是公司行为是否合法以及是否符合公司内部规章制度；中间层是公司的经营原则，各项经营活动均参考了利益相关者对公司行为的评价；最高层从合作伙伴利益出发，努力实现双赢，甚至付出一定代价来维护其利益。

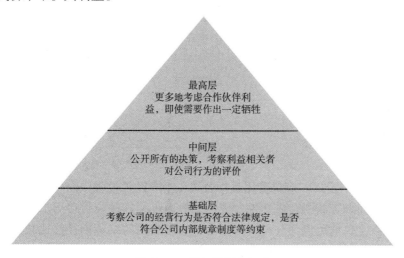

图 11-5 道德控制的层次

▶▶▶ **课堂小案例** ··

商务部的一项研究显示，我国公司每年因信用缺失导致的直接和间接经济损失高达 6 000 亿元。20 世纪国有企业的"三角债"问题、2004 年长虹集团多达 20 亿元的应收账款巨额损失等都是部分企业面临信用风险危机的强有力例证。欧美国家的企业信用赊销占总销售收入的 75% 以上，但坏账率仅为 0.25%～0.5%；我国企业赊销比例超过 70%，而坏账率却达到了 5%。以 2014 年 10 月出口总额为 1.27 万亿元为基数进行计算，坏账预估为 635 亿元，其中，60% 以上属于管理性拖欠。

资料来源：信用缺失：中国市场经济的致命伤 [EB/OL]. (2011-05-05). http://views. ce. cn/view/economy/201105/05/t20110505_22401544. shtml.

4. 商业信用筹资的优缺点。

（1）商业信用筹资的优点。作为常用的短期筹资方式，商业信用筹资的优点有以下三个方面。

①使用方便。商品买卖与商业信用同时进行，属于一种自然性筹资，不用进行非常正式的安排，且无须办理手续，一般也不附加条件，使用较为方便。②成本低。如果没有现金折扣，或者公司不放弃现金折扣，以及使用不带息应付票据和采用预

收货款，则采用商业信用筹资没有实际成本。③限制条件少，使用灵活且有弹性。如果公司利用银行借款筹资，银行通常对贷款的使用规定限制条件，商业信用则限制条件较少，选择余地较大。

（2）商业信用筹资的缺点。商业信用筹资也存在一定不足，主要缺点是期限一般较短，如果公司要享受现金折扣，期限则更短，但若放弃现金折扣，则公司会付出较高的资本成本，不利于对资本的统筹运用。如果拖欠，则可能导致公司信用地位和信用等级下降。此外，在法制不健全的情况下，若公司缺乏信用，容易造成公司之间相互拖欠，影响资金运转。

【课堂讨论】

在先前的讨论中，我们了解到在放弃现金折扣时，供应商提供商业信用是一种成本很高的资金来源，但仍然有许多公司依靠这种来源筹集临时性短期资产，请思考其原因。

二、应付费用筹资

1. 应付费用的定义。应付费用是指公司在生产经营过程中发生的应付而未付的费用，例如应付职工薪酬、应交税费等。一般而言，这些应付费用形成在先，支付在后，因而在支付前可以为公司所用。由于应付费用的结算期往往比较固定，占用的数额也较为固定，因而又被称为定额负债。

应付费用的资本成本一般为零，但公司并不能自由地利用这种筹资方式，如果拖欠应付费用，很可能产生较高的显性或隐性成本。例如，公司如果拖欠职工工资，会遭遇职工的反对，直接影响企业的劳动生产效率以及整体生产经营活动。

2. 应付费用的筹资额。为了掌握应付费用的筹资规模，以便编制筹资计划，降低公司整体筹资成本，通常需要测算经营活动产生的各种应付费用总额。应付费用筹资额一般按平均占用天数计算。

应付费用的平均占用天数，是指从应付费用产生之日起到实际支付之日止，平均占用的天数。应付费用筹资额可以用平均每天发生额乘以平均占用天数来确定，即：

$$应付费用筹资额 = 平均每天发生额 \times 平均占用天数 \qquad (11-9)$$

【例题 11 - 6】 佛达公司预计 2×21 年应交增值税税额为 216 000 元，每月上缴一次，按规定在次月 5 日缴纳，根据平均占用天数计算的应交增值税筹资额为：

$$应交增值税的筹资额 = \frac{216\,000}{360} \times \frac{30}{2} = 9\,000（元）$$

随着公司的发展，应付费用也会相应自动增长。而且，利用应付费用筹集的资金无须支付任何代价，是一项零成本的短期资金来源。但公司在以应付费用作为短期筹资方式时，要加强对支付期的控制，避免因拖欠给公司带来损失。

第三节　短期借款筹资

短期借款筹资，是指为满足公司临时性流动资金需要而进行的筹资活动，是公司筹集短期资金的重要方式之一。短期借款筹资通常指银行短期借款，主要包括信用借款筹资、担保贷款筹资和票据贴现筹资等。

一、信用借款筹资

1. 信用借款的定义与类型。信用借款也称无担保借款，是指公司无须抵押财产或依赖保证人担保，仅凭信用取得的借款。贷款人对公司信用进行评估后决定是否给予公司一定的信用额度，或者与公司签订循环贷款协议。信用借款一般分为两类。

（1）信用额度借款。信用额度借款是一种商业银行与公司之间商定的不具有法律效力的非正式协议，规定在未来一段时间内银行向公司提供无担保贷款的最高限额的借款。信用额度期限一般为一年，到期需要重新评估。借款协议一般会规定借款期限、信用额度、应支付的利率及其他条款。

（2）循环协议借款。循环协议借款是一种特殊的信用额度借款，它同样由银行与公司协商确定贷款的最高限额，在限额内公司可以随时借款和还款。但循环协议借款与信用额度的不同点在于：①借款有效期可以超过一年，只要公司和银行双方都遵守协议，该协议一再延长的情况下可以视作是无限期的；②该协议具有法律约束力，银行要承担限额内的贷款义务；③此外，针对限额中未使用的部分，银行还将对公司收取协议费，而信用额度借款则无须支付协议费。

2. 信用借款筹资的成本计算。

（1）补偿性余额及其成本计算。补偿性余额是指银行要求借款人将按照贷款的最高额度或实际借用额的一定比例（一般为 10% ~ 20%）计算出的最低存款余额存入银行。其目的是降低银行自身的放贷风险，补偿银行由于该种信用条件的放贷而遭到的损失，这种信用条件实际上提高了借款的成本，即：

$$补偿性余额贷款实际利率 = \frac{名义借款金额 \times 名义利率}{名义借款金额 \times (1 - 补偿性余额比例)} \times 100\%$$

$$= \frac{名义利率}{1 - 补偿性余额比例} \times 100\% \qquad (11-10)$$

【例题 11-7】佛达公司在 2×21 年按年利率为 5% 的贷款利率向银行借入信用贷款 2 000 万元，同时银行要求公司保留 300 万元作为补偿性余额，则该笔借款的实际利率为多少？

$$补偿性余额比例 = \frac{300}{2\ 000} \times 100\% = 15\%$$

$$补偿性余额贷款实际利率 = \frac{5\%}{1-15\%} \times 100\% = 5.88\%$$

在实际中，对于这部分保留在银行中的补偿性余额，银行也将按同期存款利率对此计息，所以在考虑实际利率的时候也应当考虑这个条件。

【例题11-8】承〖例题11-7〗，若同期银行的存款利率为3%，则佛达公司借入该笔借款的实际利率为：

$$\frac{2\,000 \times 5\% - 300 \times 3\%}{2\,000 - 300} \times 100\% = 5.35\%$$

（2）分期付款贷款的成本计算。公司以分期付款方式向银行借款，银行通常会以附加利率来计算收取利息，即每期收取的利息都是用借款总额乘以名义利率得出。由于在公司还款过程中，每期的实际借款金额在下降，而银行收取的利息率却不会降低，所以采用这种方式公司要承担较高的利息费用。

【例题11-9】佛达公司向银行借入分期付款贷款10万元，名义利率为10%，付款方式为12个月等额还款。公司借款的实际利率为多少？

$$实际利率 = \frac{利息}{贷款金额/2} \times 100\% = \frac{10\,000}{100\,000/2} \times 100\% = 20\%$$

二、担保贷款筹资

除了信用借款筹资这种无担保筹资以外，担保贷款筹资也是公司筹资的一种常见方式。银行和其他金融公司通常要求借款人像长期贷款的形式一样提供担保，担保方式一般包括应收账款筹资和存货贷款筹资等。

1. 应收账款筹资。

（1）应收账款筹资的定义。应收账款筹资，是指公司以应收账款作为抵押品筹措资金，主要包括应收账款转让和应收账款保理两种形式。当出现应收账款无法收回的情况时，在应收账款转让形式下，借款人不因为应收账款转让而清除责任，仍然对其负责；在应收账款保理形式下，保理商需要承担坏账损失的全部风险，借款人则可以清除责任。

（2）应收账款保理成本的计算。应收账款保理，是指公司将未到期应收账款在满足一定条件的情况下，转让给商业银行或其他金融机构，以获得流动资金支持，加快资金周转。保理一般可以分为买断型保理（非回购型保理）和非买断型保理（回购型保理）、有追索权保理和无追索权保理、明保理和暗保理、折扣保理和到期保理等。

【例题11-10】佛达公司在2×21年的平均应收账款为10万元，赊销额为100万元。公司将应收账款以5%的折扣转售，即每1万元可获0.95万元，假设公司的应收账款在本年周转了10次，那么这种短期融资的实际利率为多少？

$$名义利率 = \frac{0.05}{0.95} \times 10 = 52.60\%$$

$$实际利率 = 1.0526^{10} - 1 = 66.97\%$$

2. 存货贷款筹资。存货贷款，是指银行对公司用来购买存货的所需资金提供的短期贷款，一般而言，存货贷款主要用来满足公司的季节性和临时性的短期资金需求。存货贷款通常分为三种形式。

（1）一般存货留置权（blanket inventory lien）。一般存货留置权又称为总括存货留置权，债权人拥有借款人所有存货的留置权。

（2）信托凭证（trust receipt）。信托凭证实际上是一种信托受益权，属于有价证券。该凭证可以让借款人以"信托"的形式替债权人保管特定的存货，这些存货是贷款的抵押品。

（3）存仓货物融资（held warehouse financing）。通过存仓货物融资，仓储公司作为存放货物的第三方监管人为债权人监控存货的状况。

三、票据贴现筹资

1. 票据贴现的定义。票据贴现筹资是指公司在应收票据到期前将票据背书后交给银行，银行根据票据的到期价值，将本金扣除贴现利息后的金额贷给公司。当贷款到期时，公司需偿还全部本金。公司实际可利用的借款额度是本金减去利息的差额。

2. 票据贴现的成本计算。票据贴现成本计算可分为以下四个步骤。

（1）计算票据到期值；

（2）计算贴现利息：

$$贴现利息 = \frac{到期值 \times 贴现率}{360} \times 贴现日数 \qquad (11-11)$$

（3）计算票据贴现实际利率：

$$票据贴现实际利率 = \frac{贴现利息}{贷款金额 - 贴现利息} \times 100\% = \frac{名义利率}{1 - 名义利率} \times 100\%$$
$$(11-12)$$

（4）计算贴现实际成本：

$$实际成本 = 票据贴现实际利率 \times 本金 \qquad (11-13)$$

四、短期借款筹资的优缺点

1. 短期借款筹资的优点。

（1）短期借款筹资能够满足较大的短期资金需求。银行作为资金出借方通常资金充足，在限额内能满足公司的借款需求，因而短期借款对于在短期内对资金有大量需求的公司是一个不错的选择。且对于规模大、信誉良好的公司，银行可以给予优惠利率。

（2）短期借款筹资兼具灵活性和多样性的特点。银行短期借款筹资种类繁多，公司可以根据自身还款能力和需求自行选择筹资方式，且在一定期限内能随借随还。

2. 短期借款筹资的缺点。

（1）短期借款筹资的成本较高。短期借款附加的信用条件不仅增加了筹资成本，而且增加了公司偿还借款本息的风险。公司一旦不能到期偿还，会产生许多不良后果。

（2）短期借款筹资的限制较多。银行在接到公司的借款申请时，一般要对借款人的财务状况和经营成果是否达到标准进行评估，还要求其流动比率、负债比率等财务指标要维持在一定的水平，才有可能出借资金。此外，银行很可能通过补偿性余额等一系列附加条件来降低放贷风险，这些都构成对公司借款的限制。

第四节　短期融资券筹资

一、短期融资券的定义和种类

短期融资券，又称商业票据、短期债券，是一种由具有法人资格的公司发行的无担保短期本票。在我国，短期融资券需要依照《银行间债券市场非金融企业债务融资工具管理办法》规定的条件和程序在债券市场发行，并约定在一定期限内还本付息，是公司筹集短期资金的一个重要融资方式。

短期融资债券按照发行方式不同，可划分为经纪人代销的融资券和直接销售的融资券；按照发行人不同，可划分为金融企业的融资券和非金融企业的融资券；按照发行和流通的范围不同，可划分为国内融资券和国际融资券。

二、短期融资券的成本

短期融资券的成本主要由以下项目组成。

第一，发行利率，用以计算应支付给投资者的利息。短期融资券的发行利率会随着市场变化而变动，受市场供应量、央行票据利率、公司信用评级水平以及发行规模等因素的影响。

第二，中介费用，包括承销费、律师费、评级费、会计师费用等。

第三，发行登记费及兑付费。例如，发行短期融资券的金额在 30 亿元以上的部分收取发行登记费 0.06‰，30 亿元以下部分收取 0.07‰；兑付费为发行金额的 0.05‰。

三、短期融资券的发行与评级

1. 短期融资券的发行程序。

（1）在公司自身经营情况符合申请发行融资券的基础上，财务部门可提出申请发行短期融资券方案，由总经理或董事会决议后作出是否发行的决策。

（2）公司选择拥有承销资格的金融机构作为短期融资券的主承销商，主承销商在发行过程中承担与发行人商榷发行日期、发行费用，召开承销会议，协助发行人申办法律手续等与发行直接相关的工作。

（3）由在中国境内注册且具备债券评级资质的评级机构为公司办理信用评级。公司要先将发行融资券的相关材料提交给评级机构，经核定后，评级机构出具信用评级报告并通过网络、报刊等媒体信息平台发布信用评级报告。

（4）向相关审批机关提出发行申请。在我国，中国人民银行总行与各省、自治区、直辖市分行是我国公司发行短期融资券的审批和管理机关。

（5）审批机关对公司提出的申请进行审查和批准。中国人民银行在接到公司申请后，要对公司的发行资格、资金用途、会计报表内容、融资券的票面内容等进行审查，通过后向公司下达备案通知书并核定公司发行融资券的最高余额。

（6）审查机关审核通过后，公司便可正式发行短期融资券来筹集资金。

2. 短期融资券的评级。短期融资券的信用质量直接影响短期融资券的成本。短期融资券的信用质量一般由信用评级机构进行评价。公司发行短期融资券进行融资，其资金一般用于补充流动资金，或用于资本性投资，而还款的来源主要是公司日常营运获取的净现金流。因此，借款公司评级，是在公司现有经营状况的基础上，分析公司未来的整体偿债能力和可能的违约情况，是一种不针对特定债务的主体评级。

大多数评级机构的评定标准较为相似，以我国的联合资信评估有限公司为例，它将短期融资券的信用等级划分为四等六级，用符号表示为：A－1、A－2、A－3、B、C、D。每一个信用等级均不进行微调。具体等级设置和含义如表11－5所示。

表11－5　　　　　　　　联合资信公司的短期融资券信用评级

信用等级	含　　义
A－1	为最高级短期融资券，其还本付息能力最强，安全性最高
A－2	还本付息能力较强，安全性较高
A－3	还本付息能力一般，安全性易受不良环境变化的影响
B	还本付息能力较低，有一定的违约风险
C	还本付息能力很低，违约风险较高
D	不能按期还本付息

四、短期融资券筹资的优缺点

1. 短期融资券的优点。

（1）成本较低。短期融资券的成本主要由利息、中介费和信息披露成本三部分构成，这种融资方式是筹资者与投资者之间的直接往来，因而省去了原本应付给银行的筹资费用，相较于直接向商业银行贷款，成本会小很多。

（2）筹资金额较大。根据《银行间债券市场非金融企业短期融资券业务指引》的规定，公司发行短期融资券的待偿还余额不超过公司净资产的40%时，可继续发行新的融资券，因而能够筹措较大规模的资金。

（3）能够提高企业的信誉。能够发行短期融资券的公司，都经过专业评级机构的评定，说明公司的日常经营状况良好，这在无形中也给投资者透露出利好信息，因而能够在一定程度上提高公司信誉。

2. 短期融资券的缺点。

（1）风险较大。短期融资券的信息披露要求非常严格，信用评级贯穿始终，违约事实也会公之于众，因此，公司必须按时归还短期融资券，到期不还会产生严重的后果。

（2）弹性较小。短期融资券适用于资金需求较大的公司，且融资券不能提前偿还，即使公司资金宽裕，也要等到期才能偿还。

（3）条件严格。发行短期融资券的程序复杂，条件严格，不仅要有评级机构的评定，还要通过央行的审批，只有信用较好、生产经营状况良好的大公司才有资格发行。

第五节 本章实验

学习目标

短期筹资管理是对短期筹资类型、政策以及与短期资产持有政策的配合关系进行管理。本部分主要结合短期筹资的定义与特征，短期筹资政策与管理方法等知识，基于企业财务数据，使用 Excel 工具构建短期筹资政策、短期借款筹资、自然性筹资的计算模型，并通过测算各种筹资方式的资本成本，以了解各种短期筹资的程序、决策因素及优缺点，帮助企业作出最优短期筹资决策。

计算方法

表 11 - 6 是短期筹资政策分析模型。以下分别以短期筹资政策、自然性筹资、短期借款筹资三个方面为例介绍如何构建短期筹资政策分析模型。

表 11 - 6 短期筹资管理分析模型

分组	指标	公式	指标比率
		短期筹资政策	
保险组合	短期资本成本	短期资本成本 = 短期资金 × 短期资本成本率	= B20 × B22
	长期资本成本	长期资本成本 = 长期资金 × 长期资本成本率	= B21 × B23
	投资报酬率	$投资报酬率 = \dfrac{净利润}{资金总额}$	= B25 - B27 - B28
	短期资金/总资金		= B29/B24
	流动比率	$流动比率 = \dfrac{流动资产}{流动负债}$	= C9/B22

续表

分组	指标	公式	指标比率
激进组合	短期资本成本	短期资本成本＝短期资金×短期资本成本率	＝B20×C22
	长期资本成本	长期资本成本＝长期资金×长期资本成本率	＝B21×C23
	投资报酬率	投资报酬率＝$\dfrac{净利润}{资金总额}$	＝C25－C27－C28
	短期资金/总资金		＝C29/C24
	流动比率	流动比率＝$\dfrac{流动资产}{流动负债}$	＝C9/C22

		自然性筹资	
	10天内付款免费信用额	免费信用额＝应付账款×现金折扣的百分比	＝B6－B6×B7
	放弃现金折扣的资本成本率	资本成本率＝$\dfrac{现金折扣的百分比}{1－现金折扣的百分比}×$ $\dfrac{360}{放弃现金折扣延期付款天数}$	＝B7/（1－B7）×360/（B8－B9）
	20天内付款免费信用额	免费信用额＝应付账款×现金折扣的百分比	＝B16－B16×B17
	放弃现金折扣的资本成本率	资本成本率＝$\dfrac{现金折扣的百分比}{1－现金折扣的百分比}$ $×\dfrac{360}{放弃现金折扣延期付款天数}$	＝B17/（1－B17）×360/（B18－B19）
	应付账款周转率	应付账款周转率＝$\dfrac{采购成本}{同期应付账款平均余额}$	＝B26/B27
	按照平均占用天数计算的应交增值税的筹资额	应付费用筹资额＝平均每日发生额×平均占用天数	＝B33/360×30/2

		短期借款筹资	
	补偿性余额比例	补偿性余额比例＝$\dfrac{补偿性余额}{筹资金额}×100\%$	＝B8/B6
	补偿性余额贷款实际利率	补偿性余额贷款实际利率＝$\dfrac{名义利率}{1－补偿性余额比率}$	＝B7/（1－B9）
	取得资金成本	资本成本＝筹资金额×实际利率	＝B6×B10
	存款利率3%时借入该借款的实际利率	实际利率＝$\dfrac{银行借款×贷款年利率－补偿性余额×存款利率}{银行借款－补偿性余额}$	＝（B16×B17－B19×B18)/（B16－B19）
	取得该笔资金的成本	资本成本＝筹资金额×实际利率	＝B16×B20

续表

分组	指标	公式	指标比率
		短期借款筹资	
	平均收账期	平均收账期 $=\dfrac{365}{\text{应收账款周转次数}}$	$=365/B28$
	年化率	年化率 $=\dfrac{\text{应收账款折扣率}}{1-\text{应收账款折扣率}}\times\dfrac{\text{应收账款}}{\text{周转次数}}$	$=B29/(1-B29)\times B28$
	短期融资有效年利率	有效年利率 $=\left(\dfrac{1+\text{年化率}}{\text{应收账款周转次数}}\right)^{\text{应收账款周转次数}}-1$	$=[(1+B31)/B28]\,\hat{}\,B28-1$

1. 短期筹资政策。下面以〖例题 11－1〗为例，说明不同筹资组合对公司风险和报酬的影响的计算过程。

（1）分别计算保守组合和激进组合的短期资本成本、长期资本成本和净利润。

（2）计算保守组合和激进组合的投资报酬率。净利润除以资金总额即得投资报酬率。

（3）分别计算保守组合和激进组合两种组合的短期资金占总资金的比率。

（4）分别计算保守组合和激进组合两种组合的流动比率。

（5）比较上述计算结果，分析不同筹资组合对公司风险和报酬的影响。

2. 自然性筹资。下面以〖例题 11－4〗和〖例题 11－5〗为例，说明应付账款周转率和应交增值税的筹资额的计算过程。

（1）计算应付账款周转率。即采购成本除以年度应付账款平均余额。

（2）计算应交增值税的筹资额。即平均每日应交增值税税额（即预计应交增值税税额除以 360）乘以平均占用天数。

3. 短期借款筹资。下面以〖例题 11－1〗和〖例题 11－1〗为例，说明不同条件下短期借款筹资资金成本的计算过程。

（1）计算补偿性余额比例。

（2）计算补偿性余额贷款实际利率。

（3）计算取得资金的资金成本。

（4）若同期存款利率为 3%，计算实际利率。

（5）计算取得该笔资金的资金成本。

其他例题可以采用类似方式求解，具体模型构建、例题分析、操作过程，可扫描以下二维码。

短期筹资管理 1——〖例题 11－1〗　　**短期筹资管理 2——〖例题 11－2〗～**

〖例题 11－3〗

短期筹资管理3——〖例题 11 – 4〗~
〖例题 11 – 5〗

短期筹资管理4——〖例题 11 – 7〗~
〖例题 11 – 8〗

短期筹资管理5——〖例题 11 – 10〗

短期筹资管理实验用 Excel 表

本章思维导图

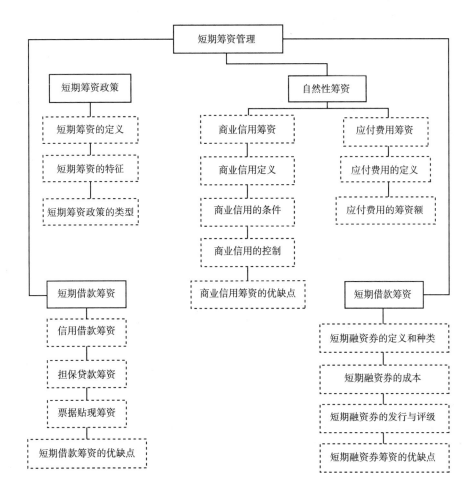

本章概要

本章介绍公司短期筹资政策、短期筹资方式以及其资本成本的计算。

1. 企业的短期筹资政策是指对临时性短期资产、永久性短期资产和固定资产的来源进行管理的政策。短期筹资政策有三种类型：配合型筹资政策、激进型筹资政策和稳健型筹资政策。短期筹资政策和短期资产持有政策需要协调配合，不同的政策组合的风险和报酬不同。

2. 自然性短期负债是指公司正常生产经营过程中产生的，由于结算程序的原因自然而然形成的短期负债，包括商业信用和应付费用。

3. 商业信用是指商品交易中的延期付款或延期交货所形成的借贷关系，其筹资形式主要有赊购商品和预收货款。商业信用的条件主要有预付货款、延期付款但不提供现金折扣，以及延期付款但早付款有现金折扣三种形式。应付费用是指企业在生产经营过程中发生的应付而未付的费用，应付费用筹资的资本成本通常为零，但可能存在显性或隐性成本。

4. 短期借款筹资是指为满足企业临时性流动资金需要而进行的筹资活动，通常是指银行短期借款，包括信用借款筹资、担保贷款筹资和票据贴现筹资三种。其中，信用借款筹资包括信用额度借款和循环协议借款两类；担保贷款筹资的担保方式一般包括应收账款筹资和存货贷款筹资。此外，还有短期融资券筹资等其他短期筹资方式。

5. 短期借款决策要重点考虑短期借款的成本，包括信用借款的补偿性余额成本及分期付款贷款的成本、应收账款转让及保理成本、票据贴现成本等。

本章思考和练习题

思考题

1. 短期筹资的特征和类型有哪些？
2. 公司的短期筹资政策一般包括哪些类型，它们各自的特征有哪些？
3. 短期筹资政策与短期资产管理政策之间应当保持怎样的配合关系？
4. 商业信用筹资和应付费用筹资应当考虑哪些成本？
5. 试对比分析银行短期借款、商业信用、短期融资券的特征和优缺点。

练习题

1. BD 公司最近购进设备一批，合同规定的信用条件是 "2/10，N/30"。但公司的流动资金紧张，不准备取得现金折扣，也即在第 30 天按时付款。要求计算 BD 公司放弃现金折扣的资本成本率。

2. 辰星公司拟采购一批价值为 300 万元的原材料。供应商规定的付款条件为 "3/20，1/30，N/40"，每年按 360 天计算。要求：

（1）假设银行短期贷款利率为 15%，计算放弃现金折扣的成本（资金成本率），并确定对该公司最有利的付款日期。

（2）假设公司目前有一个短期投资报酬率为 60% 的投资项目，确定对该公司最有利的付款日期。

3. 清新公司于 8 月 15 日持一张银行承兑汇票向开户行申请贴现，面值为 1 000 000 元，贴现率为 2.62%，该票据签发于上年的 12 月 30 日，到期日为本年 10 月 29 日。请计算票据贴现利息为多少？

4. WDW 公司 20×4 年预计增值税税额为 170 000 元，按规定在次月 5 日缴纳。要求：如果每月上缴一次，按平均占用天数计算应交税费筹资额。

5. 明星公司考虑借入 1 年期贷款 20 万元，现有两种借款方式：一是以贴现方式借入，名义利率为 15%；二是以分期付款方式借入，分 12 个月等额偿还。

要求：请分别计算以贴现方式和分期付款方式贷款的有效利率。

6. 星梦公司以 8% 的票面利率发行 15 亿元的短期融资券，为期 90 天。

要求：（1）计算该短期融资券的年成本率；（2）如果该公司利用备用信用额度所获资金的成本率是 0.28%，其他直接费用率为每年 0.63%，计算该短期融资券的总成本率。

章后案例

安泰集团的短期筹资管理

安泰集团成立于 1993 年，由山西义安县的义安焦化厂、洗煤厂及精煤发运站发起设立，并于 2003 年在上海证券交易所上市，证券代码为 600408，主营业务为焦炭、型钢、电力以及焦化副产品的销售。作为山西三大焦化企业之一，安泰集团的生产设备和技术均处于国内焦化行业领先水平，拥有独自的铁路运输线和港口，销售网络拓展至数十个国家和地区。

受全球金融危机等影响，煤炭价格自 2013 年起直线下降，煤炭企业经营状况普遍不佳，财务数据显示，2013～2014 年，安泰集团分别实现归属净利润约 −2.43 亿元和 −6.8 亿元。由于连续两年业绩亏损，安泰集团也在 2015 年被"披星戴帽"。2015 年安泰集团勉强扭亏为盈。不过，2016 年年报显示，安泰集团继续深陷业绩泥潭之中，当期实现的归属净利润为亏损 5.82 亿元。但自 2017 年开始，市场情况有所改善，2017 年的营业收入比 2016 年同比上升 86.6%，亏损得到一定的控制，但企业管理仍存在一定问题。

安泰集团 2014～2017 年年报显示，安泰集团的流动资产在 2015 年大幅下降，由 461 018.68 万元降至 267 822.76 万元，2016 年有小幅回升，2017 年再次下降，但是降幅较小。资产总额则呈现不断下降的趋势，由 2014 年的 776 082.81 万元降至 2017 年的 546 661.08 万元，降幅达 30%。从流动资产占比变化来看，除 2014 年超过 50% 外，其余都在 40% 左右，但 2017 年占比仅为 37.89%，与 2014 年的 59.4% 相比降低 21.51%，降幅达 44%。这说明安泰集团的短期偿债能力下降，结合流动比率等数据和行业数据也印证了这一点。

表 11-I 显示，除 2014 年外，安泰集团流动负债占比均超过 70%，说明公司偏向采用激进型的负债筹资策略，筹资策略近几年更为激进，以短期负债作为负债筹资的主体。具体来看，2014～2017 年流动负债各项目占比最大的三项为短期借款、一年内到期的非流动负债和应付账款。这三项平均共占 73%，其中，短期借款占比最大，为 35%，然后是一年内到期的非流动负债，占比为 27%，应付账款占比为 11%。短期借款较为稳定，但是占比过大。一年内到期的非流动负债原本是长期负债，成本较高，且在 2015 年起大幅上升，对企业的偿债能力有较高的要求。应付账款小幅下降，可能是企业为改善供应商关系而减少赊购额。

表 11-I　　　　　　　　安泰集团 2014～2017 年流动负债规模数据

项目	2014 年	2015 年	2016 年	2017 年
流动负债（万元）	285 059.9	366 118.63	423 976.42	360 986.17
负债总额（万元）	577 487.58	501 553	547 091.06	473 658.28
流动负债占负债总额比重（%）	49.36	73.00	77.50	76.21

资料来源：闵孟婷. 基于渠道视角的安泰集团营运资金管理研究［D］. 南昌：南昌大学，2019.

思考题

1. 安泰集团的短期筹资管理存在哪些问题？

2. 结合行业特点谈一谈安泰集团应该如何调整营运资金结构？

本章教辅资料二维码

练习题答案　　　　　章后案例答案　　　　　配套课件　　　　　进阶习题及答案

第十二章　股利理论与政策

【章前引例】

希和汽车股份有限公司于 2×21 年 6 月 4 日发布公告称，2×20 年度股利分派方案已获 2×21 年 6 月 1 日召开的 2×20 年度股东大会审议通过。

本次股利分派方案的主要内容如下：以公司总股本 112 814. 286 万股为基数，向全体股东每 10 股派发现金红利人民币 8 元（含税），不送红股，不以公积金转增股本，共计派发现金 90 251. 4288 万元，剩余未分配利润结转至以后年度分配。本次股利分派的股权登记日为 2×21 年 6 月 10 日，除权除息日为 2×21 年 6 月 11 日。

问题讨论：

希和汽车公司在发放股利后，哪些方面会受到影响，股票价格是否会下跌？一般而言，公司的股利政策有哪些？在制定股利政策时需要考虑哪些因素？

【学习目标】

1. 了解利润分配程序，掌握股利种类及股利的发放程序。
2. 理解股利理论的主要内容，包括股利无关理论与股利相关理论。
3. 掌握股利政策的内容和相关指标，理解股利政策的影响因素。
4. 掌握股利政策的类型及不同股利政策的差异。
5. 了解股票分割与股票回购的概念，了解股票回购的动机与方式。

【本章重点与难点】

重点：股利种类及股利的发放程序；股利无关理论与股利相关理论；影响股利政策的因素；股利政策的主要类型；股利政策的制定程序。

难点：股利无关理论与股利相关理论；股利政策的制定程序。

第一节　利润分配及股利概述

一、利润分配

利润是企业在一定会计期间的经营成果。在会计上，利润总额是指营业利润加上投资收益、补贴收入、营业外收入，再减去营业外支出后的金额。净利润是指利润总额扣减所得税后的金额。企业当期实现的净利润加上企业以往年度的未分配利润，以及其他转入后的余额，构成了可分配利润。利润分配的实质是将企业实现的净利润，在向投资者和用于企业再投资两个方面进行分配，因此，企业在利润分配时要兼顾不同方面的利益，协调好投资者的近期利益和企业的远期发展之间的关系，使利润分配策略与企业筹资、投资决策相协调。

按照《中华人民共和国公司法》《企业财务通则》等相关法律法规的规定，股份有限公司的利润分配应当遵循以下基本程序。

1. 计算可供分配的利润。将本年净利润与年初未分配利润合并，计算出可供分配的利润。根据现行规定，公司发生年度亏损，可以用下一年度的税前利润来弥补，若下一年度的税前利润不足以弥补时，可以在 5 年内延续弥补，5 年内仍然未弥补完的亏损，则可以用税后利润弥补。

2. 提取法定公积金。在不存在年初累计亏损的前提下，法定公积金按照税后净利润的 10% 提取。当法定公积金已达注册资本的 50% 时，公司可不再提取。提取的法定公积金用于弥补以前年度亏损或转增资本金。但转增资本金后留存的法定公积金不得低于注册资本的 25%。

3. 提取任意公积金。公司在从税后利润中提取法定公积金后，可以经股东大会同意，提取任意公积金。任意公积金的计提标准由股东大会确定。法定公积金与任意公积金都是公司从税后利润中提取的积累资本，它们与未分配利润一样，都属于公司的留存利润，归属于股东权益，是公司内部融资的重要来源。

4. 向股东支付股利。公司在按照程序弥补亏损、提取法定公积金和任意公积金后，剩余的当年利润连同以往年度的未分配利润构成可供分配利润，经股东大会批准后可以向股东分配股利。

但公司股东会或董事会违反上述利润分配顺序，在抵补亏损和提取法定公积金之前向股东分配利润的，必须将违反规定发放的股利退还公司。

二、股利的类型

股份有限公司的股利分派形式一般有现金股利、股票股利、财产股利和负债股利等。根据我国相关法律规定，股份有限公司只能采用现金股利和股票股利两种形式。

1. 现金股利。现金股利，也称红利或股息，是指股份有限公司以现金形式分派给股东的股利。现金股利是股利分派最常见的方式。股票按种类分为优先股和普通股。优先股的股息率通常是固定的，因此，在经营正常且有足够利润的情况下，优先股股东的年股利额是固定的。例如，中国银行于 2020 年 8 月 21 日发布公告，对截至 2020 年 8 月 28 日上海证券交易所收市后，在中国证券登记结算有限责任公司上海分公司登记在册的本行全体第四期境内优先股股东，按照票面股息率 4.35% 计算，每股优先股派发现金股息人民币 4.35 元（税前）。普通股没有固定的股息率，现金股利的发放次数和金额主要取决于公司的股利政策和经营状况等因素。由于现金股利是从公司净利润中支付给股东的，发放现金股利会减少公司的留用利润，因而发放现金股利不会增加股东的财富总额。但是，不同股东对现金股利的偏好不同，例如短期投资者可能希望公司发放较多的现金股利，而长期投资者则可能更希望公司将留用利润投资能给公司带来更多利润的项目，而不愿意公司发放过多的现金股利。现金股利的发放会对股票价格产生直接的影响，一般而言，股票价格在除息日后会下跌。例如，BBT 公司宣布发放每股 0.75 元的现金股利，如果除息日的前一交易日的股票收盘价格为 18.30 元/股，则除息日股票除权后的价格应为 17.55 元/股。

2. 股票股利。股票股利，也称股份股利，是股份有限公司以股票的形式从公司净利润中分配给股东的股利。股份有限公司发放股票股利，需要经股东大会表决通过，根据股权登记日的股东持股比例将可供分配利润转为股本，并按持股比例无偿向股东分派股票，增加股东的持股数量。发放股票股利不会改变公司的股东权益总额，也不影响股东的持股比例，只是公司的股东权益结构发生了变化，即由未分配利润转为股本，增加公司的股本总额。

股票股利的分派通常用百分数表示，例如 10%、20% 等，表示每一股份可分到的股票股利的比率。例如，某公司发行股票前的股价为每股 12 元，公司分派股票股利的百分比为 20%，表示每 10 股可以得到 2 股股票，并在除权日之后，该公司股价降低至每股 10 元（12/1.2）。可见，通过股票股利的方式，公司一方面扩张了股本；另一方面起到股票分割的作用。这对于高速成长期的公司而言，可以使用股票股利来扩张股本，同时避免股价过高影响股票流动性。如果按百分比计算的分配结果有不满一股的，可将零股折成现金分派给股东，或将零股集中起来出售，所得金额在各零股股东间进行分配。

对于股份有限公司而言，股票股利不会减少公司的现金流量，有利于利润充足但现金紧张的公司，但若股票股利派发过多，股份总额扩张过快，盈余增长速度低于股本扩张速度时，公司的每股利润也会受影响，这可能导致公司股价下跌。对于股东而言，公司派发股票股利，可能是一个管理层对公司未来前景持续看好的信号，这有利于股价上升并走出填权行情，股东财富因而获得持续增长。

三、股利发放程序

股份有限公司分配股利需要遵循法定的程序，一般先由董事会提出股利分配预案，接着提交股东大会决议，获得通过才能进行分配。股东大会决议通过股利分配预案之后，要向股东公开宣布股利发放方案，并确定股权登记日、除息日和股利发放日。

1. 股利宣告日。股利宣告日，是指公司董事会在股东大会决议通过后将股利发放方案予以公告的日期。在公告中应明确股利分配的年度、范围、形式、现金股利金额或股票股利的数量，并公布股权登记日、除息日和股利发放日等事项。例如，在本章的章前引例中，希和汽车公司的股利宣告日为 2×21 年 6 月 4 日。

2. 股权登记日。股权登记日，是指有权领取本期股利的股东资格登记的截止日期。例如，在本章的章前引例中，希和汽车公司的股权登记日为 2×21 年 6 月 10 日。只有在股权登记日这一天在公司股东名册上登记的股东，才有权分享股利。而这一天没有登记在册，即使是在股利宣告日之前买入股票，但在股利登记日前已卖出的股东，也无权领取本次分配的股利。在信息技术环境下，股权登记方便快捷，一般在股权登记日交易结束的当天即可打印出股东名册。

3. 除息日。除息日也称除权日，是指从股票市价中扣除股利的日期，即领取股利的权利与股票分开的日期。在除息日之前，股票价格包含本期股利，但在降息日，股票价格将不再含有股利。换言之，投资者只能在除息日之前购买股票，才能领取本期股利。在除息日过后，股票价格会因除权而下跌，除息日股票的开盘参考价为前一交易日的收盘价减去每股股利。在信息技术环境下，股票交易当天即可以完成交割过户手续，因此降息日可以确定为股权登记日的下一个交易日。在本章的章前引例中，希和汽车公司的除息日为 2×21 年 6 月 11 日。

4. 股利发放日。股利发放日，也称股利支付日，是指公司将股利正式发放给股东的日期。在这一天，公司应通过邮寄等方式将股利支付给股东。目前，公司可以通过证券登记结算系统，将股利直接划入股东在证券公司开立的资金账户。

【例题 12-1】中国石化上海石油化工股份有限公司（证券简称：上海石化）2020 年度利润分配方案经公司 2021 年 6 月 16 日的 2020 年度股东周年大会审议通过。股东周年大会决议公告刊登在 2021 年 6 月 17 日的《中国证券报》《上海证券报》《证券时报》和上海证券交易所网站。利润分配方案如下。

（1）发放年度：2020 年度。

（2）发放范围：截至 2021 年 7 月 19 日（即股权登记日）下午上海证券交易所收市后，在中国证券登记结算有限责任公司上海分公司登记在册的本公司全体 A 股股东。

（3）具体方案：本次利润分配以分红派息股权登记日的总股本 10 823 813 500 股为基数，每股派发现金红利人民币 0.1 元（含税），共计派发现金红利人民币 1 082 381 350 元。

（4）具体日期：股利宣告日是 2021 年 6 月 17 日，股权登记日是 2021 年 7 月 19 日，除息日和现金红利发放日是 2021 年 7 月 20 日。

第二节　股利理论

本教材的第一章提到，公司的财务管理目标之一是股东财富最大化，公司分配股利也应当服从这一目标，也即股利分配的数量和形式等都应当以实现股东财富最大化为基本目标。股利理论（dividend theory）就是研究股利分配与公司价值、股票价格之间的关系，探讨公司应当如何制定股利政策的基本理论。当前，股票理论可分为股利无关理论和股利相关理论两大派别。

一、股利无关理论

1. 股利无关理论的提出。股利无关理论是由美国经济学家弗兰科·莫迪格里安尼（Franco Modigliani）和财务学家默顿·米勒（Merton Miller）于1961年首次提出，也称MM股利无关理论。米勒和莫迪格里安尼采用数学推导的方法证明，在完善的资本市场上，如果公司的投资决策和资本结构不变，那么公司价值取决于公司投资项目的盈利能力和风险水平，而与股利政策无关。换言之，无论公司是否分配股利，或者如何分配股利都不会影响公司价值，也不会影响股东财富总额。MM股利无关理论的关键是存在一种套利机制，通过这一机制使支付股利与外部筹资这两项经济业务所产生的效益与成本正好相互抵销，股东对盈利的留存与股利的发放将没有偏好，据此得出股利政策与公司价值无关这一著名论断。

2. 股利无关理论的内容。在完善的资本市场条件下，股利政策不会影响公司价值，这是因为，公司价值是由公司投资决策所确定的资本获利能力和风险所决定的，而不是由公司盈余分配方式（即股利分配政策）所决定的。MM股利无关理论的具体内容包括以下四点。

（1）公司股票市价是公司价值的反映，公司价值取决于所拥有的资产及其盈利能力，或者说是投资政策。（2）在公司政策取向上，以投资政策（形成资产获利能力的基础）为主导。（3）股东财富由分得的股利和因股价升值而形成的资本利得两部分组成。分派股利会引起股价的下跌，这使股东因分派股利得到的好处恰好被股价下降导致的损失所抵销。因此，股利的分派不影响股东财富，股东在股利与资本利得的选择上不存在净偏好。（4）股东能够自制股利，也即股东可以通过股利再投资或出售部分股票而抵销股利政策变化带来的影响。因此，股利政策与公司价值不相关。

【例题12-2】请根据股利无关理论，讨论公司股利分配多或少时投资者的行为。

根据股利无关理论，投资者不会关心公司股利分配情况，在公司有良好投资机会的情况下，如果股利分配较少，留用利润较多，投资者可以通过出售股票换取现金来"自制"股利；反之，如果股利分配较多，留用利润较少，投资者获得现金股利后可寻求新的投资机会，而公司可以通过发行新股来筹集所需资本。

3. 股利无关理论的假设条件。MM股利无关理论建立在以下严格的假设条件之上。

（1）存在完全资本市场。完全资本市场假设是股利无关理论的基本前提，只有在这样的市场环境中，公司的股利分配政策才不会影响公司价值。

完全资本市场须符合以下七个条件：①没有妨碍潜在资本供应者和使用者进入市场的障碍；②市场是完全竞争的，有足够多的参与者，并且每个参与者都没有能力影响证券价格；③金融资产无限可分；④没有交易成本和破产成本，证券发行与转让都不存在交易成本，公司也无财务危机成本和破产成本；⑤没有信息成本，信息是对称的，并且每个市场参与者都可以自由、充分、免费地获取所有信息；⑥没有不对称税负，股票的现金股利和资本利得没有所得税上的差异；⑦交易中没有政府或其他限制，证券可以自由地交易。

（2）公司的投资决策不受股利政策影响。根据这一假设，在既定的投资决策下，对于新投资项目所需的资金，无论采取内部筹资还是外部筹资，都不会改变公司的经营风险。由于理性投资者对公司的风险和报酬都有合理的预期，在公司经营风险不变的情况下，投资者的必要投资报酬率（即股权资本的资本成本率）也不会改变，而公司价值是以投资者的必要投资报酬率为折现率对公司未来收益的折现值，因而公司价值不会受股利政策变化的影响。

由上述可见，股利无关理论是基于严格的假设条件提出的，在完全资本市场中，资产在交易过程中不存在套利机会，也就不会发生价值损耗。但在现实世界中，这样的完全市场是不存在的。导致资本市场不完全的因素主要有三个：不对称税率、不对称信息和交易成本。后续研究大多围绕着不完全因素，放松相应的假设而展开。例如，在考虑税负因素后，研究者关注不对称税率会形成投资者对股利收益和资本利得的不同偏好，从而影响股东财富；在考虑信息不对称因素后，研究者关注公司内部人与外部投资者之间的不对称信息降低了市场效率，影响了投资者对风险和报酬的判断，继而影响股东财富；在考虑交易成本后，研究者关注证券发行和转让都需要支付印花税和佣金等，交易成本会影响市场参与者的行为，也会限制资本市场的套利活动。在放松了这些假设后，许多学者发现股利政策会影响股票价格和公司价值，这就提出了各种股利相关理论。

二、股利相关理论

股利无关理论认为，在不完全的市场环境下，公司的股利政策会影响股票价格和公司价值，因而股利政策与公司价值密切相关。股利相关理论的代表性观点主要有"一鸟在手"理论、税收差别理论、信号传递理论、代理理论等。

1. "一鸟在手"理论。"一鸟在手"理论又称"在手之鸟"理论，名称源于"双鸟在林，不如一鸟在手"的谚语，是迄今应用最广泛的股利理论，其代表人物是约翰·林特纳（John Lintner）、麦伦·戈登（Myron Gordon）等。"一鸟在手"理论认为，由于公司将留存收益用于再投资给股东带来的收益具有很大的不确定性，而且投资风险会随着时间的推移增大，因而股东更喜欢确定的现金股利，而不大喜欢把利润留在公司，这时公司如何分配股利就会影响股票价格和公司价值，公司分配的股利越多，公司价值就越大。

"一鸟在手"理论是在传统股利理论基础上发展而来的。传统股利理论主张公司应支付较高的现金股利，认为在合理范围内投资者更愿意获得大额的现金股利。麦伦·戈登在传统的股利理论上提出著名的戈登模型，也就是在第四章"证券估值"介绍的股利贴现模型，该模型认为，公司价值等于以股东要求的必要报酬率为折现率对未来股利的折现值。由于股东是厌恶风险的，当前派发的现金股利是有把握的报酬，风险较小，就犹如在手之鸟，而未来的股利和出售股票获得的资本利得是不确定的报酬，风险较大，就犹如双鸟在林。"双鸟在林，不如一鸟在手"，较高的股利支付率可以降低股东对未来报酬的风险感知，也就会降低股东要求的必要报酬率，因而股票价格和公司价值都会上升。

但也有学者对"一鸟在手"理论提出批评，他们指出，"一鸟在手"理论认为资本利得的风险大于股利的风险，这是不合理的，使用留用利润再投资形成的资本利得风险取决于公司的投资决策，这与股利支付高低无关，公司如何分配股利不会改变公司的投资风险；股东在收到现金股利后，也会根据自己的风险偏好选择再投资。因此，股东承担的风险最终由公司的投资决策决定，股利政策不影响公司价值。

2. 税收差别理论。股利无关理论的一个重要假设是投资者获得的现金股利收入和资本利得不存在税率差异。但实际上，股利收入的所得税税率通常要高于资本利得的所得税税率，由于不对称税率的存在，股利政策会影响股票价格和公司价值。

税收差别理论研究税率差异对股利政策及公司价值的影响，其代表人物是里森伯格（Lizenberger）和拉马斯瓦米（Ramaswamy）。税收差别理论认为，由于股利收入的所得税税率通常高于资本利得的所得税税率，出于避税考虑，投资者更偏爱较低的股利支付率政策；而且，股利收入和资本利得的纳税时间也不同，股利收入在收到股利时纳税，而资本利得只有在出售股票获取收益时才纳税，因此，理性的投资者会更倾向于推迟获得资本利得而延迟缴纳所得税。因此，投资者会对低股率支付率的公司股票要求较低的必要报酬率，公司实行较低的股利支付率政策可以为股东带来税收利益，有利于股票价格上涨，增加股东财富。

由于税收差异的存在，股利政策可以产生顾客效应。税收差别理论认为，投资者可根据偏好不同被分为不同的类型，每种类型的投资者都偏好某种特定的股利政策，并喜欢购买符合其偏好的公司股票，这就是顾客效应。顾客效应在许多方面都有表现，例如，在资本结构政策上，有的投资者偏爱高杠杆政策，有的投资者则偏爱低杠杆政策；在股利政策上，有些投资者喜欢高股利支付率政策，有些投资者则喜欢低股利支付率政策。米勒和莫迪格里安尼注意到顾客效应的存在，他们发现，低税率等级的投资者往往持有高股利公司的股票，因而认为公司有动机采取适当的股利政策，以最大限度地减少股东的税收。

顾客效应产生的一个重要原因是不同投资者的边际税率不同。收入高的个人投资者适用的所得税税率要远高于收入低的投资者，边际税率的不同造成投资者对股利政策的偏好也不同。高收入的投资者希望公司少支付现金股利或不支付现金股利，选择将利润留在公司再投资可以获得较低税负的资本利得并推延支付所得税；低投入的投资者或者享受免税优惠的退休和养老基金等机构投资者则希望公司支付更高的现金股利，在享受较低税率好处的同时，也保持了较高的资本流动性。

可见，任何股利政策都不可能满足所有股东的要求，较高或较低股利政策都只能吸引特定类型的投资者。例如，高股利支付率政策可以吸引低边际税率等级的投资者，而低股利支付率政策可以吸引高边际税率等级的投资者。顾客效应的存在，说明公司在制定股利政策时，需要考虑它的股东类型。

3. 信号传递理论。股利无关理论的一个重要假设是信息是对称的，每个市场参与者都可以自由、充分、免费地获取所有信息。但在现实环境中，公司管理者与投资者之间存在着信息不对称：管理者是信息优势方，拥有更多的公司内部信息，而投资者是信息劣势方，对公司未来前景、经营状况以及风险情形等方面信息所知较少。信号传递理论认为，在信息不对称的情况下，公司可以通过股利政策向市场传递有关公司未来前景和经营状况的信息，帮助股东预测和判断公司未来盈利能力，以决定是否购买股票。相关研究发现，当公司提高股利支付水平，向市场传递了管理者对公司的未来前景有信心、未来盈利水平将提高的利好信息，股票价格会上涨；稳定的股利政策向外界传递了公司经营状况稳定的信息，有利于公司股票价格的稳定；但当一个股利支付水平较稳定的公司突然降低股利支付率，这向市场传递了利空消息，股票价格会下跌。可见，股利政策所产生的信息效应会影响股票的价格。

但是，由于投资者对股利信号信息的理解不同，他们对企业价值的判断也会不同。公司的股利增长，可能传递公司未来业绩大幅增长的信号，但也可能传递企业缺乏前景好的投资项目的信号；而公司的股利减少，可能传递了企业未来出现衰退的信号，也可能传递企业有前景看好的投资项目的信号。例如，高速成长的企业（行业）的股利支付率一般都很低，例如，微软公司只在 2002 年每股发放了 16 美分的股利，以前从未发放过股利，而这类企业往往有很好的业绩。而有些公司由于没有正现值的投资项目，会采取高派现的股利政策。因此，公司在制定股利政策时，应该关注市场反应，避免传递一些易被投资者误解的信息。

4. 代理理论。股利分配作为公司一项重要的财务活动，受到各种委托代理关系的影响。在现代公司治理中，与股利政策相关的代理冲突有以下三种：一是管理者与股东之间的代理冲突；二是股东与债权人之间的代理冲突；三是控股股东与中小股东之间的代理冲突。这些代理冲突都会产生代理成本。代理成本理论认为，公司派发现金股利可以有效地降低代理成本。

（1）管理者与股东之间的代理冲突。在经营权与所有权分离的现代公司中，股东不直接参与公司经营，而是聘用管理者管理公司，从而形成股东和管理者之间的委托代理关系。管理者作为代理人在决策时并非总以股东利益最大化为目标，可能出于最大化自身利益的动机而损害股东利益，例如将大量的现金用于追求奢侈的在职消费、盲目地扩张企业规模以及实施低效率并购等，这提高了公司的代理成本。詹森的自由现金流量假说提出，当公司持有的现金数量超过投资所有净现值为正的项目的所需资金时，这些剩余现金就是公司的自由现金流量，它留在公司内部既不能为公司创造价值，也不能给股东带来收益，理所当然要以现金股利形式归还给股东。但代理理论认为，公司管理者一般不愿意将自由现金流量以股利的形式分配给股东，而是倾向于将现金留在公司，或者用来投资一些净现值为负的项目并从中获得个人收益，因此，发放现金股利有利于降低代理成本。提高现金股利可以带来以下好处：①减少公司的自由现金流量，股东可以使用现金股利寻找新的投资机会，有利于增加股东财富；②减少管理者利用公司自由现金谋取个人私利的机会；③由于留用利润减少，当公司未来有好的投资机会时，需要从外部资本市场筹集资金，这加强了资本市场对管理者的约束。

（2）股东与债权人之间的代理冲突。由于债权人一般不参与公司的经营决策，股东就有可能利用控制权来最大化其利益，但同时损害了债权人利益。例如，股东可能要求公司支付较高比率的现金股利，减少公司的现金持有量，这会增加债权人的风险。股东与债权人之间的代理冲突也会带来代理成本。债权人通常在债务合同中规定一些限制性条款，其中包括公司的股利支付水平不能超过一定的限额等。可见，代理问题也会影响公司的股利政策。

（3）控股股东与中小股东之间的代理冲突。当公司股权比较集中时，控股股东就有可能利用股权优势控制公司董事会和管理层，侵占公司利益，谋取个人私利，从而损害中小股东权益。针对这一代理冲突，舒莱费尔（Shleifer）等学者提出掏空假说，认为公司控股股东会为了自身利益而将公司资产或利润转移出去，即存在掏空动机。代理理论则认为，提高现金股利可以减少控股股东可支配的资本，降低掏空的损害，从而保护中小股东利益。

综合而言，代理理论主张高股利支付率政策，认为较高的股利支付水平可以降低公司的代理成本，有利于提高公司价值。但是，高股利支付率政策也会带来外部筹资成本增加和股东税负增加的问题，因此，在实践中，公司需要在降低代理成本与增加筹资成本和税负之间权衡，以制定出最符合股东利益的股利政策。

【课堂讨论】

请批判性分析股利无关理论以及股利相关理论。

第三节　股利政策

股利政策是指确定公司的净利润如何分配的方针和策略。不同的企业可依据不同的股利理论制定不同的股利政策。

一、股利政策的内容

净利润是公司从事生产经营活动取得的剩余收益，属于全体股东所有，无论是以现金股利派发给股东，还是作为留用利润用来进行再投资，都属于股东的财富。因此，公司无论如何分配股利都没有改变净利润是股东财富的实质。但股利相关理论告诉我们，股利政策会影响公司价值，因此，制定股利政策就成为公司财务管理的一项重要工作。

在实践中，公司的股利政策主要包括四项内容：（1）股利分配的形式，即应采用现金股利还是股票股利；（2）股利支付率的确定；（3）每股股利的确定；（4）股利分配的时间，即何时分配和多长时间分配一次。其中，股利支付率和每股股利的确定是股利政策的核心内容，它决定了在公司赚取的净利润中有多少以现金股利的形式发放给股东，有多少以留用利润的形式对公司进行再投资。

二、股利政策的评价指标

投资者在进行股票投资时，一般会对公司的股利政策作出评价，使用的评价指标主要有两个：股利支付率和股利报酬率。

1. 股利支付率。股利支付率是公司年度现金股利总额与净利润总额的比率，或者公司年度每股现金股利与每股利润的比率。计算公式为：

$$P_d = \frac{D}{E} \times 100\% \tag{12-1}$$

或

$$P_d = \frac{DPS}{EPS} \times 100\% \tag{12-2}$$

其中，P_d 表示股利支付率；D 表示年度现金股利总额；E 表示年度净利润总额；DPS 表示每股股利；EPS 表示每股利润。

股利支付率用来评价公司实现的净利润中在支付股利和留存收益之间的分配安排，它反映了公司所采取的股利政策是高股利政策还是低股利政策。由前面的股利理论可知，股利支付率的高低并不是区分股利政策优劣的标准。处于不同的发展阶段的公司，一般会选择不同的股利政策。例如，处于快速成长阶段的公司，由于资本性支出较大，需要大量的现金，通常不支付现金股利或者采用较低的股利支付率政策；处于成熟阶段的公司，有充足的现金流量，通常会采用较高的股利支付率政策。

2. 股利报酬率。股利报酬率，也称股息收益率，是公司年度每股股利与每股价格的比率。计算公式为：

$$K_d = \frac{DPS}{P_0} \times 100\% \tag{12-3}$$

其中，K_d 表示股利报酬率；DPS 表示年度每股股利；P_0 表示每股价格。

股利报酬率是投资者评价公司股利政策的一个重要指标，它反映了投资者投资股票所取得的红利收益，是投资者判断投资风险、衡量投资收益的重要标准之一。较高的股利报酬率说明公司股票具有较好的投资回报，投资者通常倾向于购买高股利报酬率的股票。

三、股利政策的类型

对于股份公司来说，制定一个合理的股利政策非常重要，股利政策的选择既要符合公司的经营状况和财务状况，又要符合股东的长远利益。在实践中，股份公司常用的股利政策主要有五种类型：剩余股利政策、固定股利政策、稳定增长股利政策、固定股利支付率政策和低正常股利加额外股利政策。

1. 剩余股利政策。公司的投资机会和筹资能力是制定股利政策的两个重要考虑因素。剩余股利政策反映了股利政策与投资、筹资之间的关系。剩余股利政策是指在确定的目标资本结构下，税后利润先是满足项目投资的需要，若有剩余才用于分配现金股利的股利政策。剩余股利政策是有利于公司保持目标资本结构的。剩余股利政策是一种投资优先的股利政策，其先决条件是公司必须要有良好的投资机会，并且该投资机会的预期报酬率要高于股东所要求的必要报酬率。如果公司投资项目的预期报酬率不能达到股东要求的必要报酬率，则股东更愿意公司发放现金股利，以便寻找其他的投资机会。

由于采取剩余股利政策的公司通常有良好的投资机会，投资者会对公司未来的获利能力有较好的预期，因而股票价格会上升。而且，公司以留用利润来满足最佳资本结构下对股权资本的需要，这可以降低企业资本成本，也有利于提高公司价值。但是，剩余股利政策的各期股利不稳定，因而不受希望股利收入稳定的投资者欢迎，例如那些依靠股利生活的退休者。

实施剩余股利政策一般按以下步骤来确定股利分配额：（1）根据选定的最佳投资方案，测算投资所需资本数额；（2）按照公司的目标资本结构，测算投资所需要增加的股权资本数额；（3）税后利润先是用于满足投资所需的股权资本数额；（4）满足投资需要后的剩余部分用于向股东分配股利。

目标资本结构一般是公司的最佳资本结构。在剩余股利政策下，留存收益优先保证再投资的需要，这有助于降低再投资的资金成本，保持最佳资本结构，实现公司价值最大化。但如果完全遵循剩余股利政策，股利派发额会每年随投资机会和盈利水平的波动而波动。即使公司的盈利水平不变，股利也会与投资机会的多寡呈反方向变动：投资机会越多，股利越少；反之，投资机会越少，股利发放越多。同时，在投资机会不变的情况下，股利派发额也会因公司每年盈利的波动而同方向波动。可见，剩余股利政策不利于投资者安排收入与支出。

【例题 12-3】天辰股份公司 2×21 年的税后净利润为 8 000 万元，由于公司尚处于初创期，产品市场前景看好，产业优势明显。确定的目标资本结构为：负债资本为 70%，股东权益资本为 30%。如果 2×22 年公司有较好的投资项目，需要投资 6 000 万元。如果公司采用剩余股利政策，则公司应当如何融资和分配股利。

首先，按目标资本结构确定需要筹集的股权资本：

6 000×30% =1 800（万元）

其次，确定应分配的股利总额：

8 000 -1 800 =6 200（万元）

公司还应当筹集负债资金：

6 000 -1 800 =4 200（万元）

【例题 12-4】明哲公司 2×20 年税后利润为 1 200 万元，分配的现金股利为 420 万元。2×21 年的税后利润为 900 万元。预计 2×22 年公司的投资计划需要资金

500万元。公司的目标资本结构为自有资金占60%，债务资金占40%。如果采取剩余股利政策，请计算公司2×21年应分配的现金股利额。

2×22年投资需要的自有资金 = 500×60% = 300（万元）

2×21年的现金股利额 = 900 - 300 = 600（万元）

2. 固定股利政策。固定股利政策是指公司在较长时间内每股股利额固定不变的股利政策。这一政策的特点是，不论经济状况如何，也不论经营业绩好坏，公司一般不改变每股股利额，而是使其保持稳定的水平；只有在对未来利润增长确实有把握，且这种增长被认为是不会发生逆转时，公司才会增加每股股利额。实行这种股利政策的公司通常支持股利相关论，他们认为公司的股利政策会对公司股票价格产生影响，股利发放能够向投资者传递公司的经营状况信息。

固定股利政策具有以下三个特点。

（1）固定股利政策可以向投资者传递公司经营状况稳定的信息。如果公司支付的股利稳定，就说明公司的经营业绩比较稳定，经营风险较小，投资者要求的股票必要报酬率会降低，这有利于股票价格上升；如果公司支付的股利不稳定，股利忽高忽低，这向投资者传递企业经营不稳定的信息，导致投资者对风险的担心而要求较高的股票必要报酬率，进而使股票价格下降。

（2）固定股利政策有利于投资者有规律地安排股利收入和支出。希望每期能有固定收入的投资者更欢迎这种股利政策，他们可以有计划地根据股利收入安排日常开支，而忽高忽低的股利政策可能会降低他们对这种股票的需求，这样也会使股票价格下降。

（3）固定股利政策有利于股票价格的稳定。公司采取固定股利政策，为了维持稳定的股利水平，有时可能会使某些投资方案延期，或者使公司资本结构暂时偏离目标资本结构。但是，持固定股利政策观点的公司认为，即便这样也比减少股利更有利于股票价格的稳定。这是因为，如果公司突然减少股利，这会使投资者认为公司经营出现困难，业绩下滑导致股利下降，从而可能导致股票价格快速下跌，这对公司和股东更不利。

固定股利政策也存在缺点，固定股利政策可能会给公司造成较大的财务压力，尤其是在公司的净利润下降或是现金紧张的情况下，公司照常支付股利容易导致现金短缺，财务状况恶化。公司在非常时期可能不得不降低股利额。固定股利政策比较适合经营相对稳定的企业。

【例题12-5】沿用〖例题12-4〗的背景与数据，如果采取固定股利政策，公司2×21年应分配的现金股利额是多少？

如果采取固定股利政策，则公司2×21年应分配的现金股利额为420万元。

3. 稳定增长股利政策。稳定增长股利政策是指公司在一定期间内保持每股股利额稳定增长的股利政策。随着公司盈利的增加，公司确定一个稳定的股利增长率，保持每股股利稳定提高，这样可以向投资者传递公司经营业绩稳定信息，降低投资者对公司经营风险的担心，有利于公司股票价格的上涨。采用这种股利政策的公司，需要使股利增长率不高于利润增长率，这样才能保证股利增长具有可持续性。因此，稳定增长股利政策适合于成长期或成熟期的公司，不适合初创期或衰退期的公司。行业特征和经营风险也是影响公司是否采用稳定增长股利政策的因素。例如，公用事业公司的经营活动稳定，受经济周期影响比较小，因而比较适用稳定增长股利政策，但一些竞争非常激烈的行业，例如乳制品行业，公司经营风险大，业绩波动频繁，不适合采用这种股利政策。此外，稳定增长股利政策也可能对公司的经营产生不利影响，如使公司股利支付与公司盈利相脱离，也可能给公司造成较大的财务压力，甚至侵蚀公司的留存利润和资本，公司很难长期采用该政策。

4. 固定股利支付率政策。固定股利支付率政策是一种变动的股利政策，公司先确定一个股利占净利润的比率，然后每年都按此比率从净利润中向股东发放现金股利。由于公司每年发放的股利额都等于净利润乘以固定的股利支付率，在净利润较多的年份，股东领取的股利就多；在净利润较少的年份，股东领取的股利就少。换言之，采用此政策发放股利时，股东每年领取的股利额是变动的，其多少主要取决于公司每年事先的净利润的多少及股利支付率的高低。

固定股利支付率政策有以下优点：（1）采用固定股利支付率政策，股利与公司盈余紧密地配合，体现了多盈多分、少盈少分、无盈不分的股利分配原则；（2）公司每年按固定的比例从税后利润中支付现金股利，从企业支付能力的角度来看，这是一种稳定的股利政策；（3）若公司每年的股利支付率都固定在较低比例上，公司能减少再融资风险。

固定股利支付率政策也有缺点：（1）不同期间的股利支付额波动较大，容易给投资者带来经营状况不稳定、投资风险较大的不良印象；（2）可能使公司面临较大的财务压力，这是因为公司实现的盈利多，并不代表公司有充足的现金派发股利；（3）确定合适的固定股利支付率的难度较大。如果固定股利支付率较低，不能满足投资者对投资收益的要求，而固定股利支付率较高，派发现金股利会给公司带来巨大的财务压力；（4）当公司发展需要大量资金时，可能要受到固定股利支付率政策的制约。

【例题12-6】沿用〚例题12-4〛的背景与数据，如果采取固定股利支付率政策，计算公司2×21年应分配的现金股利额。

固定股利支付率 = 420 ÷ 1 200 × 100% = 35%

2×21年的现金股利额 = 900 × 35% = 315（万元）

5. 低正常股利加额外股利政策。低正常股利加额外股利政策是公司事先设定一个较低的经常性股利额，一般情况下，公司每期都按此金额支付正常股利，只有企业盈利较多时，再根据实际情况发放额外股利。低正常股利加额外股利政策主要适用于经营状况和利润不稳定的企业，以及盈利水平受经济周期影响波动较大的行业。低正常股利加额外股利政策赋予公司一定的灵活性，使公司在股利发放上留有余地和具有较大的财务弹性；同时，公司每年可以根据具体情况选择不同的股利发放水平，实现公司的财务目标。此外，低正常股利加额外股利政策有助于稳定股价，增强投资者信心。由于公司每年派发的股利维持在一个较低的水平上，在公司盈利较少或需用较多的留存收益进行投资时，公司仍然能够按照既定承诺的股利水平派发股利，使投资者保持一个固有的收益保障，这有助于维持公司股票价格。当盈利状况较好且有剩余现金时，公司可以在正常股利的基础上再派发额外股利，而额外股利信息的传递则有助于股价上扬。

但低正常股利加额外股利政策具有以下缺点：（1）由于不同年份的公司盈利波动使额外股利不断变化，或时有时无，造成公司派发的股利不同，这容易给投资者以公司收益不稳定的感觉。（2）当公司在较长时期持续发放额外股利后，可能会被股东误认为是"正常股利"，一旦取消了这部分额外股利，可能使股东认为这是公司财务状况恶化的表现，进而可能引起公司股价下跌。

【例题 12 –7】 东方公司预计未来 5 年的净利润和资本性支出如表 12 – 1 所示。

表 12 –1　　　　　　　　东方公司净利润和资本性支出　　　　　单位：万元

项目	第 1 年	第 2 年	第 3 年	第 4 年	第 5 年
净利润	3 600	3 800	3 800	4 000	4 200
资本性支出	2 500	4 000	3 200	3 000	4 000

公司目前的总股本为 5 000 万股，实行固定股利政策，每股股利为 0.7 元。公司根据未来的发展战略，计划调整股利分配政策，以下是三种备选的股利政策。要求：（1）如果继续实行目前的固定股利政策，未来 5 年各年的现金股利总额和外部筹资额分别是多少？（2）如果采用剩余股利政策，公司的目标资本结构为负债资本占 60％，股权资本占 40％，未来 5 年的现金股利总额和外部筹资额分别是多少？（3）如果采用固定股利支付率政策，股利支付率为 60％，未来 5 年的现金股利总额和外部筹资额分别是多少？

比较以上股利分配方案，哪种方案的现金股利额最大？哪种方案的外部筹资额最小？请分析各方案的优缺点。

首先，计算固定股利政策下各年的现金股利和外部筹资总额，计算结果如表 12 –2所示。

表 12 –2　　　　东方公司在固定股利政策下的现金股利和外部筹资总额　　　单位：万元

项目	第 1 年	第 2 年	第 3 年	第 4 年	第 5 年
资本性支出	2 500	4 000	3 200	3 000	4 000
净利润	3 600	3 800	3 800	4 000	4 200
股利	3 500	3 500	3 500	3 500	3 500
留用利润增加额	100	300	300	500	700
需要外部筹资	2 400	3 700	2 900	2 500	3 300

未来 5 年的现金股利总额 = 3 500 × 5 = 17 500（万元）

未来 5 年的外部筹资总额 = 2 400 + 3 700 + 2 900 + 2 500 + 3 300

　　　　　　　　　　　 = 14 800（万元）

其次，计算剩余股利政策下各年的现金股利和外部筹资总额，计算结果如表 12 - 3 所示。

表 12 - 3　　　　东方公司在剩余股利政策下的现金股利和外部筹资总额　　　　单位：万元

项目	第 1 年	第 2 年	第 3 年	第 4 年	第 5 年
资本性支出	2 500	4 000	3 200	3 000	4 000
净利润	3 600	3 800	3 800	4 000	4 200
投资所需自由资金	1 000	1 600	1 280	1 200	1 600
股利	2 600	2 200	2 520	2 800	2 600
留用利润增加额	1 000	1 600	1 280	1 200	1 600
需要外部筹资	1 500	2 400	1 920	1 800	2 400

$$未来 5 年的现金股利总额 = 2\ 600 + 2\ 200 + 2\ 520 + 2\ 800 + 2\ 600$$
$$= 12\ 720（万元）$$
$$未来 5 年的外部筹资总额 = 1\ 500 + 2\ 400 + 1\ 920 + 1\ 800 + 2\ 400$$
$$= 10\ 020（万元）$$

再次，计算固定股利支付率政策下各年的现金股利和外部筹资总额，计算结果如表 12 - 4 所示。

表 12 - 4　　　　东方公司在固定股利支付率政策下的现金股利和外部筹资总额　　　　单位：万元

项目	第 1 年	第 2 年	第 3 年	第 4 年	第 5 年
资本性支出	2 500	4 000	3 200	3 000	4 000
净利润	3 600	3 800	3 800	4 000	4 200
股利	2 160	2 280	2 280	2 400	2 520
留用利润增加额	1 440	1 520	1 520	1 600	1 680
需要外部筹资	1 060	2 480	1 680	1 400	2 320

$$未来 5 年的现金股利总额 = 2\ 160 + 2\ 280 + 2\ 280 + 2\ 400 + 2\ 520$$
$$= 11\ 640（万元）$$
$$未来 5 年的外部筹资总额 = 1\ 060 + 2\ 480 + 1\ 680 + 1\ 400 + 2\ 320$$
$$= 8\ 940（万元）$$

最后，比较三种方案，第一种方案（固定股利政策）的现金股利总额最大，第三种方案（固定股利支付率政策）的外部筹资总额最小。各方案的优缺点比较见本节内容。

四、股利政策的影响因素

在公司实务中，股利政策的制定会受到多种因素的影响和制约，公司需要认真审查这些影响因素，以便制定适合本公司的股利政策。一般而言，影响股利政策的主要因素有法律因素、债务因素、公司因素、股东因素以及行业因素等。

1. 法律因素。为了维护投资者、债权人、员工等多方利益，各国法律对公司的利润分配顺序、资本充足性等方面制定了系列法律规范，公司的股利政策必须符合这些法律规范。

（1）资本保全的约束。资本保全约束是为了保护投资者的利益而作出的法律限制。股份公司只能用当期利润或留用利润来分配股利，公司支付股利不能侵蚀公司的资本。这样的限制规定在保全公司的股权资本的同时，也维护了债权人的利益。

（2）企业积累的约束。积累约束规定要求股份公司在分配股利之前，应当按法定的程序先提取各项公积金。我国相关法律法规明确规定，股份公司应按税后利润的10%提取法定公积金，并且鼓励企业在分配普通股股利之前提取任意公积金，只有当公积金累计数额达到注册资本的50%时，才可不再提取。这样的限制规定有利于提高企业的生产经营和抵御风险能力，同时也维护了债权人的利益。

（3）偿债能力的约束。偿债能力约束是规定公司在分配股利前，需要保持充分的偿债能力。公司的股利分配不能只看利润表上的净利润数额，还需要考虑公司是否有充足的现金。如果股利分配影响公司的偿债能力或正常的经营活动，现金股利分配就要受到限制。

2. 债务因素。债权人为了防止公司过多发放现金股利，影响其偿债能力，增加债务风险，会在债务合同中规定限制公司发放现金股利的条款。公司的股利政策必须满足这类限制性条款的要求。这类条款通常包括：（1）规定派发每股股利的最高限额；（2）规定未来股利只能用贷款协议签订以后的新增收益来支付，不能动用协议签订之前的留用利润；（3）规定企业的流动比率、利息保障倍数等在低于一定界限时，不得分配现金股利；（4）规定只有当公司的盈利达到某一约定的水平时，才能发放现金股利；（5）规定公司的股利支付率不得超过限定的标准；等等。债务合同的限制性条款约束了公司支付现金股利，促使公司增加留用利润，扩大再投资的规模，增强公司的经营能力，从而保证公司能够如期偿还债务。

3. 公司因素。公司因素的影响是指公司的各种内部因素，以及公司面临的各种环境、机会对其股利政策的影响，主要包括现金流量、筹资能力、投资机会、资本成本、盈利状况以及公司所处的生命周期等。

（1）现金流量。公司在经营活动中需要保持充足的现金流量，避免陷入财务困境，因此，公司在分配现金股利时，需要考虑现金流量及资产的流动性。如果公司的现金流量充足，特别是在满足投资所需资金后，仍然有剩余的自由现金流量，就应当适当提高股利水平；反之，如果公司的现金流量不足，即使当期利润较高，也应该限制现金股利。过多的现金股利将减少公司的现金持有量，影响未来的支付能力，甚至可能导致公司出现财务困难。

（2）筹资能力。筹资能力是影响公司股利政策的重要因素之一。不同的企业在资本市场上的筹资能力存在较大差异，公司在进行股利决策时，需要考虑自身的筹资能力来确定股利支付水平。如果公司的筹资能力较强，能够比较容易地筹集资本，就可以采取比较宽松的股利政策，适当提高现金股利的支付水平；如果公司的筹资能力较弱，就应该采取比较紧缩的股利政策，减少现金股利的发放，增加留用利润。

（3）投资机会。公司在制定股利政策时需要考虑未来投资对资本的需求。公司在有良好的投资机会时，应当考虑减少发放现金股利，增加留用利润，将更多的资本用于再投资，这样有助于加速企业的发展，提高未来的收益。这种股利政策往往也容易被股东所接受。公司在没有良好的投资机会时，往往倾向于发放较多的现金股利。理论研究表明，成长性高的公司一般采用低股利支付率政策，这是因为公司存在较多的投资机会，提高留用利润比例能够保证有更多的资金用于再投资。

（4）资本成本。资本成本是企业选择筹资方式的基本依据。留用利润是企业内部筹资的一种重要方式，同发行新股或举借债务相比，其具有资本成本低的优点。如果公司一方面大量发放现金股利；另一方面又要通过资本市场发行新股筹集资本，由于发行新股存在交易费用和所得税，这样会增加公司的综合资本成本，也会减少股东财富。因此，在制定股利政策时，应当充分考虑公司对资本的需求以及资本成本等问题。

（5）盈利状况。公司的盈利能力在很大程度上也会影响股利政策。如果未来盈利能力较强，且盈利稳定性较好，公司将倾向于采用高股利支付率政策；反之，如果未来盈利能力较弱，盈利稳定性较差，公司应考虑未来经营和财务风险的需要而采用低股利支付率政策。

（6）生命周期。公司的生命周期主要包括初创阶段、成长阶段、成熟阶段和衰退阶段四个时期。在不同阶段，公司经营状况和经营风险不同，对资本的需求情况有很大差异，这将影响股利政策的选择。公司采取的股利政策应该考虑是否符合所处的发展阶段。

4. 股东因素。由于公司的股利分配方案需要经股东大会决议通过后才能实施，股东对股利政策的制定具有重要影响。影响股利政策的股东因素主要有以下三种。

（1）追求稳定收入及规避风险需要。一些股东依赖于公司发放的现金股利，如退休股东需要稳定的股利收入来维持生活，他们往往要求公司能够定期支付稳定的现金股利；另一些股东是"一鸟在手"理论的支持者，他们认为，公司留用过多利润进行再投资的风险较大，倾向于获得现金股利以规避风险，这些股东也更偏爱高股利支付率的股利政策。

（2）避免公司控制权被稀释。大股东通过较高的持股比例拥有公司的控制权，出于对控制权可能被稀释的担心，往往倾向于多留用利润，少分配现金股利。这是因为，如果公司发放大量现金股利，可能造成未来经营的现金紧缺，公司不得不增发新股来筹集资本，这时原有股东尽管有优先认股权，但需要支付一笔数额可观的现金，否则持股比例会降低，这使控制权有被稀释的危险。因此，控股股东宁愿少分现金股利，也不愿看到控制权被稀释，特别当他们没有足够的现金来认购新股时，会对现金股利分配方案投反对票。

（3）规避所得税。大多数国家的股利收入的所得税税率都高于资本利得的所得税税率，一些国家的股利收入所得税采用累进税率，边际税率很高。税率差异会促使股东更愿意采取一些可以避税的股利政策。边际税率高的股东为了避税往往反对公司发放过多的现金股利，而边际税率低的股东因个人税负较轻甚至免税，可能会欢迎公司多分现金股利。

5. 行业因素。股利政策通常具有明显的行业特征，不同行业的企业采用的股利政策有较大差异。据调研数据显示，一般而言，成熟行业的企业的股利支付率通常高于新兴行业，例如，高科技行业的企业的股利支付率一般较低，而公用事业行业的企业的股利支付率一般较高。其中的原因可能是，在不同的行业之间，投资机会存在差异，而在同一行业内部，投资机会是相似的。

第四节 股票分割与股票回购

一、股票分割

1. 股票分割的含义。股票分割（stock split），又称为拆股，是指将面值较高的股票拆分为一定数额的面值较低的股票的行为。在股票分割后，公司股票的数量按一定比例增加，同时股票面值按相同比例减少，这将导致每股价格也会下降。但股票分割对公司的资本结构和股东权益不会产生任何影响，也就是说，股票分割不会影响公司价值，也不会影响股东财富。

【例题 12-8】Z 公司目前已发行的普通股为 3 000 万股，面值为 2 元，若按照 1 股分割为 2 股的比例进行股票分割，分割前股东权益如表 12-5 所示。

表 12-5 　　　　　　　　Z 公司股票分割前股东权益 　　　　　　　　单位：万元

项目	金额
普通股股本	6 000（3 000×2）
资本公积	2 000
未分配利润	2 000
股东权益合计	10 000

按照 1 股分割为 2 股的比例实施股票分割，股票数量 = 3 000×2 = 6 000（万股），股票面值 = 2÷2 = 1（元）。分割后股东权益如表 12-6 所示。

表 12-6 　　　　　　　　Z 公司股票分割后股东权益 　　　　　　　　单位：万元

项目	金额
普通股股本	6 000（6 000×1）
资本公积	2 000
未分配利润	2 000
股东权益合计	10 000

比较表 12 – 5 和表 12 – 6，Z 公司的资本结构和股东权益没有发生变化。假定
2×21 年底公司净利润为 2 400 万元，则分割前每股收益 = 2 400 ÷ 3 000 = 0.8
（元/股）；分割后每股收益 = 2 400 ÷ 6 000 = 0.4 （元/股）。

在特殊情况下，如果公司认为自己的股票价格过低，也可以采用与股票分割相
反的方式，即反分割。反分割又称股票合并，是将面值较低的几股股票合并为 1 股
股票的行为。例如，2021 年 6 月 10 日，香港联交所上市公司越秀地产 （00123） 发
布公告，按每 5 股已发行股份合并为 1 股股份的基准实施股份合并，此次合并注销
了 123.86 亿股股份。

2. 股票分割与股票股利比较。股票分割不属于股票股利，但产生的效果与发放
股票股利近似，都属于股本扩张政策。在实务中，一般根据证券管理部门的具体规
定对两者加以区分。按照国际惯例，发放 25% 以下的股票股利界定为股票股利；而
发放 25% 以上的股票股利界定为股票分割。

股票分割与股票股利具有一定的相似性：实施后发行在外的股票数量均增加，
但都不会改变公司股东权益总额，也不会改变股东持股比例。两者的不同之处表现
为：股票分割会导致发行在外的股票面值发生改变，但不会影响股东权益各构成项
目之间的比例关系；而股票股利是公司以股票形式向股东分派已实现的净利润，股
票面值不会改变，但会使股东权益中的各项目之间的比例关系发生变化。

3. 股票分割的作用。

（1） 降低每股市价，增强流通性。公司实施股票分割可以达到在短时间内降低
每股市价的目的，进而降低中小股东投资的门槛，有利于吸引更多的投资者，提高
股票的流通性。

（2） 释放积极信号，提升投资者信心。一般而言，股票分割通常被利润持续增
长的成长期公司所采用。公司宣布实施股票分割，相当于在向资本市场和投资者传
递公司正在发展之中或未来盈利水平增强的信息，股票市场通常会作出积极反应。

（3） 为企业发行新股做准备。企业发行新股的定价通常以现有股票市场价格为
依据。如果现行股票市场价格太高，则势必使新股的发行价格太高，从而影响新股
票的发行。因此，一些企业常常采用股票分割的方法降低现行股票价格，以有利于
新股的发行。

（4） 降低公司被恶意收购风险。股票分割后，股票数量与股东数量在短期内大
幅增加，这在一定程度上加大了收购的难度，降低了公司被恶意收购的风险。

二、股票回购

1. 股票回购的含义。股票回购 （stock repurchase），是指公司出资将其发行流通
在外的股票以一定价格购回予以注销或作为库存股的一种资本运作方式。一般而言，
公司不得随意收购本公司的股份，只有满足相关法律规定的情形才允许股票回购。
在我国，只有当公司为了减少其注册资本，或与持有本公司股票的公司合并才可以
回购本公司的股票，并且要在 10 日内注销。

【例题 12 - 9】 天辰公司现有发行在外的普通股 5 000 万股, 2×21 年实现净利润 6 000 万元, 每股收益为 1.2 元。目前每股市价为 12 元, 市盈率为 10 倍。管理层提出以下两个方案。

(1) 使用 2 400 万元发放现金股利, 股东得到的每股股利为 0.48 元。

(2) 实施股票回购, 按市价每股 12 元回购 200 万股股票并注销。

在本例中, 不考虑税收的情形下, 股票回购与股票股利的效果是等同的。公司派发现金股利后, 股票价格下跌至每股 11.52 元, 加上每股派发的现金股利 0.48 元, 股东总财富不变。在公司实施股票回购后, 每股收益上升为 1.25 元, 在市盈率不变的情况下, 股价可上升至每股 12.5 元, 假设公司股东按比例接受回购, 则回购后股东持有原来的 96% 股票, 股东总财富不变。可见, 股票回购对现金股利的替代作用十分明显。

2. 股票回购的方式。股票回购的方式主要包括公开市场回购、要约回购和协议回购三种。

(1) 公开市场回购。公开市场回购是指企业在二级市场上以股票当前的市场价格购回股票。公司在减少注册资本时通常采用这种方式, 其结果可能导致公司的股价上涨。

(2) 要约回购。要约回购是指公司向持股股东发出要约, 明确在特定时间以某一特定的价格回购特定数量的股票。由于这种方式的回购价格通常高于当前市场价格, 股票回购会被市场认为是一个积极的信号。

(3) 协议回购。协议回购是指公司与某些特定股东达成回购协议, 以协议价格回购股票。协议回购一般有两种情形: 一是协议价格低于当前的股票市场价格。部分股东对股东大会作出的企业合并、分立决议持异议, 主动要求企业收购其股份, 这时公司往往采用这种协议回购方式。二是以超常溢价作为协议价格。公司会向有潜在威胁的非控股股东回购股票, 这时确定的协议价格通常会出现超常溢价。

3. 股票回购的动机。

(1) 作为现金股利的替代方式。现金股利政策和股票回购都会减少公司的所持现金。在公司有富余的现金时, 可以通过回购股东所持股票将现金分配给股东。股票回购可以让股东选择继续持有股票或者出售以换取现金, 在避税情形下, 股票回购是一项股利替代政策。

(2) 改变公司的资本结构, 发挥财务杠杆作用。股份回购会减少股东权益, 进而提高了负债比率。在实际经营中, 公司可以采用这种方式来调整资本结构, 进而提高公司的财务杠杆水平, 在市场状况好转时获得杠杆收益。

(3) 向市场传递股价被低估的信息, 稳定或提高公司股价。一般情况下, 投资者认为股票回购意味着公司认为股票价值被低估而采取的应对措施, 因此, 股票回购能提升每股收益, 促使公司股价上升, 从而恢复投资者对公司的信任。

(4) 巩固控制权的考虑。控股股东为了保证其控制权, 往往通过回购股票巩固既有的控制权。此外, 股票回购使流通在外的股份数量变少, 也可以有效地防止恶意收购。

4. 股票回购的局限性。股票回购的局限性主要体现在以下三个方面：（1）股票回购需要大量现金，容易造成大量现金流出，可能降低资产流动性，影响公司的后续发展。（2）股票回购在一定程度上削弱了对债权人的利益保障。股票回购会造成权益资本减少，进而使公司的发起人股东更注重创业利润的兑现，减少公司的留存收益，这在一定程度上削弱了对债权人利益的保护。（3）股票回购容易导致公司操纵股价。特别是存在大股东的情形下，大股东可能会利用内部消息对股票回购进行炒作，损害投资者的利益。

本章思维导图

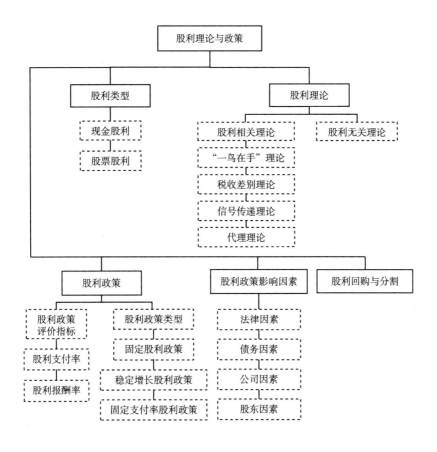

本章概要

本章介绍了利润分配与股利类型、股利理论、股利政策、股利政策的影响因素和股利的回购与分割。

1. 利润分配的程序一般如下：计算可供分配的利润；提取法定公积金；提取任意公积金；向股东支付股利。

2. 股份有限公司的股利分派形式一般有现金股利、股票股利、财产股利和负债股利等。现金股利是指公司以现金形式分派给股东的股利，是股利分派最常见的方式。股票股利是指公司以股票方式向股东支付的股利。

3. 股利宣告日是指公司董事会将股利支付予以公告的日期。股权登记日是指有权领取本期股利的股东资格登记截止日期，在股权登记日拥有公司股票的人能够分得股利。除息日也称除权日，是指从股价中除去股利的日期，即领取股利的权利与股票分开的日期。股利发放日也称股利支付日，是公司将股利正式发放给股东的日期。

4. 股利相关理论认为，因为股利支付政策的选择对股票市价、公司资本结构与公司价值，以及股东财富的实现等都有重要影响，所以股利政策与公司价值是密切相关的。其代表性观点主要有"一鸟在手"理论、税收差别理论、信号传递理论以及代理理论等。

5. 股利无关理论认为公司价值取决于它未来的期望报酬及其投资风险，在公司投资政策给定的条件下，股利政策不会对公司价值产生任何影响。股利无关理论的假设条件：（1）存在完全的资本市场；（2）公司的投资决策不受股利政策的影响。

6. 股利政策是指确定公司的净利润如何分配的方针和策略。公司股利政策主要包括四项内容：股利分配的形式；股利支付率的确定；每股股利的确定；股利分配的时间。其中，股利支付率和每股股利的确定是股利政策的核心内容，它决定在公司赚取的净利润中有多少以现金股利的形式发放给股东，有多少以留用利润的形式对公司进行再投资。

7. 评价公司股利政策的指标主要有股利支付率和股利报酬率。股利支付率是公司年度现金股利总额与净利润总额的比率，或者公司年度每股现金股利与每股利润的比率。股利报酬率也称股息收益率，是公司年度每股股利与每股价格的比率。

8. 对于股份公司来说，常用的股利政策主要有五种类型：剩余股利政策、固定股利政策、稳定增长股利政策、固定股利支付率政策和低正常股利加额外股利政策。

9. 影响股利政策的主要因素有法律因素、债务契约因素、公司自身因素、股东因素等。

10. 股票回购是指公司出资将其发行流通在外的股票以一定价格购回予以注销或作为库存股的一种资本运作方式。股票回购有公开市场回购、要约回购和协议回购方式。股票回购的动机包括：（1）作为现金股利的替代方式；（2）改变公司的资本结构，发挥财务杠杆作用；（3）向市场传递股价被低估的信息，稳定或提高公司股价；（4）巩固控制权的考虑。

11. 股票分割是指将面值较高的股票拆分为一定数额的面值较低的股票的行为。股票分割不会影响公司价值，也不会影响股东财富。

本章思考和练习题

思考题

1. 如果你是股东，请问你更倾向于公司采用哪种股利政策？请说明你的理由。

2. 如果你是股东，公司今年要发放股利，你更希望公司发放现金股利还是股票股利？

3. 股份有限公司在选择采用股票股利进行股利分配时，应考虑哪些因素？这种股利分配形式对公司会产生怎样的影响？

4. 结合我国上市公司的实际情况，分析公司在确定股利分配政策时是否存在代理问题。如果存在，主要表现在哪些方面？

5. 你认为公司的股利政策是否需要保持稳定？

练习题

1. 天辰股份有限公司 2021 年的税后利润为 1 500 万元，公司的目标资本结构为：债务资本占 60%，股权资本占 40%。假设 2022 年公司有较好的投资项目，需要投资 800 万元，公司采取剩余股利政策，请计算公司应当如何筹资和分配股利。

2. 明哲公司计划投资 2 000 万元引进一条生产线以扩大生产能力，公司的目标资本结构为自有资金占 60%，借入资金占 40%。公司本年度税后利润为 1 000 万元，假设公司继续执行之前固定股利政策，本年度的应分配股利为 300 万元。请计算下一年度公司为引进生产线需要从外部筹集资金的金额。

3. 商天公司目前发行在外的股票为 100 万股，每股面值为 2 元，本年税后利润为 40 万元，现拟追加投资 500 万元使生产能力扩大 30%，预计公司产品销路非常稳定。公司希望维持目前 40% 的资产负债率，并执行 50% 的固定股利支付率政策。要求：（1）计算公司本年应该分配多少股利；（2）计算公司必须从外部筹集到多少股权资本，才能达到追加投资的目的。

4. 星辰公司预计未来 5 年的净利润和资本性支出如表 12 - I 所示。

表 12 - I   星辰公司净利润和资本性支出   单位：万元

项目	第 1 年	第 2 年	第 3 年	第 4 年	第 5 年
净利润	3 600	3 800	3 800	4 000	4 200
资本性支出	2 500	4 000	3 200	3 000	4 000

目前公司的总股本为 5 000 万股，实行固定股利政策，每股股利为 0.7 元。公司根据未来的发展战略，计划调整股利分配政策，以下是几种备选的股利政策要求，请计算：

（1）如果继续实行目前的固定股利政策，未来 5 年各年的现金股利总额和外部筹资额分别是多少？

（2）如果采用剩余股利政策，公司的目标资本结构为负债资本占 60%，股权资本占 40%，未来 5 年的现金股利总额和外部筹资额分别是多少？

（3）如果采用固定股利支付率政策，股利支付率为 60%，未来 5 年的现金股利总额和外部筹资额分别是多少？

（4）比较以上股利分配方案，哪种方案的现金股利额最大？哪种方案的外部筹资额最小？请分析各方案的优缺点。

5. 天利公司 20×4 年 12 月 31 日的股东权益如表 12 – Ⅱ所示。

表 12 – Ⅱ　　　　　　　　　天利公司股东权益　　　　　　　　单位：万元

项目	金额
股本（面值 10 元，8 000 万股）	80 000
资本公积	48 000
盈余公积	36 000
未分配利润	54 000
股东权益合计	218 000

目前公司股价为 68 元/股。公司决定先按 1 股分割为 2 股的比例进行股票分割，然后再分配 20×4 年度的股利。股利分配方案为：每 10 股分派 1 股的股票股利，并且每股分派现金股利 0.20 元。要求：（1）请列出股票分割和分配股利后股东权益的各项金额；（2）如果你在 20×4 年 12 月 31 日持有新华公司普通股 10 000 股，那么股票分割和股利分配之后，你持有新华公司的普通股股数是多少？如果不考虑信号效应，分配股利之后股票价格应为多少？你的财富是否因股票分割和分配股利而变化？

6. ABC 公司 20×4 年拥有普通股 10 000 万股，净利润 16 000 万元，公司股票的市盈率为 15 倍。公司计划支付现金股利 12 000 万元，但也考虑用这笔现金回购股票。要求：（1）如果支付现金股利，则该公司的股利报酬率是多少？（2）如果选择回购股票，那么以目前的市场价格能回购多少股？（3）回购股票之后，每股利润为多少？在不考虑信号效应的情况下，如果市盈率保持不变，回购股票之后股票的价格将是多少？

章后案例

苹果公司的股利政策

苹果计算机公司创立于 1976 年。在 1980 年，公司首次公开发行股票上市，当年公司研发生产的家用计算机已经销售 13 万余台，销售收入达到 1.17 亿美元。公司上市后，业务获得快速成长，1986 年的销售收入已达 19 亿美元，实现净利润 1.54 亿美元。在 1980～1986 年，苹果公司的净利润年增长率达到 53%。1986 年，苹果公司与马克公司联合进入办公用计算机市场，该市场的主要竞争对手是实力非常强大的 IBM 公司。尽管市场竞争非常激烈，苹果公司仍然取得了骄人的成绩，1987 年的销售收入实现了 42% 的增长。但人们仍然对苹果公司能否持续增长表示怀疑。

为了增强投资者的信心，特别是吸引更多的机构投资者，苹果公司在 1987 年 4 月 23 日宣布首次分配季度股利，每股支付现金股利 0.12 美元，同时按 1∶2 比例进行股票分割（即每 1 股分拆为 2 股）。股票市场对苹果公司首次分配股利反应非常强烈，在股利分配方案宣布当天，每股股价就上涨了1.75美元，在之后的4个交易日里，股价上涨了约8%。期后，苹果公司的经营业绩连续3年保持良好的增长。1990年公司实现销售收入55.58亿美元，净利润4.75亿美元，在1986～1990年，销售收入平均年增长率为31%，净利润平均年增长率为33%。

但是，在1990年后，苹果公司的业绩开始逐年下降，1996年亏损7.42亿美元，1997年亏损3.79亿美元。苹果公司的股票价格也从1990年的48美元/股跌到1997年的24美元/股。尽管经营业绩发生较大变化，但苹果公司从1987年首次分配股利开始，一直坚持每年支付大约每股0.45美元的现金股利，直至1996年，公司由于经营困难不得不停止发放股利。

资料来源：荆新，王化成，刘俊彦.财务管理学（学习指导书）［M］.8版.北京：中国人民大学出版社，2018：229 - 230.

案例思考题

1. 苹果公司为什么决定在1987年首次发放股利并进行股票分割？

2. 苹果公司采用何种股利政策？评价这种股利政策的利弊。

本章教辅资料二维码

练习题答案

章后案例答案

配套课件

进阶习题及答案

附　录

附表1

年金终值系数表（FVIFA表）

n	1%	2%	3%	4%	5%	6%	7%	8%	9%	10%	12%	14%	15%	16%	18%	20%	24%	28%	32%	36%
1	1.0000	1.0000	1.0000	1.0000	1.0000	1.0000	1.0000	1.0000	1.0000	1.0000	1.0000	1.0000	1.0000	1.0000	1.0000	1.0000	1.0000	1.0000	1.0000	1.0000
2	2.0100	2.0200	2.0300	2.0400	2.0500	2.0600	2.0700	2.0800	2.0900	2.1000	2.1200	2.1400	2.1500	2.1600	2.1800	2.2000	2.2400	2.2800	2.3200	2.3600
3	3.0301	3.0604	3.0909	3.1216	3.1525	3.1836	3.2149	3.2464	3.2781	3.3100	3.3744	3.4396	3.4725	3.5056	3.5724	3.6400	3.7776	3.9184	4.0624	4.2096
4	4.0604	4.1216	4.1836	4.2465	4.3101	4.3746	4.4399	4.5061	4.5731	4.6410	4.7793	4.9211	4.9934	5.0665	5.2154	5.3680	5.6842	6.0156	6.3624	6.7251
5	5.1010	5.2040	5.3091	5.4163	5.5256	5.6371	5.7507	5.8666	5.9847	6.1051	6.3528	6.6101	6.7424	6.8771	7.1542	7.4416	8.0484	8.6999	9.3983	10.146
6	6.1520	6.3081	6.4684	6.6330	6.8019	6.9753	7.1533	7.3359	7.5233	7.7156	8.1152	8.5355	8.7537	8.9775	9.4420	9.9299	10.980	12.136	13.406	14.799
7	7.2135	7.4343	7.6625	7.8983	8.1420	8.3938	8.6540	8.9228	9.2004	9.4872	10.089	10.730	11.067	11.414	12.142	12.916	14.615	16.534	18.696	21.126
8	8.2857	8.5830	8.8923	9.2142	9.5491	9.8975	10.260	10.637	11.028	11.436	12.300	13.233	13.727	14.240	15.327	16.499	19.123	22.163	25.678	29.732
9	9.3685	9.7546	10.159	10.583	11.027	11.491	11.978	12.488	13.021	13.579	14.776	16.085	16.786	17.519	19.086	20.799	24.712	29.369	34.895	41.435
10	10.462	10.950	11.464	12.006	12.578	13.181	13.816	14.487	15.193	15.937	17.549	19.337	20.304	21.321	23.521	25.959	31.643	38.593	47.062	57.352
11	11.567	12.169	12.808	13.486	14.207	14.972	15.784	16.645	17.560	18.531	20.655	23.045	24.349	25.733	28.755	32.150	40.238	50.398	63.122	78.998
12	12.683	13.412	14.192	15.026	15.917	16.870	17.888	18.977	20.141	21.384	24.133	27.271	29.002	30.850	34.931	39.581	50.895	65.510	84.320	108.44
13	13.809	14.680	15.618	16.627	17.713	18.882	20.141	21.495	22.953	24.523	28.029	32.089	34.352	36.786	42.219	48.497	64.110	84.853	112.30	148.47
14	14.947	15.974	17.086	18.292	19.599	21.015	22.550	24.215	26.019	27.975	32.393	37.581	40.505	43.672	50.818	59.196	80.496	109.61	149.24	202.93
15	16.097	17.293	18.599	20.024	21.579	23.276	25.129	27.152	29.361	31.772	37.280	43.842	47.580	51.660	60.965	72.035	100.82	141.30	198.00	276.98
16	17.258	18.639	20.157	21.825	23.657	25.673	27.888	30.324	33.003	35.950	42.753	50.980	55.717	60.925	72.939	87.442	126.01	181.87	262.36	377.69
17	18.430	20.012	21.762	23.698	25.840	28.213	30.840	33.750	36.974	40.545	48.884	59.118	65.075	71.673	87.068	105.93	157.25	233.79	347.31	514.66
18	19.615	21.412	23.414	25.645	28.132	30.906	33.999	37.450	41.301	45.599	55.750	68.394	75.836	84.141	103.74	128.12	195.99	300.25	459.45	700.94
19	20.811	22.841	25.117	27.671	30.539	33.760	37.379	41.446	46.018	51.159	63.440	78.969	88.212	98.603	123.41	154.74	244.03	385.32	607.47	954.28
20	22.019	24.297	26.870	29.778	33.066	36.786	40.995	45.762	51.160	57.275	72.052	91.025	102.44	115.38	146.63	186.69	303.60	494.21	802.86	1 298.8
21	23.239	25.783	28.676	31.969	35.719	39.993	44.865	50.423	56.765	64.002	81.699	104.77	118.81	134.84	174.02	225.03	377.46	633.59	1 060.8	1 767.4
22	24.472	27.299	30.537	34.248	38.505	43.392	49.006	55.457	62.873	71.403	92.503	120.44	137.63	157.41	206.34	271.03	469.06	812.00	1 401.2	2 404.7
23	25.716	28.845	32.453	36.618	41.430	46.996	53.436	60.893	69.532	79.543	104.60	138.30	159.28	183.60	244.49	326.24	582.63	1 040.4	1 850.6	3 271.3
24	26.973	30.422	34.426	39.083	44.502	50.816	58.177	66.765	76.790	88.497	118.16	158.66	184.17	213.98	289.49	392.48	723.46	1 332.7	2 443.8	4 450.0
25	28.243	32.030	36.459	41.646	47.727	54.865	63.249	73.106	84.701	98.347	133.33	181.87	212.79	249.21	342.60	471.98	898.09	1 706.8	3 226.8	6 053.0
30	34.785	40.568	47.575	56.085	66.439	79.058	94.461	113.28	136.31	164.49	241.33	356.79	434.75	530.31	790.95	1 181.9	2 640.9	5 873.2	12 940.9	28 172.3
40	48.886	60.402	75.401	95.026	120.80	154.76	199.64	259.06	337.88	442.59	767.09	1 342.0	1 779.1	2 360.8	4 163.2	7 343.9	22 728.8	69 377.5	*	*
50	64.463	84.579	112.80	152.67	209.35	290.34	406.53	573.77	815.08	1 163.9	2 400.0	4 994.5	7 217.7	10 435.6	21 813.1	45 497.2	*	*	*	*
60	81.670	114.05	163.05	237.99	353.58	533.13	813.52	1 253.2	1 944.8	3 034.8	7 471.6	18 535.1	29 220.0	46 057.5	*	*	*	*	*	*

注：* 系数大于99 999。

附表 2

年金现值系数表（PVIFA 表）

n	1%	2%	3%	4%	5%	6%	7%	8%	9%	10%	12%	14%	15%	16%	18%	20%	24%	28%	32%	36%
1	0.9901	0.9804	0.9709	0.9615	0.9524	0.9434	0.9346	0.9259	0.9174	0.9091	0.8929	0.8772	0.8696	0.8621	0.8475	0.8333	0.8065	0.7813	0.7576	0.7353
2	1.9704	1.9416	1.9135	1.8861	1.8594	1.8334	1.8080	1.7833	1.7591	1.7355	1.6901	1.6467	1.6257	1.6052	1.5656	1.5278	1.4568	1.3916	1.3315	1.2760
3	2.9410	2.8839	2.8286	2.7751	2.7232	2.6730	2.6243	2.5771	2.5313	2.4869	2.4018	2.3216	2.2832	2.2459	2.1743	2.1065	1.9813	1.8684	1.7663	1.6735
4	3.9020	3.8077	3.7171	3.6299	3.5460	3.4651	3.3872	3.3121	3.2397	3.1699	3.0373	2.9137	2.8550	2.7982	2.6901	2.5887	2.4043	2.2410	2.0957	1.9658
5	4.8534	4.7135	4.5797	4.4518	4.3295	4.2124	4.1002	3.9927	3.8897	3.7908	3.6048	3.4331	3.3522	3.2743	3.1272	2.9906	2.7454	2.5320	2.3452	2.1807
6	5.7955	5.6014	5.4172	5.2421	5.0757	4.9173	4.7665	4.6229	4.4859	4.3553	4.1114	3.8887	3.7845	3.6847	3.4976	3.3255	3.0205	2.7594	2.5342	2.3388
7	6.7282	6.4720	6.2303	6.0021	5.7864	5.5824	5.3893	5.2064	5.0330	4.8684	4.5638	4.2883	4.1604	4.0386	3.8115	3.6046	3.2423	2.9370	2.6775	2.4550
8	7.6517	7.3255	7.0197	6.7327	6.4632	6.2098	5.9713	5.7466	5.5348	5.3349	4.9676	4.6389	4.4873	4.3436	4.0776	3.8372	3.4212	3.0758	2.7860	2.5404
9	8.5660	8.1622	7.7861	7.4353	7.1078	6.8017	6.5152	6.2469	5.9952	5.7590	5.3282	4.9464	4.7716	4.6065	4.3030	4.0310	3.5655	3.1842	2.8681	2.6033
10	9.4713	8.9826	8.5302	8.1109	7.7217	7.3601	7.0236	6.7101	6.4177	6.1446	5.6502	5.2161	5.0188	4.8332	4.4941	4.1925	3.6819	3.2689	2.9304	2.6495
11	10.3676	9.7868	9.2526	8.7605	8.3064	7.8869	7.4987	7.1390	6.8052	6.4951	5.9377	5.4527	5.2337	5.0286	4.6560	4.3271	3.7757	3.3351	2.9776	2.6834
12	11.2551	10.5753	9.9540	9.3851	8.8633	8.3838	7.9427	7.5361	7.1607	6.8137	6.1944	5.6603	5.4206	5.1971	4.7932	4.4392	3.8514	3.3868	3.0133	2.7084
13	12.1337	11.3484	10.6350	9.9856	9.3936	8.8527	8.3577	7.9038	7.4869	7.1034	6.4235	5.8424	5.5831	5.3423	4.9095	4.5327	3.9124	3.4272	3.0404	2.7268
14	13.0037	12.1062	11.2961	10.5631	9.8986	9.2950	8.7455	8.2442	7.7862	7.3667	6.6282	6.0021	5.7245	5.4675	5.0081	4.6106	3.9616	3.4587	3.0609	2.7403
15	13.8651	12.8493	11.9379	11.1184	10.3797	9.7122	9.1079	8.5595	8.0607	7.6061	6.8109	6.1422	5.8474	5.5755	5.0916	4.6755	4.0013	3.4834	3.0764	2.7502
16	14.7179	13.5777	12.5611	11.6523	10.8378	10.1059	9.4466	8.8514	8.3126	7.8237	6.9740	6.2651	5.9542	5.6685	5.1624	4.7296	4.0333	3.5026	3.0882	2.7575
17	15.5623	14.2919	13.1661	12.1657	11.2741	10.4773	9.7632	9.1216	8.5436	8.0216	7.1196	6.3729	6.0472	5.7487	5.2223	4.7746	4.0591	3.5177	3.0971	2.7629
18	16.3983	14.9920	13.7535	12.6593	11.6896	10.8276	10.0591	9.3719	8.7556	8.2014	7.2497	6.4674	6.1280	5.8178	5.2732	4.8122	4.0799	3.5294	3.1039	2.7668
19	17.2260	15.6785	14.3238	13.1339	12.0853	11.1581	10.3356	9.6036	8.9501	8.3649	7.3658	6.5504	6.1982	5.8775	5.3162	4.8435	4.0967	3.5386	3.1090	2.7697
20	18.0456	16.3514	14.8775	13.5903	12.4622	11.4699	10.5940	9.8181	9.1285	8.5136	7.4694	6.6231	6.2593	5.9288	5.3527	4.8696	4.1103	3.5458	3.1129	2.7718
21	18.8570	17.0112	15.4150	14.0292	12.8212	11.7641	10.8355	10.0168	9.2922	8.6487	7.5620	6.6870	6.3125	5.9731	5.3837	4.8913	4.1212	3.5514	3.1158	2.7734
22	19.6604	17.6580	15.9369	14.4511	13.1630	12.0416	11.0612	10.2007	9.4424	8.7715	7.6446	6.7429	6.3587	6.0113	5.4099	4.9094	4.1300	3.5558	3.1180	2.7746
23	20.4558	18.2922	16.4436	14.8568	13.4886	12.3034	11.2722	10.3711	9.5802	8.8832	7.7184	6.7921	6.3988	6.0442	5.4321	4.9245	4.1371	3.5592	3.1197	2.7754
24	21.2434	18.9139	16.9355	15.2470	13.7986	12.5504	11.4693	10.5288	9.7066	8.9847	7.7843	6.8351	6.4338	6.0726	5.4509	4.9371	4.1428	3.5619	3.1210	2.7760
25	22.0232	19.5235	17.4131	15.6221	14.0939	12.7834	11.6536	10.6748	9.8226	9.0770	7.8431	6.8729	6.4641	6.0971	5.4669	4.9476	4.1474	3.5640	3.1220	2.7765
30	25.8077	22.3965	19.6004	17.2920	15.3725	13.7648	12.4090	11.2578	10.2737	9.4269	8.0552	7.0027	6.5660	6.1772	5.5168	4.9789	4.1601	3.5693	3.1242	2.7775
40	32.8347	27.3555	23.1148	19.7928	17.1591	15.0463	13.3317	11.9246	10.7574	9.7791	8.2438	7.1050	6.6418	6.2335	5.5482	4.9966	4.1659	3.5712	3.1250	2.7778
50	39.1961	31.4236	25.7298	21.4822	18.2559	15.7619	13.8007	12.2335	10.9617	9.9148	8.3045	7.1327	6.6605	6.2463	5.5541	4.9995	4.1666	3.5714	3.1250	2.7778

附表 3

复利终值系数表（FVIF表）

n	1%	2%	3%	4%	5%	6%	7%	8%	9%	10%	12%	14%	15%	16%	18%	20%	24%	28%	32%	36%
1	1.0100	1.0200	1.0300	1.0400	1.0500	1.0600	1.0700	1.0800	1.0900	1.1000	1.1200	1.1400	1.1500	1.1600	1.1800	1.2000	1.2400	1.2800	1.3200	1.3600
2	1.0201	1.0404	1.0609	1.0816	1.1025	1.1236	1.1449	1.1664	1.1881	1.2100	1.2544	1.2996	1.3225	1.3456	1.3924	1.4400	1.5376	1.6384	1.7424	1.8496
3	1.0303	1.0612	1.0927	1.1249	1.1576	1.1910	1.2250	1.2597	1.2950	1.3310	1.4049	1.4815	1.5209	1.5609	1.6430	1.7280	1.9066	2.0972	2.3000	2.5155
4	1.0406	1.0824	1.1255	1.1699	1.2155	1.2625	1.3108	1.3605	1.4116	1.4641	1.5735	1.6890	1.7490	1.8106	1.9388	2.0736	2.3642	2.6844	3.0360	3.4210
5	1.0510	1.1041	1.1593	1.2167	1.2763	1.3382	1.4026	1.4693	1.5386	1.6105	1.7623	1.9254	2.0114	2.1003	2.2878	2.4883	2.9316	3.4360	4.0075	4.6526
6	1.0615	1.1262	1.1941	1.2653	1.3401	1.4185	1.5007	1.5869	1.6771	1.7716	1.9738	2.1950	2.3131	2.4364	2.6996	2.9860	3.6352	4.3980	5.2899	6.3275
7	1.0721	1.1487	1.2299	1.3159	1.4071	1.5036	1.6058	1.7138	1.8280	1.9487	2.2107	2.5023	2.6600	2.8262	3.1855	3.5832	4.5077	5.6295	6.9826	8.6054
8	1.0829	1.1717	1.2668	1.3686	1.4775	1.5938	1.7182	1.8509	1.9926	2.1436	2.4760	2.8526	3.0590	3.2784	3.7589	4.2998	5.5895	7.2058	9.2170	11.703
9	1.0937	1.1951	1.3048	1.4233	1.5513	1.6895	1.8385	1.9990	2.1719	2.3579	2.7731	3.2519	3.5179	3.8030	4.4355	5.1598	6.9310	9.2234	12.166	15.917
10	1.1046	1.2190	1.3439	1.4802	1.6289	1.7908	1.9672	2.1589	2.3674	2.5937	3.1058	3.7072	4.0456	4.4114	5.2338	6.1917	8.5944	11.806	16.060	21.647
11	1.1157	1.2434	1.3842	1.5395	1.7103	1.8983	2.1049	2.3316	2.5804	2.8531	3.4785	4.2262	4.6524	5.1173	6.1759	7.4301	10.657	15.112	21.199	29.439
12	1.1268	1.2682	1.4258	1.6010	1.7959	2.0122	2.2522	2.5182	2.8127	3.1384	3.8960	4.8179	5.3503	5.9360	7.2876	8.9161	13.215	19.343	27.983	40.037
13	1.1381	1.2936	1.4685	1.6651	1.8856	2.1329	2.4098	2.7196	3.0658	3.4523	4.3635	5.4924	6.1528	6.8858	8.5994	10.699	16.386	24.759	36.937	54.451
14	1.1495	1.3195	1.5126	1.7317	1.9799	2.2609	2.5785	2.9372	3.3417	3.7975	4.8871	6.2613	7.0757	7.9875	10.147	12.839	20.319	31.691	48.757	74.053
15	1.1610	1.3459	1.5580	1.8009	2.0789	2.3966	2.7590	3.1722	3.6425	4.1772	5.4736	7.1379	8.1371	9.2655	11.974	15.407	25.196	40.565	64.359	100.71
16	1.1726	1.3728	1.6047	1.8730	2.1829	2.5404	2.9522	3.4259	3.9703	4.5950	6.1304	8.1372	9.3576	10.748	14.129	18.488	31.243	51.923	84.954	136.97
17	1.1843	1.4002	1.6528	1.9479	2.2920	2.6928	3.1588	3.7000	4.3276	5.0545	6.8660	9.2765	10.761	12.468	16.672	22.186	38.741	66.461	112.14	186.28
18	1.1961	1.4282	1.7024	2.0258	2.4066	2.8543	3.3799	3.9960	4.7171	5.5599	7.6900	10.575	12.375	14.463	19.673	26.623	48.039	85.071	148.02	253.34
19	1.2081	1.4568	1.7535	2.1068	2.5270	3.0256	3.6165	4.3157	5.1417	6.1159	8.6128	12.056	14.232	16.777	23.214	31.948	59.568	108.89	195.39	344.54
20	1.2202	1.4859	1.8061	2.1911	2.6533	3.2071	3.8697	4.6610	5.6044	6.7275	9.6463	13.743	16.367	19.461	27.393	38.338	73.864	139.38	257.92	468.57
21	1.2324	1.5157	1.8603	2.2788	2.7860	3.3996	4.1406	5.0338	6.1088	7.4002	10.804	15.668	18.822	22.574	32.324	46.005	91.592	178.41	340.45	637.26
22	1.2447	1.5460	1.9161	2.3699	2.9253	3.6035	4.4304	5.4365	6.6586	8.1403	12.100	17.861	21.645	26.186	38.142	55.206	113.57	228.36	449.39	866.67
23	1.2572	1.5769	1.9736	2.4647	3.0715	3.8197	4.7405	5.8715	7.2579	8.9543	13.552	20.362	24.891	30.376	45.008	66.247	140.83	292.30	593.20	1 178.7
24	1.2697	1.6084	2.0328	2.5633	3.2251	4.0489	5.0724	6.3412	7.9111	9.8497	15.179	23.212	28.625	35.236	53.109	79.497	174.63	374.14	783.02	1 603.0
25	1.2824	1.6406	2.0938	2.6658	3.3864	4.2919	5.4274	6.8485	8.6231	10.835	17.000	26.462	32.919	40.874	62.669	95.396	216.54	478.90	1 033.6	2 180.1
30	1.3478	1.8114	2.4273	3.2434	4.3219	5.7435	7.6123	10.063	13.268	17.449	29.960	50.950	66.212	85.850	143.37	237.38	634.82	1 645.5	4 142.1	10 143.0
40	1.4889	2.2080	3.2620	4.8010	7.0400	10.286	14.974	21.725	31.409	45.259	93.051	188.88	267.86	378.72	750.38	1 469.8	5 455.9	19 426.7	66 520.8	*
50	1.6446	2.6916	4.3839	7.1067	11.467	18.420	29.457	46.902	74.358	117.39	289.00	700.23	1 083.7	1 670.7	3 927.4	9 100.4	46 890.4	*	*	*
60	1.8167	3.2810	5.8916	10.520	18.679	32.988	57.946	101.26	176.03	304.48	897.60	2 595.9	4 384.0	7 370.2	20 555.1	56 347.5	*	*	*	*

注：* 系数的小数点后4位为0。

附表 4

复利现值系数表（PVIF 表）

n	1%	2%	3%	4%	5%	6%	7%	8%	9%	10%	12%	14%	15%	16%	18%	20%	24%	28%	32%	36%
1	0.9901	0.9804	0.9709	0.9615	0.9524	0.9434	0.9346	0.9259	0.9174	0.9091	0.8929	0.8772	0.8696	0.8621	0.8475	0.8333	0.8065	0.7813	0.7576	0.7353
2	0.9803	0.9612	0.9426	0.9246	0.9070	0.8900	0.8734	0.8573	0.8417	0.8264	0.7972	0.7695	0.7561	0.7432	0.7182	0.6944	0.6504	0.6104	0.5739	0.5407
3	0.9706	0.9423	0.9151	0.8890	0.8638	0.8396	0.8163	0.7938	0.7722	0.7513	0.7118	0.6750	0.6575	0.6407	0.6086	0.5787	0.5245	0.4768	0.4348	0.3975
4	0.9610	0.9238	0.8885	0.8548	0.8227	0.7921	0.7629	0.7350	0.7084	0.6830	0.6355	0.5921	0.5718	0.5523	0.5158	0.4823	0.4230	0.3725	0.3294	0.2923
5	0.9515	0.9057	0.8626	0.8219	0.7835	0.7473	0.7130	0.6806	0.6499	0.6209	0.5674	0.5194	0.4972	0.4761	0.4371	0.4019	0.3411	0.2910	0.2495	0.2149
6	0.9420	0.8880	0.8375	0.7903	0.7462	0.7050	0.6663	0.6302	0.5963	0.5645	0.5066	0.4556	0.4323	0.4104	0.3704	0.3349	0.2751	0.2274	0.1890	0.1580
7	0.9327	0.8706	0.8131	0.7599	0.7107	0.6651	0.6227	0.5835	0.5470	0.5132	0.4523	0.3996	0.3759	0.3538	0.3139	0.2791	0.2218	0.1776	0.1432	0.1162
8	0.9235	0.8535	0.7894	0.7307	0.6768	0.6274	0.5820	0.5403	0.5019	0.4665	0.4039	0.3506	0.3269	0.3050	0.2660	0.2326	0.1789	0.1388	0.1085	0.0854
9	0.9143	0.8368	0.7664	0.7026	0.6446	0.5919	0.5439	0.5002	0.4604	0.4241	0.3606	0.3075	0.2843	0.2630	0.2255	0.1938	0.1443	0.1084	0.0822	0.0628
10	0.9053	0.8203	0.7441	0.6756	0.6139	0.5584	0.5083	0.4632	0.4224	0.3855	0.3220	0.2697	0.2472	0.2267	0.1911	0.1615	0.1164	0.0847	0.0623	0.0462
11	0.8963	0.8043	0.7224	0.6496	0.5847	0.5268	0.4751	0.4289	0.3875	0.3505	0.2875	0.2366	0.2149	0.1954	0.1619	0.1346	0.0938	0.0662	0.0472	0.0340
12	0.8874	0.7885	0.7014	0.6246	0.5568	0.4970	0.4440	0.3971	0.3555	0.3186	0.2567	0.2076	0.1869	0.1685	0.1372	0.1122	0.0757	0.0517	0.0357	0.0250
13	0.8787	0.7730	0.6810	0.6006	0.5303	0.4688	0.4150	0.3677	0.3262	0.2897	0.2292	0.1821	0.1625	0.1452	0.1163	0.0935	0.0610	0.0404	0.0271	0.0184
14	0.8700	0.7579	0.6611	0.5775	0.5051	0.4423	0.3878	0.3405	0.2992	0.2633	0.2046	0.1597	0.1413	0.1252	0.0985	0.0779	0.0492	0.0316	0.0205	0.0135
15	0.8613	0.7430	0.6419	0.5553	0.4810	0.4173	0.3624	0.3152	0.2745	0.2394	0.1827	0.1401	0.1229	0.1079	0.0835	0.0649	0.0397	0.0247	0.0155	0.0099
16	0.8528	0.7284	0.6232	0.5339	0.4581	0.3936	0.3387	0.2919	0.2519	0.2176	0.1631	0.1229	0.1069	0.0930	0.0708	0.0541	0.0320	0.0193	0.0118	0.0073
17	0.8444	0.7142	0.6050	0.5134	0.4363	0.3714	0.3166	0.2703	0.2311	0.1978	0.1456	0.1078	0.0929	0.0802	0.0600	0.0451	0.0258	0.0150	0.0089	0.0054
18	0.8360	0.7002	0.5874	0.4936	0.4155	0.3503	0.2959	0.2502	0.2120	0.1799	0.1300	0.0946	0.0808	0.0691	0.0508	0.0376	0.0208	0.0118	0.0068	0.0039
19	0.8277	0.6864	0.5703	0.4746	0.3957	0.3305	0.2765	0.2317	0.1945	0.1635	0.1161	0.0829	0.0703	0.0596	0.0431	0.0313	0.0168	0.0092	0.0051	0.0029
20	0.8195	0.6730	0.5537	0.4564	0.3769	0.3118	0.2584	0.2145	0.1784	0.1486	0.1037	0.0728	0.0611	0.0514	0.0365	0.0261	0.0135	0.0072	0.0039	0.0021
21	0.8114	0.6598	0.5375	0.4388	0.3589	0.2942	0.2415	0.1987	0.1637	0.1351	0.0926	0.0638	0.0531	0.0443	0.0309	0.0217	0.0109	0.0056	0.0029	0.0016
22	0.8034	0.6468	0.5219	0.4220	0.3418	0.2775	0.2257	0.1839	0.1502	0.1228	0.0826	0.0560	0.0462	0.0382	0.0262	0.0181	0.0088	0.0044	0.0022	0.0012
23	0.7954	0.6342	0.5067	0.4057	0.3256	0.2618	0.2109	0.1703	0.1378	0.1117	0.0738	0.0491	0.0402	0.0329	0.0222	0.0151	0.0071	0.0034	0.0017	0.0008
24	0.7876	0.6217	0.4919	0.3901	0.3101	0.2470	0.1971	0.1577	0.1264	0.1015	0.0659	0.0431	0.0349	0.0284	0.0188	0.0126	0.0057	0.0027	0.0013	0.0006
25	0.7798	0.6095	0.4776	0.3751	0.2953	0.2330	0.1842	0.1460	0.1160	0.0923	0.0588	0.0378	0.0304	0.0245	0.0160	0.0105	0.0046	0.0021	0.0010	0.0005
30	0.7419	0.5521	0.4120	0.3083	0.2314	0.1741	0.1314	0.0994	0.0754	0.0573	0.0334	0.0196	0.0151	0.0116	0.0070	0.0042	0.0016	0.0006	0.0002	0.0001
40	0.6717	0.4529	0.3066	0.2083	0.1420	0.0972	0.0668	0.0460	0.0318	0.0221	0.0107	0.0053	0.0037	0.0026	0.0013	0.0007	0.0002	0.0001	*	*
50	0.6080	0.3715	0.2281	0.1407	0.0872	0.0543	0.0339	0.0213	0.0134	0.0085	0.0035	0.0014	0.0009	0.0006	0.0003	0.0001	*	*	*	*

注：* 系数的小数点后 4 位为 0。

参考文献

1. 爱默瑞，芬尼特，斯托. 公司财务管理［M］. 荆新，改编. 2 版. 北京：中国人民大学出版社，2007.

2. 荆新，王化成，刘俊彦. 财务管理学［M］. 9 版. 北京：中国人民大学出版社，2021.

3. 罗斯，威斯特菲尔德，乔丹. 公司理财［M］. 崔方南，谭跃，周卉，译. 12 版. 北京：机械工业出版社，2020.

4. 布瑞翰，休斯顿. 财务管理基础［M］. 胡玉明，译. 7 版. 大连：东北财经大学出版社，2016.

5. 布雷利，迈尔斯，艾伦. 公司财务原理［M］. 赵英军，译. 10 版. 北京：机械工业出版社，2013.

6. 科普兰，威斯顿. 财务理论与公司政策［M］. 宋献中，主译. 3 版. 大连：东北财经大学出版社，2003.

7. 麦金森. 公司财务理论［M］. 刘明辉，薛清梅，主译. 大连：东北财经大学出版社，2011.

8. 荆新，刘兴云. 财务分析学［M］. 北京：经济科学出版社，2010.

9. EMERY D R, FINNERTY J D, STOWE J D. Corporate Financial Management ［M］. 4th ed. London：Prentice Hall，2008.

10. ROSS S A, WESTERFIELD R W, JORDAN B D. Corporate Finance ［M］. 12th ed. New York：McGraw-Hill Education，2018.

11. BREALEY R A, MYERS S C, ALLEN F. Principles of Corporate Finance ［M］. 13th ed. New York：McGraw-Hill Education，2019.

12.《中华人民共和国公司法》。

13.《中华人民共和国证券法》。

14.《中华人民共和国商业银行法》。

15.《中华人民共和国民法典》。

16.《上市公司证券发行注册管理办法》。

17.《企业会计准则》。

敬 告 读 者

为了帮助广大师生和其他学习者更好地使用、理解、巩固教材的内容，本教材配课件和部分习题答案，读者可关注微信公众号"会计与财税"获取相关信息。

如有任何疑问，请与我们联系。

QQ：16678727

邮箱：esp_bj@ 163. com

教师服务 QQ 群：606331294

读者交流 QQ 群：391238470

经济科学出版社

2025 年 1 月

会计与财税

教师服务 QQ 群

读者交流 QQ 群

经科在线学堂